Ägypten und Altes Testament

Band 33,1

ÄGYPTEN UND ALTES TESTAMENT

Studien zu Geschichte, Kultur und Religion Ägyptens
und des Alten Testaments

Herausgegeben von
Manfred Görg

Band 33

AKTEN DER ÄGYPTOLOGISCHEN TEMPELTAGUNGEN

Herausgegeben von
Horst Beinlich, Rolf Gundlach,
Dieter Kurth und Steffen Wenig

Teil 1

1995

HARRASSOWITZ VERLAG · WIESBADEN
in Kommission

3. ÄGYPTOLOGISCHE TEMPELTAGUNG

Hamburg, 1.-5. Juni 1994

Systeme und Programme der ägyptischen Tempeldekoration

Herausgegeben von
Dieter Kurth

Redaktion
Wolfgang Waitkus und Susanne Woodhouse

1995

HARRASSOWITZ VERLAG · WIESBADEN
in Kommission

Die Deutsche Bibliothek – CIP-Einheitsaufnahme

Systeme und Programme der ägyptischen Tempeldekoration / 3. Ägyptologische Tempeltagung, Hamburg, 1.–5. Juni 1994 / hrsg. von Dieter Kurth. – Wiesbaden : Harrassowitz, 1995 /
(Ägypten und Altes Testament ; Bd. 33 : Akten der Ägyptologischen Tempeltagungen ; Teil 1)
ISBN 3-447-03783-0
NE: Kurth, Dieter [Hrsg.]; Ägyptologische Tempeltagung <3, 1994, Hamburg>; Ägypten und Altes Testament / Akten der Ägyptologischen Tempeltagungen

Gedruckt auf alterungsbeständigem Papier.
Druck und Verarbeitung: MZ-Verlagsdruckerei GmbH, Memmingen

ISSN 0720-9061
ISBN 3-447-03783-0

Vorwort

Die Idee, den ägyptischen Tempel zum Gegenstand einer internationalen Fachtagung zu machen, stammt von meinen Kollegen Rolf Gundlach und Steffen Wenig und geht auf die Jahre 1985/86 zurück. Äußere Umstände verzögerten jedoch das Zustandekommen der ersten Tagung in Gosen bis zum Jahre 1990. Eine zweite Tagung fand 1992 in Mainz statt. Hier wurde beschlossen, weitere Tagungen in zweijährigem Abstand folgen zu lassen, die dritte 1994 in Hamburg und die vierte 1996 in Köln.

Weitere Einzelheiten der Entstehungsgeschichte kann man in Vorwort und Einleitung des 37. Bandes der Hildesheimer Ägyptologischen Beiträge nachlesen, wo die Vorträge der ersten beiden Tagungen von Rolf Gundlach und Matthias Rochholz herausgegeben wurden.

Als sich während der Vorbereitungen zur 3. Tagung in Hamburg abzuzeichnen begann, daß die internationalen Tempeltagungen eine feste Einrichtung werden könnten, lag es nahe, zur Publikation der Vorträge eine eigene Reihe zu gründen. Der Vorschlag wurde von den bisherigen Organisatoren der Tagung angenommen.

An dieser Stelle sei Herrn Prof. Dr. Manfred Görg für die Bereitschaft gedankt, die "Akten der Ägyptologischen Tempeltagungen" in die von ihm herausgegebene Reihe "Ägypten und Altes Testament" aufzunehmen. Als Abkürzung der Unterreihe wird AÄTT angeregt.

Für die Hamburger Tempeltagung war als zentrales Thema "Systeme und Programme der ägyptischen Tempeldekoration" vorgeschlagen worden, und weitaus die meisten Referenten haben das Thema angenommen. Dadurch wurden Qualität und Zusammenhalt der Diskussionen gefördert, was sich auch an den internen Verweisen des vorliegenden Bandes ablesen läßt.

Nicht alle Vorträge sind zur Publikation eingereicht worden. Auf der anderen Seite wurden die hier publizierten Beiträge von Christine Favard-Meeks und Hans Goedicke nicht als Vortrag gehalten. Den Artikel Jan Quaegebeurs hat, wegen beruflich bedingter Abwesenheit seines Autors, Claude Traunecker vorgetragen und in der Diskussion vertreten; ihm gebührt für diese kollegiale Geste unser herzlicher Dank. Schließlich wird im vorliegenden Band ein Vortrag veröffentlicht, den Christian Loeben auf der 1. Tempeltagung in Gosen gehalten hat.

Die Publikation der reprofertig erbetenen Beiträge hat sich gegenüber der Planung erheblich verzögert. Das ist zum Teil auf die wie immer mit guten Gründen verspätet eingesandten Manuskripte zurückzuführen. Eine weitere Ursache ist, daß sich zwar alle Verfasser an den redaktionellen Vorgaben orientiert haben, daß aber dennoch die Vereinheitlichung der verschiedenen Zeichensätze, Programme und inneren Inkonsequenzen mehr Zeit beanspruchte, als wir uns ohne entsprechende Erfahrungen hatten vorstellen können.

Um die Verzögerung in Grenzen zu halten, sind einige Inkonsequenzen und Fehler redaktionell in Kauf genommen worden. Das gewählte Verfahren hat also seine Mängel, doch es läßt sich vielleicht entschuldigen, wenn man bedenkt, daß das - sicher bessere - Verfahren der einheitlichen Abschrift aller Manuskripte den zeitlichen Abstand zwischen Tagung und Publikation noch weit mehr vergrößert hätte.

Aber schon das Erreichte hat Mühe gekostet, und hier ist meinen Mitarbeiterinnen und Mitarbeitern zu danken, Herrn Dr. Wolfgang Waitkus und Frau M.A. Susanne Woodhouse für die Redaktion, Frau M.A. Dagmar Budde für vielfältige Unterstützung sowie Herrn M.A. Stefan Rüter für die Betreuung der tückenreichen Computerarbeit. - Das Emblem der Tempeltagungen hat Herr Waitkus entworfen.

Großen Dank schulde ich ferner der Gerda-Henkel-Stiftung und der Hansischen Universitätsstiftung, ohne deren großzügige finanzielle Hilfe die dieser Publikation vorausgegangene internationale Fachtagung nicht hätte durchgeführt werden können.

Hützel, im April 1995 — Dieter Kurth

INHALTSVERZEICHNIS

VORWORT V-VI

Philippe Derchain
La justice à la porte d'Evergète 1-12

Arno Egberts
Praxis und System. Die Beziehungen zwischen Liturgie und Tempeldekoration am Beispiel des Festes von Behedet 13-38

Hans Goedicke
Textile Elemente in ägyptischen Tempeln: der Vorhang 39-45

Rolf Gundlach
Das Dekorationsprogramm der Tempel von Abu Simbel und ihre kultische und königsideologische Funktion 47-71

Ben Haring
Die Opferprozessionsszenen in Medinet Habu und Abydos 73-89

László Kákosy
Heilstatuen in den Tempeln 91-98

Olaf E. Kaper
Doorway Decoration Patterns in the Dakhleh Oasis 99-114

Eleonora Kormysheva
Fries- und Sockeldekor nubischer Tempel der ptolemäisch-römischen Zeit 115-142

Christian E. Loeben
Symmetrie, Diagonale und Chiasmus als Dekorprinzipien im Bildprogramm des Großen Tempelsvon Abu Simbel-Beobachtungen und vorläufige Ergebnisse 143-162

Angelika Lohwasser
Die Darstellung der kuschitischen Krönung 163-185

Laure Pantalacci
Compagnies de gardiens au temple d'el-Qal'a 187-198

Jan Quaegebeur
Le temple romain de Chenhour. Remarques sur l'histoire de sa construction et sur sa décoration 199-226

Ali El Sharkawy
Zum Bildprogramm der Westwand der Großen Säulenhalle im Amun-Tempel von Karnak 227-239

Claude Traunecker
Les ouabet des temples d'el-Qal'a et de Chenhour. Décoration, origine et évolution 241-282

Wolfgang Waitkus
Zum funktionalen Zusammenhang von Krypta, Wabet und Goldhaus 283-303

Erich Winter
Zeitgleiche Textparallelen in verschiedenen Tempeln 305-319

MITTEILUNG UND AUFRUF
Christine Favard-Meeks
Project for the Rescue of the Temple and the Site of Behbeit el-Hagara (Province of Gharbieh) 321-323

INDICES
Stichwörter 325-329
Ägyptische Wörter 330-334
Stellen 334-340

Philippe Derchain

La justice à la porte d'Evergète*

Décoration peut se prendre dans deux acceptions, passive, c'est la plus fréquente: il s'agit du décor appliqué sur un objet; active, on envisage l'acte du décorateur.

A propos des temples égyptiens, la recherche a naturellement retenu surtout le premier sens. Le second apparaît rarement, et presque toujours lorsqu'on s'interroge sur le travail des ouvriers devant la paroi[1]. L'œuvre de celui qui conçoit ce que ceux-ci vont graver, sans laquelle rien ne serait, l'acte décorateur en soi, en revanche, n'est presque jamais mentionné. Quand les conditions de conservation des monuments le permettent, on devrait pourtant pouvoir le saisir. La porte d'Evergète, devant le temple de Khonsou à Karnak, me paraît offrir ce bonheur rare: aux couleurs près, elle est intacte et nous savons qui l'a faite. C'était un homme appartenant à l'aristocratie sacerdotale thébaine[2], ayant rempli de grands emplois à Memphis et chargé un jour d'une mission délicate à Hermopolis, pour laquelle il avait été prendre des ordres directement à la Cour, ce qui lui avait valu de pouvoir achever très honorablement sa carrière dans sa ville natale, où il jouit de nombreux "bénéfices" dans plusieurs sanctuaires de la région et fut le réalisateur du portail de

---

* Voir: ALLAM, *Egyptian Law-Courts in Pharaonic and Hellenistic Times*, JEA 77, 1991, 109 - 128; D. LORTON, *The Treatment of Criminals in Ancient Egypt*, Journal of the Economic and Social History of the Orient 20, 1977, 1 - 64.

Les textes de la porte d'Evergète seront cités d'après les planches de l'édition de P.Clère. Les lignes ont été numérotées systématiquement en commençant par a) la légende du roi et la colonne marginale le concernant, b) son discours, c) la légende du dieu et la colonne marginale le concernant, d) son discours, d'abord les lignes au-dessus de la figure, ensuite, celles qui se trouvent dans le champ de la scène, e) la légende de la seconde divinité, s'il y a lieu et f) son discours selon la même règle.

[1] Par ex.: E. VASSILIKA, *Ptolemaic Philae*, OLA 34, 1989; L. PANTALACCI, *Remarques sur les méthodes de travail des décorateurs tentyrites*, BIFAO 86, 1986, 267 - 276.

[2] Selon une information que me fait parvenir Jan Quaegebeur, Ahmès pourrait être le frère d'un personnage qui occupa la tombe TT 190 dans la cour de Kherouef, nommé Pakharkhonsou, fils d'un Smendès, dont les titres suggèrent des relations étroites avec le souverain (*ḫry-tp-nsw* et *ṯnj nsw*).Voir la communication faite à Leiden, 1992, *Thebes in the Ptolemaic Period.*

Khonsou: "J'ai fait valoir[3] sa crainte (*snḏ*), dit-il, et j'ai augmenté son respect (*šfjt*), gravés sur le mur de son parvis[4]". Il s'appelait Ahmès, fils de Smendès, né de la danseuse d'Amon-Râ-Kamoutef *t3-nt-nb*, j.v. Sa statue, digne du personnage et de son œuvre, découverte dans la cachette de Karnak[5], nous a conservé tous ces détails.

Ces conditions invitent à étudier la porte d'Evergète comme une œuvre littéraire, loin des "vérités" de tous ordres dont son auteur l'a faite, et qui détient en soi sa propre "vérité" immédiate pour le lecteur, qu'il importe avant tout de découvrir. Au fil de la lecture, on sera tôt séduit par les traits poétiques qui émaillent le texte, comme ce tableautin du taurillon "qui se remplit la bouche de nourriture en s'ébattant sur l'herbage[6] du marais où il se tient[7]. ... S'il boit de l'eau, son nez est près d'un lotus et son menton[8] dans le feuillage" (40,11-13), dont la stricte raison théologique dans le contexte est bien incertaine.

Ahmès fut sûrement un homme de droit. Sa mission d'arbitrage "quand il revint vers le sud à Hermopolis, qu'il avait un décret royal, et qu'il s'est incliné devant les prêtres et leurs purs et a rendu la justice[9] pour leurs concitoyens" (ligne 4) en témoigne, comme le vœu "qu'Amon fasse durer ma caisse[10] à la porte où se rend la justice"[11] (ligne 3). Il est inévitable qu'en

---

[3] *ḏsr.j snḏ.f* un des sens de *ḏsr* serait "mettre en évidence" voir MEEKS, JEA 77, 1991, 202, qui insiste sur le sens premier de "mettre à distance, singulariser".

[4] Sur ce passage, voir H. DE MEULENAERE, *Les monuments du culte de Nectanébo*, CdE 35, 1960, 101; ID, *Une statue de prêtre héliopolitain*, BIFAO 61, 37 (n) et C. TRAUNECKER, *Coptos*, OLA 43, §334. On remarquera que le mot *wb3* employé ici correspond en démotique à *rw.t dj m3ꜥt*, J. QUAEGEBEUR, *La justice à la porte des temples et le toponyme premit*, Mél. Théodoridès, 1993, 203.

[5] H. W. FAIRMAN, *A Statue from the Karnak Cache*, JEA 20, 1934, 1 - 4. J'ai déjà attiré l'attention sur ce personnage (*Allusion, citation, intertextualité* , Fs E. Winter, sous presse) et projette une nouvelle étude de ses inscriptions.

[6] *sm.f.*

[7] *sš s3b* ? La rencontre des deux signes fait songer à l'expression *s3b sšw* "parcourir les marais, se promener"(Wb. 3, 420,15 - 421,5; A.lex., 79.2405), qui conviendrait au contexte. Comme il n'y a pas de raison que l'ordre normal des signes soit perturbé, il faut que l'auteur ait créé une variante originale "le marais de la promenade".

[8] *ꜥnꜥn* Wb. 1, 191,13.

[9] *jrj tp-nfr*, sens juridique, Wb. 5, 286,10-14 τὸ δίκαιον. ⲡϩⲁⲡ. F. DAUMAS, *Les Moyens d'expression du grec et de l'égyptien*, CASAE 16, 1952, 202, 217, 221. La phrase suggère qu'Ahmès avait été envoyé à Hermopolis pour régler un conflit qui opposait les prêtres des deux classes. Songer à P.Rylands IX.

[10] Le mot écrit *ꜥft*, comme le "camp des bédouins", ne paraît guère adapté au contexte. Plus vraisemblable serait sans doute *ꜥft.t*, dém. "caisse" (VITTMANN, SAK 10, 328 (f)), au sens commercial du mot, ce qui indiquerait que la fonction attachée à la justice à la porte du temple

rédigeant les inscriptions justement d'une de ces portes, il ait repris de son métier la vision de la juridiction divine, et qu'il ait donné à la justice imginaire des traits de celle qu'il pratiquait. Le mythe prend par là un fumet de réalité contemporaine, comme nous allons le voir, tout en gardant la distance en intégrant celle-ci à des institutions disparues: les deux titres judiciaires dont se pare Khonsou sont en effet le *ṯȝtj sȝb* et le *ntȝtȝ*, tous deux absents des documents démotiques. Je doute aussi que les juges ou le prévenu lors de son acquittement se soient enguirlandés de fleurs ailleurs que dans les récits...

L'ambiguïté des fonctions de la porte favorisait le talent d'Ahmès. Dans la pratique, c'était une "porte où l'on rend la justice"; dans la liturgie théorique du temple, c'était le passage du profane au sacré, par lequel l'officiant – en principe le pharaon – était habilité à faire le service par la confirmation de son pouvoir que lui assurait le mythe de la justification d'Horus transposé sur la personne du dieu local Khonsou représenté dans plusieurs tableaux[12]. La verve de l'auteur a pu s'y donner libre cours, créant un "paysage judiciaire" vivement coloré, contrastant avec la sécheresse des informations dont se contenteront plus tard ceux qui conçurent des décors analogues pour la porte de Montou à Karnak, le pylône d'Edfou ou l'entrée du sanctuaire de Philæ[13].

Le corps des magistrats est normalement appelé des termes habituels , *mʿbȝyt* (41,6; 59,13) ou *ḏȝḏȝt* (22,16; 41,21), ce dernier désignant précisément une "cour d'arbitrage" (*ḏȝḏȝ.t wḏʿ mdw*) chargée du procès d'Horus (22,16). En revanche, *js.t* (41,9) pour désigner le collège des assesseurs semble nouveau. Je ne connais d'autre emploi du mot dans un contexte judiciaire qu'à Edfou (8, 122 - 123), dans l'expression *ʿ.t js.t,* qui semble calquée sur la dénomination démotique usuelle du tribunal *pȝ ʿwy n wptyw* qui n'apparaît pas dans les inscriptions des temples[14], sur laquelle nous

---

n'était pas sans profit, à moins qu'il ne s'agisse d'une simple caisse dans laquelle se trouvaient les actes des procès. J. QUAEGEBEUR, Mél. Théodoridès, 1993, 203, relève que le bureau des taxes se trouvait à proximité.

11 Voir TRAUNECKER, Coptos, §347 - 357, avec la littérature antérieure; J. QUAEGEBEUR, o.c., 201 - 220.

12 Sur le rituel de la confirmation du pouvoir royal dans le passage de la porte, voir J.-C. GOYON, *Aspects thébains de la confirmation du pouvir royal: les rites lunaires,* JSSEA 13, 1983, 2 - 9.

13 Je reviendrai dans un autre article sur cet ensemble de documents (*Urk.* 8, [26, 30, 34, 38]; *Edfou* 8, 25,3 - 26,8; 32,14 - 34,2; 52,3 - 53,8; 60,13 - 62,2; Philae, PM 6, 235 - 236, colonnes 3, 5, 7, 10).

14 Voir l'article de S. ALLAM cité note*.

reviendrons. *sḏmw* les auditeurs-juges (41,18; 59,18) est une vieille fonction de l'appareil judiciaire, constitués autrefois en *ḳnbt*, (Wb. 4, 388,13- 389,4) et en "chambre des auditeurs" (*ẖ3w n sḏmw* (*Edfou* 8, 123,7, cf. *Esna* 5, 171, y) à partir de la fin de l'époque ptolémaïque, tandis que le nom de la langue courante, *wpwtjw*, qu'on trouvera plus tard pour définir le rôle des dieux proclamant le triomphe d'Horus à Edfou (*Edfou* 8, 122,16), n'apparaît que comme l'épithète d'une hypostase mineure de Khonsou sur la porte d'Evergète (9,16). Sur celle-ci, au contraire de la scène d'Edfou gravée sur la surface du pylône, qui localise ailleurs le procès par l'emploi des expressions que je viens de rappeler, le tribunal se définit par des personnes et non par le lieu, comme s'il était inutile d'en faire état, parce qu'il s'identifiait au siège même de la cour. Ainsi s'illustre l'ambiguïté annoncée plus haut.

Il n'y avait pas de raison de nommer la *rw.t dj m3ʿ.t* dans les scènes auxquelles elle sert de support, qui se situent du côté du mythe. Mais si l'expression *wḏʿ rj.t* (23,17; 41,21), particulière, semble-t-il, à cette institution qui jugeait sans appel, y définit la juridiction du dieu, elle fait entendre qu'il exerce ce pouvoir autant dans l'imaginaire représenté sur le mur que dans la réalité où il prononçait lui-même les jugements[15]. Nous reviendrons sur ce point dans la suite.

Vu la nature mythique de la juridiction de Khonsou, les titres de la hiérarchie judiciaire sont peu nombreux et se retrouvent dans la titulature spécifique du roi[16].

Le plus général est *sr n m3ʿt*, "officier de justice" (10,12; 15,12; 22, 11,16; 32,11; 41,4; 59,18). Il ne semble pas désigner une fonction réelle, tout en évoquant l'ancienne administration égyptienne, où *sr* est un titre fréquent des agents supérieurs.

t3jtj-s3b est le plus fréquent (15,4; 23,17; 31,4, 11; 32,13; 41,16; 59,4,22). Il appartient à la nomenclature dès l'Ancien Empire, mais a disparu de la réalité. Il est inconnu des documents démotiques. Le plus souvent dans les textes religieux, il appartient à Thot[17], dont Khonsou s'annexe souvent le

---

[15] *wḏʿ rjt* .Wb. 1, 406,1-4. qui juge en dernière instance. P. G. F. VAN DEN BOORN, *wḏʿ ryt and justice at the Gate*, JNES 44, 1985, 1 - 25.

[16] On identifiera dans les lignes suivantes les titulatures du roi et du dieu d'après le numéro de la ligne de l'inscription, le chiffre le plus bas étant toujours attribué au côté du pharaon, selon le système décrit au début de l'article.

[17] M.-TH. DERCHAIN-URTEL, *Thot*, Rites Egyptiens 3, 1981, 85 - 106; F. LABRIQUE, *Stylistique et théologie à Edfou*, OLA 51, 1992, 210 (953) = *Edfou* 7, 195,10-11 et note 1028.

nom. Il lui est d'ailleurs si propre que lorsqu'il est une fois attribué à Ptah (28, 12) le texte précise que celui-ci paraît "en sa forme (*jrw*) d'ibis".

nt3t3 (2,a; 10,18; 15,4; 28,9; 41,21) que Quaegebeur[18], s'inspirant de l'étymologie du mot (qui parcourt la terre?), propose de traduire "juge itinérant", semble une fonction liée à la première, et pourvue d'une administration indépendante, s'il faut en croire les titres subalternes que nous examinerons plus bas. Si l'interprétation est correcte et si le titre correspond à une fonction réelle, Il faudrait l'imaginer comme l'ancêtre lointain du *substitut de campagne* de Tawfik el Hakim ... Comme il n'est attesté qu'exceptionnellement en dehors de nos inscriptions et jamais en démotique, on pourrait se demander s'il dissimule sous une dénomination propre aux hiéroglyphes une réalité du "portail où l'on rend la justice", dont le correspondant en langue vulgaire nous échappe.

ṯ.t vizir, associé au *mr nwt* (14,4), ne figure que dans la titulature du roi tandis que *mr-nwt* Bourgmestre à Thèbes (29,11; 32,4) désigne aussi Khonsou. Leur proximité fait songer aux conflits d'autorité dans les procès de la fin du Nouvel Empire.

Dans les scènes de présentation de Maât (14 et 15), les quatre derniers titres sont associés deux à deux dans l'inscription marginale derriére le roi, comme s'ils étaient équivalents.

Au contraire de ces titres traditionnels, celui de *nḏ.t ḫt* que nous examinerons plus tard, semble inspiré de la réalité judiciaire contemporaine.

Sur le modèle d'une administration réelle, le dieu juge est flanqué de secrétaires, dont la charge est assumée par deux de ses hypostases:

Khonsou, *wn nḫj*[19], issu de l'œil d'Atoum, Le juge[20] vénérable qui brille dans l'œil gauche, est le greffier(?) du vizir (*jrj-ʿ.t n t3jtj s3b*) (9,18) et

Khonsou, *p3 jrj sḫrw*, issu de l'oreille de Râ[21], Kefden le grand, qui illumine de l'œil gauche, le greffier du juge itinérant (*jrj-ʿ.t n nt3t3*) (10,18).

[18] J. QUAEGEBEUR, Mél. Théodoridès, 219. Titre de Khonsou, *Urk.* 8, (19h).

[19] G. POSENER, Ann. Coll., 70, 1970-71, 393 - 394. E. BRUNNER-TRAUT, *Sehgott und Hörgott*, Mél.Otto, 1977, 139.

[20] *wpy*, déterminé par le babouin accroupi. On pourait aussi songer, d'après l'orthographe à *wpwty* „messager", épithète fréquente de Thot. Dans le contexte, toutefois, ce sens est à écarter. Pour l'orthographe de "juges" comme ici, voir par ex. *Edfou* 8,122,15. De plus, dans le tableau symétrique, au même endroit de la titulature, l'autre hypostase de Khonsou porte le nom de Kefden, que l'on trouve encore dans la scène 59,10, désignant cette fois Khonsou à Thèbes Neferhetep dans un contexte judiciaire.

[21] L. STÖRK, GM 5, 1973, 33 - 38; GM 8, 1973, 39 - 42; GM 108, 1989, 65 - 74.

Si les deux „juges" de haut rang, dont les deux formes de Khonsou se voient appelées les auxiliaires, sont inconnus des textes démotiques, *jrj ʿ.t* au contraire appartient à la terminologie classique. C'est un vieux mot qui ne semble pas attesté en démotique, mais correspond au copte ⲁⲣⲁ[22], titre thébain mal connu, qui désigne apparemment un employé des finances ou de la justice. L'orthographe *ʿ3y.t* dissimule certainement *ʿ.t*,[23] qui désigne toute espèce d'administration dans la terminologie contemporaine. Le tribunal est ordinairement *p3 ʿ.wy n wpyw*[24], et la langue des temples, à la fin de l'époque ptolémaïque, a créé *ʿ.t ist*, pour désigner le collège des juges[25]. *ist*, d'autre part, est déjà employé dans le sens de „membres du tribunal" sur la porte d'Evergète (41,9) comme synonyme de *mʿb3jt*. Les deux titres dont il vient d'être question ont donc une connotation parodique.

A l'exception de ces deux "adjoints", les inscriptions de la porte d'Evergète ne précisent pas les fonctions des membres de la "cour" mentionnée plus d'une fois collectivement, tandis que sous Ptolémée XII, à Edfou, une scène du pylône attribue à chacun une fonction précise, dans un contexte qui évoque pourtant aussi le "portail où l'on rend la justice". Râ y est le "grand juge maître de l'Egypte"; Thot, "le *t3jtj s3b* qui refuse les épices et satisfait les dieux par ses actes"; Maât est naturellement présente sans autre fonction que d'"ornement de la poitrine et de gosier que l'on vit de contempler en respirant le souffle de sa(?) dignité"; il va de soi que Hou "prononce le jugement dans la chambre des juges-auditeurs (*ḫ3w sḏmw*)", tandis que Sia "juge tout le monde en dernière instance (*wḏʿ ry.t*) Voir est "le président du tribunal (*ʿ.t is.t*) qui écoute les plaintes de tous". Enfin les deux Sechat enregistrent les décisions (*Edfou* 8, 123).

Le même tableau décrit également l'installation de la cour:
"Ces grands dieux aînés tranchent entre les plaidoiries (*wḏʿ mdw*), assis sur leurs nattes, juges divins qui distinguent le vrai du faux, très redoutés dans le tribunal (*ʿ.t is.t*): Râ l'aîné avec son cœur pareillement, sa fille Maât, Voir et Entendre sont à leur côté lorsque leur est rapporté par sa mère Isis et sa sœur

---

[22] W. WESTENDORF, KHWb, 10; CRUM, 14. Ce dernier hésite entre l'administration des finances et celle de la justice, les contextes n'étant pas explicites. On pourrait rappeler ici l'observation de QUAEGEBEUR, Mél. Théodoridès, 203 sur la proximité des deux bureaux à Thèbes.

[23] ERICHSEN, 52 - 53.

[24] ALLAM, JEA 77, 1991, 119-127. QUAEGEBEUR, Mél. Théodoridès, 217.

[25] FAIRMAN, ZÄS 91, 5 (III), citant *Edfou* 8, 120,9; 122,16 et 123,11 + 6; 311,7-8.

ce qui est arrivé à Horus. Leurs ba viennent s'installer à la porte[26] pour juger en dernière instance (*wḏ' rjt*), en faveur de l'enfant d'Osiris. Ils confèrent (*fḳ3*) à Horus l'épée (*ḫpš*) pour qu'il règne (*ḫpš*) comme souverain d'Egypte quand il aura reçu son titre de souveraineté (*jmj.t-pr*), etc..." (*Edfou* 8, 122,15-18).

Ces dieux sont en outre parés de leur collier (*sḫkr.ṯn m jrj šnb.t*,: 122,10). On songe sans doute à l'image de Maât, "ornement de la poitrine", selon la légende de la description détaillée du tribunal que l'on vient de lire. C'est en effet l'emblème du vizir[27], ainsi que le rappelle l'inscription marginale d'une scène de la porte d'Evergète (22,16): "L'officier de justice (*sr n m3't*) ... sa Maât est unie à son cou, quand il a conféré la justification aux côtés du seigneur universel en présence du conseil qui tranche entre les plaidoiries" , et c'est d'elle qu'il prendra l'inspiration, selon la légende voisine de la "Dame de l'écriture, bibliothécaire, Gosier vénérable (= Maât), collier du vizir qui vit tourné vers elle" (*Evergète* 22,17-19; voir aussi 31,15-16 et 32,15-16).

Toutefois, pour la proclamation solennelle de la légitimité d'Horus, sur la porte d'Evergète, on suivait un cérémonial spécial: les membres du conseil se parent de guirlandes (59,10-12 et 41,9) comme ils l'avaient fait dans le Conte d'Horus et Seth (Chester Beatty I, 16,6-7).

Ces guirlandes sont apparemment identiques à celles qui constituent la "couronne de la justification"[28]. Cette dernière contient en effet les mêmes plantes *ḫ3* [29], que l'on trouve au cou des juges (59,12) lors de la proclamation de la victoire d'Horus, comme elles sont au cou du "triomphateur" (29,11): "Khonsou-Thot sort de son procès justifié, il est le bourgmestre assis sur sa natte (en tant que juge) son cou orné du collier"... Comme le héros de cette aventure est justement celui qui remplit les fonctions de juge suprême, on peut de nouveau hésiter sur la nature réelle de l'objet qui lui orne le cou. Le jeu de l'ambiguïté se poursuit!

La cérémonie s'accompagnait apparemment de mouvements qu'il est malaisé de s'imaginer précisément: "les grands dieux sont sur leurs nattes et il (Khonsou) est le vizir, Maât avec lui, pour expulser le mal de ce pays entier

---

26 *rwt*, cf. *Edfou* 8, 145,12, dans la même expression, où le déterminatif représente une porte (cité par D. Kurth, in liste de Montpellier, 429, N° 685).

27 J. QUAEGEBEUR, Mél. Théodoridès, 219, note 118.

28 PH. DERCHAIN, *La couronne de la justification. Essai d'analyse d'un rite ptolémaïque*, CdÉ 30, 1955, 225 - 287.

29 "Cette belle guirlande de la justification, des plantes *ḫ3* s'y trouvent" (29,5).

(*jwḥ ʿb*), et quand les dieux sont contents de ce qui sort de leur (?) bouche, les anciens se lèvent pour eux de leur place" (32,16). A Dakke, beaucoup plus tard, dans un contexte mutilé, on ne sait malheureusement pas ce que font "les anciens qui sont à leur place" pour Thot, l'officier de justice, qui détient par ailleurs une prérogative attestée à la porte d'Evergète[30], dont il sera bientôt question.

L'Egypte ancienne ne connaissait pas la séparation des pouvoirs et ne distinguait pas non plus nos deux magistratures. Les quelques traits qui achèveront l'esquisse des pouvoirs de Khonsou montreront un président tyrannique qui mène également l'instruction...

A l'audience, les assesseurs opinent comme lui, nul n'ose le contredire: "Khonsou dans Thèbes, Neferhetep, Horus qui possède la "largeur de cœur" à Karnak, Chou le grand aîné de Râ, Chou le *tȝjty sȝb*, seigneur du tribunal. Son gosier[31] départage les discours au milieu du silence, tant est grande l'impression qu'il fait sur les dieux tandis que les juges-auditeurs jugent selon ce qui sort de sa bouche sans que l'on s'oppose à ce qu'il décrète" (41,18-21).

"Maître de la justice, son abomination est la fausseté (*isft*), il contrôle le mal (*ḳn*) et le mensonge, scribe énergique (*ṯmȝ ʿ*)[32], qui donne des directives à ce qui est et ce qui n'est pas, juge itinérant, qui juge en dernière instance, à la tête claire[33] dont l'abomination est la partialité; langue de Râ, qui prononce les décrets au conseil tandis que les primordiaux se taisent pour écouter son discours[34], car sa crainte est grande parmi les grands dieux" (41,23-25).

Le rôle de juge d'instruction est d'autre part suggéré par une brève formule, *nb šsmw nḏ jẖt* (41,4; 32,12) "qui possède les fouets, qui s'informe/qui délibère"[35].

---

30 G. ROEDER, *Dakke*, 137.

31 *nfr.f*, "gorge, gosier": Fairman, ZÄS, 91, 8 (VII).

32 Même titre *Hibis*, 27 mur est, 1; *Evergète*, 2 b.

33 *ȝḫ tp* ? L'épithète ne m'est connue que par cette inscription. On trouve d'ailleurs d'autres formules sur la porte qui semblent des créations originales, par ex.: *msḳ hpw* (59,4) "qui aiguise les lois" ou "qui forge les lois" (*msḳ*, "battre le métal" A.lex., 77.1876 = ⲙⲟⲩⲥⲕ KHWb, 520 "schärfen"), ou encore *ḫsf kj* (23,17) "dont la nature est de punir" (J. F. BORGHOUTS, *The evil Eye of Apopis*, JEA, 59, 1973, 129, note 7, qui cite en outre *Edfou* 4, 305,14), expression rare dont c'est le plus ancien exemple.

34 Le silence des assistants pendant que le fonctionnaire donne des ordres, par ex., K. JANSEN-WINKELN, *Äg. Biogr.*, ÄAT 8, 1985, A 11, h 4 = p. 510 + 140. Il n'est pas rare non plus que les dieux eux-mêmes soient invités au silence pour entendre le décret de l'un d'eux. par ex., L. KAKOSY, *Three decrees of Gods*, OLP 23, 1992, p. 326 (pl. 7, l. 5), avec la bibliographie des décrets p. 323 - 324.

35 "Qui possède les fouets": *nb šsmw* Wb. 4 , 545,10-11.

Le premier terme rappelle une institution du Nouvel Empire, que Posener[36] a expliquée en partie grâce à la porte d'Evergète, en identifiant les prétendus rouleaux de la loi déposés aux pieds du vizir dans la tombe de Rekhmiré comme étant en réalité des nerfs de bœuf, qui signalent celui qui en dispose comme un fonctionnaire d'autorité[37]. On songe aux faisceaux des licteurs précédant les magistrats romains. Si l'institution est ancienne, l'image s'est adaptée à d'autres temps, et le mot désigne maintenant des fouets, dont on ne peut douter qu'ils soient d'un modèle courant, car on en voit un semblable dans la main d'un garde-chiourme dans un relief d'Edfou[38], et dans une autre scène de la porte d'Evergète. On y voit, entre le roi et le dieu, en complément de la palette du scribe, thème général de l'offrande[39], à côté du double encrier et de sept calames[40], deux fouets du même type posés sur un guéridon, sous lequel se trouvent encore deux choses étranges (pl. 22 = Fig.1), dont je ne connais pas d'équivalent dans les représentations égyptiennes. Dans le contexte, les deux mâchoires liées par des cordes font immanquablement songer à un instrument de torture, qui aurait pu figurer à côté des triques et des verges parmi ceux dont les actes des procès criminels de la fin du Nouvel Empire nous ont conservé les noms et décrit sommairement l'utilisation lors de l'examen d'un prévenu[41] que l'on avait averti que ça lui ferait mal[42]. A droite, le triangle formé de trois bâtons évoque une cangue ou un garrot[43]. Tout ce matériel est

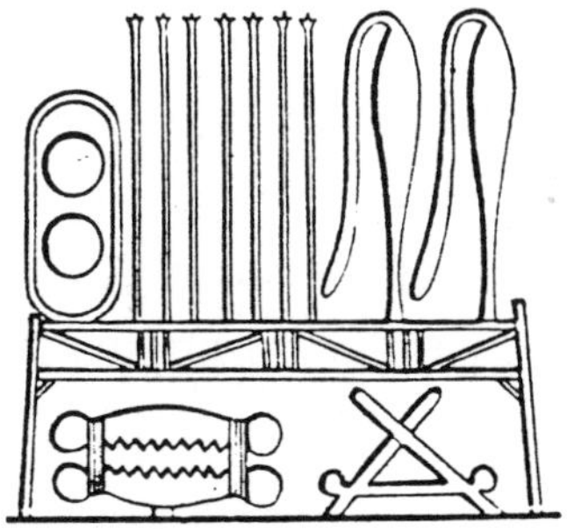

Fig.1

[36] POSENER, *Les quarante rouleaux de lois*, GM 25, 63 - 66.

[37] En dernier lieu, G. P. F. VAN DEN BOORN, *The Duties of the Vizier*, Londres, 1988, 29 - 32, qui me paraît trop insister sur le caractère symbolique des objets, dont l'usage n'était sûrement pas rare dans la pratique égyptienne. J'inclinerais aussi à penser que l'origine de ce symbole de l'autorité est plus à chercher dans le quotidien des justiciables que dans la "royal-religious sphere", comme il l'écrit p. 41!

[38] *Edfou* 13, pl. 459 et peut-être 463 que m'a signalés D. Kurth.

[39] Sur les rapports de la palette et de la justice, voir A.- P. ZIVIE, *L'ibis, Thot et la coudée*, BSFE 79, 1977, 36 - 37.

[40] Ce détail du tableau révèle la précision de l'auteur, car le nombre correspond à une donnée bien attestée, comme me l'a fait observer Matthias Rochholz, à qui je dois la connaissance du passage d'*Edfou* 3, 190,3, où sept calames font partie de l'offrande de la palette à côté du godet.

[41] T. E. PEET, *Great Tomb-robberies*, 1930, Text, 20 - 21; nombreux passages dans divers papyrus, entre autres Mayer A, 3,1-2 = KRI 6, 808,9-12; P.Leopold II-Amherst, 3,16= KRI 6, 487,6-8: "Il fut examiné à nouveau, battu de verges *bḏr*, ses pieds et ses mains travaillés avec l'instrument *mʿnn*". L'identification de cet objet avec les menottes qui enserrent les mains

offert à Khonsou -Thot – le *ṯ3jtj s3b* – l'incorruptible officier de justice (22,11-12), comme les accessoires de son métier.

Le second terme, *nḏ jḫt* , attesté fréquemment depuis le Nouvel Empire connaît un emploi particulier à l'époque hellénistique en fournissant la traduction hiéroglyphique d'ἐπιστάτης dans un passage du décret de Canope[44], correspondant au démotique *p3 šn,* Dans d'autres passages du même décret, on le retrouve comme épithète dans l'expression *wʿbw nḏ jḫt* , où il correspond à βουλευτὴς ἱερεῦς et au démotique *mnḳ md,* qui appartiennent à un contexte différent. *šn* signifiant "demander", Spiegelberg avait proposé de comprendre le titre "contrôleur", "Kurator", "quelqu'un qui enquête" qui trouve une confirmation dans le rôle que l'on attribue à un *mr šn* dans le livre d'Ankhsheshonqy (24,11). Associé à *nb šsmw,* ce sens convient parfaitement. Les fouets et les objets du tableau commenté ci-dessus sont les emblèmes très réalistes du juge d'instruction, de l'inquisiteur, second aspect du dieu-vizir, appelé à faire apparaître la vérité sous le "portail où l'on rend la justice".

Dans la procédure du "portail où l'on rend la justice", le serment avait force de preuve[45], il semble que Khonsou joue un rôle analogue à celui de l'épistate, entre les mains de qui l'on prêtait serment dans certains litiges[46] et que l'équivalence *nḏ jḫt* = ἐπιστάτης répond à une réalité contemporaine. Entre le juge d'instruction traditionnel et le fonctionnaire lagide, les mots ont fait au dieu une place ambiguë dont le tableau suivant résume la complexité:

---

de prisonniers dans certains reliefs du Nouvel Empire, proposée par Peet (l.c.), est à exclure, car cet objet a entretemps reçu un autre nom (Ph. DERCHAIN, *Miettes (1): §2 L'objet ḲḪ*, RdÉ 26, 1974, 7 - 20). Si la racine *mʿnn* a bien le sens de "tordre", on pourrait penser qu'elle sert à désigner l'objet de la porte d'Evergète, dont les mâchoires semblent être maintenues par des cordes que l'on peut tordre pour les serrer.

42 P.Mayer A, 8,5-6= KRI 6, 817,13-16: "L'examen qu'ils te feront subir sera cruel, ta main fera mal...".

43 Ce qui m'en paraît le plus proche, sans être identique, est un dispositif constitué d'un bâton sur lequel est fixée une boucle de corde, avec lequel les aides du bourreau soulèvent les pieds du condamné dans une scène de bastonnade dessinée par J.-J. Rifaud, *Voyages en Egypte, en Nubie et lieux circonvoisins, depuis 1805 jusqu'en 1827* , [à partir de 1830], pl. 20, sur laquelle E. Winter a attiré mon attention et que j'ai pu voir grâce à l'obligeance de L. Limme qui m'en a fait tenir une photocopie, d'après l'exemplaire des Musées Royaux d'Art et d'Histoire à Bruxelles.

44 W. SPIEGELBERG, *Der demotische Text der Priesterdekrete von Kanopos und Memphis,* 1922, Texte l. 74, hiéroglyphes 36. glossaire, 350 p.192 = *Urk.* 2, 153,11.

45 TRAUNECKER, *Coptos*, §354 - 357.

46 U. KAPLONY-HECKEL, *Die demotischen Tempeleide*, Äg.Abh. 6, 1963, nos 28, 35, 207, en matière civile.

nḏ jḫt	*šn*	ἐπιστάτης	*ꜣpjstts*
	mr šn	ἀρχιερεῦς / λεσῶνις	
serments à la *rwt dj mꜣꜥt*	chargé d'enquêtes (Ankhshesh., 24,11)		serments en sa présence (Kaplony-Heckel, Tempeleide)
"interroger"	"enquêter"		

L'allusion à l'administration contemporaine est claire, le quotidien sert à illustrer le mythe, assez vivant encore pour s'adapter aux images de son temps. Le vizir d'autrefois s'est fait fonctionnaire grec. Le jugement de légitimation symbolique illustre la juridiction réelle qui siégeait à l'ombre du portail.

Si la litanie du soubassement est à nos yeux le texte qui exprime avec le plus de force la puissance du dieu et évoque le plus directement la crainte qu'il doit inspirer, sa fonction judiciaire, effective à l'entrée du temple où il réside, apparaît dans les nombreuses illustrations que nous venons de voir. Sans doute, le commun des plaideurs était-il ignorant des hiéroglyphes qui couvraient les parois, et les évocations de la pompe des séances et de l'appareil judiciaire dans les textes devaient-elles lui échapper. Mais qui sait? Peut-être les fouets et les instruments de torture que l'on pouvait reconnaître sans tendre le cou, au dessus du juge interprète de la volonté divine, appuyé sur sa "caisse", comme Ahmès se décrit, étaient-ils aussi dissuasifs que la crainte du parjure...

Au moustier voy dont suis paroissienne
Paradis paint, ou sont harpes et lus,
Et ung enfer ou dampnez sont boullus:
L'ung me fait paour,...[47]

47 Villon décrit un jugement dernier comme on en voit au tympan du portail de tant d'églises, à Autun, à Vézelay ou à Conques, par exemple, et qui servait à l'édification des fidèles. Le rapprochement se poursuit d'ailleurs, car le parvis des cathédrales aussi pouvait être le lieu des ordalies... Voir: G. BANDMANN, *Mittelalterliche Architektur als Bedeutungsträger*, 1951 (référence de Ch. Eder).

P.S. I.: Au moment d'envoyer cet article à la presse, je reçois d'Erich Winter l'esquisse d'une scène gravée sur la colonne 3 de l'hypostyle de Philæ, où le matériel du scribe, d'après son dessin, comprend aussi sept calames. Cet exemple venant s'ajouter à ceux que nous connaissions déjà (voir note 40), on pourrait se demander si ce nombre ne représente pas une constante, et si, dans l'offrande de la palette de la planche 16 d'Edfou, registre supérieur IV (Texte: *Edfou* 1, 63), où il me semble distinguer cinq roseaux dans la main du roi, l'examen de la paroi ou d'une bonne photographie, dont je ne dispose pas, n'en révélerait pas aussi sept.

* * *

P.S. II.: Ordinairement, la justice se rendait à l'extérieur, devant la porte. Selon une observation de Traunecker, le portail choisi se trouvait souvent au nord du temple, ce qui permettait de juger toujours à l'ombre. Si l'interprétation proposée ci-dessus est exacte, le juge se serait tenu dans l'avant-cour du temple de Khonsou, dérogeant à la coutume, semble-t-il. A moins que la règle tacite n'ait été de siéger toujours du côté nord, en dépit d'éventuelles prescriptions théoriques, pour assurer le confort du tribunal?

Arno Egberts

Praxis und System. Die Beziehungen zwischen Liturgie und Tempeldekoration am Beispiel des Festes von Behedet[1]

Der Tempel war der Ort, wo die alten Ägypter und ihre Götter sich trafen. Der in den Tempeln von den Menschen vollzogene Kult war eine notwendige Voraussetzung für das Wohlergehen des von den Göttern beherrschten Kosmos. Sollte der Kult aufgelöst werden und die Tempel somit keine Treffpunkte mehr sein, so hätten auch die Götter sich zurückgezogen und wären Kosmos und Gesellschaft zum Scheitern verurteilt gewesen[2]. Es überrascht deshalb nicht, daß die Dekoration der Tempel das Gepräge der menschlichen und göttlichen Handlungssphären trägt. Kult und Kosmos sind die Stichworte zum Verständnis der ägyptischen Tempeldekoration.

Einer der bedeutendsten und scharfsinnigsten Kenner der ägyptischen Tempel der griechisch-römischen Zeit, PHILIPPE DERCHAIN, hat wiederholt betont, daß der kultische Aspekt der Dekoration dem kosmischen untergeordnet ist[3]. Der kultische Aspekt kommt vor allem in den Ritualszenen zutage. DERCHAIN betrachtet diese Szenen als Elemente eines symbolischen Systems, das in keinem faßbaren Verhältnis zur kultischen Praxis steht, sondern nur eine kosmische Bedeutung hat. Kurz gesagt: die Ritualszene ist eine Aussage, kein Abbild.

DERCHAIN hat mit Recht davor gewarnt, die sich auf den Tempelwänden ausdehnenden Szenenketten ohne weiteres als Wiedergabe der liturgischen Praxis anzusehen. Es wäre bestimmt ein methodischer Fehler, nur von

[1] Der vorliegende Text ist eine erweiterte Fassung meines Vortrags auf der Hamburger Tempeltagung am 2. Juni 1994. Wo möglich, habe ich die manchmal anregenden Bemerkungen und Beobachtungen seitens verschiedener Kollegen während der anschließenden Diskussion berücksichtigt. Ich danke DOROTHEA SCHULZ für ihre Korrektur meiner Verletzungen der deutschen Sprache.

[2] J. ASSMANN, *Ma'at. Gerechtigkeit und Unsterblichkeit im Alten Ägypten* (München 1990), 185-186. Die Auffassung des Tempels als Treffpunkt entnehme ich D. KURTH, *Treffpunkt der Götter. Inschriften aus dem Tempel des Horus von Edfu* (Zürich und München 1994).

[3] Siehe zuletzt 'Du temple cosmique au temple ludique', in J. QUAEGEBEUR ed., *Ritual and sacrifice in the ancient Near East*. OLA 55 (Löwen 1993), 93-97.

den Ritualszenen aus eine ägyptische Liturgie zu konstruieren. Der umgekehrte Weg, von der Liturgie zur Tempeldekoration, läßt sich aber ohne Bedenken verfolgen. Das sogenannte "Fest von Behedet" (*ḥb Bḥd.t*) in Edfu liefert dazu ein gutes Beispiel, weil wir über dessen Liturgie ziemlich genau informiert sind. Anhand dieses Beispiels werde ich versuchen nachzuweisen, daß die Tempeldekoration, ungeachtet ihrer unleugbaren kosmischen Dimension, durch konkrete kultische Vorgänge bedingt sein könnte. Somit ist die Ritualszene Abbild und Aussage zugleich.

Die Quellen für unsere Kenntnis des Festes von Behedet finden sich hauptsächlich im großen Tempel von Edfu. Daneben gibt es Anspielungen auf dieses Fest am Südtor der Umfassungsmauer des Tempelbezirkes und im Geburtshaus von Edfu. Schließlich sind auch im Tempel der Hathor in Dendara einige Hinweise auf deren Fahrt nach Edfu zu entdecken[4].

Im Tempel von Edfu wird das Fest von Behedet an verschiedenen Orten genannt. Unsere wichtigste Quelle ist der Text am Sockel der Südwand des Hofes, der eine detaillierte Beschreibung der Liturgie des Festes enthält[5]. Über dessen Ablauf geben auch die Festkalender an den Nordwest- und Nordosttoren des Hofes einige Auskünfte[6]. Außerdem finden sich verstreute Hinweise auf das Fest von Behedet in anderen Inschriften des Tempels. Es handelt sich dabei um untere und obere Randinschriften der Wände, um Inschriften auf Türpfosten und Türdicken und um Inschriften, die zu Ritualszenen gehören.

Die Quellen erlauben eine ziemlich genaue Rekonstruktion des Festablaufs. DIETER KURTH hat sich in seinem Vortrag auf der Mainzer Tempeltagung, der vor kurzem im Druck erschienen ist, eingehend mit diesem Thema beschäftigt[7]. Mit einer Fülle von Argumenten hat er gezeigt,

4 *Dendara* I, 20, 6–8; V, 5, 17–18; 14, 5–8; 16, 10–13; VI, 158, 4–7.

5 *Edfou* V, 28, 11–35, 3; 124, 6–136, 4; X, Tf. 121–122; Tf. 126–127; XIII, Tf. 451–479. Übersetzung in KURTH, *Treffpunkt der Götter*, 156-179.

6 *Edfou* V, 356, 8–357, 6; 394, 12–14.

7 'Die Reise der Hathor von Dendera nach Edfu', in: R. GUNDLACH und M. ROCHHOLZ ed., *Ägyptische Tempel. Struktur, Funktion und Programm (Akten der Ägyptologischen Tempeltagungen in Gosen 1990 und in Mainz 1992)*. HÄB 37 (Hildesheim 1994), 211-216. Ich möchte DIETER KURTH herzlich dafür danken, daß er mir Einsicht in sein Manuskript gewährt hat, als ich ihm in 1993 das Thema meines Referats für die Hamburger Tempeltagung vorschlug. Ich konnte damals feststellen, daß seine Rekonstruktion des Festes sich weitgehend mit derjenigen deckt, die ich, ohne Kenntnis des KURTHschen Vortrags, in meiner Dissertation über die Weihung der Meretkästen und das Treiben der Kälber dargelegt habe. Eine überarbeitete Fassung dieser im Oktober 1993 angenommenen Dissertation wird bald in der Reihe *Egyptologische Uitgaven* des Nederlands Instituut voor

daß die traditionelle Interpretation des Festes von Behedet, in der angenommen wird, daß das Fest sich im Tempel von Edfu und dessen unmittelbarer Nähe abspielt, nicht richtig sein kann[8]. Der KURTHschen Rekonstruktion zufolge, der ich mich gerne anschließe, wäre Behedet, das Hauptziel der Fahrt des Horus und seiner Gemahlin Hathor, im Südwesten des Tempels von Edfu zu lokalisieren. Die Lage dieses Orts legt die Vermutung nahe, daß er identisch ist mit der zu Edfu gehörigen Spätzeitnekropole von Nag el-Hasaya[9]. Diese Nekropole liegt südwestlich der Stadt in einer Entfernung von etwa zwölf Kilometern[10]. Somit läßt sich der Ablauf des Festes von Behedet folgendermaßen umreißen[11].

Am Vortag des Neumondtags des Monats Epiphi erreichte Hathor von Dendara, begleitet von Horus von Hierakonpolis, die Stadt Edfu. Am Kai wurden sie von Horus von Edfu und seinem Gefolge erwartet. Darauf fand eine gemeinsame Prozession zum großen Tempel statt, zu dem man durch das

---

het Nabije Oosten in Leiden, unter dem Titel *In quest of meaning. A study of the ancient Egyptian rites of consecrating the* meret-*chests and driving the calves* publiziert.

8 Diese Interpretation ist am ausführlichsten vorgelegt von M. ALLIOT, *Le culte d'Horus à Edfou au temps des Ptolémées*. BdE 20 (Kairo 1949-1954), 441-560. Siehe auch H.W. FAIRMAN, 'Worship and festivals in an Egyptian temple', *Bulletin of the John Rylands Library Manchester* 37 (1954-1955), 196-200; id., 'The Sacred Marriage at Edfu', in D. SINOR ed., *Proceedings of the Twenty-Third International Congress of Orientalists, Cambridge, 21st-28th August 1954* (London [1956]), 80-81; C.J. BLEEKER, *Hathor and Thoth. Two key figures of the ancient Egyptian religion*. Studies in the history of religion (supplements to *Numen*) 26 (Leiden 1973), 93-101; S. SAUNERON und H. STIERLIN, *Die letzten Tempel Ägyptens. Edfu und Philae* (Zürich und Freiburg i. Br. 1978), 67-71; S. CAUVILLE, *Edfou*. Bibliothèque générale 6 (Kairo 1984), 69-70; J.-F. PÉCOIL, 'Le soleil et la cour d'Edfou', *BIFAO* 86 (1986), 287-288.

9 ALLIOT, *Culte d'Horus*, 511, Anm. 2, schlägt vor, Behedet mit der Nekropole in der Nähe des koptischen Klosters Deir Amba Bachum, etwa vier Kilometer westlich von Edfu, gleich zu stellen. Diese Nekropole wird Hagir Edfu genannt, siehe G. GABRA, 'The site of Hager Edfu as the New Kingdom cemetery of Edfu', *CdE* 52 (1977), 207-222. Nach S. SAUNERON, *Ville et légendes d'Égypte*. BdE 90 (2. Aufl.; Kairo 1983), 28, Anm. 3, enthält das koptische Kloster, hier als Mari Girgis bezeichnet, wiederverwendete altägyptische Bauteile. Siehe zu diesem Kloster G. GABRA, 'Zur Bedeutung des Gebietes von Hagir Edfu für die Koptologie und Nubiologie', *MDAIK* 41 (1985), 9-14. Ich halte die Identifizierung von Behedet mit Hagir Edfu für weniger wahrscheinlich, weil man dann erwarten würde, daß die Inschriften diesen Ort westlich, und nicht südwestlich (*Edfou* I, 173, 12; II, 51, 10) oder südlich (*Edfou* I, 382, 11) von Edfu lokalisieren.

10 F. GOMAÀ, 'Nag' el-Hisaja', in *LÄ* IV, Sp. 318-319; P. VERNUS, 'Tell Edfu', in *LÄ* VI, Sp. 324 mit Anm. 27, und die dort zitierte Literatur. Füge hinzu: P. Munro, 'Zur Chronologie der Totenstelen aus Nag' el-Hisâyâ', *MDAIK* 41 (1985), 149-187; P. MUNRO, *Die spätägyptischen Totenstelen*, H. DE MEULENAERE, L. LIMME und J. QUAEGEBEUR, *Index et addenda* (Brüssel 1985), 79; M.-TH. DERCHAIN-URTEL, *Priester im Tempel. Die Rezeption der Theologie der Tempel von Edfu und Dendara in den Privatdokumenten aus ptolemäischer Zeit*. GOF IV/19 (Wiesbaden 1989), 10 und 19-34.

11 Die folgende Beschreibung basiert zum größten Teil auf dem liturgischen Text der Südwand des Hofes (siehe oben, Anm. 2).

Tor des sogenannten "ramessidischen Pylons" gelangte[12]. In den Tempelbeschreibungen wird dieser Durchgang das "Tor" oder das "Achsentor" (*sbꜣ n ḫft-ḥr*) "des Goldes, der Herrin von Dendara" genannt[13]. Der Tempel wurde durch das Südosttor seines Hofes betreten, der in der Achse des Pylondurchgangs liegt. Nach der Erscheinung im Tempelhof zog die Prozession ins Innere des Tempels, wo Horus und Hathor die Nacht verbrachten.

Am folgenden Tage, d.h. am Neumondtag, verließen Horus und Hathor samt ihrem Gefolge den Tempel von Edfu wieder durch das Südosttor des Hofes und anschließend durch den Durchgang des ramessidischen Pylons, den sie einen Tag zuvor als Eingang benutzt hatten. Üblicherweise wird angenommen, daß auch der Tempelbezirk von seiner Ostseite her verlassen wurde[14]. Eine Inschrift am Südtor des Bezirkes sagt jedoch aus, daß dieses Tor den Ausgang bildete[15]. Von dort aus erreichte man den Kai, wo die Schiffe des Horus und der Hathor festgemacht waren. Am Kai wurde ein komplexes Ritual aufgeführt, zu dessen Riten unter anderem die Weihung der Meretkästen und das Treiben der Kälber gehörte. Sobald dieses Ritual abgeschlossen war, legten die Schiffe ab und fuhren südwärts. Nach einem Aufenthalt in einer Stätte namens "Hügel-des-Geb"[16] landete man in Behedet. Dort begaben Horus, Hathor und die übrigen Götter sich zur Ruhe im sogenannten "niederen Tempel".

Am folgenden Tage fing das eigentliche Fest von Behedet an, das vierzehn Tage dauerte. Die ersten vier Tage des Festes wurden gekennzeichnet von Götterprozessionen zu verschiedenen Stätten in der Nekropole von Behedet. Eine dieser Stätten wird der "hohe Tempel" von Behedet genannt. Der Zweck der Prozessionen war die Spende von Wasser und Nahrung für die in der Nekropole begrabenen Götterahnen, d.h. Osiris samt einem

---

[12] Siehe zum "ramessidischen Pylon" L.A. CHRISTOPHE, 'Le pylone "ramesside" d'Edfou', *ASAE* 55 (1958), 1-21; CHR. LOEBEN, 'Bemerkungen zum Horustempel des Neuen Reiches in Edfu', *BSEG* 14 (1990), 57-62; W.J. MURNANE und F.J. YURCO, 'Once again the date of the New Kingdom pylon at Edfu', in R. FRIEDMAN und B. ADAMS ed., *The followers of Horus. Studies dedicated to Michael Allen Hoffman* (Oxford 1992), 337-346.

[13] *Edfou* VI, 7, 6; VII, 19, 1.

[14] ALLIOT, *Culte d'Horus*, 542–543.

[15] *Edfou* VIII, 160, 10–11.

[16] Es ist verführerisch, wenn auch nicht zu beweisen, mit dieser Stätte die kleine Stufenpyramide, die etwa fünf Kilometer südwestlich von Edfu liegt und vielleicht dem König Huni der 3. Dynastie gehört hat, in Verbindung zu bringen; siehe G. DREYER und W. KAISER, 'Zu den kleinen Stufenpyramiden Ober- und Mittelägyptens', *MDAIK* 36 (1980), 45 mit Tf. 72.

Götterkollektiv, das mehrfach im Tempel von Edfu dargestellt ist und "Kinder des Re" genannt wird.

Am vierzehnten und letzten Tage des Festes, der zugleich ein Vollmondtag war, kehrten Horus und Hathor samt ihrem Gefolge in ihren Schiffen zurück nach Edfu. Dort begaben sie sich zu einem Gebäude, das im Süden der Stadt lokalisiert ist und dessen Namen *ḳḥs* lautet[17]. In der bisherigen Literatur zum Feste von Behedet bleibt die Identifizierung dieses Gebäudes im Unklaren[18], aber es kann kein Zweifel daran bestehen, daß damit das Geburtshaus von Edfu gemeint ist, und zwar aus zwei Gründen. Erstens lassen die anderen Belege des Namens *ḳḥs* im Tempel von Edfu einen klaren Bezug zum Geburtshaus erkennen[19]. Zweitens gibt es eine Inschrift im Geburtshaus, die besagt, dieser Tempel sei "der Ruheplatz der Hathor der Großen während der Reise nordwärts nach Dendara, nach der Feier der Feste für die Kinder des Re in Behedet im dritten Monat der *šmw*-Jahreszeit am Neumondtag"[20]. Nach Abschluß der Zeremonien im Geburtshaus kehrten die beiden Protagonisten heim. Horus wandte sich zum großen Tempel von Edfu, während Hathor in ihrem Schiff zurück nach Dendara fuhr.

Außer dem Fest von Behedet gab es mindestens zwei andere Feste, bei denen den Götterahnen von Behedet Opfergaben dargebracht wurden. Im Festkalender des Horus von Edfu im Hof seines Tempels lautet die Angabe für den 25. bis zum 27. Tybi: "Die Feste des Hinlegens der Opfer für die Götter von Behedet"[21]. Das Datum des 27. Tybi ist auch im sogenannten kleinen Festkalender des Horus von Edfu verzeichnet[22]. Das gleiche Datum findet sich in einer Inschrift auf der östlichen Dicke des Südtors des Tempelbezirkes, wo es heißt, daß Horus an diesem Tage durch das Tor nach Behedet ging um den dortigen Göttern Opfer zu spenden[23]. Schließlich ist das Datum des 27. Tybi erhalten in einer Beischrift einer Ritualszene auf der westlichen Innenseite der

---

17 *Edfou* V, 30, 6–7; 34, 5–6.

18 ALLIOT, *Culte d'Horus*, 551, Anm. 3; KURTH, *Treffpunkt der Götter*, 362–363.

19 *Edfou* VII, 235, 7; 240, 8; *Edfou Mam.*, 150, 9. Die ursprüngliche Form dieses Namens ist *ḳḥss*, siehe D. MEEKS, *Le grand texte des donations au temple d'Edfou*. BdE 59 (Kairo 1972), 93–95, wo *ḳḥs* zu Unrecht im Norden des Tempels von Edfu lokalisiert wird.

20 *Edfou Mam.*, 56, 4–5.

21 *Edfou* V, 400, 1.

22 *Edfou* I, 359, 16-17.

23 *Edfou* VIII, 160, 9-10.

Umfassungsmauer[24]. Diese Szene wird uns wegen ihrer besonderen Ikonographie im folgenden noch beschäftigen[25].

Im Unterschied zum Fest von Behedet im Monat Epiphi wurde Horus bei seiner Reise nach Behedet im Monat Tybi nicht von Hathor begleitet. Das Spiegelbild dieser Situation ereignete sich möglicherweise im Monat Paophi, im Zusammenhang eines Festes, das vom 18. bis zum 24. stattfand. Die wichtige Erkenntnis, daß Hathor von Dendara auch bei dieser Gelegenheit nach Edfu segelte, verdanken wir WOLFGANG WAITKUS[26]. Das ausführlichste Zeugnis des Paophifestes findet sich in der oberen Randinschrift der östlichen Außenseite der Umfassungsmauer. Daraus entnehmen wir, vorausgesetzt daß ich die Stelle richtig verstehe, daß Hathor nach ihrer Ankunft in Edfu den großen Tempel umkreiste und darauf zum Geburtshaus zog[27]. Dort ruhte sie sieben Tage zusammen mit Horus, Harsomtus und dem Horusspeer. Zum Abschluß besuchte Hathor die Nekropole von Edfu um den Kindern des Re Opfer zu spenden. Sie wurde dabei von einem Gott begleitet, der *ḫy ꜥ3 wr*, der "sehr große Erhabene", genannt wird[28]. Meiner Meinung nach kann damit nicht Horus von Edfu gemeint sein. Wo sonst von einer gemeinsamen Prozession des Horus und der Hathor die Rede ist, geht der Name des Gottes immer dem der Göttin voran. Hier aber folgt *ḫy ꜥ3 wr* auf den Namen der Hathor. Aus den Tempelinschriften von Edfu kenne ich nur ein weiteres Beispiel dieser Bezeichnung, das aus dem Horusmythus stammt[29]. Dort wird Horus von Edfu von Re-Horachte angeredet mit den Worten: "Erhabener, der aus mir hervorging". In den Privatdokumenten aus Edfu begegnet man gelegentlich *p3-ḫy*, "der Erhabene", als einem Bestandteil theophorer Personennamen[30]. In den Inschriften aus den Sandsteinbrüchen von Gebel es-Silsile, die nicht weit von Edfu entfernt sind, wird häufig der Gott "*Pa-ḫy* der

---

24 *Edfou* VI, 134, 2.

25 Siehe unten, Anm. 68.

26 'Eine Fahrt der Hathor von Dendara nach Edfu im Monat Paophi?', *GM* 135 (1993), 105–111. Dort nicht verzeichnete Belege des Paophifestes sind *Edfou* VII, 32, 7-8; 38, 3-4; VIII, 159, 9.

27 *Edfou* VII, 27, 1-2.

28 *Edfou* VII, 27, 3-4.

29 *Edfou* VI, 111, 3.

30 *P3-šr-p3-ḫy*: *Demot. Nb.* I, 238; M. THIRION, 'Notes d'onomastique. Contribution à une révision du Ranke *PN* VIII', *RdE* 43 (1992), 163. *Pa-ḫy*: *Demot. Nb.* I, 404-405. *Ns-p3-ḫy(-n-Bḥd.t)*: *Demot. Nb.* I, 670; THIRION, art. cit., 164.

Harpunierer (*msn*)" erwähnt[31]. Ist es möglich, daß *ḫy ꜥꜣ wr*, der "sehr große Erhabene", auf den Horusspeer hindeutet? Wenn diese Vermutung zutrifft, würde Horus während des Paophifestes nicht an der Prozession nach Behedet teilnehmen.

Aus dem Vorhergehenden ergibt sich, daß Hathor von Dendara zweimal im Jahre nach Edfu reiste und anschließend die Nekropole dieser Stadt besuchte. Daraus folgt, daß die Anspielungen auf eine Fahrt der Hathor, die sich in den Tempelinschriften von Edfu finden, nicht ohne weiteres auf das Fest von Behedet im Monat Epiphi bezogen werden können. Ein solcher Zusammenhang läßt sich nur in den Fällen, die ein Datum enthalten oder einen gemeinsamen Besuch des Horus und der Hathor in Behedet erwähnen, herstellen.

Nach diesen einleitenden Bemerkungen komme ich jetzt zum eigentlichen Thema dieses Beitrags: die Beziehungen zwischen der Liturgie des Festes von Behedet und der Dekoration des Tempels von Edfu. Dabei möchte ich drei Aspekte dieses Themas hervorheben. Erstens werde ich untersuchen, ob es irgendeine Beziehung zwischen den während des Festes von Behedet gefolgten Prozessionswegen im Tempelbezirk von Edfu und der Lage der Türinschriften, die Hinweise auf dieses Fest enthalten, gibt. Zweitens werde ich die Ritualszenen, in deren Inschriften das Fest erwähnt wird, einer näheren Betrachtung unterziehen, mit der Absicht, die Gründe dieser Erwähnungen aufzudecken. Schließlich werde ich den dekorativen Kontext einiger auf das Fest von Behedet bezogener Szenen zur Sprache bringen, da ich zeigen möchte, daß sich auch hier sinnvolle Zusammenhänge aufspüren lassen.

Es ist natürlich eine bekannte Tatsache, daß Inschriften und Szenen in den Tempeln dazu dienen können, Prozessionswege zu markieren. Gute Beispiele im Tempel von Edfu sind die Szenen des Ziehens des Sokarschlittens, die den Weg des Schlittens während des Sokarfestes am 26. Choiak widerspiegeln[32], und die Darstellung der Prozession des Neujahrsfestes auf den Wänden der Treppenräume[33]. Auch im Falle des Festes von Behedet hat man schon lange erkannt, daß die Dekoration des Südosttors des Tempelhofs und der Säulen in seiner Nähe im Lichte des am Fest von Behedet

31 J. QUAEGEBEUR, *Le dieu égyptien Shaï dans la religion et l'onomastique*. OLA 2 (Löwen 1975), 161.

32 J.-C. GOYON, 'La fête de Sokaris à Edfou', *BIFAO* 78 (1978), 415–438.

33 ALLIOT, *Culte d'Horus*, 303–433.

beschrittenen Prozessionsweges gedeutet werden sollte[34]. Eine systematische Betrachtung der Anbringungsorte aller Inschriften bezüglich des Festes von Behedet ist jedoch nie unternommen worden. Mit den folgenden Beobachtungen möchte ich dazu einen ersten Ansatz geben.

Auf dem Plan in Abb. 1 sind die Türinschriften, die das Fest von Behedet in irgendeiner Weise erwähnen, mit Pfeilen markiert[35]. Da nicht alle Türinschriften vollständig erhalten sind, müssen wir mit der Möglichkeit rechnen, daß es noch andere Hinweise auf das Fest gab, die nicht im Plan verzeichnet sind. Die Inschriften des Südosttors, des Eingangs zum Naos und des Eingangs zur Mittelhalle flankieren den Prozessionsweg am Ankunftstag der Hathor, als die Götter ins Innere des Tempels gingen um dort die Nacht zu verbringen. Die Türinschrift des Südwesttors ist im Einklang mit der übrigen Dekoration dieses Tors, die ebenso der Hathor gewidmet ist. Wir wissen jedoch nicht, welche Funktion dem Tor im Rahmen des Festes von Behedet zukam.

Die Türinschriften des östlichen Eingangs zum sogenannten "geheimen Gang" und des Eingangs zum Mesen, dem hinteren Sanktuar, verdienen besondere Aufmerksamkeit. Der liturgische Text des Hofes besagt, daß nach der Erscheinung im Tempelhof die Prozession zu "seinem (d.h. des Horus) *s.t-wr.t*" zog[36]. Wir kennen diesen Ausdruck vor allem als eine Bezeichnung des Barkensanktuars[37], aber es könnte auch der Naos des Tempels (d.h. der Teil hinter dem Pronaos) damit gemeint sein[38]. Dürfen wir aus der Lage der Türinschriften schließen, daß, nachdem die Barken im Barkensanktuar aufgestellt worden waren, die Götterbilder über den Ostteil des "geheimen

---

34 Ibid., 487–493; S. CAUVILLE, *Essai sur la théologie du temple d'Horus à Edfou* I. BdE 102 (Kairo 1987), 154-156.

35 *Edfou* I, 228, 8–9; 350, 14–15; 352, 2; 361, 9–11; II, 9, 5–6; 10, 15; V, 336, 11–13; 383, 3–6.

36 *Edfou* V, 124, 10-11.

37 P. SPENCER, *The Egyptian temple. A lexicographical study* (London usw. 1984), 108-114.

38 *Edfou* VII, 12, 6. Außer dem liturgischen Text des Hofes (siehe oben, Anm. 36) gibt es noch andere Inschriften bezüglich des Festes von Behedet, in denen *s.t-wr.t* (öfters mit dem Stadtdeterminativ versehen), ebenfalls als Ziel der Prozession betrachtet wird, siehe *Edfou* I, 228, 9; II, 9, 5; V, 4, 1; 277, 12; 336, 13; 370, 13; VII, 19, 1; *Dendara* II, 199, 4; IV, 44, 18; V, 14, 7. In diesen Fällen ist *s.t-wr.t* wahrscheinlich eine Bezeichnung des ganzen Tempels oder der Stadt; vgl. *Edfou* V, 396, 1. In *Edfou* VI, 7, 6, wird das Ziel *s.t-Rʿ* genannt; siehe für diese Bezeichnung des Tempels von Edfu D. KURTH, *Die Dekoration der Säulen im Pronaos des Tempels von Edfu*. GOF IV/11 (Wiesbaden 1983), 254-255.

Gangs" zum Mesen gebracht wurden[39]? Wie immer die liturgische Wirklichkeit gewesen sein mag, es dürfte gewiß kein Zufall sein, daß nur die östlichen Türinschriften des Osteingangs des "geheimen Gangs" auf das Fest von Behedet anspielen, bei dem Hathor sich dem Tempel ja von Osten her näherte.

Nicht im Plan verzeichnet ist das Südtor des Tempelbezirkes, das an der östlichen Türdicke ebenfalls einen Hinweis auf das Fest von Behedet enthält, der explizit erwähnt, daß Horus und Hathor bei dieser Gelegenheit das Tor passierten[40]. Das Südtor ist in Wirklichkeit südsüdwestlich orientiert. Ich halte es für sehr wahrscheinlich, daß dieses Tor nach der Lage von Behedet ausgerichtet ist. Das gleiche gilt meines Erachtens für den liturgischen Text bezüglich des Festes von Behedet am Sockel der Südwand des Tempelhofs. Es läßt sich also festhalten, daß die in der Liturgie dominierenden Ost- und Südrichtungen, die mit der Herkunft und der Bestimmung der Prozession zu verbinden sind, in der dem Fest von Behedet gewidmeten Tempeldekoration ebenfalls betont sind.

Außer den Türinschriften gibt es auch verschiedene Ritualszenen, deren Inschriften explizit oder implizit das Fest von Behedet erwähnen. Dabei kann man zwei Gruppen unterscheiden. Zu der ersten Gruppe gehören die Ritualszenen, in denen die Kinder des Re auftreten. Im Tempel von Edfu finden sich insgesamt elf Szenen, die diese Götterahnengesellschaft abbilden. Nur einmal, in einer Mundöffnungsszene in einer Osiriskapelle, gehen Osiris und Isis den Kindern des Re voran[41]. In den übrigen Fällen sind nur die neun Kinder des Re repräsentiert. Sie werden menschengestaltig oder in der Form einer Mumie dargestellt. Die für sie ausgeführte Opferhandlung ist immer die Kombination von Räucherung und Libation, ein Ritus, der in diesem Zusammenhang den Totenkult zu symbolisieren scheint. Fast alle Beischriften der Kinder des Re enthalten Anspielungen auf den Besuch des Horus und der Hathor in der Nekropole im Rahmen des Festes von Behedet.

Die Ritualszenen, in denen die Kinder des Re figurieren, finden sich an verschiedenen Orten des Tempels: der Mittelhalle[42], der Säulenhalle des

---

39 In *Edfou* V, 374, 5-6, wird von Hathor gesagt, daß sie am Fest von Behedet *nḏm-ʿnḫ* betritt. Dieser Name könnte auf das Mesen hinweisen, aber ebensogut auf den ganzen Tempel; siehe KURTH, *Dekoration der Säulen*, 252-253. Ich danke SUSANNE WOODHOUSE für ihre Bereitschaft, mit mir diese Stelle zu besprechen.

40 Siehe oben, Anm. 15.

41 *Edfou* I, 173, 3–174, 7.

42 *Edfou* I, 382, 4–15.

Naos[43], den Architraven des Pronaos[44], der Außenseite des Naos[45], dem Hof[46] und der Außenseite der Umfassungsmauer[47]. Die Variation der Anbringungsorte läßt einen Bezug dieser Szenen auf den Prozessionsweg abwegig erscheinen. Somit müssen wir feststellen, daß in diesen Fällen die Hinweise auf das Fest von Behedet nicht von der Liturgie dieses Festes, sondern von der Anwesenheit der Kinder des Re bedingt sind. Dieser Schluß leitet natürlich nahtlos zu der Frage, welche Faktoren denn die Anwesenheit der Kinder des Re hervorgerufen haben. Auf diese Frage habe ich keine befriedigende Antwort. Was jedoch auffällt, ist, daß die Szenen in der Mittelhalle, in der Säulenhalle des Naos und im Hof alle an der Südwand angebracht sind. Diese Positionen möchte man mit der südlichen Lage von Behedet in Verbindung bringen.

Die zweite Gruppe der Ritualszenen, die das Fest von Behedet erwähnen, wird gebildet von Szenen, die eine Opferhandlung für Hathor abbilden. Auf dem Plan in Abb. 2 ist die Lage dieser Szenen verzeichnet[48]. Die Szenen des Südosttors[49], der Säulen gegenüber diesem Tor[50] und der Seitenwände des Hofes[51] enthalten alle das Datum des Neumondtags im Monat Epiphi und sind somit zweifelsohne auf das Fest von Behedet bezogen. Die Szene im Barkensanktuar erwähnt nur eine Fahrt der Hathor nach Edfu, ohne ein Datum mitzuteilen[52]. Ich halte es jedoch für sehr wahrscheinlich, daß auch hier eine Verbindung mit dem Fest von Behedet vorliegt. Die Lage aller dieser Szenen stimmt überein mit dem Prozessionsweg des Festes. Es ist mir

---

43 *Edfou* II, 51, 3–52, 9.

44 *Edfou* III, 301, 8–16; 323, 5–11.

45 *Edfou* IV, 83, 4–85, 8; 239, 13–241, 14.

46 *Edfou* V, 61, 17–63, 16; 160, 12–162, 6.

47 *Edfou* VII, 118, 4–119, 8; 279, 16–281, 2.

48 Nicht berücksichtigt ist eine Szene in der Vorkammer der westlichen Treppe, die die Weihung der Schlachtopfer für eine Gesellschaft von sieben Götter und Göttinnen zeigt. Der Erste der Reihe ist Horus von Edfu. Die sechste Gottheit ist "Hathor die Menit [...] die nach dem "Hügel-von-Behedet" (*ỉ3.t-Bḥd.t*) fährt hinter dem von Behedet, um den Ruhenden Opfer zu spenden" (*Edfou* I, 530, 3-4). Ich habe diese Szene ausgeklammert, weil Hathor hier nicht die Hauptgottheit ist. Eine ähnliche Beischrift zu "Hathor die Menit", die darüber hinaus den Neumondtag des Monats Epiphi nennt, findet sich in einer der Krypten im Tempel von Dendara (*Dendara* V, 5, 17-18). Siehe zu dieser Form der Hathor S. CAUVILLE, 'Le panthéon d'Edfou à Dendara', *BIFAO* 88 (1988), 10 mit Anm. 19 und 24-25.

49 *Edfou* V, 370, 11–371, 9; 374, 3–14.

50 *Edfou* V, 274, 13–275, 6; 277, 10–278, 4.

51 *Edfou* V, 78, 16–79, 11; 175, 3–12.

52 *Edfou* I, 50, 2–7.

nicht klar, ob den zwei Szenen der Seitenwände des Hofes dabei eine besondere Bedeutung zukommt, etwa als Markierungen eines Halts während der Prozession[53].

Die Riten, die in den obengenannten Szenen für Hathor aufgeführt werden, sind die Anbetung (die beiden Szenen des Südosttors und die Szene der nördlichen Säule gegenüber diesem Tor), die Kombination von Myrrheräucherung und Weinlibation (die Szene der südlichen Säule), das Sistrumspiel (die Szene der Westwand des Hofes), das Bestreuen des Prozessionsweges (die Szene der Ostwand des Hofes) und die Darbietung des *wnšb*-Symbols (die Szene im Barkensanktuar). Das Bestreuen des Prozessionsweges der Hathor mit Gold, Fayence, Gerste und Emmer ist ein ziemlich seltener Ritus. Außer im Hof werden die Szenen dieses Ritus am Südosttor des Hofes[54], am Südtor des Tempelbezirkes[55] und im Geburtshaus[56] angetroffen. Die Lage der Szenen spiegelt die Prozessionswege am Neumondtag und Vollmondtag des Festes von Behedet wieder.

Schließlich möchte ich mich zum dekorativen Kontext einiger der explizit auf das Fest von Behedet bezogenen Szenen wenden. Ich werde dabei auf eine Besprechung der Gesamtdekoration der Südost- und Südwesttore des Hofes, die ja schon längst mit dem Fest von Behedet verbunden worden ist, verzichten[57]. Meine Aufmerksamkeit gilt vielmehr der Dekoration der seitlichen Innenwände des Barkensanktuars und der Südwand des Hofes.

Der Ausgangspunkt meiner Betrachtung des Barkensanktuars wird gebildet von der schon besprochenen Szene der Darbietung des *wnšb*-Symbols, die einen Hinweis auf das Fest von Behedet enthält[58]. Diese Szene findet sich im dritten Register der östlichen Innenwand. Wie aus Abb. 3 ersichtlich, bildet die Szene eine Einheit mit drei anderen Szenen, die ebenfalls für Hathor begangene Riten zeigen. Diese vier Szenen sind über einer Darstellung der Prozessionsbarke der Hathor angebracht. Außer dem der Hathor gewidmeten

---

53 Der liturgische Text des Hofes erwähnt eine Erscheinung im Hof (*Edfou* V, 124, 10). Nach CHRISTOPHE, *ASAE* 55 (1958), 15, waren früher auf dem Steinboden des Hofes noch Spuren eines Barkenuntersatzes zu erkennen. Dieser Untersatz stand in der Achse des ramessidischen Pylons in der Nähe der westlichen Säulenreihe. Es besteht also kein offensichtlicher Zusammenhang mit den obengenannten Ritualszenen. Siehe zu diesen Szenen auch PÉCOIL, *BIFAO* 86 (1986), 292-295, dessen Prämissen ich nicht zustimmen kann.

54 *Edfou* V, 373, 6-16.

55 *Edfou* VIII, 167, 15-168, 12.

56 *Edfou Mam.*, 89, 3-12; 122, 6-15.

57 Siehe oben, Anm. 34.

58 Siehe oben, Anm. 52.

Teil der Dekoration gibt es einen Teil, der dem Horus gewidmet ist und aus Szenen des täglichen Kults besteht. Beide Teile werden durch Szenen des ptolemäischen Herrscherkults voneinander abgegrenzt.

Die Dekoration der gegenüberliegenden Wand zeigt eine vergleichbare Struktur (Abb. 4). Statt der Hathorbarke enthält der letzte Teil jedoch eine Darstellung der Horusbarke. Dementsprechend zeigen die darüber befindlichen Szenen Ritualhandlungen für Horus, und einmal für Harsomtus, gerade in der Szene, die der Szene mit dem Hinweis auf das Fest von Behedet gegenüberliegt.

In seiner Untersuchung zum täglichen Kult im Tempel von Edfu hat MAURICE ALLIOT angenommen, daß die Barkenszenen und die darüber liegenden Szenen einen Zusatz zum täglichen Kult darstellen, der nur an Festtagen stattfand[59]. Weiter war ALLIOT der Ansicht, daß die auf der östlichen Wand abgebildete Hathorbarke zum festen Inventar des Barkensanktuars gehörte[60]. Ich halte beide Schlüsse für fragwürdig. Die Randinschriften des Naos und der Umfassungsmauer erwähnen in ihren Beschreibungen des Barkensanktuars nur die Horusbarke und keine Hathorbarke[61]. Aus diesem Grunde bin ich versucht, die Darstellung der Barken mit dem Moment in Verbindung zu setzen, an dem sie tatsächlich zusammen im Barkensanktuar aufgestellt waren, d.h. der Nacht vor dem Neumondtag, am Anfang des Festes von Behedet.

In ähnlicher Weise läßt sich die Darstellung der Horus- und Hathorbarken auf den Seitenwänden des Barkensanktuars im Geburtshaus deuten. Auch hier liegt der Bezug auf bestimmte Feste, etwa das Paophifest oder den letzten Tag des Festes von Behedet, auf der Hand. Im großen Tempel von Edfu sind die Barken des Horus und der Hathor dreimal abgebildet, während sie von Priestern getragen werden. Die erste Darstellung gehört zu den Szenen des Festes von Behedet am Sockel der Südwand des Hofs[62]. Die zweite Darstellung findet sich auf der Nordwand der Säulenhalle des Naos[63] und die dritte auf der Nordwand des westlichen Pylonturms, gerade über dem

59 *Culte d'Horus*, 73–74; 158–176. Auch CAUVILLE, *Essai sur la théologie* I, 1, postuliert einen Zusammenhang mit dem täglichen Kult.

60 *Culte d'Horus*, 68.

61 *Edfou* IV, 5, 10–11; VII, 15, 4–7.

62 *Edfou* X, Tf. 121; Tf. 127.

63 *Edfou* IX, Tf. 40f–g.

Dach der Galerie im Hof[64]. Ihre Lage scheint mir ebenfalls mit dem Prozessionsweg des Festes von Behedet im Zusammenhang zu stehen.

Zurückkehrend zum Barkensanktuar können wir also feststellen, daß die Ritualszene, die wegen ihres Hinweises auf das Fest von Behedet unseren Ausgangspunkt bildete, als ein Teil einer größeren Dekorationseinheit aufgefaßt werden sollte, die ebenso eine Beziehung zu diesem Fest hat. Die zu dieser Einheit gehörenden Ritualszenen entstammen nicht dem täglichen Kult. Die dargestellten Handlungen sollen vielmehr, wie ja von ALLIOT bis zu gewissem Grade erkannt wurde, als typische Festriten betrachtet werden.

Zum Abschluß wende ich mich der Dekoration der Südwand des Hofes zu. Wie schon bemerkt, enthält der Sockel dieser Wand das wichtigste Zeugnis hinsichtlich des Festes von Behedet[65]. Schauen wir uns die drei Register mit Ritualszenen über dem Sockel an (Abb. 5-6), so fällt auf, daß das untere Register Szenen des königlichen Besuchs enthält[66]. Dies ist ein übliches Dekorationsthema im unteren Register, das sich mit Tempelfesten im allgemeinen verbinden läßt[67].

Die zwei oberen Register erweisen sich im Rahmen unserer Untersuchung des Festes von Behedet als mehr ergiebig. Augenfällig ist die Anwesenheit der Kinder des Re in den Ost- und Westhälften des mittleren Registers, die uns erlaubt, eine Beziehung zu der Nekropole von Edfu zu setzen. An den entsprechenden Stellen im oberen Register begegnen wir im Westen der Achtheit von Hermopolis, die Götterahnen *par excellence*, hinter dem Sonnenkind auf dem Lotus, und im Osten dem Sonnengott samt seinen vierzehn Ka-Göttern.

Der Sonnengott ist weiterhin vertreten in den Szenen am Ende des mittleren Registers und am Anfang des oberen Registers. Die letzte Szene im mittleren Register der Osthälfte ist besonders interessant, weil Re von Behedet, wie der Gott in der Beischrift genannt wird, hier vor einem Baum abgebildet ist. Die gleiche Ikonographie findet sich in der schon genannten Szene bezüglich des Festes vom 27. Tybi auf der westlichen Innenseite der

64 *Edfou* VIII, 96, 4–99, 3; XIV, Tf. 472.

65 Siehe oben, Anm. 5.

66 *Edfou* X, Tf. 113 (West); Tf. 117 (Ost).

67 C. TRAUNECKER, in C. TRAUNECKER, F. LE SAOUT und O. MASSON, *La chapelle d'Achôris à Karnak*. Recherche sur les grandes civilisations. Synthèse 5 (Paris 1981), 121.

Umfassungsmauer[68], die ebenfalls das Darbieten des *ḥrw-ʿ*-Getränkes[69] in Kombination mit dem *wdn*-Opfer zeigt (Abb. 7). Am rechten Ende der Szene, hinter den vier Göttern, ist ein zweiter Baum abgebildet, dessen Beischrift drei Namen der Nekropole von Edfu enthält: Behedet, *ȝḫ.t-nḥḥ*, d.h. "Horizont-der-Ewigkeit"[70], und *iȝ.t-štȝ.t*, d.h. "Geheimer-Hügel"[71]. Offensichtlich wird die Nekropole mit einem Baum symbolisiert. Auch der Baum hinter Re soll wohl ein Symbol der Nekropole von Edfu sein.

Die Bäume werden in den Beischriften der zwei Szenen nicht identifiziert, aber andere Inschriften des Tempels erwähnen *imȝ* und *išd* als die heiligen Bäume von Behedet[72]. Das Darbieten von Blätter der heiligen Bäume ist im Tempel von Edfu wiederholt dargestellt[73]. Laut des liturgischen Textes im Hof wurde dieser Ritus während des Festes von Behedet zweimal ausgeführt: das erste Mal am Neumondtag am Kai von Edfu[74] und das zweite Mal am folgenden Tage in Behedet[75]. In einer Inschrift am Südtor des Tempelbezirkes steht das Darbieten der Blätter im Zusammenhang mit einer Prozession nach Behedet[76].

Die prominente Anwesenheit des Sonnengottes auf der Südwand des Hofes reflektiert seinen Kult in Behedet. Die Inschriften der Szene bezüglich des Festes vom 27. Tybi lokalisieren in dieser Gegend einen Tempel des Re, der südlich von Edfu und westlich vom "See-des-Königs" (*š-nswt*) gelegen sein sollte[77]. Der gleiche See ist möglicherweise in dem Mythus der Flügelsonne erwähnt[78]. Aus dieser Stelle hat man gefolgert, daß es sich um eine Bezeichnung des Tempelkanals handeln könnte, der üblicherweise *pȝ-ẖn* ge-

---

68 *Edfou* VI, 132, 7–136, 9; X, Tf. 146 (siehe oben, Anm. 25). H.W. FAIRMAN, 'The Myth of Horus at Edfu I', *JEA* 21 (1935), 26, hat diese Szene als Text B des Horusmythus bezeichnet.

69 Siehe zu diesem Getränk FAIRMAN, art. cit., 29, Anm. 1.

70 Weitere Beispiele des Namens *ȝḫ.t-nḥḥ* als Bezeichnung der Nekropole finden sich in *Edfou* III, 323, 7; IV, 84, 1; 84, 11; 85, 4; 240, 3; 240, 4-5; 356, 12; 388, 4; V, 62, 16; 63, 11; 162, 15; 171, 1; VII, 280, 3-4; 280, 5; 280, 16.

71 Weitere Beispiele sind *Edfou* I, 359, 5; VII, 280, 4; 280, 17.

72 Die wichtigsten Belege sind verzeichnet in CAUVILLE, *Essai sur la théologie* II, 60.

73 Z. EL KORDY, 'Présentation des feuilles des arbres *išd, im,* et *bȝq*', *ASAE* 69 (1983), 269-286.

74 *Edfou* V, 125, 4.

75 *Edfou* V, 133, 5.

76 *Edfou* VIII, 163, 2.

77 *Edfou* VI, 134, 1 und 10-11.

78 *Edfou* VI, 110, 2.

nannt wird[79]. Dieser Kanal verlief parallel zum Nil im Osten des Tempels von Edfu[80]. Seine südliche Mündung wäre vielleicht in der Nähe von Nag el-Hasaya zu suchen, gegenüber dem sogenannten "Tal-von-Behedet" (*tꜣ-in.t-n(.t)-Bḥd.t*) auf dem Ostufer[81]. Dieser Kanal könnte der Wasserweg gewesen sein, der am Fest von Behedet und anderen Festen benutzt wurde um die Nekropole zu erreichen. Der obengenannte Tempel des Re im Westen des Kanals könnte identisch sein mit dem niederen Tempel von Behedet, der während des Festes von Behedet den Standort des Horus und der Hathor bildete.

Außer dem Sonnengott und den Götterahnen ist in den Szenen der mittleren und oberen Register der Südwand des Hofes nur noch die Triade von Edfu vertreten, d.h. Horus, Hathor und ihrer beider Sohn, der abwechselnd Harsomtus[82], Ihy[83] oder Harpokrates[84] genannt wird.

Nicht weniger aufschlußreich als die Götter sind die für sie vollzogenen Ritualhandlungen. In einigen Szenen sind die Handlungen von den Göttern bedingt, wie das Lotusopfer für das Sonnenkind samt der Achtheit, die Anbetung des Re samt seinen Ka-Göttern, das Milchopfer für Harsomtus und Ihy und das Feigenopfer für Harpokrates. Es besteht deshalb kein evidenter Anlaß, diese Riten mit einer bestimmten Liturgie zu verbinden. Das könnte auch für die Ritualszenen der Hathor gelten, bei denen dreimal das Salbölopfer und einmal die Kombination des Weinopfers und Goldkranzopfers vorkommt. Die Inschriften dieser Szenen enthalten dennoch einiges, das man als Hinweise auf die Fahrt der Hathor nach Edfu auffassen kann[85].

Die beiden Szenen mit den Kindern des Re im mittleren Register zeigen, wie immer für diese Gesellschaft, die Kombination von Räucherung und

---

79 B. GESSLER-LÖHR, *Die heiligen Seen ägyptischer Tempel. Ein Beitrag zur Deutung sakraler Baukunst im alten Ägypten.* HÄB 21 (Hildesheim 1983), 280 mit Anm. 971.

80 ALLIOT, *Culte d'Horus*, 468-469; É. CHASSINAT, *Le mystère d'Osiris au mois de Khoiak* (Kairo 1966-1968), 211. A.M. BLACKMAN und H.W. FAIRMAN, 'The Myth of Horus at Edfu II', *JEA* 30 (1944), 16-17, Anm. 36, gefolgt von GESSLER-LÖHR, *Die heiligen Seen*, 278-279, postulieren einen Verlauf im Westen des Tempels, wohl auf Grund der Stelle *Edfou* VI, 110, 1. Meines Erachtens besagt diese Stelle nur, daß der Kanal sich auf dem Westufer des Nils befand.

81 MEEKS, *Grand texte des donations*, 99-100, Anm. 154, und 118, Anm. 228 mit Tf. IV.

82 *Edfou* V, 61, 12; 84, 7.

83 *Edfou*, V, 160, 7.

84 *Edfou* V, 180, 7.

85 In *Edfou* V, 83, 14; 179, 13, wird Hathor als *Bḥdty.t*, "die von Behedet", bezeichnet. In *Edfou* V, 159, 13, lautet ihr Name *ḥr.t-ib Bḥd.t*, "die, die in Behedet verbleibt". In *Edfou* V, 61, 2, wird auf die Vereinigung von Edfu und Dendara angespielt. Siehe auch unten, Anm. 95.

Libation. Der gleiche Ritus, aber diesmal für Re von Behedet ausgeführt, findet sich am Anfang der West- und Osthälften des oberen Registers. Diese Darstellungen lassen sich mit dem Fest von Behedet in Verbindung setzen, an dessen zweitem Tage Räucherungen und Libationen für die Götterahnen stattfanden[86].

Die Szene mit Re von Behedet am östlichen Ende des mittleren Registers trägt als Titel: "Darbieten des *ḥrw-ʿ*-Getränkes"[87]. Aus der darauf folgenden Rede des Königs, sowie aus der Darstellung dieser Szene, ist jedoch ersichtlich, daß das Trankopfer als ein Teil des großen *wdn*-Opfers betrachtet werden sollte. Die Ätiologie dieses Opfers wird ersichtlich in der Parallelszene auf der westlichen Innenseite der Umfassungsmauer, wo es mit dem Fest des 27. Tybi im Zusammenhang steht[88]. Das *wdn*-Opfer war auch ein wichtiger Bestandteil des Festes von Behedet, wie die Belegstellen im liturgischen Text dieses Festes bezeugen[89].

Das Pendant der Szene des *wdn*-Opfers am westlichen Ende des mittleren Registers zeigt das Weinopfer für einen Gott, der in seiner Beischrift zwar die Titulatur des Horus von Edfu trägt[90], aber durch die Sonnenscheibe auf seinem Kopf als Sonnengott charakterisiert ist. Somit liegt die Vermutung nahe, daß auch hier eine Verbindung mit Behedet beabsichtigt war. Dies wird bestätigt durch die Beischrift zu dem Gott, wo es von ihm heißt: "der die Erde des ersten Geschlechtes erreicht und Opfer spendet in 'Hügel-der-Maat'"[91].

Das Weinopfer wird des öfteren mit dem Sonnengott und seiner Heimat Heliopolis assoziiert[92]. Die Libation (*wdn*) von Wein ist unter anderem im Götterahnenkult belegt[93]. Die Darstellungen zum liturgischen Text des Festes von Behedet enthalten eine Szene des Weinopfers für die Barken des Horus

---

86 *Edfou* V, 134, 10; 135, 2.

87 *Edfou* V, 162, 8.

88 *Edfou* VI, 134, 2-3 und 9-10.

89 *Edfou* V, 125, 2; 131, 7; 132, 6-8; 135, 1; 135, 4-5; 135, 7-9; 34, 6-7 (vgl. 30, 7). Siehe auch S. SCHOTT, 'Eine ägyptische Bezeichnung für Litaneien', in O. FIRCHOW ed., *Ägyptologische Studien*. VIO 29 (Berlin 1955), 289-295.

90 *Edfou* V, 64, 10. Anschließend wird er "Re selber" (*Rʿ ḏs=f*) genannt.

91 *Edfou* V, 64, 11-12 (*sȝḥ tȝ n ḫ.t tpy.t nḏ ḫ.t m iȝ.t-Mȝʿ.t*). Parallele dazu sind *Edfou* IV, 356, 13-14; VI, 136, 3. Siehe *Edfou* I, 359, 5; V, 357, 3, für "Hügel-der-Maat" als Bezeichnung der Nekropole von Edfu.

92 CAUVILLE, *Essai sur la théologie*, 17-18.

93 P. DILS, 'Wine for pouring and purification in ancient Egypt', in J. QUAEGEBEUR ed., *Ritual and sacrifice*, 121. Eine schöne Stelle ist *Edfou* I, 86, 4, wo der Wein auf das Grab des Re unter dem heiligen *išd*-Baum libiert wird.

und der Hathor während ihres Aufenthalts im niederen Tempel von Behedet[94]. Zwischen dem König und den Barken hat man eine Opferliste graviert, in der neben Wein auch Wasser, Brot und Fleisch verzeichnet sind. Dürfen wir daraus schließen, daß das Weinopfer dieser Szene stellvertretend für das *wdn*-Opfer steht?

Die Salbölopfer für Hathor im oberen Register sind, laut der zugehörigen Reden des Königs, Bestandteile des *ꜥꜣb.t*-Opfers[95]. Dieses Opfer ist in der Szene der Westhälfte tatsächlich dargestellt. Das *ꜥꜣb.t*-Opfer gehörte zum Ritual des ersten Tages des eigentlichen Festes von Behedet, der auf den Neumondtag folgte[96]. Aus der Ramessidenzeit kennen wir *tꜣ ꜥ(ꜣ)b.t* als Bezeichnung eines Festes, das dem Monat Tybi seinen Namen verliehen hat[97]. Ich halte es für möglich, daß das große *wdn*-Opfer, das am 27. Tybi in Behedet dargebracht wurde[98], mit diesem *ꜥ(ꜣ)b.t*-Fest zusammenhängt.

Vielleicht könnte man auch die Brotopfer (*fꜣ ḫ.t*) für Horus am Anfang der Ost- und Westhälften des mittleren Registers als Vertreter des *wdn/ꜥꜣb.t*-Opfers ansehen, und ebenso das Opfer von Brot und Bier (*ḥnk ḫ.t nb nfr*) für Harsomtus in der dritten Szene der Westhälfte. Eine Szene des Brotopfers (*fꜣ ḫ.t*) im Geburtshaus von Edfu enthält deutliche Anspielungen auf den Götterahnenkult in Behedet[99]. Laut des liturgischen Textes bezüglich des Festes von Behedet gehörten das Weinopfer (*ḥnk irp*) und das Brotopfer (*fꜣ ḫ.t*) beide zu dem Ritual, das am Neumondtag des Monats Epiphi am Kai von Edfu aufgeführt wurde[100].

Das obere Register der Südwand des Hofes wird in der Osthälfte mit einer Szene der Weihung der Meretkästen abgeschlossen. Ihr Pendant in der Westhälfte ist eine Szene des Treibens der Kälber. Beide Riten waren im obengenannten Ritual des Festes von Behedet aufgenommen[101]. Andere Szenen dieser Riten finden sich auf der nördlichen Innenwand des Pronaos[102], der

---

94 *Edfou* X, Tf. 127. Der niedere Tempel als Ort der Handlung ergibt sich aus *Edfou* V, 129, 9.

95 *Edfou* V, 83, 8-9; 179, 8.

96 *Edfou* V, 131, 7.

97 J. CERNY, 'The origin of the name of the month Tybi', *ASAE* 43 (1943), 173-181; R. VAN WALSEM, 'Month-names and feasts at Deir el-Medîna', in R.J. DEMARÉE und JAC.J. JANSSEN ed., *Gleanings from Deir el-Medîna*. Egyptologische Uitgaven 1 (Leiden 1982), 219, Nr. 12, und 222, Nr. 41.

98 Siehe oben, Anm. 88.

99 *Edfou Mam.*, 162, 17-19.

100 *Edfou* V, 125, 3 und 4.

101 *Edfou* V, 125, 4.

102 *Edfou* III, 115, 13–116, 11; 168, 19–169, 11.

nördlichen Wand der Säulenhalle des Naos[103] und den äußeren Seitenwänden des Barkensanktuars[104]. In meiner Dissertation habe ich versucht, nachzuweisen, daß diese Lagen mit dem Prozessionsweg des Festes von Behedet zu verbinden sind[105].

Aus dem Vorhergehenden ergibt sich ein klarer Zusammenhang zwischen der Darstellung des Festes von Behedet am Sockel der Südwand des Hofes und den Ritualszenen derselben Wand. Dabei sollte man im Auge behalten, daß nicht alle in diesen Szenen vorgeführten Riten zur liturgischen Praxis des Festes von Behedet gehörten, wie sie uns aus den Inschriften des Sockels entgegentritt. Diese Feststellung gilt bei allen Ritualszenen, die ich im Lichte des Festes von Behedet gedeutet habe.

Das Fazit der obigen Bemerkungen läßt sich folgendermaßen zusammenfassen. Im Tempel von Edfu gibt es verschiedene Szenen und Inschriften, die das Fest von Behedet erwähnen. Die Szenen gehören oft zu größeren Dekorationskomplexen, die gänzlich mit diesem Feste in Verbindung zu setzen sind. Man kann zwischen den Szenen bezüglich des Festes von Behedet einerseits und der Liturgie dieses Festes andererseits einen klaren Zusammenhang beobachten. Dabei muß man zweierlei Beziehungen unterscheiden, nämlich eine formelle und eine inhaltliche. Die formelle Beziehung verbindet die Lage der Szenen mit dem Prozessionsweg und der südlichen Lage von Behedet, also mit Gegebenheiten der liturgischen Topographie. Auch die Lage der Türinschriften, die das Fest von Behedet erwähnen, ist durch den Prozessionsweg bedingt. Die inhaltliche Beziehung verbindet die in den Szenen gezeigten Riten oder Götter mit den liturgischen Handlungen oder göttlichen Teilnehmern.

Die Szenen sind kein reines Abbild der kultischen Realität, sondern eine idealisierte Darstellung derselben, in der nur eine Auswahl der rituellen Handlungen und deren Beteiligter vorgeführt wird. Auf diese Weise wird die liturgische Praxis in den Ritualszenen systematisiert. Die Bedeutung dieses Systems wächst über seinen Ursprung im Kult hinaus und erhält dadurch zusätzliche Dimensionen, die zum Bereich des Kosmos und der Gesellschaft gehören[106].

---

[103] *Edfou* II, 58, 12–18; 86, 2–11.

[104] *Edfou* I, 64, 16–65, 6; 78, 10–17.

[105] Siehe oben, Anm. 7.

[106] In meiner Dissertation (siehe oben, Anm. 7) habe ich versucht, dies am Beispiel der Weihung der Meretkästen und des Treibens der Kälber klarzustellen.

Jeder, der sich mit dem System der ägyptischen Tempeldekoration befaßt, staunt über dessen Harmonie und Sinnigkeit. Trotzdem darf der Stein der Tempel uns die Aussicht auf das Leben dahinter nicht versperren; denn wir sollten uns nicht nur um das System, sondern ebensosehr um die Praxis bemühen.

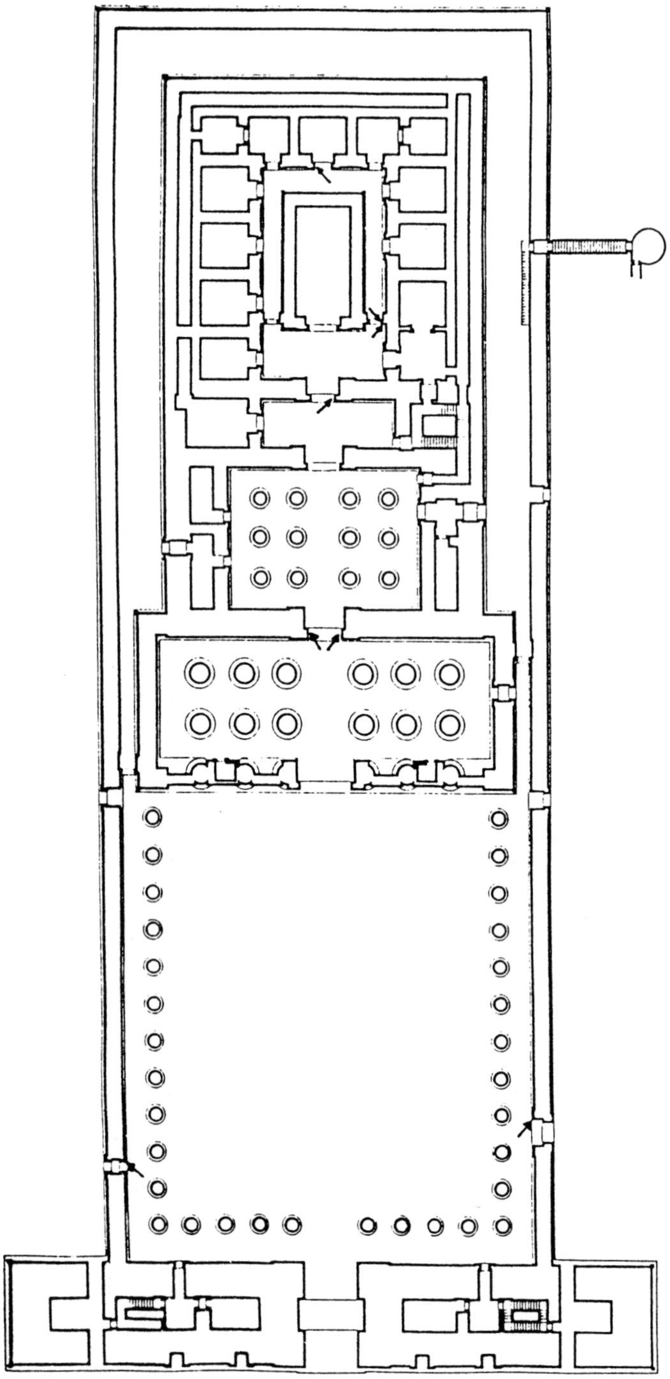

Abb. 1: Lage der Türinschriften, die das Fest von Behedet erwähnen.

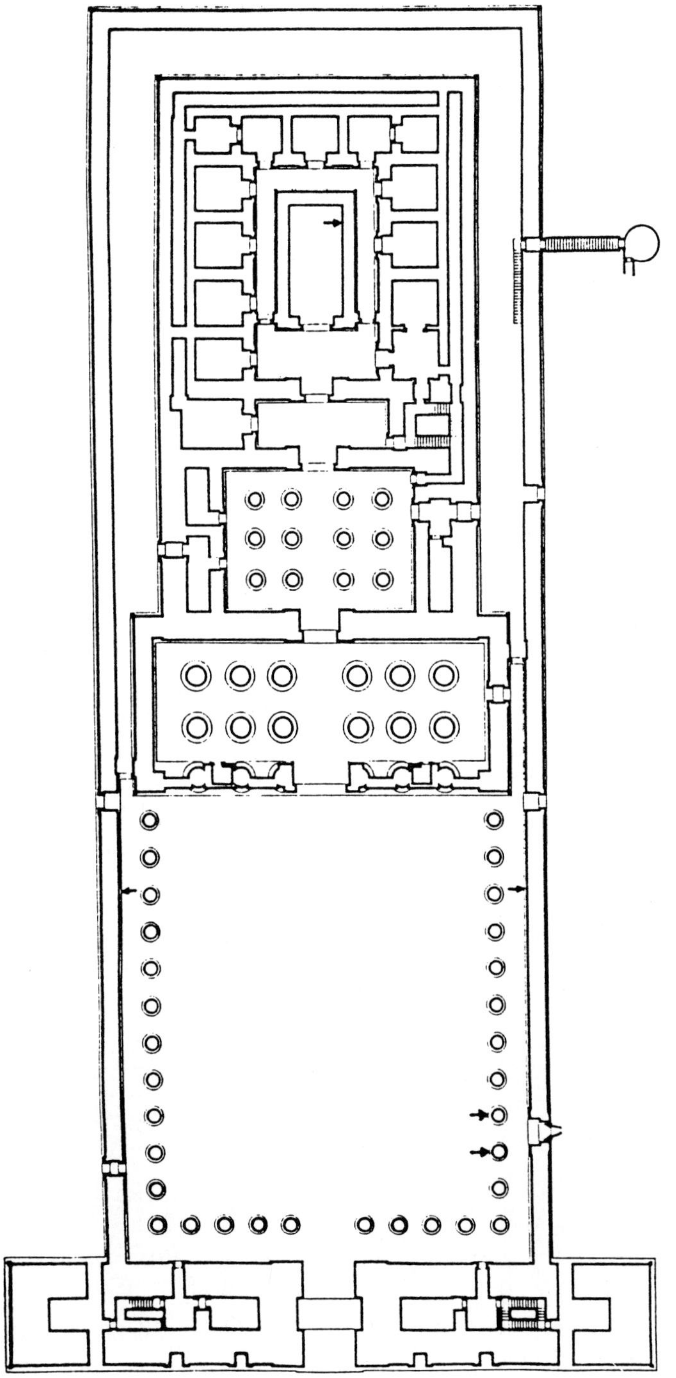

Abb. 2: Lage der Ritualszenen mit Hathor, deren Inschriften das Fest von Behedet erwähnen.

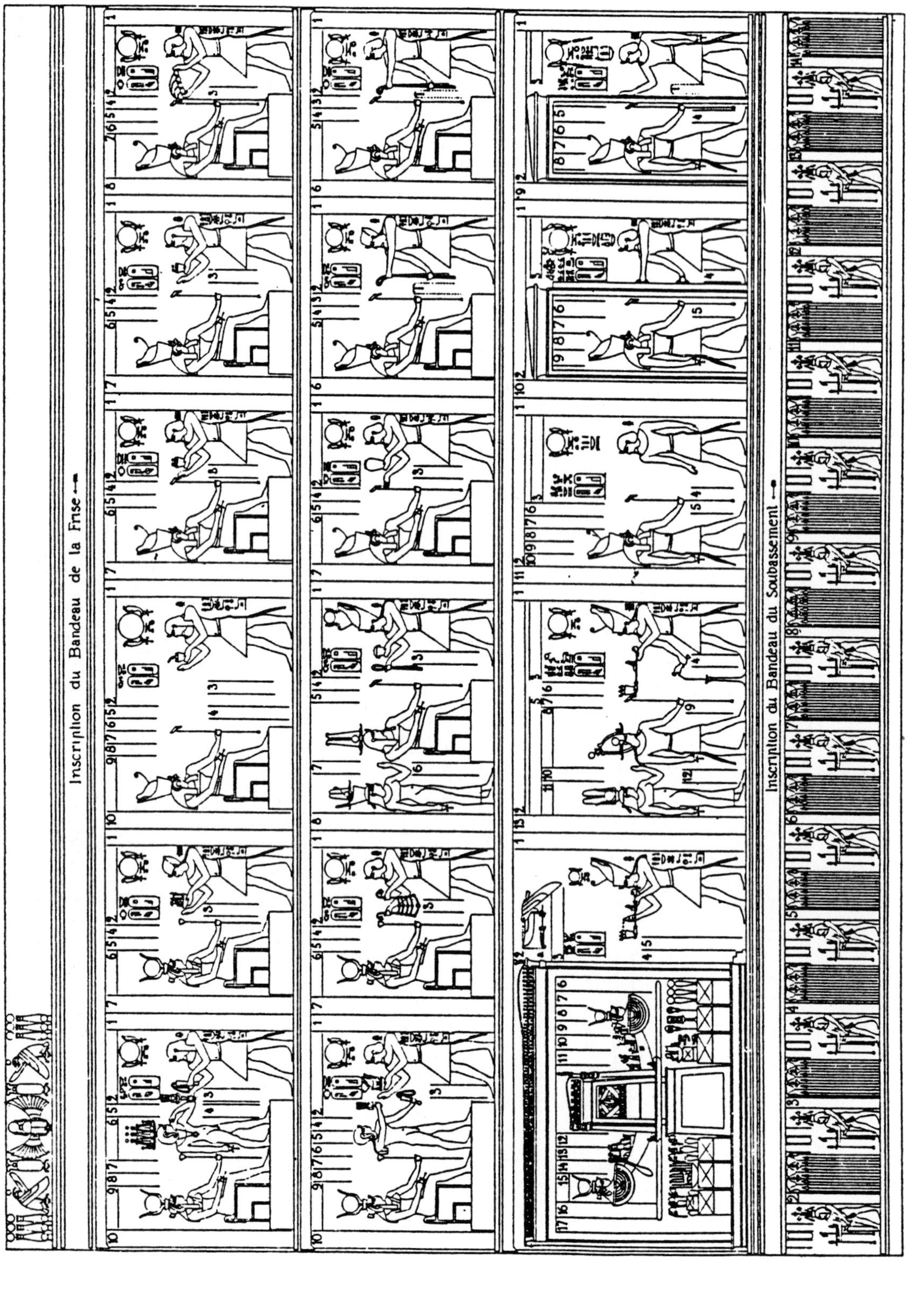

Abb. 3: Barkensanktuar, östliche Innenwand (*Edfou* IX, Tf. 12)

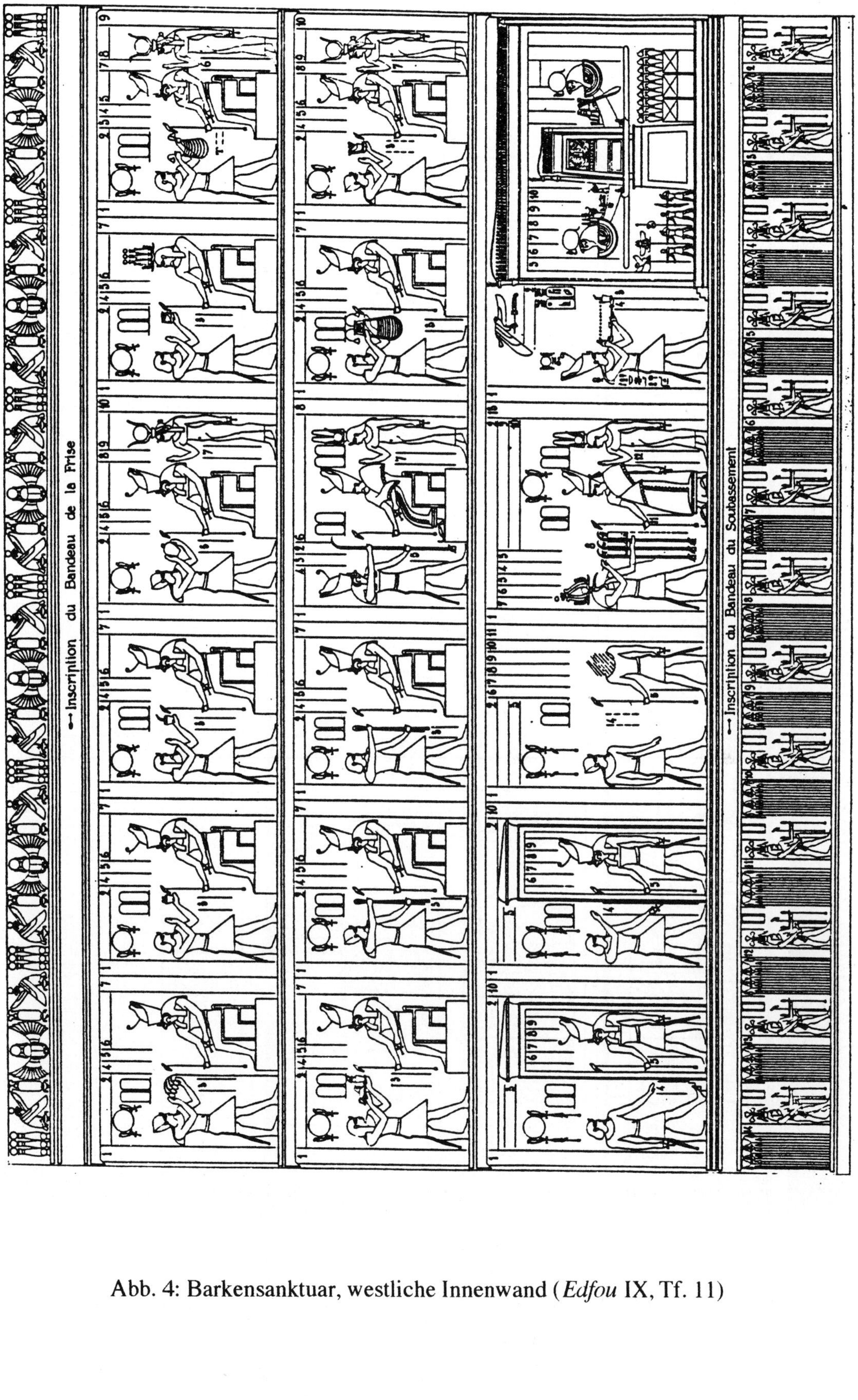

Abb. 4: Barkensanktuar, westliche Innenwand (*Edfou* IX, Tf. 11)

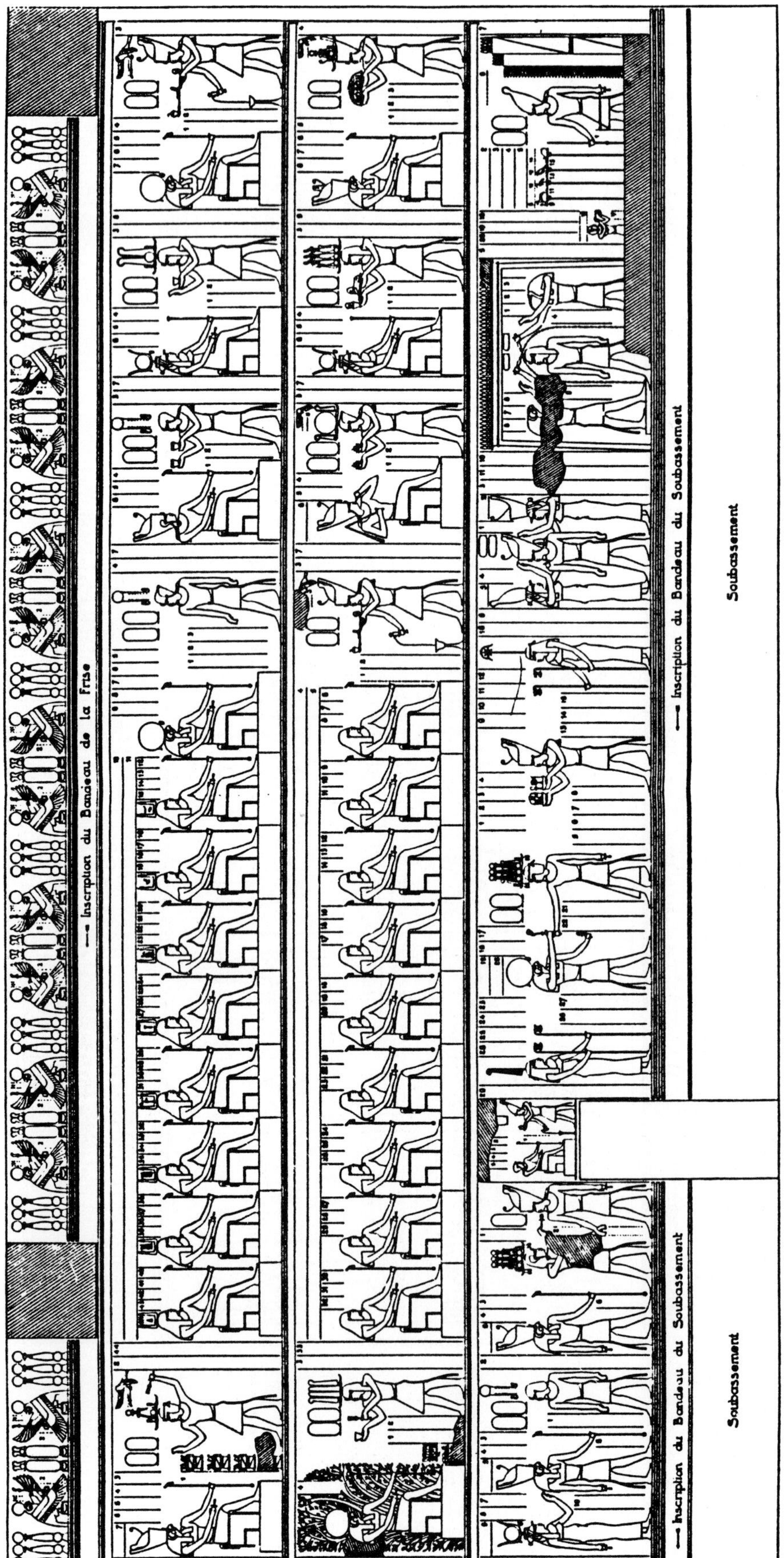

Abb. 5: Südwand des Hofes, Osthälfte (*Edfou* X, Tf. 117)

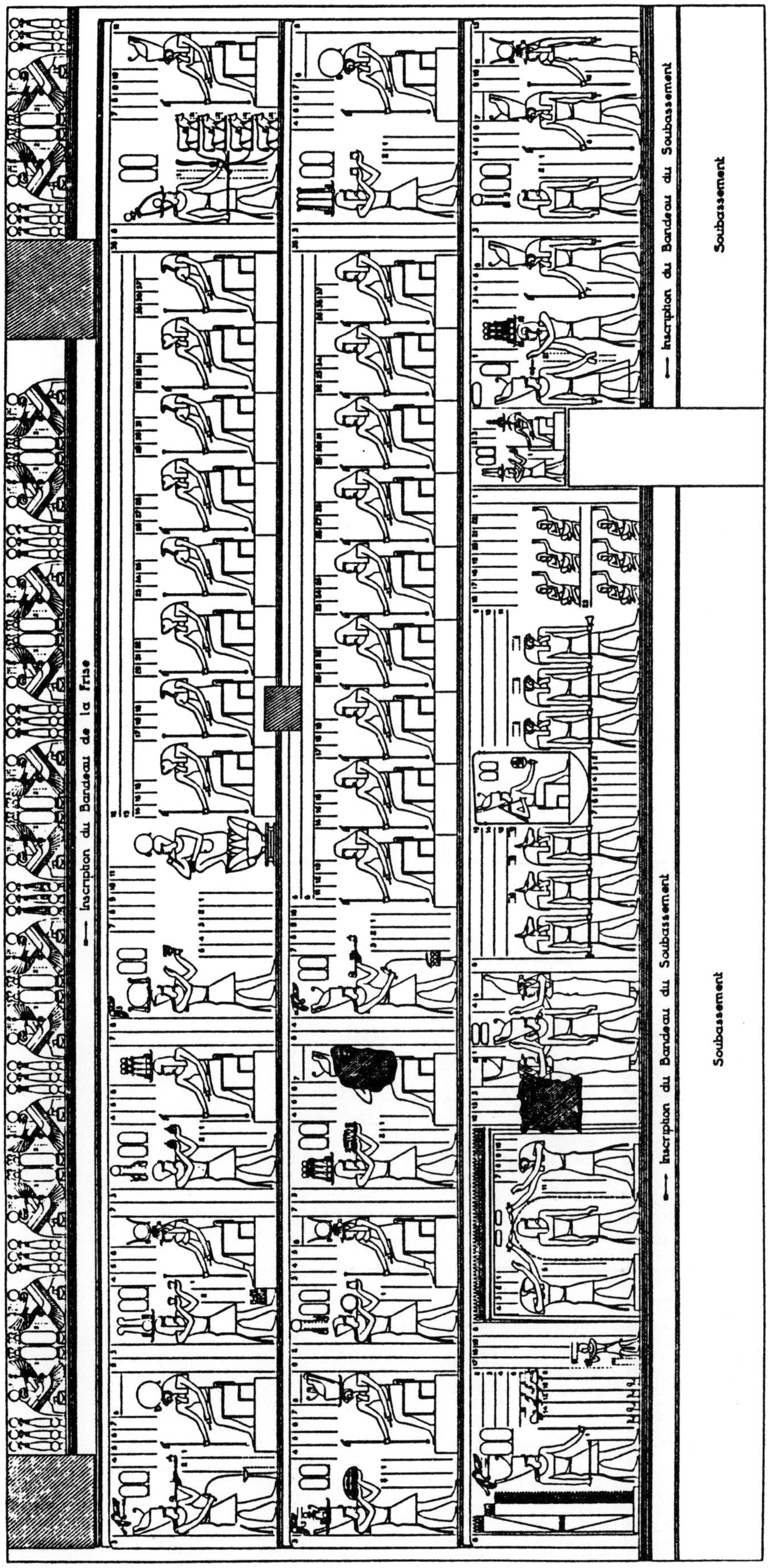

Abb. 6: Südwand des Hofes, Westhälfte (*Edfou* X, Tf. 113)

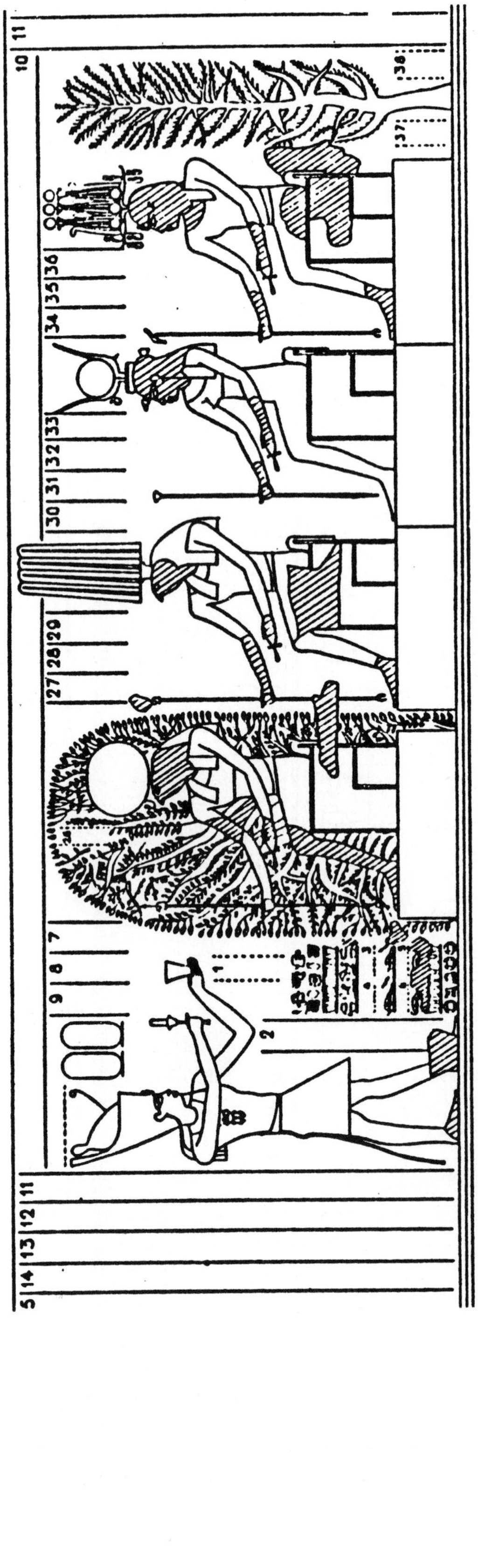

Abb. 7: Szene bezüglich des Festes vom 27. Tybi auf der westlichen Innenseite der Umfassungsmauer (*Edfou* X, Tf. 146)

Hans Goedicke

Textile Elemente in ägyptischen Tempeln: der Vorhang

"Nachdem Jesus am Kreuz die Worte 'Es ist vollbracht' gesprochen hatte, verdunkelte sich der Himmel und der Vorhang im Tempel zerriß," so steht es im Evangelium Mt 27.51.[1] Daß das Allerheiligste im Tempel durch einen Vorhang vor den Blicken der gewöhnlichen Sterblichen abgeschirmt war, hat in Israel eine lange Tradition. Im Mittelpunkt steht das Tabernakel, in dem die Bundeslade war, das nach Ex 26. 2 "10 Vorhänge" haben sollte.[2] Ein strukturell klareres Bild vermittelt Ex 35,12; 39,34 und insbesondere 2. Chr 3,14, wonach der Eingang zum Allerheiligsten mit einem Tuch verschlossen war.[3]

Im Hinblick auf die zahlreichen Parallelen zwischen dem Tempel in Jerusalem und ägyptischen Tempeln[4] scheint die Frage berechtigt, ob und welche Textilelemente in der Dekoration des ägyptischen Tempels vorhanden sind. Grundsätzlich ist zwischen zwei Möglichkeiten zu unterscheiden, der Verschließung durch einen Vorhang oder die Abschirmung durch mehrere Stoffstücke. Letzteres würde dem Tabernakel entsprechen, ersteres dem

---

[1] Die Aussage findet sich auch in Lk 23.45 und Mk 15.88.

[2] Die Beschreibung ist sehr präzise: "Die Wohnung sollst du von 10 Tüchern machen von weißem gezwirntem Faden ... Die Länge eines Tuches soll 28 Ellen und die Breite 4 Ellen sein; alle zehn sollen gleich sein. Je 5 Tücher sollen miteinander verbunden sein ...". Das Tabernakel wird grundsätzlich als eine Art Zelt über einer Holzkonstruktion gesehen. Die Ausmaße der Konstruktion passen nicht in die Gegebenheiten der Situation im Sinai und sollten als spätere Adaptierung verstanden werden. Das Vorbild dafür ist vermutlich im "Festzelt" zu sehen, wofür der Gedächtnistempel von Thutmosis III. im Temenos von Karnak östlich des Amun-Tempels eine in Stein übertragene Demonstration bildet. Aus Stoffbahnen geformte temporäre Strukturen haben, wenngleich kaum materiell nachweisbar, vermutlich in Ägypten immer Verwendung gehabt, wie dies durch das Festzelt von Ptolemaios II. für seine Eltern bezeugt ist; zu diesem s. Gerhard Haeny, Basilikale Anlagen in der ägyptischen Baukunst des Neuen Reiches, BÄBA 9, 1970, 76 f. und 7 ff.

[3] Ex 26.7 ff.

[4] Wenngleich Salomons Tempel laut biblischer Tradition von phönizischen Bauleuten errichtet war, beeinträchtigt dies letztlich nicht die hier angenommene, direkte oder indirekte, Beeinflussung durch ägyptische Architektur. In Monumentalbauten war Altägypten führend, wobei vermutlich auch die frühe levantinische Architektur durch sie beeinflußt war. Wegen der negativen Dokumentationslage kann dies nur als Hypothese gewertet werden.

"Vorhang im Tempel." Da selbst im ägyptischen Klima Stoffe sich nicht bei Bauwerken erhalten würden, ist von einer Übertragung des vergänglichen Materials in Stein auszugehen.

Gewebe, insbesondere wenn es sich um mehrere handelt, bedürfen grundsätzlich Stützeinrichtungen, da Textilien sonst nur als Bodenbelag möglich wären, was aber hier nicht untersucht werden soll. In der einfachsten Art wären dies im Quadrat oder Rechteck angeordnete Stangen, zwischen denen Tücher gespannt sind. Es ist das Urbild eines sehr spezifischen Bautyps, der insbesondere spät mehrfach als Mammisi nachgewiesen ist.[5] Diese "Geburtshäuser" sind die Folge einer religiösen Entwicklung, die mit der 30. Dynastie einsetzt und auf dem Konzept der jährlichen Gotteserneuerung basiert.[6] Sie hat als Zentrum die "Geburt" des Gotteskindes, wie sie in den Mutterkulten wie Isis von Philae oder Hathor von Dendera, aber auch in anderen Kulten, wie Horus von Edfu, Khnum-pa-chered, etc. gefeiert wurde.[7] Die religiösen Aspekte sollen hier unberücksichtigt bleiben, um uns auf die dafür entwickelte Architektur zu beschränken. Architektonisch wurde der Bautyp von Borchardt[8] als "Tempel mit Umgang" definiert, was impliziert, daß das "Herumgehen" um das im Innern befindliche Sanktuar von wesentlicher Bedeutung ist. Die Form mit einer zentralen Cella und einem darumgelegten "Peripteros"

---

[5] Zum "Mammisi" s. grundsätzlich François Daumas, Les mammisis des temples égyptiens, 1958. Obgleich die Szenenfolge der Geburt erstmals bei Hatschepsut in Deir el-Bahari dargestellt ist, darf diese nicht mit dem späteren "Geburtshaus" in Zusammenhang gebracht werden. Bei Hatschepsut, und von ihr abhängig Amenophis III. und Ramesses II., handelt es sich um den Ausdruck königlichen Anspruchs auf Gottähnlichkeit. Im Gegensatz zum Mammisi handelt es sich um eine Aussage von permanenter Art, während die Göttergeburt ein jährlich wiederkehrendes Ereignis ist.

[6] Das Konzept des göttlichen Kindes ist in Ägypten sicherlich sehr alt. Es tritt besonders in der 6. Dynastie in den Vordergrund, wenn die im Sumpfdickicht des Deltas Schutz suchende Isis erstmals eine Rolle in der Religion zu spielen beginnt. Die Rolle der Isis als Gottesmutter bleibt von da an ein wesentlicher Mythos im Ägyptischen, was aber nicht mit der jährlichen Gotteserneuerung der Spätzeit identisch ist. Götterbesuche lassen sich zumindest seit der 11. Dynastie in Deir el-Bahari nachweisen, doch haben sie grundsätzlich funerären Charakter. Sicherlich gibt es den "Geburtstag" (*hrw mst*) der Götter als Bezeichnung der Schalttage, aber diese sind in ihrer Natur nicht mit der Feier der Geburt des jungen, i.e. neuen Gottes der Spätzeit vergleichbar. Die Idee der Geburt des Gottkindes ist keineswegs auf Altägypten beschränkt, sondern hat Parallelen in der klassischen Welt (Karl Kerenyi, Das göttliche Kind). Wie die ideellen Zusammenhänge vorzustellen sind, ist ebensowenig untersucht, wie die Verbindungen zum Christentum.

[7] Es scheint sich dabei um Angleichungen an eine dominierende Religionsvorstellung zu handeln, indem man die Idee des göttlichen Kindes und dessen jährliche Erneuerung auf Kulte übertrug, wo sie ursprünglich nicht hingehörte, wie insbesondere in Edfu.

[8] Ludwig Borchardt, Ägyptische Tempel mit Umgang, BÄBF 2, 1938, 3-20.

ist aber das Resultat einer architektonischen Entwicklung und keineswegs die eigentliche Form.

Eine ursprünglichere Form des Gebäudes findet sich auf dem Dach des Hathortempels in Dendera,[9] bei der das Konzept der Abschirmung durch Tücher, die zwischen Stangen aufgehängt sind, deutlich wird. Das Mammisi ist das Kultgebäude, in dem die Geburt des Gotteskindes gefeiert wird. Es liegt neben, aber eindeutig getrennt, von dem eigentlichen Kulttempel, sei es der einer Muttergöttin, wie in Dendera oder (ursprünglich) in Philae oder des Horus. Die architektonische Gestaltung ist von einem mundanen Brauch abgeleitet, gemäß welchem die Gebärende für die Entbindung vom Rest der Hausbewohner (Mensch und Tier) getrennt wurde.[10] Diese Isolierung, wofür Brunner-Traut die Bezeichnung "Wochenlaube" prägte,[11] konnte entweder neben oder auf dem Wohnhaus errichtet werden. In gleicher Weise findet sich die Einrichtung auf dem Dach und neben dem Hathortempel in Dendera. Wegen des grundsätzlich temporären Charakters scheint man zwischen Stangen gespannte Tücher den etwas aufwendigeren Mattenverschlägen, wie sie auch heute noch gebraucht werden, vorgezogen zu haben. Die Cella ist eine Sekundärentwicklung, die durch die Notwendigkeiten der Kulthandlungen im Zusammenhang mit der Geburtsfeier bestimmt war.

Zwischen Stangen aufgehängte Tücher sind auch das Vorbild der Interkolumnien, die das von Säulen getragene äußere Vestibül nach außen abschirmten.[12] Esna ist ein besonders gutes Beispiel dafür.[13] Ob dies eine direkte Architekturentwicklung ist oder ob es sich dabei um eine Übernahme aus dem Alltagsbereich handelt, ist nicht sicher zu erkennen. Eine Möglichkeit ist die Markthalle, d.h. über Stangen ausgebreitete Tücher,[14] wozu eine seitlich Abschirmung geschaffen wurde.

In der Bibel kommt neben dem aus Tüchern zusammengesetzten Verschlag, dem Tabernakel, auch die Abschließung einer Öffnung in der Architektur durch einen Vorhang vor. Etwas Ähnliches in der ägyptischen Sakral-

---

[9] Siehe Ludwig Borchardt, a.a.O., 13-20.

[10] Hans Goedicke, Coffin Text Spell 84 (CT II 49a-51c), BSEG 12, 1988, 39-52; vgl. auch F. Weindler, Geburts- und Wochenbettdarstellungen auf altägyptischen Tempelreliefs, 1915.

[11] Emma Brunner-Traut, Die Wochenlaube, MIO 3, 1955, 11-30; idem, LÄ VI, 1282-1284.

[12] Ludwig Borchardt, a.a.O., passim, Gustave Jéquier, Manuel d'archéologie égyptienne, 1924, 106-109; Alexander Badawy, A History of Egyptian Architecture, 1968, 34; 284; 288.

[13] Die Praxis ist wesentlich älter und kann in das Neue Reich zurückverfolgt werden. Für Esna, s. Serge Sauneron, Le temple d'Esna, 1963, XLIII.

[14] Vgl. Henry G. Fischer, Sunshades of the Marketplace, Ancient Egypt in the Metropolitan Museum of Art, 1977, 63 ff.

architektur nachzuweisen hat insbesondere das Problem, daß eine durch einen Vorhang verschlossene Bauöffnung, sei es ein Tor oder ein Fenster,[15] nicht in Stein übersetzbar ist; dies würde zur Schließung der Öffnung führen, wodurch die architektonische Konzeption verloren ginge. Trotzdem ist es möglich, die Frage weiter zu verfolgen, und zwar auf sprachlicher Basis.

Im Ägyptischen gibt es das Wort *tꜣ*, möglicherweise *tꜣy*, das mit der Hieroglyphe 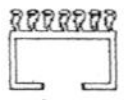 geschrieben (oder determiniert) wird. Die Bekrönung durch einen Uräensfries weist auf eine Verbindung mit dem Königtum hin.[16] Trotzdem bleibt das Wort eigenartig, da es keinerlei verwandtes Wort dazu gibt.[17] Wb V, 230.15 gibt als Bedeutung "Tor, Tür (im Tempel)", doch hat Patricia Spencers Verdacht,[18] daß es sich um orthographische Varianten zu dem in Wb V, 231.10 gesondert angeführten *tꜣyt* "Tor im Tempel" handelt, viel für sich.

Der ursprüngliche Nachweis für die Hieroglyphe 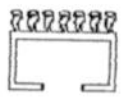 ist im Titel des Wesirs, der seit der späten 2. Dynastie belegt ist.[19] Von Gardiner als "he of the curtain" übersetzt, sagt dies kaum etwas über die Funktion des höchsten Beamten noch über den Bedeutungsinhalt des Zeichens aus. Erst mit dem Neuen Reich beginnen die Belege des Wortes außerhalb des Wesirtitels.[20] Nicht nur der Nachweis ändert sich, auch die Hieroglyphe ist anders. Im Gegensatz zur älteren Form gibt die NR-Form keine Bauöffnung an, sondern besteht vielmehr aus einem stehenden Rechteck, das von einem Uräenfries gekrönt ist 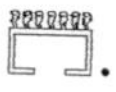. Es stellt somit keine Öffnung in einem Gebäude, entweder Tor oder Fenster, dar, sondern vielmehr einen Abschluß, der von Gardiner[21]

---

15 Auch bildliche Darstellungen von Türen geben keinerlei Anhalt für die Existenz von Textilien als Abschluß.

16 Der Uräenfries findet sich erstmals in Djosers Grabdenkmal in der Südwestecke des großen Hofs am sog. Südgrab.

17 Das Zeichen 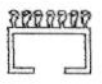 wird seit dem Alten Reich in der nautischen Bezeichnung *tꜣ-wr* für "backbord" (d.h. links von der Fahrtrichtung) verwendet, deren Ursprung völlig unklar ist; s. dazu Charles Borreaux, Études nautiques, MIFAO 50, 435 ff.

18 Patricia Spencer, The Egyptian Temple: A Lexicographical Study, 1984, 211 ff.

19 Cf. Wolfgang Helck, Untersuchungen zu den Beamtentiteln des ägyptischen Alten Reiches, Äg.Fo. 18, 1954, 1134; Nigel Strudwick, The Administration of Egypt in the Old Kingdom, 1985, 300 ff.

20 Wb V, 230.15; 231.10; vgl. auch Leonard H. Lesko, A Dictionary of Late Egyptian IV, 1989, 71. Eine Ausnahme ist m. E. die Bezeichnung *tꜣ-wr* für die Backbordseite des Schiffes, wovon es dann auch auf die Phylengliederung übertragen wurde; zu ersterem, s. Charles Boreaux, Études de nautique égyptienne, MIFAO 50, 1925, 435 ff.; zu letzterem, Ann Macy Roth, Egyptian Phyles in the Old Kingdom, SAOC 48, 1991, 22 ff.

21 Op. cit., Sign-list O 16.

wohl zu Recht als "curtain" gedeutet wurde. Es darf nicht übersehen werden, daß nur diese Hieroglyphe  in Verbindung mit phonetischen Angaben vorkommt, nicht aber das unten offene Zeichen . Obwohl nicht immer sicher festzustellen, hat es doch den Anschein, als wenn die beiden Hieroglyphen ursprünglich nicht identisch waren und es erst im Laufe der Zeit aufgrund der Entpalatisierung dazu kam,[22] daß *ṯȝ* und *tȝ t*zusammenfielen. Das ältere 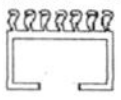 hängt vielleicht mit *ṯt* "Speisentisch" zusammen und ist für die uns beschäftigende Frage nebensächlich.

Das durch phonetische Komplementierung eindeutig als *tȝy* erwiesene Zeichen 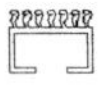 ist m. E. grundsätzlich mit der Webegöttin *Tȝyt* zusammenzubringen und als deren Produkt, d.h. als "Gewebe" oder "Vorhang" zu identifizieren. Sowohl die Göttin als auch das von ihr hergestellte Produkt finden sich bereits in den Pyramidentexten;[23] deutlicher ist CT I, 253 d - 254 c, in einer Beschreibung des Tores des Horizonts: "Du sollst darin bis zum Morgen sein, wenn das Tor des Horizonts entriegelt ist: seine Pfosten sind die Arme der Nut, während sie Wache hält über Osiris; sein Vorhang (*tȝyt*) ist das von Ptah gefärbte und von *Tȝyt* gewobene Tuch." Über das Aussehen des "Vorhangs", der zwischen zwei Stangen aufgehängt ist, lassen sich zwei Details aus dieser Stelle ableiten: erstens ist er gewoben, wobei nicht sicher ist, ob es sich um eine besondere Webart handelt; zweitens ist er gefärbt,[24] wobei die Verbindung mit Ptah entweder das Künstlerische daran oder aber das Zentrum der Produktion,[25] d.h. Memphis, wiedergeben soll.

Als Verschluß eines besonderen Raumes, bzw. des Himmels findet sich *tȝyt* in einem Preisgedicht für einen Wesir,[26] dessen Tätigkeit beschrieben wird als "Stellvertreter des Re, der in seinem Schrein ruht, der Abschirmung

---

[22] Wilhelm Czermak, Die Laute der ägyptischen Sprache I, 1934, § 111.

[23] Siehe Pyr. Spruch 415; auch Pyr. 741 b. Das Produkt *tȝyt* kommt Pyr. 2094 a: "er ist eingehüllt in ein *tȝyt*, aus dem er hervorgehen soll" vor, wobei nicht klar ist, ob es als Leichentuch oder aber als Bekleidung zu verstehen ist.

[24] Das Kausativ *srḫty* ist offensichtlich von 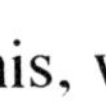 abgeleitet, das vor allem in der Berufsbezeichnung *rḫty* belegt ist. Sie wird allgemein mit "Wäscher" übersetzt, wenngleich es fraglich erscheint, ob die Reinigung der Kleidung Aufgabe der Männer war. Da die Bezeichnung nur für Männer belegt ist, andererseits das Ufer als Arbeitsplatz feststeht, scheint eine Erklärung als "Färber" besser angebracht. Daß die Ägypter farbige Textilien gebrauchten, ist überzeugend nachgewiesen. Zur Frage der Färbung von Textilien im Alten Ägypten, s. Renate Germer, Die Textilfärberei und die Verwendung gefärbter Textilien im Alten Ägypten, Äg.Abh. 53, 1992, 8-116. Sie (S. 134 f) hält nur die Bezeichnung *ps ins* für die Berufsbezeichnung des Färbers.

[25] Beim jetzigen Informationsstand ist es unmöglich, die Existenz von Produktionszentren nachzuweisen.

[26] Sir Alan Gardiner - Jaroslav Cerny, Hieratic Ostraca I, pl. XCII, vs. l. 10.

des Atum, dem großen Vorhang (*tꜣyt*) in der Zeit des Allherrn." Die Metaphern stehen für den himmlischen Horizont, der als Trennung zwischen dem menschlichen und dem göttlichen Bereich gesehen wird. Da *sbḫ* eine "Schutzwand" oder "Schutzblende" bezeichnet,[27] ergibt sich, daß *tꜣyt* eine ähnliche Funktion hatte, wobei der Unterschied zwischen den beiden Ausdrücken allem Anschein nach in dem Material zu suchen ist.

Im Gegensatz zu diesen bildhaften Beschreibungen findet sich *tꜣyt* in direktem Zusammenhang mit Tempelarchitektur in der Ramessidenzeit. Sethos I. sagt in der Aufzählung seiner Baustiftungen im Abydos-Tempel, daß er "für seine Mutter Isis, die Gottesgemahlin, die im Tempel wohnt, eine *tꜣyt* aus Gold machte."[28] Die Aussage steht parallel zur Errichtung einer Blendwand (*sbḫ*) "für Isis, die Gottesgebärerin" und einer "Toranlage" (*sbꜣw*) "für Isis, die Gottesmutter." Die Art der Verbindung mit Isis könnte darauf hinweisen, daß diese Art des Raumverschlusses ihren Ursprung in den Frauengemächern hatte.

Diese Vermutung ist jedoch schwierig mit einer Stelle im Pap. Harris I zu verbinden, die die Teile des Neubaus eines Tempels für Ptah-südlich-seiner-Mauer beschreibt:[29] "sein (d. i. des Tempels) Hauptsitz wurde vergrößert wie ein Großraum (*pr-wr*) mit einem Vorhang (*tꜣyt*) aus Gold wie die beiden Tore des Himmels." Der Vergleich mit den Himmelstüren hat eine lange Tradition, wobei die Anwendung auf den Tempel wohl das Allerheiligste betrifft.[30] Entsprechend ist wohl zu vermuten, daß der sakrale Teil von der Außenwelt durch einen Vorhang abgeschlossen war.

In Edfu[31] kommt *tꜣyt* erneut in Parallele mit *sbḫt* im Zusammenhang mit einer Beschreibung von Tempelteilen vor: "dein Vorhang vor dem Platz des Erstechens, deine Schutzwand im Hauptsitz." Allem Anschein nach war ein bestimmter Raum des Tempels mit einem Vorhang verschlossen.

Die Belege verdeutlichen, daß die Ägypter den "Vorhang" zur Abschließung eines Raumes nicht nur kannten, sondern daß dies insbesondere

[27] Siehe Patricia Spencer, op.cit. 161 ff.

[28] Kenneth A. Kitchen, RI I, 134, 6 -7; eine Nennung in Kenneth A. Kitchen, RI I, 133, 3 ist vermutlich eine Verlesung für *ʿḥt*, wie dies Patricia Spencer, op. cit., 211 bereits vorschlug.

[29] Pap. Harris I, 45, 7.

[30] Vgl. dazu auch das Öffnen und Verschließen der Tür im täglichen Kult. Auch beim Prozessionsschrein läßt sich der Abschluß durch einen Vorhang nicht klar darstellen; vgl. Winfried Barta, Das Götterkultbild als Mittelpunkt bei Prozessionsfeiern, MDAIK 23, 1968, 75 ff.

[31] Edfu I, 18.36.

beim Allerheiligsten der Fall war, wie der mehrmalige Vergleich mit dem Himmelstor nahelegt. Der Nachweis im erhaltenen Architekturbestand ist schwieriger, da Stoffe sich nicht erhalten, aber auch schwer in dauerhaftem Material darstellbar sind. Als Torverschluß durch eine Rollmatte wird die Rolle über dem Mastabaeingang, bzw. von dort übernommen auf der Scheintür angesehen.[32] So naheliegend diese Erklärung erscheinen mag, einen Beweis dafür gibt es nicht. Es wäre vielmehr zu überlegen, ob der Rundbalken nicht eher einen Baumstamm (Palme) wiedergibt, der über die Breite der Torwände gelegt wurde, um das darüberliegende Mauerwerk zu stützen.

In den klassischen Quellen[33] werden ägyptische Vorhänge und Wandbehänge rühmend genannt. Dies würde auf eine umfangreiche Verwendung von Textilien in architektonischem Zusammenhang hinweisen. Für die frühere Zeit gibt es philologische Hinweise, insbesondere für die Tempelarchitektur. Es läßt sich dabei nicht entscheiden, ob diese generellen oder aber spezifischen Charakter haben, d.h. nur für bestimmte Kulte gelten. Das Problem besteht nun darin, daß m. E. in den ägyptischen Tempeln und deren Dekoration die Verwendung von Textilien, direkt oder als Übertragung in Stein, nicht nachweisbar ist. Sowohl der individuelle Götterschrein als auch die diversen Abschnitte des Tempels sind seit frühester Zeit durch Türen, im allgemeinen zweiflügeligen, verschlossen.[34] Andererseits spricht die philologische Dokumentation für die Verwendung von Textilien zum Verschluß von Tempelräumen. Wie die scheinbar widersprüchliche Situation zu lösen ist, bleibt vorerst unklar. Zunächst kann nur festgestellt werden, daß Textilelemente zur ägyptischen Tempeldekoration beitrugen.

---

32 Sylvia Wiebach, Die ägyptische Scheintür, HÄS 1, 1981, 9. Im Südgrab des Djoserbezirkes ist sie eindeutig als aufgerollte Matte wiedergegeben, s. Jean-Philippe Lauer, La pyramide à degrés II, 1936, pl. 36.

33 Athenaeus in Deipnosophisten V 196 B und Theokrit, Idylle; siehe LÄ VI, 423.

34 Vgl. Otto Königsberger, Die Konstruktion der ägyptischen Tür, Äg.Fo. 2, 1936, 13 ff.

Rolf Gundlach

Das Dekorationsprogramm der Tempel von Abu Simbel und ihre kultische und königsideologische Funktion[1]

Das ägyptische Neue Reich, also die Epoche des Weltreiches, stellt die Blütezeit der ägyptischen Felstempel dar. Die Regierungszeiten von Hatschepsut I./Thutmosis III. bis zu der Ramses‘ II. sind charakterisiert durch die Errichtung von Kultanlagen, die in die Felsmassive hineingetrieben worden sind und die in der Kultbildkammer Figurengruppen des „gemeinsamen Thronens“ aufweisen: äußerlich Zeichen der Aufnahme des Königs in die Göttergemeinschaft und inhaltlich Charakterisierung des Königs als Erscheinungsform des Sonnengottes[2]. Nach Ausweis der Titelfolge „Herr der beiden Länder – Herr des Kultvollzuges“ handelt es sich um den im Diesseits regierenden König, und zwar in seinen Aspekten als „Staatschef“[3] und „Kultherr“. Während Hatschepsut I. noch nach Ausweis der Dekoration der Rückwand der Kultbildkammer in der Hathor-Kapelle in Deir el-Bahari als „neue Hathor“ den Thron besteigt (wohl als weibliche Form des Horus[4]), erscheint Thutmosis III. im Felstempel von Ellesija in seiner „Sonnengottform“ mit „irdischen“ Königstiteln[5].

---

1 Die folgenden Ausführungen geben einen Deutungsversuch wieder und sind zugleich ein Zwischenbericht, der sich auf einige wesentliche Komponenten der Dekorationsaussagen konzentriert, ohne Endgültigkeit zu beanspruchen.

Die Druckvorlage verdanke ich E. NOACK und M. ROCHHOLZ, der auch die Abbildungen herstellte.

2 Vgl. R. GUNDLACH, Der Felstempel Thutmosis III. bei Ellesija. Analyse des Dekorationsprogramms, in: R. GUNDLACH/M. ROCHHOLZ (Hrsg.), Ägyptische Tempel – Struktur, Funktion und Programm, HÄB 37, 1994, S.69–87, spez. S.76.

3 „*nb-tꜣ.wj*“ als spezielle Beschreibung der politisch-administrativen Rolle des Königs, parallel zum *nb-jr.t-jḫ-t* „Kultherr“; vgl. R. GUNDLACH, Ägyptische Königsideologie und Regierungsprogramme (in Vorbereitung).

4 PM II² 353, (54).

5 *nṯr-nfr* (vor dem Thronnamen) und *zꜣ-Rꜥ.w* (vor dem Eigennamen).

Erkennbar wird dieser königsideologische Sachverhalt in der kultunterstützenden[6] Dekoration der Tempel, deren Aussagen durch den gedachten oder realiter vollzogenen Kult (repräsentiert durch die kultrelevante bzw. kultbezogene Dekoration[7]) ständig belebt und damit aktuell gehalten wird. Durch die besondere Architektur dieser Tempel wird das Ziel der kultunterstützenden Aussagen und des Kultvollzuges, das gemeinsame Thronen, in ein vom Diesseits her zugängliches Jenseits verlegt, also in eine Art mythische Stätte[8]. Der Bildcharakter von Lage, Architektur und Dekoration, mithin die ikonische Komponente des Tempels, weiterhin die kultische Komponente (der Kultvollzug) und die königsideologische Voraussetzung und Zielsetzung bilden das Bedeutungsdreieck dieser Tempel. Durch den Kultvollzug wird das gemeinsame Thronen, also die Kultbildfigurengruppe, belebt und damit quasi „rückwärts" der gesamte Aussagenkomplex der kultunterstützenden Dekoration, indem ein ideologiebestimmtes Bild des Lebensweges des Königs nachgezeichnet wird: Zeugung, Geburt, Aufzucht und Krönung werden als göttliche Handlungen dargestellt, woran sich im Idealfall die Erringung der Weltherrschaft, die allgemeine Durchführung des Kultes und somit der Nachweis der „Idoneität"[9] des Königs anschließt, daß er also sich als König bewährt hat, woraufhin er „als regierender König" Bestandteil des „gemeinsamen Thronens" wird.

Das Tempelensemble

Diese Struktur von Anlage und ideologischer Aussage und Zielsetzung der Felstempel ist das Werk der 18. Dynastie. In ihrer ausgebildeten Form sind hier die Felstempel Thutmosis' III.[10] und des Haremhab[11] zu nennen. Die verschiedenen Stationen des königlichen Lebensweges werden aber vornehmlich durch die Anlagen Hatschepsut I. repräsentiert, dessen „Lücken" durch Belege aus der Zeit Thutmosis III. geschlossen werden können.

Die Stationen des königlichen Lebensweges als Ergebnis göttlicher Handlungen stellen sich auf diese Weise folgendermaßen dar:

1. Gotteswahl (dargestellt im Geburtszyklus in Deir el Bahri[12])

---

6 Zu diesem Begriff s. R. GUNDLACH, Tempelrelief, LÄ VI 407–411, spez. Abschnitt 5.

7 Op.cit., Abschnitt 4.

8 Die Felswand als Grenze zwischen Diesseits und Jenseits aufgefaßt; hierzu und zum folgenden vgl. R. GUNDLACH, Struktur und Anlayse ägyptischer Tempel (in Vorbereitung).

9 Op.cit., vorläufig vgl. R. GUNDLACH, a.a.O. (Anm.2), S.80–81.

10 Op.cit.

11 In Gebel es-Silsila-West, s. PM V, 208–213.

12 Vgl. H. BRUNNER, Die Geburt des Gottkönigs, ÄA 10, 1964.

2. Zeugung: wahrscheinlich im „Fürstenhaus" in Karnak[13] (hier dürfte es sich m.E. um den königlichen Palast vor dem Eingang zum Amun-Tempel handeln)
3. Geburt: wahrscheinlich ebenfalls im Fürstenhaus in Karnak; nach den Aussagen im Vorhof des Hathor-Tempels der Hatschepsut in Deir el-Bahari ist sie von Hathor vorgenommen worden[14].
4. Zug der Hathor mit dem Horusknaben (!) (als Bestandteil des Talfestes) nach Deir el-Bahari zum Hathor-Tempel, welcher die Bedeutung des „Chemmis"-Gefildes[15] hat.
5. Schutz und Säugung des Kindes durch Hathor[16], woran sich die Aufzucht anschließt.
6. Regierungsübernahme als Erbin des Sonnengottes: wohl in Karnak[17] (angespielt wird darauf in der ersten Halle im Hathor-Tempel in Deir el-Bahari[18]).
7. Anerkennung durch die Landesgötter bzw. die Neunheit von Karnak (Darstellung im Felstempel von Ellesija Thutmosis' III.[19] bzw. in der ersten Halle des Hathor-Tempels in Deir el-Bahari[20]).
8. Erringung der Weltherrschaft und Nachweis des Kultvollzuges (Anspielungen im Felstempel von Ellesija[21]).
9. „Vergöttlichung" durch den Ritus des gemeinsamen Thronens (dargestellt im Ellesija-Tempel[22]).

---

13 Vgl. auch op.cit., S.26, sowie P. KAPLONY, Fürstenhaus, LÄ II 351–356.

14 „Hathor, sie hat die Geburt wiederholt": Szene 30 des Hathor-Tempels Hatschepsut I. (PM II2 350–351, Text: Urk IV 305,6).

15 Gemäß dem Text PM II2 350, (23).

16 Dargestellt im Kultbild des Hathor-Tempels Hatschepsut' I. (Wiedergabe auf den Seitenwänden der Kultbildkammer: s. PM II2 353, (52) und (53)).
Vgl. auch das Kultbild des Hathor-Tempels Thutmosis' III. in Deir el-Bahri (wohl aus der Zeit Amenophis' II.): PM II2 380–381.

17 S. den „historischen Text" auf der Chapelle Rouge: P. LACAU/H. CHEVRIER, Une Chapelle d'Hatschepsout à Karnak, 1977, S.92–153.

18 Szene 37: PM II2 351, (37), Rede des Amun.

19 Vgl. R. GUNDLACH, a.a.O. (Anm.9), S.74.

20 Szene 36: PM II2 351, (36).

21 Vgl. R. GUNDLACH, a.a.O. (Anm.9), S.87 (Abb.6–7).

22 Szene E9; s. op.cit., S.87, Abb.6.

10. Anerkennung durch das „Volk“ mittels der Huldigung der Beamten, die in den Huldigungstempeln (wichtigste Beispiele sind die Grotten von Qasr Ibrim) den Figurengruppen opfern[23].

Diese Stationen des königlichen Lebensweges, die in der 18. Dynastie noch an unterschiedlichen Orten gedacht bzw. zelebriert worden sind, werden unter Ramses II. im unternubischen zentralen Tempelkomplex, dem von Abu Simbel, zusammengeführt.

Dieses Ensemble besteht aus[24] (von Süd nach Nord)
- der Südkapelle[25]
- dem Großen Tempel[26]
- der Nordkapelle[27]
- dem Kleinen Tempel[28].

Die Themenfolge ist hier jedoch anders gestaltet. Die Stationen 6, 8 und 9 (Regierungsübernahme, Nachweis von Weltherrschaft und Kultvollzug und „Vergöttlichung“ im „gemeinsamen Thronen“ sind nicht in die Kultfolge eingepaßt, sondern werden vorausgesetzt. Auf sie muß daher zunächst eingegangen werden.

Insbesondere der Große (Abb.1) und der Kleine Tempel (Abb.2) enthalten die wichtigen kultunterstützenden Aussagen zum Nachweis der Weltherrschaft und des Kultvollzuges:
- Großer Tempelraum F[29]: allgemeine Darstellung der Erringung der Weltherrschaft durch die „Erschlagen des Feindes“-Szenen an der inneren Ostwand (im Süden Nubier, im Norden Libyer), die explizite Erringung durch die Überwindung von Syrern, Libyern, allgemein Semiten und Nubiern (auf der Südseite) und der Darstellung der Qadesch-Schlacht (auf der Nord-

---

23 Zu den Darstellungen s. R. CAMINOS, The Shrines and Rock-Inscriptions of Ibrim, 1968, Tf.9–11.

24 Vgl. Abb.3.

25 Unpubliziert, s. aber die Photos BREASTED gemäß PM VII, 97–98 (South Chapel); die Darstellungen konnten während der Mainzer Exkursion 1988 in Augenschein genommen werden.

26 Eine vollständige Veröffentlichung fehlt noch: Teilpublikation von Chr. DESROCHES-NOBLECOURT u.a. (CEDAE), Grand Temple d'Abou Simbel. La Bataille de Qadech, 1971.

27 S. den Ausstellungskatalog „Ramsès Le Grand“ (Galeries nationales du Grand Palais), Paris 1976, S.151–160.

28 Chr. DESROCHES-NOBLECOURT/Ch. KUENTZ, Le petit temple d'Abou Simbel, 1968.

29 Vgl. Plan bei PM VII, 96 und hier: Abb.1.

seite[30]). Der Nachweis dieser Weltherrschaft erfolgt dann auf der Westseite durch Zuführung von nubischen (auf der südlichen Westwand) und hethitischen Gefangenen (auf der nördlichen Westwand) gegenüber Triaden, in die nachträglich Ramses II. eingefügt worden ist[31].

- Der allgemeine Nachweis des Kultvollzuges wird dann u.a. im Raum H vorgenommen: auf der Ostwand im Süden gegenüber Amun-Re[32] und auf der nördlichen Ostwand gegenüber Min-Amun- Kamutef [33] (die Opferszenen stellen keinen an dieser Stelle durchgeführten Kult dar).[34] Im Raum H auf der Westwand gegenüber Amun-Re (im Süden) und gegenüber Re-Harachte (im Norden).

Im Kleinen Tempel (Abb.2) wird die Weltherrschaft in Raum C auf der Ostwand nachgewiesen[35] und der Kultvollzug gegenüber den südlichen Göttern auf der Südwand und gegenüber den nördlichen Göttern auf der Nordwand[36].

Während die Krönung des Königs auf der Südwand des Raumes F des Großen Tempels in einer Ischedbaum-Szene zum Ausdruck kommt[37], wird diese im Kleinen Tempel im Raum C in der Szene 6 dargestellt.[38] Die Opferszenen G 5 und G 11 dienen nicht dem Nachweis des Kultvollzuges, sondern sind im Zusammenhang mit der Vorbereitung der Chemmis-Handlung zu sehen. Sie stellen die Anerkennung des Kultbildpaares durch die nubischen Götter (im Süden) und durch die Triade von Elephantine im Norden dar.[39]

Das Ensemble von Abu Simbel dient nun in folgender Weise als Rahmen für die Darstellung und den Vollzug des göttlichen Lebensweges des Königs in einer im Idealfall halbjährlichen Aktualisierung (Abb.3):

1. In der Nordkapelle, dem Sonnentempel, wird das Sonnenlicht veranlaßt (Phase 1), den Weg in den Tempel zu nehmen und durch Bestrahlung der Kultbildstatue des Königs in der Kultbildkammer (Raum M) die

---

30 Vgl. Anm.29.

31 L. HABACHI, Features of the Deification of Ramesses II (ADAIK 5), 1969, Tf. III und IV.

32 PM VII, 109, (94), in einer Triade.

33 PM VII, 109, (97), in einer Triade.

34 Die Szenen sind aber nur kultunterstützend (vgl. Anm.6).

35 Szenen C1 und C2 s. Chr. DESROCHES-NOBLECOURT, a.a.O. (Anm.29), Tf. XXXII/XXXIII und Tf. XXXV/XXXVI.

36 Szenen C 7, 8, 10 bzw. 12, 13, 14, 16; die Stelle des (nördlichen) Re-Harachte (neben Hathor von Heliopolis) nimmt „Re-Harachte, Großer Gott, Herr von Nubien“ ein.

37 PM VII, 102 (39–40), oberes Register, 4. Szene.

38 M.E. stehen die Szenen C 5 und 11 damit in engem Zusammenhang.

39 S. unten.

Zeugung Ramses‘ II. durchzuführen[40] (Phase 2 an der Stelle der Station des „idealen“ Lebensweges der 18. Dynastie; s. oben).

2. Statuen des Amun-Re und des Königs begeben sich in einer einzigen (!) Barke[41], die in den Räumen M und H des Großen Tempels im Süden als Barke des Amun-Re und auf der Nordwand als Barke Ramses‘ II. (der hier die Stelle des Re-Harachte einnimmt[42]) dargestellt wird, durch den Großen Tempel hindurch zur Südkapelle, wo unter Assistenz des Gottes Thot von Abu Hoda die Geburt Ramses‘ II. vollzogen wird[43] (Phase 3 an der Stelle der Station 3 des „idealen“ Lebensweges der 18. Dynastie; s. oben).
3. Sodann begibt sich der König über das Gelände des Tempelkomplexes zum Kleinen Tempel und dort in den Raum M zur Säugung und Aufzucht des Königs, in das hier zu lokalisierende Chemmis-Gefilde (Phase 4, entsprechend Stationen 4 und 5 des „idealen“ Lebensweges der 18. Dynastie). Dieses Chemmis-Gefilde ist durch zwei nichtdekorierte, also „mythische“[44], Orte mit Nubien (Raum I) und Oberägypten (Raum K) näher charakterisiert. Durch diese „definierenden“ Orte ist der Geltungsbereich der Chemmis-Handlung in Raum M auf ganz Ägypten ausgedehnt.

Die Kolossalstatuen (Abb.4-5)

Die Darstellung und kultische Aktualisierung des königlichen Lebensweges bedarf zweier miteinander verbundener Voraussetzungen, nämlich

– Stiftung der Tempel und
– göttliche Anbindung des Tempelkomplexes[45].

---

40 Durch „Belebung“ der Kultbildstatue; zum Einfall des Sonnenlichtes vgl. G. GELINSKY, ein heliakischer Frühaufgang bei Abu Simbel, GM 9 (1974) 19–24; s. auch Ausstellungskatalog „Ramsès Le Grand“ (Anm.27), S.XXXII–XXXIII.

41 Abgestellt auf dem Barkenpostament in der Kultbildkammer des Großen Tempels bzw. zusammen mit der Barke des Thot von Abu Hoda in der Südkapelle, dort als „gemeinsame Barke“ beschrieben.

42 Vgl· den Text auf der Nordwand des Geburtshauses: KITCHEN, Ram. Inscr. II, 749, 10–12).

43 Südkapelle als *„pr-ms.t“* bezeichnet; Beschreibung des Vorganges.

44 In dieser absichtlichen „Nichtdekoration“ der Räume I und K, deren Definition in den Darstellungen H (mit Hathor von Faras) und J (mit „Hathor, die in Theben befindlich ist“) als Chemmis-Gefildes eindeutig ist, sehe ich eine Steigerung der Jenseitsbedeutung gegenüber der „einfachen“ Felswandgrenze (s. Anm.8).

45 Vgl. die Kapitelfolge der „Tempelaussagen“ im Ellesija-Tempel: R. GUNDLACH, a.a.O. (Anm.9), S.87, Abb.7.

Die Kolossalstatuen sind errichtet worden an den Fassaden des Großen und des Kleinen Tempels sowie im Raum F des Großen Tempels, im einzelnen

- die Statuen D-I bis D-IV der Fassade des Großen Tempels
- die Kolossalstatuen F I bis F VIII der ersten großen Halle des Großen Tempels, dem Raum F, und
- die Kolossalstatuen des Königs an der Fassade des Kleinen Tempels.

Es ist spätestens seit Labib Habachis Arbeit „Features of the Deification"[46] bekannt, daß diese Kolossalstatuen Eigennamen tragen, durch die der rundbildlich dargestellte König

- in göttlicher Qualität erscheint (hierzu s.u.) bzw.
- als Auserwählter (mrj.j) einer Gottheit bezeichnet wird.

Die Kolossalstatuen des Großen und des Kleinen Tempels sind dabei Elemente eines zusammenhängenden Aussageschemas. An ihm fällt auf, daß zwar der Kleine Tempel gestiftet wird, nicht jedoch der Große Tempel. Die Stiftung des Kleinen Tempels ist verknüpft mit drei von den vier königlichen Kolossalstatuen an seiner Fassade. Da, wie schon Habachi festgestellt hat, die Namen, die jede der Kolossalstatuen des Großen und des Kleinen Tempels tragen, oft mehrfach vorkommen, muß das Beziehungsnetzwerk der Kolossalstatuen untereinander dargelegt werden.

Die beiden Kolossalstatuen der Königin an der Fassade des Kleinen Tempels erscheinen nach Ausweis der Texte als Empfängerin des Kleinen Tempels. Die kleinen Statuen der Prinzen und Prinzessinnen an den Fassaden sind auf einer Folgeebene mit den Kolossalstatuen des Königs und der Königin verknüpft.

Der Zusammenhang zwischen den Kolossalstatuen des Königs beider Fassaden (Abb.4)

In den Namen der Kolossalstatuen beider Fassaden ergeben sich Identitäten mit Ausnahme von D-IV:

- D-I und A 17 stellen beide den König dar, „auserwählt von *ḥq3-t3.wj*";
- D-II und A 25 stellen ebenfalls beide den König dar, „auserwählt von *Rʿ.w nj-ḥq3.w*";

[46] S. Anm.31.

– D-III und A 4 sowie A 37 sind Statuen des Königs, „auserwählt von Amun".[47]

Die südliche Statuenreihe der Halle F und die Statuen der Fassade des Großen Tempels können miteinander verknüpft werden:
– die Statuen F-VI und F-VII stellen den König dar, „auserwählt von Amun" bzw. „auserwählt von Atum". Diese Parallelität ergibt sich auch
– bei den Statuen F-V und F-VIII, die den König darstellen als „*ḥq3-t3.wj*" (F V) (gemäß Text A 15 (s. Abb.5) „*mrj.j nj-Jmn.w*") bzw. als „auserwählt von *Rꜥ.w nj-ḥq3.w*" (F-VIII) (gemäß Text A 24 (s. Abb.5) „*mrj.j nj-Jtm.w*".
– Die Namen der Statuen F-VI und F-VII sind identisch mit den Namen der Statuen D-III und D-IV.
– Der Name der Statue F-VIII ist identisch mit dem Namen der Statue D-II.
– Eine direkte Beziehung ergibt sich zwischen den Namen der Statue F-V und dem der Statue D-I („der König, auserwählt vom Herrscher der beiden Länder").

Die nördliche Statuenreihe des Raumes F des Großen Tempels weist zwei scheinbar aus dem Rahmen fallende Statuennamen auf, nämlich
– Statue F-III: die Königsstatue trägt den Namen „Atum", und
– die Statue F-II zeigt den König, „auserwählt von Re-Harachte".

Beide Statuennamen gibt es im Tempelkomplex von Abu Simbel kein zweites Mal, so daß man hier sicher von einer Parallelität sprechen kann. Ebenfalls parallel stehen die Statuen F-II und F-I, welch' letztere den König als „auserwählt von Amun" darstellen. Wir haben es hier augenscheinlich mit einer göttlichen Dreiheit zu tun, nämlich

Atum – Re-Harachte – Amun.

In dieser Dreiheit nimmt der König selber die Stellung des Atum ein. Wieso der König in Abu Simbel nie als „Re, der Herrscher der Fremdländer", wohl aber als „Herrscher der beiden Länder" (Statuen F-IV und F-V) dargestellt ist, wird sich m.E. aus der besonderen „*ḥq3-t3.wj*"-Funktion des Königs in Abu Simbel erklären lassen (dazu siehe unten).

Zwischen der südlichen Statuenreihe des Raumes F und der nördlichen sehe ich ebenfalls Parallelitäten:

---

[47] Die Wiedergabe des Namens der Statue A 37 als „auserwählt von Atum" bei L. HABACHI, op.cit., Abb.6d, ist unrichtig; die Publikation (s. Anm.29, S.13) gibt „*z3-Jmn.w-mrj.f*".

- F-VIII und F-IV stellen die beiden bei der Errichtung des Kleinen Tempels aktiven Aspekte dar (dazu siehe unten).
- F-VII und F-III zeigen eine Abhängigkeit zwischen „Atum" und „auserwählt von Atum".
- F-VI und F-II parallelisieren Amun und Re-Harachte und
- der „Herrscher der beiden Länder" (F-V) und der König „auserwählt von Amun" (F-I) sind insofern parallel zu sehen, als nach Ausweis der Texte des Kleinen Tempels auch der „Herrscher der beiden Länder" von „Amun auserwählt worden ist", wenn auch beide Namen getrennt vorkommen.

An der Fassade des Kleinen Tempels werden die beiden Aspekte des Königs, die für die Errichtung des Kleinen Tempels zuständig waren, in den Statuen A 17 und A 25 wiedergegeben. Sie werden eingerahmt von den „ausführenden Königsstatuen" A 4 und A 37, mit denen der König in beiden Fällen als „auserwählt von Amun" erscheint.

Die Stiftungsachse der Fassade des Kleinen Tempels (Abb.5-6)

Verbindet man die die Kolossalstatuen des Königs und der Königin an der Fassade des Kleinen Tempels begleitenden Texte zu „Aussagenketten", dann ergibt sich, daß der König in den beiden mittleren Kolossalstatuen als
- „Geliebter des Herrschers der beiden Länder" und
- „Geliebter des Re der Herrscher"

erscheint. Hier hat eine Aufspaltung der königlichen Aspekte stattgefunden, indem nämlich diese beiden die Herrschaft über Ägypten und über die Fremdländer bezeichnenden königlichen Funktionen von diesem trennt, für sich in Statuen Ramses' II. gefaßt sind und der König in diesen Funktionen von Amun (bezüglich des Inlandes) und Atum (bezüglich des Auslandes) auserwählt worden ist.

Die beiden äußeren Kolossalstatuen des Königs an der Fassade des Kleinen Tempels, A 4 und A 37, die beide den König als „auserwählt von Amun" wiedergeben, repräsentieren zwei Voraussetzungsqualitäten des Königs, nämlich das übergeordnete „*tj.t-Rˁ.w*", das den König als Hieroglyphe des Sonnengottes und damit als vollgültigen „Sonnengott-Akteur" auf Erden bezeichnet[48] (Statue A 37), der dann durch das „Zertrampeln der *Jwn.tjw*", den hier beispielhaft genannten Fremdvölkern, das Chaos beseitigt und die

[48] R. GUNDLACH, Der Pharao – eine Hieroglyphe Gottes. Zur „Göttlichkeit" des ägyptischen Königs, in: D. ZELLER (Hrsg.), Menschwerdung Gottes – Vergöttlichung von Menschen, 1988, S.13–35.

Voraussetzung für die Tempelerrichtung schafft. Die „Hieroglyphe des Re" „befiehlt die Errichtung des Tempels in Nubien", und der König, dargestellt durch die Statue A 4, erbaut den Tempel. Als Empfängerin wird die Königin, wiedergegeben in den Statuen A 10 und A 31, genannt. Ihretwegen (oder für den Tempel ?) „geht Re auf".

Der Amun-erwählte König errichtet also den Tempel, als dessen Stifter der Atum-erwählte König (Statue A 25) dann allgemein genannt wird. M.E. ist die Stiftungsaussage des Textes A 30 den die Statuen A 37 und A 4 begleitenden Texten bedeutungsmäßig übergeordnet, so daß wir auch eine Überordnung des Atum-Aspektes des Königs gegenüber den Amun-Aspekten vermuten können. Damit hängt wohl nicht zuletzt zusammen, daß in der göttlichen Dreiheit, die wir in den Statuennamen des Großen Tempels erkennen können, der König die Funktion des Atum ausübt. Möglicherweise ist hier deshalb auch keine Statue des „Re der Herrscher" konzipiert worden, wohl aber, da der König nicht auch als Amun erscheint, Statuen des Königs als „Herrscher der beiden Länder". Zudem könnte man davon ausgehen, daß der König als „Herrscher der beiden Länder" für die eigentliche Errichtung des Tempels zuständig war (Statuen A 4 und A 37). D.h., ich sehe eine Parallelität des Königs als „auserwählt von Amun" und als „Herrscher der beiden Länder", der ja ebenfalls von Amun „auserwählt war".

Ohne auf die Frage eingehen zu wollen, warum Ramses II. die Prinzen und Prinzessinnen für ihre Darstellung auf der Fassade des Kleinen Tempels so und nicht anders ausgewählt hat, zeigen die zwölf Namenstexte der Nachkommenschaft doch überraschende Parallelen:

- Von den beiden Prinzessinnen ist eine „Auserwählte des Amun" (Texte A 13 und A 32), die andere „Herrin der beiden Länder" (A 11 und A 34);
- die beiden Prinzen an den Statuen A 4 und A 37 heißen „Auserwählter des Re" (Texte A 7 und A 40) und „Auserwählter des Atum" (Texte A 5 und A 38);
- die Prinzen an den Statuen A 17 und A 25 heißen „Amun ist seine Stärke" (Texte A 20 und A 26) bzw. „Re ist an seiner Rechten" (Texte A 18 und A 28).

Wenn man die Götternamen bzw. -bezeichnungen, die in den Prinzen- und Prinzessinnennamen enthalten sind, berücksichtigt, ergeben sich folgende Parallelitäten:

- Amun/Königin bzw. Muttergottheit
- Re/Atum
- Amun/Re.

Die Qualifizierung der Königin durch die Kultweg-Flankierung (Abb.7)

Die Differenzierung der königlichen Aspekte durch die Namen der Kolossalstatuen und die Einbindung des Königs als „Atum“ in das göttliche Dreieck des Großen Tempels hat auch gezeigt, daß die Errichtung des Kleinen Tempels durch königliche Aspekte in Abhängigkeit der königlichen Aspekte des Großen Tempels vorgenommen worden ist. Verantwortlich ist der König als „Atum“, wirksam wird er über die allgemeine Mächtigkeit als „Geliebter des Re der Herrscher“ (die sicher der parallelen Funktion „Herrscher der beiden Länder“ übergeordnet war), und ausgeführt hat er den Bau in seinen Amun-Aspekten.

Während die Zeugung des Königs durch das Sonnenlicht vorgenommen worden ist, dem die Geburt in der Geburtskammer (der Südkapelle) folgte, bedurfte es für die Säugung und den Schutz des Neugeborenen der Hathor. Die Funktion dieser Hathor übernahm bekanntermaßen die Königin Nefertari. Ihre Qualifizierung, d.h. Übertragung göttlicher Segnungen durch Gottheiten sowie ihre Krönung und schlußendliche Definition in der Kultbildkammer des Kleinen Tempels wird durch die „Kultweg-Flankierung“ im Kleinen Tempel vorgenommen.

Es handelt sich zunächst um die östlichen und westlichen Seiten der 6 Hathorpfeiler (die östlichen Pfeilerseiten sind im wesentlichen der königlichen Kultbegleitung vorbehalten, die westlichen der göttlichen). Auf den zum Kultweg gewandten Pfeilerseiten, den eigentlichen Hathorseiten, deren Texte jeweils dreikolumnig angelegt sind, enthalten

- die östlichen Kolumnen eine „*mrj.jt*-Göttin X“-Formulierung;
- die westlichen Kolumnen die Qualifizierung des Königs als „*mrj.j*-Gott X“, die mittleren Kolumnen den östlichen Kolumnen entsprechend *ḥtp-ḏj-nj-sw.t*-Vermerke.

Dadurch erscheinen als Voraussetzungen der Kultausübung die „Auserwähltheits-Vermerke“ für den König und die Königin.

Wenn man die sog. „göttliche Kultbegleitung“ auf den östlichen und westlichen Pfeilerseiten vergleicht, fallen zwei Zusammenhänge auf:

- die Horusgötter von Quban, von Aniba (beide auf der nördlichen Pfeilerreihe) und von Buhen (auf der südlichen Pfeilerreihe) lassen sich in eine Abfolge stellen;
- die Göttinnen in den östlichen und mittleren Textzeilen der Hathorseiten lassen sich aufeinander beziehen;

- auch die westlichen Textzeilen, die dem König gewidmet sind, können für den Norden und für den Süden gruppiert werden.

So ergeben sich für die Königinnenzeilen die Zusammenfügungen
- Hathor von Faras und die Gottesmutter Isis für den mütterlichen Aspekt, der für eine Rolle der Nefertari als Gottesmutter im Kleinen Tempel entscheidend ist;
- Anukis und Satis als nördlich (1. Katarakt) anschließende zwei Ausformungen der Muttergottheiten und schließlich
- Werethekau und Isis, die mit Mut wechselt (Werethekau und Mut tragen beide den Titel „Herrin des Himmels“[49]), wohl als nördlichste (für Theben geltende) Muttergottheitspaare (?).

Die königlichen Textzeilen repräsentieren m.E.
- auf der nördlichen Pfeilerreihe eine nördliche Triade, bestehend aus Amun-Re, Atum und Re-Harachte (für Karnak und Heliopolis) und
- auf der südlichen Pfeilerreihe vielleicht eine südliche Triade, auf Abu Simbel bezogen, mit Amun-Re (dem Vatergott), Ptah, der in der Kultbildkammer des Großen Tempels erscheint und bei der Krönung des Königs mitwirkt (Südseite der großen Halle F des Großen Tempels, oberes Register), während die Nennung des Atum möglicherweise den König meinen könnte, der ja in Abu Simbel auch die Atum-Rolle spielt.[50]

Schwieriger ist die Frage der Gruppierung der Göttinnen und Götter auf den westlichen und östlichen Pfeilerseiten. Hier scheint mir eine Gruppierung möglich zu sein zwischen den westlichen Pfeilerseiten der Pfeiler 19 und 23 mit den gruppierbaren Göttinnen Werethekau und Isis (in Abb.7 gesondert markiert) sowie zwischen Satis (Pfeiler 18) und Chnum (Pfeiler 23), während Thot hier wohl deshalb erscheint, weil er als „Herr von Nubien“ von Abu Hoda aus für die Geburt des Königs zuständig ist. Die restlichen Pfeilerseiten sind der Königin (dreimal) und dem König (einmal) vorbehalten, wobei diese Gruppierungsart nicht ganz deutlich ist.

Die Qualifizierung der Königin, die wohl durch die Darstellungen und Formulierungen auf den Pfeilerseiten vorgenommen ist (dem entspricht die Qualifizierung des Königs durch Pfeilerdekoration der Halle F des Großen Tempels, worauf hier nicht eingegangen wird), wird durch ihre Krönung

---

49 Vgl. dazu auch I. NEBE, Werethekau, LÄ VI 1221–1224.

50 Da der König = Atum im Großen Tempel die Position des Re-Harachte einnimmt, kann man vielleicht in dieser „südlichen Triade“ auch die Reichstriade erkennen.

durch Werethekau und Isis (vergleichbar mit den westlichen Darstellungen und Textzeilen, d.h. der Pfeiler 19 und 23, und ihre Identifizierung mit Mut und Hathor von Heliopolis (in der Szene M 5) auf die Chemmis-Handlung vorbereitet. Das Kultbildpaar Ramses II./Nefertari kann nach Anerkennung durch die südlichen und nördlichen Götter (Szenen G 5 und G 11) die Kultbildhandlung vornehmen (vgl. Abb.8).

Die Rolle der Nefertari im Kleinen Tempel von Abu Simbel (Abb.7+8)

Während die göttlichen Aspekte Ramses' II., sein Lebensweg (ideologisch gesehen) und seine Rolle in Abu Simbel im Großen Tempel und im Geburtshaus dargestellt und zelebriert worden sind, hat der Kleine Tempel von Abu Simbel die gleiche Funktion für die Königin Nefertari. Während die Darstellungen der beiden Seitenschiffe des Raumes C dem ideologischen Hintergrund der Rolle des Königs und der Königin gewidmet worden sind, kann man als kultbegleitende[51] Darstellungen die ostwärts der jeweiligen Ein- bzw. Durchgänge gelegenen Opferszenen ansehen, die durch korrespondierende Auftritte des Königs und der Königin charakterisiert worden sind:

- Eingang B: König (im Süden) und Königin (im Norden) opfern der Gottesmutter Isis (im Norden) bzw. der Hathor von Faras (im Süden).[52]
- In Pforte D opfert die Königin der Mut (im Norden, da für Theben zuständig) und der Hathor von Faras (im Süden)[53], während der König an Pforte L dem Amun-Re (im Süden) und dem Re-Harachte (im Norden) opfert[54], wobei in allen Fällen die geographische Zuordnung der Gottheiten dem üblichen Muster entspricht.

In dieser Staffelung führt die Folge von kultbegleitenden Darstellungen direkt auf das Kultbild zu, dessen Belebung durch das Opfer des Königs (auf der Nordwand des Raumes M dargestellt[55]) vorgenommen worden ist.

Die Rolle der Königin Nefertari ist in zweifacher Hinsicht kreisförmig zu sehen. Beide Kreise beruhen auf der auslösenden Tat des Königs, der den Kleinen Tempel für Nefertari stiftet, damit sie ihre beiden Rollen als

51 Als „kultbegleitend" kann man diejenigen kultunterstützenden Darstellungen ansehen (hierzu s. Anm.6), die den Kultweg charakterisieren, ohne reale Kulthandlungen wiederzugeben.

52 Szenen B 8 und B 11 (s. Anm.28).

53 Szenen D 10 und D 16 (s. Anm.28).

54 Szenen L 6 und L 12 (s. Anm.28).

55 Szene M 6 (s. Abb.2).

– Königin und
– Hathor von Faras

versehen kann.

Die Rolle als Königin besteht in ihrer Funktion als Partnerin des Königs
- beim Nachweis von Weltherrschaft und Kultvollzug
- beim Barkenkult im Großen Tempel
- bei ihrer Qualifizierung im Kleinen Tempel: dieser bewirkt – als Grundlage des gesamten Geschehens im Kleinen Tempel – die sukzessive Verknüpfung der Nefertari mit den Aspekten der verschiedenen Muttergottheiten – entsprechend der Verknüpfung des Königs mit topographisch zugeordneten Gottheiten – um so ihre Rolle als Hathor in der Kultbildkammer zu ermöglichen;
- ihrer Krönung durch die korrespondierenden Göttinnnen „Gottesmutter Isis“ und Hathor von Faras, was wiederum korrespondiert mit dem Opfer des Königspaares vor der Thoeris und schließlich
- in der Aktualisierung des Chemmis-Mythos.

Die göttlichen Aspekte der Nefertari sind darin zu sehen, daß
- sie die Rolle der Hathor von Faras als Ortsgöttin und als Chemmis-Hathor spielt, wobei
- die Aspekte der Mut und der Hathor von Heliopolis gemäß der Szene M 5 in dieser Hathor-Funktion der Nefertari einbezogen sind (s. Abb.8: Aspektanreicherung).

Diese sukzessive Definition der göttlichen Rolle der Nefertari ergibt sich aus der Dekoration der Kultbildkammer des Raumes M, in dem, wie bereits gesagt, durch das Opfer Ramses‘ II. vor dem Königspaar als „diesseitigem“ Ebenbild des „jenseitigen“ Ensembles aus Hathorkuh (von Faras) + Horusknaben (= Ramses II.) die Chemmis-Handlung initiiert wird.

Dekorationsachsen und Kultablauf im Tempelensemble von Abu Simbel

In Dekoration und Kultablauf des Tempelensembles von Abu Simbel (s. Abb.9) möchte ich 4 Dekorationsachsen = 4 „Aussagenkapitel“ unterscheiden:
- Ebene A: die Darstellung göttlicher Aspekte des Königs im Großen Tempel: u.a. die Verknüpfung des Königs mit Re-Harachte über der Eingangspforte des Großen Tempels, die verschiedenen Einbeziehungen des Königs in die göttlichen Triaden und schließlich die Darstellung des Königs im „gemeinsamen Thronen“ in der Kultbildkammer (s. Abb.10);

- Ebene B: die Zonen der Kolossalfiguren, in denen der König als Atum, Auserwählter des Amun und Auserwählter des Re-Harachte die Funktionen des Erbauers, des Bauausführers und des Verursachers des Sonnenaufganges für den Kleinen Tempel versieht. Diese Kolossalfiguren dienen gleichzeitig als Stifter und Schützer der Tempel und im Großen Tempel auch zur Markierung und damit zum Schutz des Kultweges;
- Ebene C: die Ebene des Barkenkultes und
- Ebene D: die oben schon beschriebene Kultfolge (Abb.3) von der Sonnenlicht-Manipulation über die Belebung der Statue Ramses' II. in der Kultbildkammer des Großen Tempels, der Geburt des Königs im Südtempel, dem Chemmis-Zug zum Kleinen Tempel, woselbst Säugung und Aufzucht vor sich geht.

Hieraus läßt sich nicht nur folgern, daß die bisher getrennt ablaufenden Kultvorgänge (man denke an die Vorgänge im Kultraum Theben mit der Verknüpfung von Karnak und Deir el-Bahari) jetzt zusammengefaßt sind, sondern daß hier im kleinen innerhalb der Kultlandschaft Unternubien ein Kultort errichtet worden ist, der pars pro toto für die Welt steht. Diese Verbindung von königlichem Idoneitätsnachweis (als Erbe der 18. Dynastie) mit Spezifizierung der göttlichen Aspekte des „regierenden Königs" und die Darstellung und damit halbjährliche Aktualisierung des „göttlichen" Lebensweges des Königs (wofür das Sonnenlicht ausreichte) ist als Zusammenfassung und Weiterführung der Sonnengottrolle des regierenden Königs zu sehen, die eine Reaktion darstellt auf die durch die Krise der Amarnazeit sichtbar gewordene Krise des Königtums.

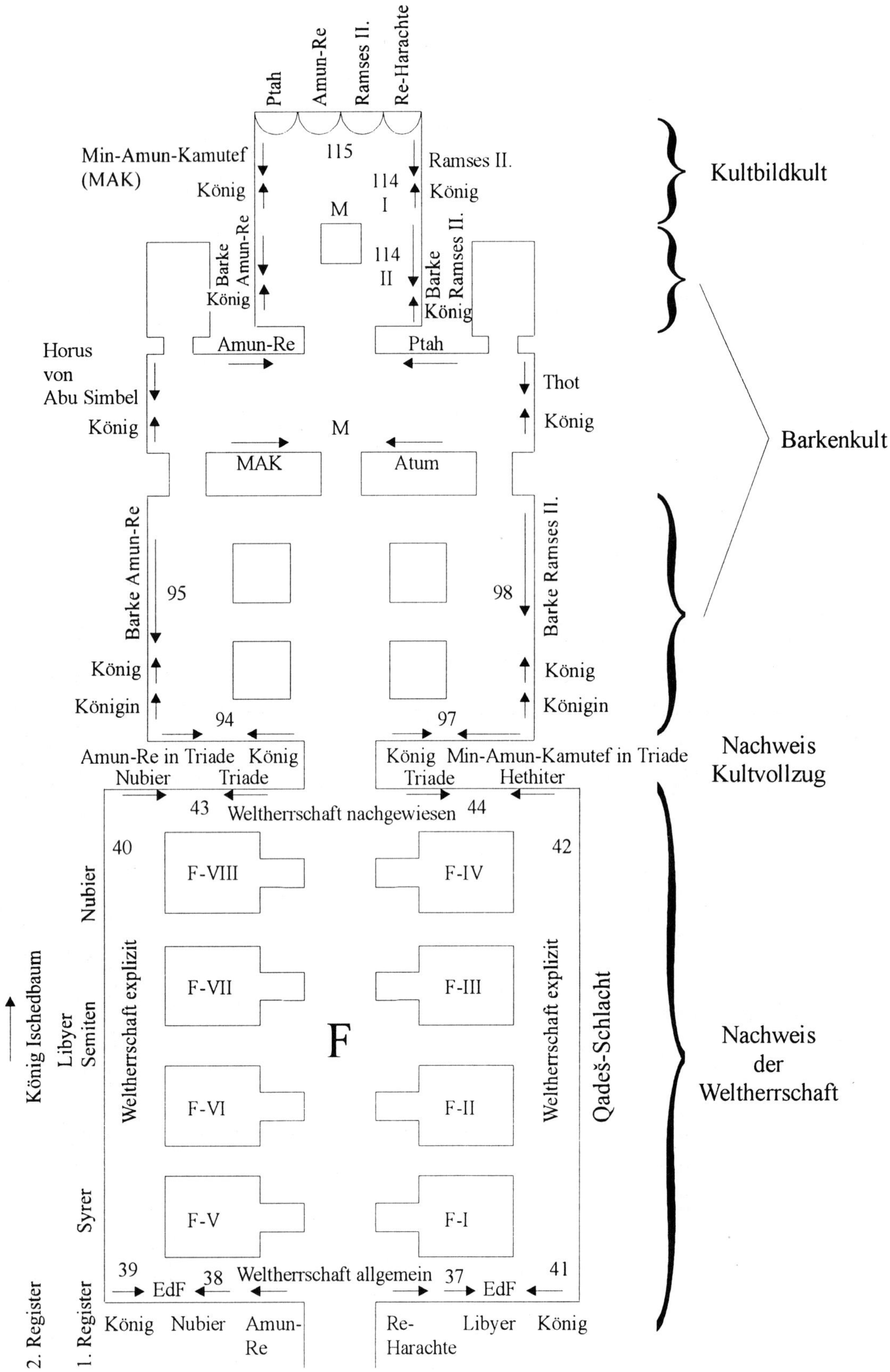

Abb. 1: Kultrelevante und kultunterstützende Szenen des Großen Tempels (Auswahl)

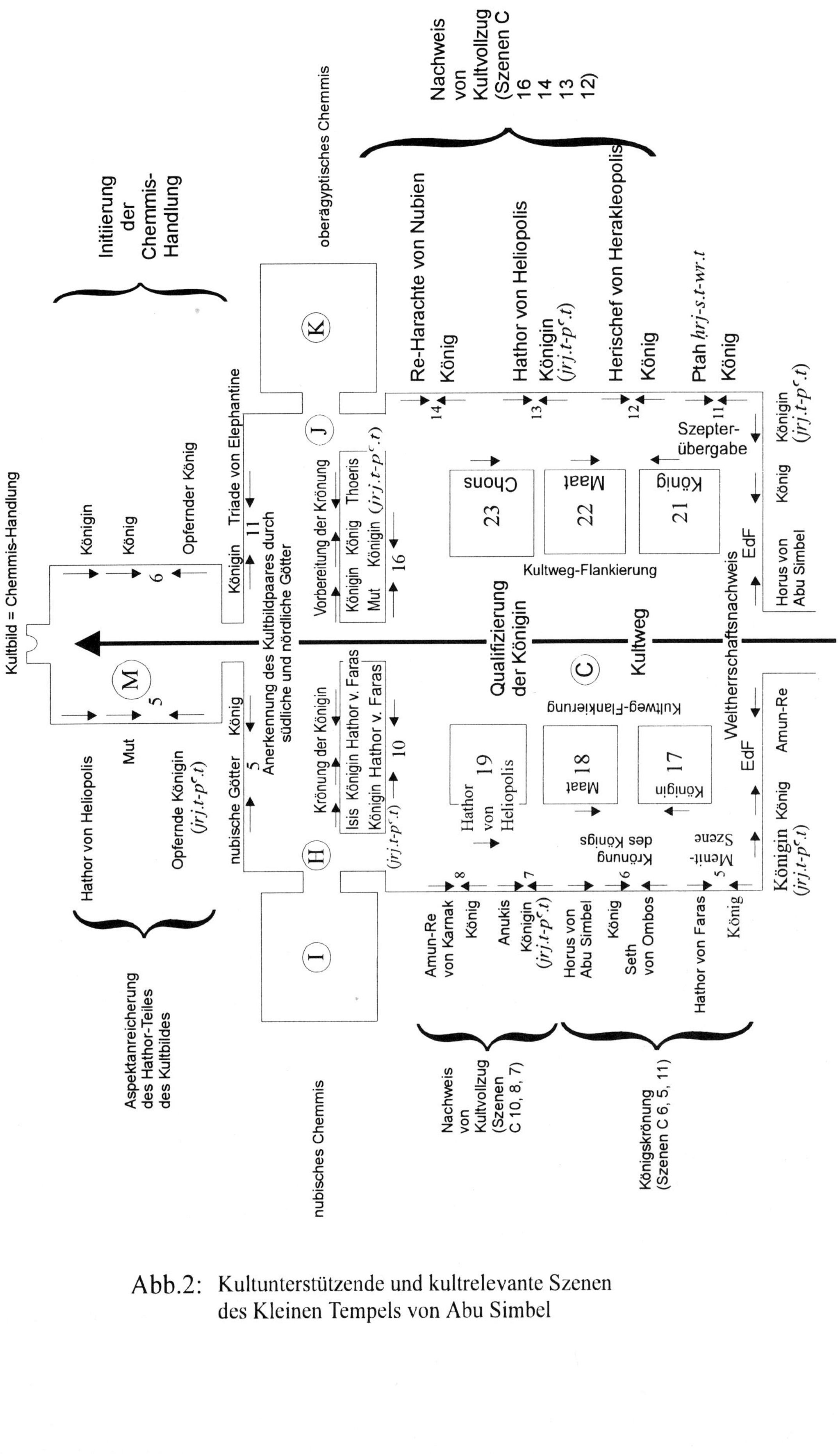

Abb.2: Kultunterstützende und kultrelevante Szenen des Kleinen Tempels von Abu Simbel

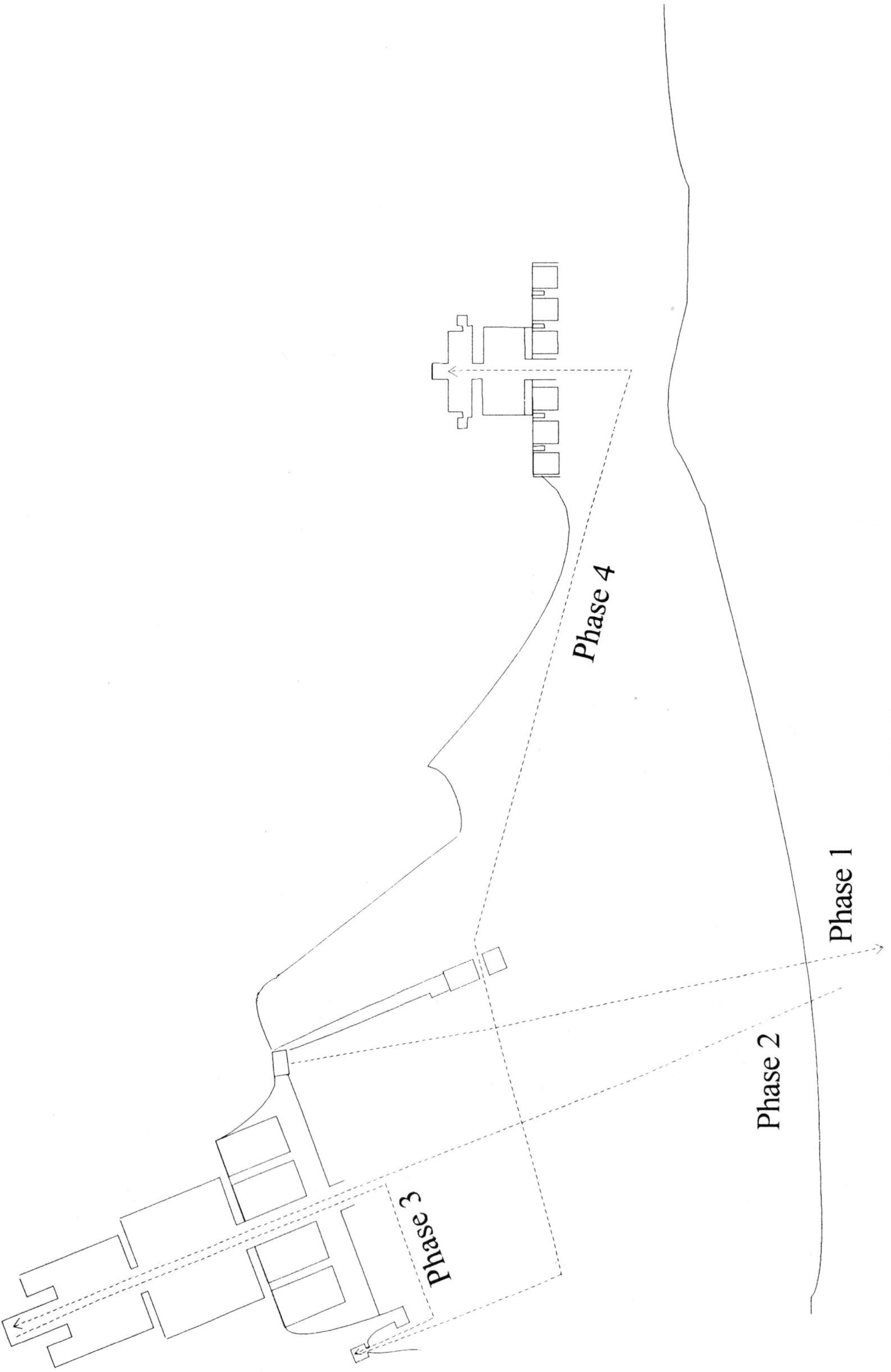

Abb.3: Die Kultphasen von Abu Simbel

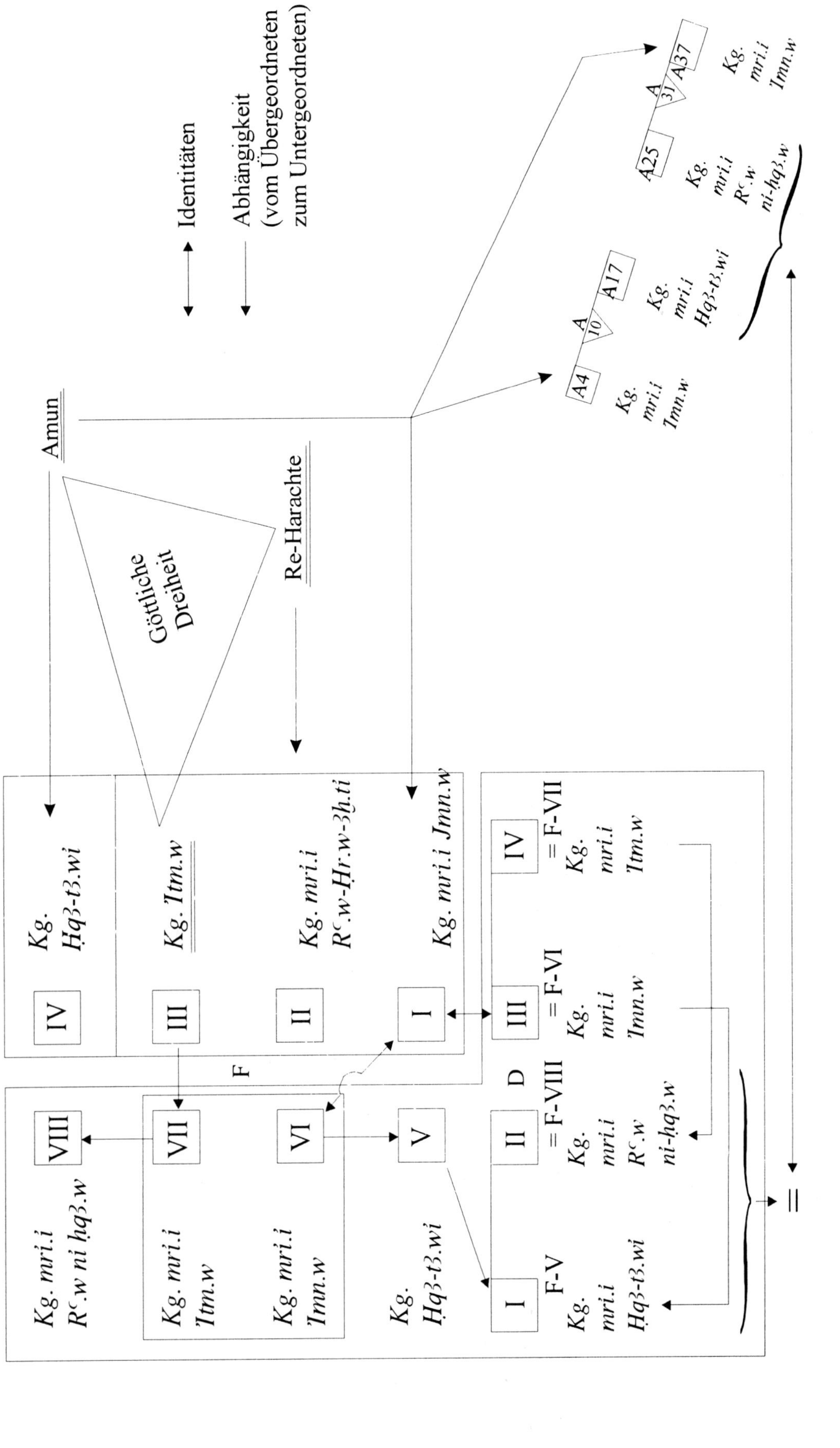

Abb.4: Göttliche Anbindung über die Kolossalstatuen

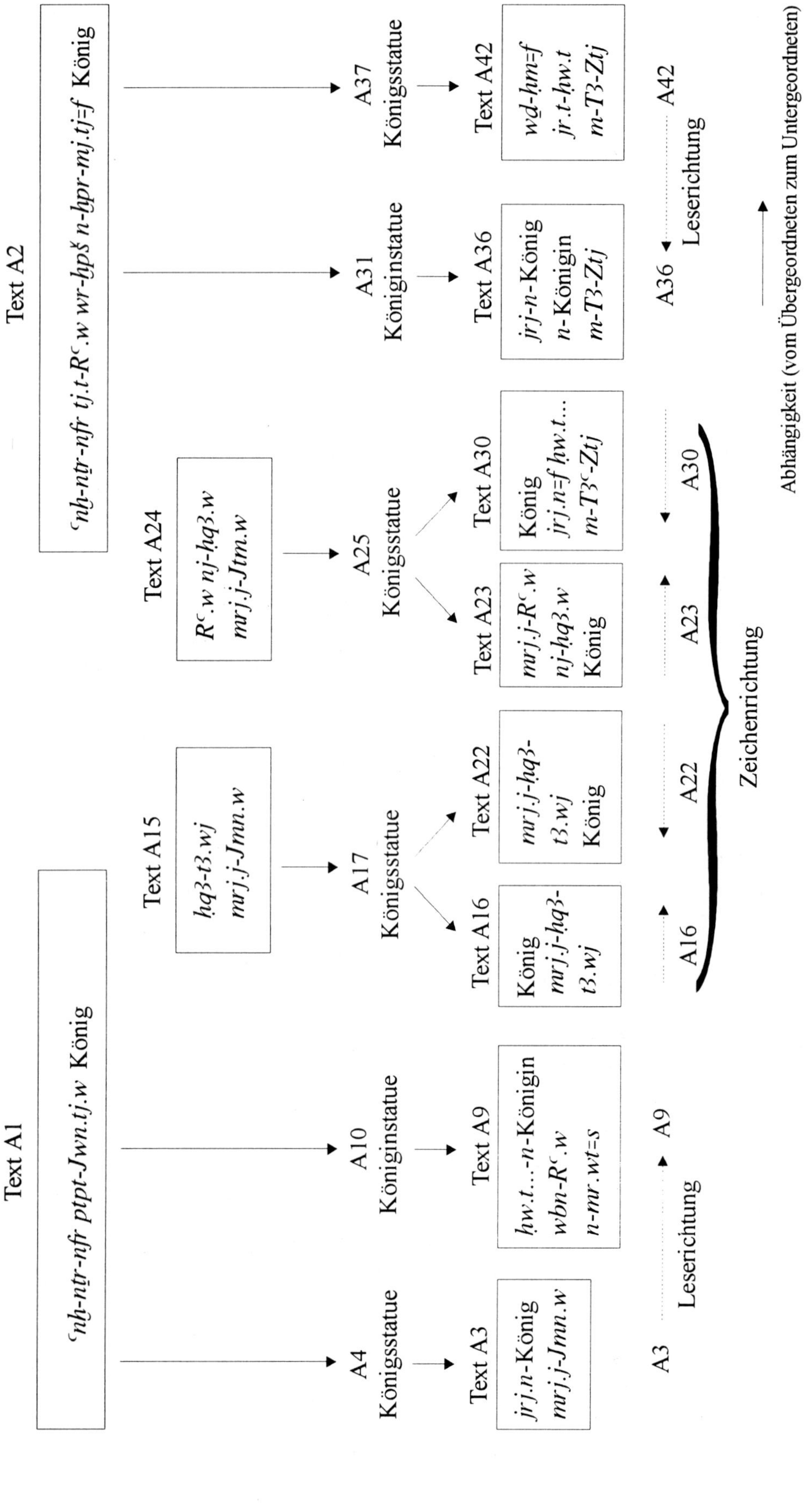

Abb.5: Struktur der Fassade des Kleinen Tempels (ohne Prinzen und Prinzessinnen)

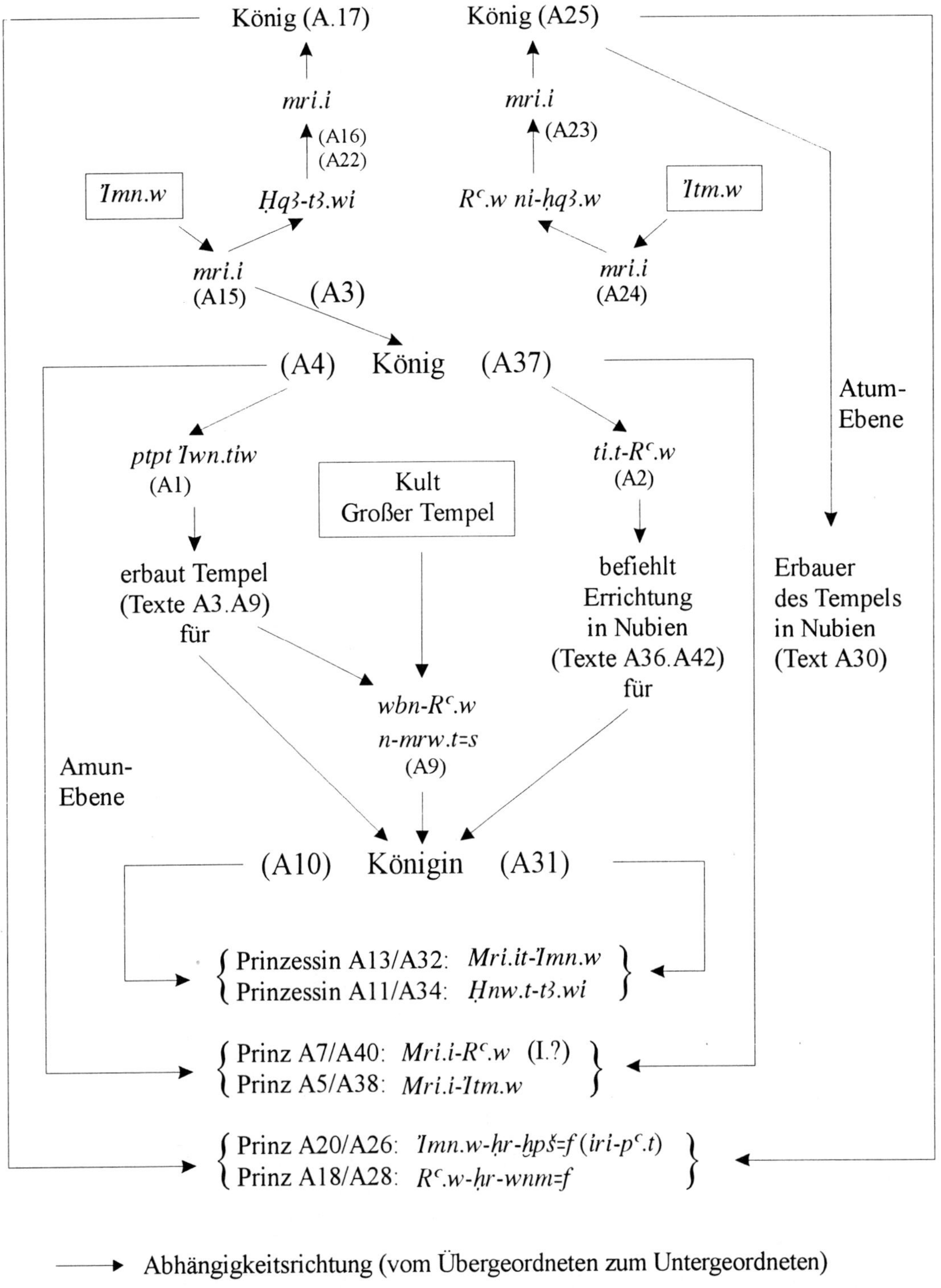

Abb.6: Kleiner Tempel – Fassade – Stiftungsachse

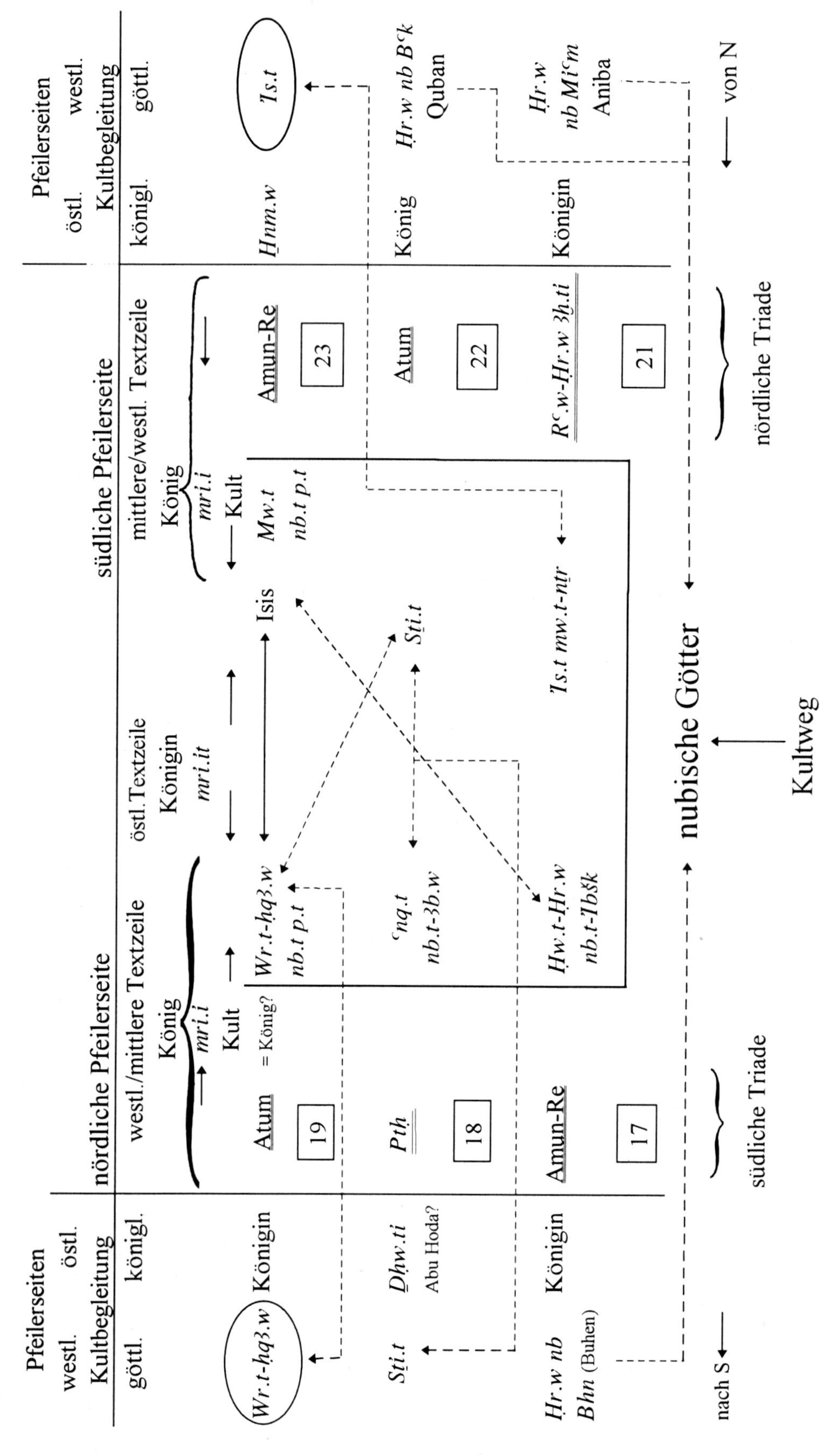

Abb.7: Qualifizierung der Königin durch Kultweg-Flankierung

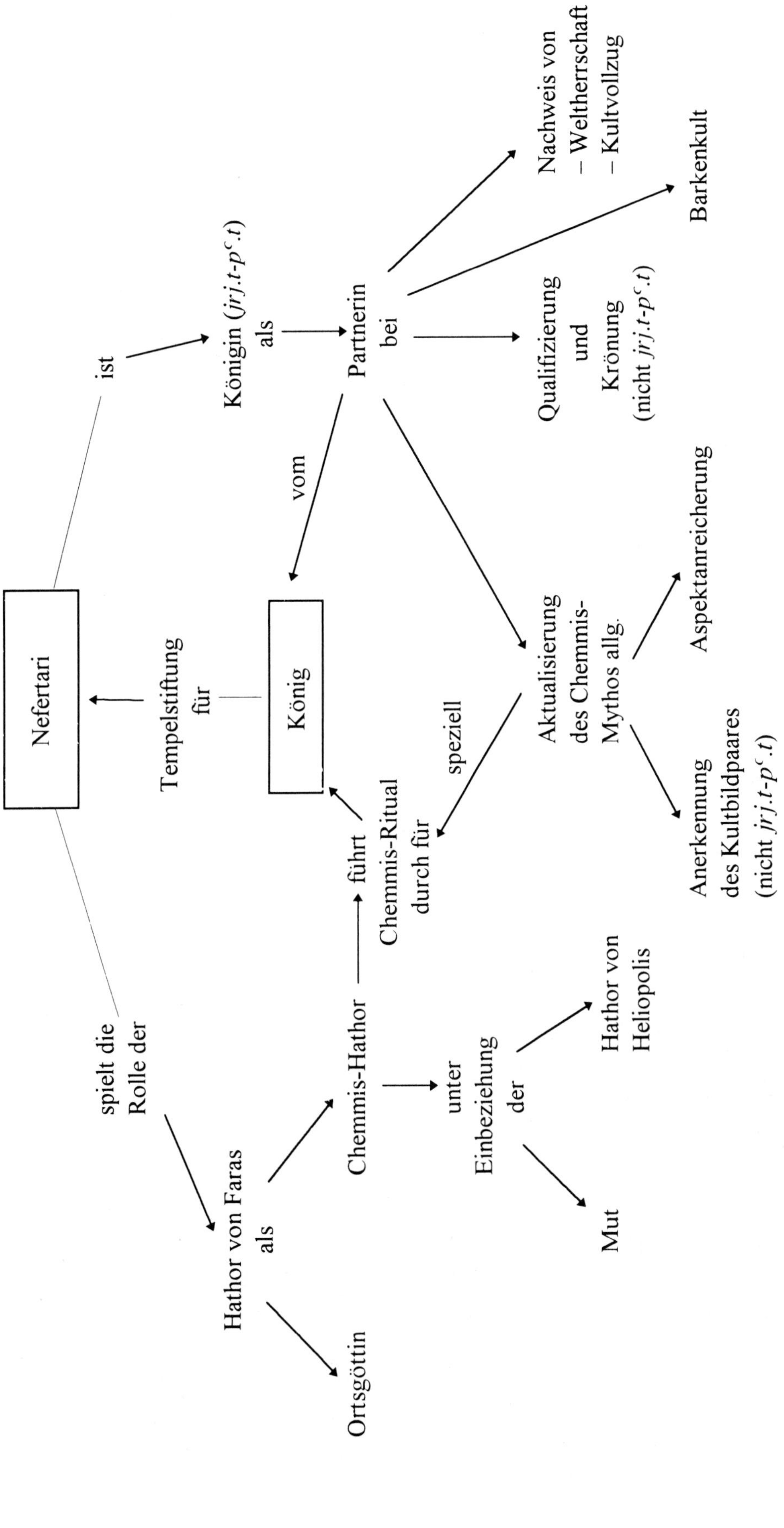

Abb. 8: Die Rolle der Königin Nefertari in Abu Simbel – Kleiner Tempel

		Geburtshaus	Großer Tempel	Sonnentempel	Kleiner Tempel
A	Formen des „vergöttlichten“ Ramses II. (Auswahl, ohne Kolossalfiguren) (s. Abb.10)		Kultbildfigur (115)		Kultbildfigur (M 7)
		Kultbilddarstellung (3)	Kultbilddarstellung (114 II)		Kultbilddarstellung (M 6)
		Barkeninhaber (4)	Barkeninhaber (114 I) Barkeninhaber (98)		
			Triadenmitglied (43, 44, 94, 97)		
B	Zonen der Kolossalfiguren		König = *Jtm.w* → ↓ König = *mrj.j-Jmn.w* → ↓ König = *mrj.j-Rꜥ.w-Ḥr.w-3ḫ.tj* →	→	Erbauer (grundsätzlich) ↓ Bauausführung für die Königin ↓ Re-Aufgang für den Tempel
C	Barkenkult →	Barken – Thot von Abu Hoda – Amun/Re-Harachte/Ramses II. ←	Barken-prozession ← { Barken: – Amun-Re – Ramses II. (Kultbildkammer)		(für die Königin?)
D	Kultphasen (s. Abb.3)	Geburt Ramses II. ← (3)	Belebung der Statue Ramses' II. ← (2)	Sonnenlicht-manipulation (1)	Säugung und Aufzucht (Chemmis) (4)

Abb.9: Übersicht über königsideologische und kultische Elemente der Dekoration der Tempel von Abu Simbel

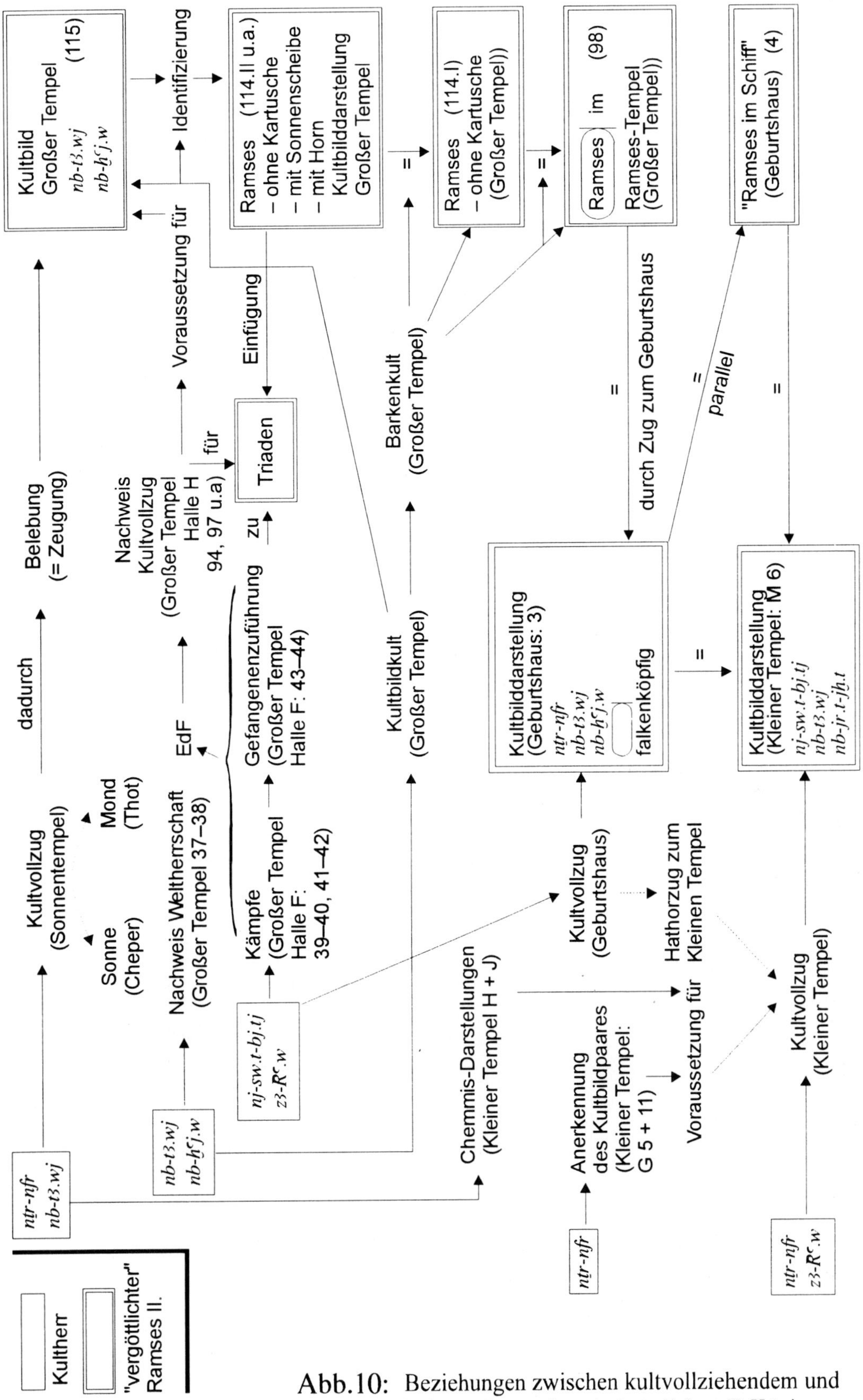

Abb.10: Beziehungen zwischen kultvollziehendem und kultempfangendem (= "göttlichem") König

Ben Haring

Die Opferprozessionsszenen in Medinet Habu und Abydos[1]

Die meisten Reliefs der ägyptischen Tempel aus dem Neuen Reich geben durch ihren symbolischen Charakter nur sehr indirekte Hinweise auf die tägliche Realität des Tempelkults. Es gibt aber, neben den imaginären Darstellungen der kultischen Handlungen des Königs gegenüber den Göttern, auch Szenen mit einem direkteren Bezug auf die Realität, wie z. B. die Darstellungen der Festprozessionen und der am Rande begleitenden Szenen der Bereitung und des Darreichens der Opfer[2]. Obwohl es sich gewissermaßen um Idealdarstellungen handelt, sind ihre Bezüge auf tatsächliche Ereignisse ziemlich konkret. Einen realistischeren Charakter haben auch die Szenen der Opferprozessionen des Tempels Ramses III. in Medinet Habu und des Tempels Ramses II. in Abydos. Die beiden Reliefs sind kürzlich vom Verfasser im Rahmen eines Dissertationsprojektes analysiert worden. Im folgenden werden diese Reliefs kurz besprochen und miteinander verglichen. Zunächst kommt die Gesamtkomposition der Reliefs zur Sprache, danach einige inhaltliche Aspekte, und schließlich werde ich mich den Anbringungsorten der Szenen kurz zuwenden.

Die Opferprozessionsszene von Medinet Habu findet sich auf der Außenseite der Südmauer des Tempels Ramses III., unmittelbar unter der östlichen Hälfte des Opferkalenders (Abb. 1 und 2)[3]. Sie ist etwa 25 Meter

---

[1] Das hier behandelte Thema ist Teil eines Dissertationsprojektes (Arbeitstitel: "Organization and economic aspects of the New Kingdom royal memorial temples in Western Thebes"; Vorbericht in GM 132 (1993), S. 39-48). Das Projekt wird von der niederländischen Organisation für wissenschaftliche Forschung (NWO) finanziert und von Prof. Dr. J.F. Borghouts begleitet. Für Anmerkungen und sprachliche Korrekturen danke ich M. Bommas. Das Oriental Institute in Chicago hat mir freundlichst genehmigt, die Zeichnungen in Medinet Habu III, Tf. 168 und 169 (A) für die Abbildungen zu diesem Artikel zu reproduzieren. Abkürzungen folgen dem Lexikon der Ägyptologie, Bd. VII, S. XIV-XXXVIII.

[2] Dies zeigen z.B. die Festdarstellungen im Luxortempel, oder im Tempel der Hatschepsut in Deir el-Bahri: PM II^{2}, S. 314 (Nr. 77-81), 357 und 358 (Nr. 79-83).

[3] PM II^{2}, S. 516 und 517, Tf. XLVIII (Nr. 186); Medinet Habu III, Tf. 168, 169 (A); H.H. Nelson, U. Hölscher, Work in Western Thebes 1931-33 OIC 18, Chicago 1934 (hiernach: Nelson, Work), S. 31 (Fig. 13). Inschriften: Kitchen, Ram. Inscr. V, S. 185.

lang und zeigt 57 Figuren. Die Figuren sind nach *links*, also nach Westen orientiert. Ganz links läuft oder steht ein Priester mit Weihrauch, gefolgt von einem Mann, der eine Königsstatue trägt[4] und einem Träger mit Opfergaben auf einem kleinen Tisch. Es folgen dann 32 Männer mit Opferbroten und 8 Beamte. Schließlich kommen noch 14 Träger mit verschiedenen Opfergaben.

Eine sehr ähnliche Szene begegnet in Abydos, an der Innenseite der Südmauer des Tempels Ramses II.[5] (Abb. 1 und 3). Dort gibt es zwei Prozessionen; eine kürzere und eine längere Reihe von Opferträgern. Die Figuren sind nach *rechts*, also nach dem Eingang des Sanktuars orientiert. In den beigefügten Abbildungen ist die Szene aber gespiegelt wiedergegeben, um den Vergleich mit Medinet Habu zu erleichtern. Beide Reihen werden von einem Priester und einem Opferschreiber empfangen, und auch hier finden wir den Priester mit Weihrauch und den Träger der Königsstatue an der Spitze. Die kurze Reihe enthält insgesamt 23, die lange Reihe 41 Figuren. Die Gesamtlänge der beiden Reihen beträgt etwa 23 Meter.

In beiden Fällen scheint die Prozession nicht mit einem bestimmten Fest verbunden zu sein[6]; sie ist also wohl anders zu verstehen als Reihen von Opferträgern in Festszenen. Im Gegensatz zu Festdarstellungen sind die Opferprozessionsszenen anscheinend nie ausführlich analysiert worden: die kurze Besprechungen von Nelson, Wreszinski und Helck sind meines Wissens die einzigen[7].

Ein Vergleich der Szenen in Medinet Habu und Abydos scheint mir gerechtfertigt, nicht nur wegen ihrer großen Ähnlichkeit, sondern auch weil sie auf vergleichbaren Heiligtümern angebracht sind. Die Tempel Ramses III. in Medinet Habu und Ramses II. in Abydos sind beide "Millionenjahrtempel" (*ḥw.t n.t ḥḥ.w m rnp.w.t*), das heißt königliche Tempel in der Nähe eines

---

[4] Eine ähnliche Statue (vielleicht sogar dieselbe ?) ist als Teil des Tempelinventars dargestellt im sogenannten "Schatzhaus" des Tempels: Medinet Habu V, Tf. 322. Ein Detail wie diese getragene Statue als "Vertreter" des Königs beim Kult spricht m.E. dafür, daß die Darstellung, obwohl zweifellos *idealisierend*, nicht *symbolisch* aufzufassen ist.

[5] PM VI, S. 32 und 34 (Nr. 6 bis 10); Medinet Habu III, Tf. 169 (B); Wresz., Atlas II, Tf. 186 und 187; E. Naville, Détails relevés dans les ruines de quelques temples Égyptiens, Paris 1930 (hiernach: Naville, Détails), Tf. XXVI-XXVIII; Inschriften: Kitchen, Ram. Inscr. II, S. 532-535.

[6] Vgl. dagegen Wresz., Atlas II, Tf. 185, wo die Opferprozession als eine Zeremonie bei der Einweihung des Tempels betrachtet wird. Die links angrenzende Festszene (PM VI, S. 34, Nr. 4 und 5) ist aber nach links orientiert, und nicht nach rechts, wie die Opferträger, so daß beide Szenen kaum eine Einheit bilden.

[7] Nelson, Work, S. 30-33; Wresz., Atlas II, Tf. 186 und 187; Helck, Materialien V, S. (745)-(747).

größeren Göttertempels oder als Teil desselben und diesem kultisch und administrativ zugeordnet[8]. Eine vergleichbare Szene findet man noch im Luxortempel im Hof Ramses II. Hier ist nur der letzte Teil der Opferprozession zu sehen: die Opferträger mit Bier, Wein, Rindern, Blumen, Gemüse und Milch[9]. Da diese Szene unvollständig publiziert ist und die Art des Heiligtums eine andere ist, wird sie im folgenden nur am Rande erwähnt.

Es scheint mir angebracht, die Szenen zunächst systematisch zu vergleichen. An erster Stelle fällt auf, daß der erste Teil der Medinet Habu-Szene fast identisch ist mit dem ersten Teil der ersten Reihe in Abydos (Abb. 4). Zwar fehlen in Medinet Habu der empfangende Priester und der Opferschreiber, und in Abydos ist der Träger mit dem kleinen Opfertisch abwesend. In beiden Fällen folgen aber zehn Männer, die Opfergaben auf *Schalen* tragen. Zum größten Teil sind es Brote, vor allem die Typen *bi.t* (konisch) und *psn* (rund und flach), welche auch in den Opferlisten (z. B. im Opferkalender zu Medinet Habu und in den Opferlisten Ramses III. in Karnak) als wichtigste Brotarten erwähnt werden. Auch andere Brotarten sind vertreten. Aus den Inschriften in Abydos geht hervor, daß die Brote aus den "Kammern von *bi.t* und *psn*" (*ˁ.t-bi.t; ˁ.t-psn*) kommen. Die letzte Schale in der Medinet Habu-Szene enthält Dattelprodukte; die Spuren der Inschrift zur korrespondierenden Figur in Abydos weisen auf die *ˁ.t-bni.t* "Dattelkammer" hin[10]. Bezeichnenderweise begegnen Dattelprodukte auch in den Opferlisten jeweils am Ende des Abschnitts der Getreideprodukte[11]. In Medinet Habu ist diese Schale die letzte, unmittelbar gefolgt von Männern, die Brot auf *Brettern* tragen (Abb. 2). In Abydos aber folgen zunächst Träger von Bier, Wein, Vögeln und nochmals Datteln (Abb. 3). Damit endet die erste Reihe, wonach offensichtlich eine neue Prozession anfängt.

Diese zweite Reihe in Abydos beginnt nach dem Schreiber, zwei Priestern und zwei Polizisten (*šˁš3*) mit Männern, die Brote auf *Brettern*

---

[8] Zur kultischen Bedeutung des Medinet Habu-Tempels siehe Nelson, JNES 1 (1942), S. 127-155, zum Tempel Ramses II in Abydos Kuhlmann, MDAIK 38 (1982), S. 355-362. Zu den Millionenjahrtempeln im allgemeinen, siehe Arnold, MDAIK 34 (1978), S. 1-8; Stadelmann, MDAIK 35 (1979), S. 303-321; Haeny, in: l'Égyptologie en 1979 I, Paris 1982, S. 111-116.

[9] PM II², S. 306 (Nr. 17 und 18; 3. Register); teilweise veröffentlicht von Muhammad, ASAE 60 (1968), S. 275, Tf. LXI, LXII (a)-(c). Inschriften: Kitchen, Ram. Inscr. II, S. 347 und 348.

[10] Wresz., Atlas II, TF. 187; Kitchen, Ram. Inscr. II, S. 533, Z. 8. Die Gruppe wurde von Naville, Détails, Tf. XXVI, inkorrekt gezeichnet.

[11] Siehe z.B. Medinet Habu III, Tf. 140, Z. 95-97; Tf. 140, Z. 252 (Listen 1 und 6 des Kalenders).

tragen (Abb. 5, A); die Bretter selbst sind, bis auf das letzte, nicht mehr zu sehen. Damit wird es wahrscheinlich, daß auch die korrespondierenden Figuren in Medinet Habu eigentlich die Träger einer *zweiten* Reihe sind, die im Gegensatz zur abydenischen Szene, nicht von der ersten getrennt ist (Abb. 5, M).

Bevor wir diesen Unterschied weiter untersuchen, sind die übrigen Figuren der Opferprozessionen noch zu beschreiben. Die erste Reihe von Trägern in Abydos wurde, wie gesagt, abgeschlossen mit Bier, Wein, Geflügel und Datteln. Die meisten dieser Produkte begegnen auch am Ende der zweiten Prozession (Abb. 6). Die ersten vier Figuren aus der "Bierkammer" (*ᶜ.t-ḥḳ.t*) tragen Krüge (jetzt zerstört) und die jeweils von zwei Figuren getragenen Säcke enthalten wahrscheinlich Getreide zur Bierproduktion: ähnliche Figuren in der Opferprozession im Luxortempel gehören nach den Inschriften ebenfalls zur "Bierkammer"[12]. Die Folge der Produkte entspricht jener der Opferkalender. Die zweite Reihe schließt auch mit Bier, weiteren Getreideprodukten (*dḳw, 3ḥ, šᶜ.t*), Geflügel und Datteln; dazu kommen Blumen, Gemü-se, und Vieh. Wein scheint hier, im Gegensatz zu den Festopfern, nicht mit inbegriffen zu sein.

In Medinet Habu folgen nach den 22 Brotträgern erst einige Beamte (Abb. 7). Der einzige erhaltene Titel ist "Oberste der Werkstätte" (*ḥr.y.w-šnᶜ*)[13]. Unter den anderen befinden sich möglicherweise Polizisten, obwohl der Titel *sᶜš3* den Spuren nach nicht da stand. Dann folgen ein Mann mit Krügen, die vielleicht mit Milch gefüllt waren[14] und, wie in Abydos, Leute mit Getreidesäcken sowie Geflügel, Blumen, Gemüse zum Schluß. Die *dḳw, 3ḥ, šᶜ.t*-Kuchen, Datteln und Rinder der zweiten Reihe in Abydos fehlen hier. Wein wird genauso wie in Abydos nicht mitgeführt, obwohl dieses Produkt zu erwarten wäre, da es in Liste 6 des Medinet Habu-Kalenders als tägliches Opfer aufgeführt wird[15].

---

12 Kitchen, Ram. Inscr. II, S. 347, Z. 14-16.

13 Siehe zu diesem Titel Polz, ZÄS 117 (1990), S. 43-60.

14 Die Krüge sind denen, die in der Luxor-Prozession vom Milchträger mitgeführt werden, sehr ähnlich: siehe Muhammad, ASAE 60 (1968), S. 275, Tf. LXII (c).

15 Medinet Habu III, Tf. 146, Z. 262 und 263.

Die Spaltung in zwei Reihen, die in Medinet Habu weniger deutlich, aber meines Erachtens doch gemeint ist, ist bisher unbeachtet geblieben. Die Bedeutung dieser Spaltung wird einigermaßen klar aus den Inschriften der abydenischen Szene. Eine erklärende Phrase zu der ersten Reihe gibt es nicht, aber die Beischriften dieser Reihe beschreiben das Gottesopfer und seine Produkte als gehörig zum "Öffnen des Gesichts" (oder: "Öffnen der Sicht"; *wn-ḥr*)[16]. Das Wort ist mit einem Fest-Zeichen determiniert, weist an sich aber nicht unbedingt auf ein Fest hin. Angeblich bedeutet *wn-ḥr* das Öffnen des Götterschreines beim täglichen Kult und beim Festkult. Der "Spruch des Öffnen des Gesichts" ist ein Teil der Ritualtexte zum täglichen Gebrauch[17], und im Nauri-Dekret sagt Sethos I., er habe Priester eingestellt, die jeden Morgen das Öffnen des Gesichts vollziehen[18]. Jedoch scheint der Terminus in unseren Szenen - gerade durch den Kontrast mit der zweiten Prozession, wo der Ausdruck fehlt - auf eine besondere Gelegenheit hinzuweisen. Auch aus anderen Quellen geht hervor, daß "Öffnen des Gesichts" die Bezeichnung einer festlichen Angelegenheit sein kann[19]. Es ist also möglich, daß die erste Reihe eine Festprozession ist und die zweite eine tägliche Prozession, wie es schon Wreszinski angenommen hat.

Weitere Elemente bestätigen den Unterschied zwischen täglicher und festtäglicher Prozession in Abydos. Die Textkolumne zwischen den beiden Reihen (Abb. 3, 5), wohl als Beischrift zu der zweiten Reihe zu verstehen, erwähnt das Empfangen oder Tragen (das erste Wort ist zerstört) des Gottesopfers der festgestellten Portion jedes Tages (*imny.t n.t Rᶜ nb*)[20]. Es handelt sich bei der zweiten Reihe also wahrscheinlich um tägliche Opfergaben; auch hier ist aber der Kontrast mit der anderen Prozession (wo eine solche Beischrift fehlt) von Bedeutung, und nicht nur der Ausdruck selbst[21].

Auf eine eher festliche Lieferung weisen auch die Schalen hin (Abb. 4), die einen Gegensatz zu den auf Brettern getragenen täglichen Opfern formen.

---

16 Kitchen, Ram. Inscr. II, S. 533, Z. 3-13.

17 A. Moret, Le rituel du culte journalier en Egypte, Paris 1902, S. 49.

18 Kitchen, Ram. Inscr. I, S. 48, Z. 11 und 12.

19 Siehe A. Lohwasser, Die Formel "Öffnen des Gesichts", Beiträge zur Ägyptologie 11, Wien 1991, S. 28-31.

20 Kitchen, Ram. Inscr. II, S. 533, Z. 15.

21 So wird der Ausdruck *imny.t n.t Rᶜ nb* in Liste 6 des Medinet Habu-Kalenders (Medinet Habu III, Tf. 146, Kol. 219) für tägliche Opfer, in Liste 65 (Tf. 167, Kol. 1416) aber für Festopfer verwendet.

Ein weiteres Argument für diese Interpretation ist dem Opferkalender von Medinet Habu zu entnehmen. Die meisten Festopferlisten führen viel geringere Mengen auf als die Liste der täglichen Opfer (Liste 6)[22]. Die Festgaben müssen also zusätzliche Opfer gewesen sein; sonst wären ja ausgerechnet an Festtagen bedeutend weniger Opfer dargebracht worden als beim normalen täglichen Kult. Ähnliche Proportionen zwischen täglichen Gaben und Festopfern zeigen eben die Opferprozessionsszenen. Den 9 Trägern von *bi.t*- und *psn*-Broten in der ersten -festlichen- Reihe in Abydos stehen 12 Träger der zweiten -täglichen- Reihe gegenüber (Abb. 3). In Medinet Habu (Abb. 2) findet man in der ersten Reihe auch 9 Brotträger, in der zweiten Reihe (mit Brettern) nicht weniger als 22!

In Abydos sind also die täglichen und festtäglichen Prozessionszüge deutlich getrennt, während beide in Medinet Habu zwar erkennbar, andererseits aber zu einer Einheit geworden sind. Die Frage ist nun: war diese Einheit vom Entwerfer beabsichtigt ? Zu Recht betrachtete Nelson die Abydos-Version der Medinet Habu-Szene gegenüber als eine mehr vollständige[23]. Der empfangende Priester und der Opferschreiber fehlen in Medinet Habu, sogar zweimal. Auch die Träger der Festopfer, die nicht aus Getreide hergestellt sind, und die in Abydos dargestellten Rinder finden wir im Tempel Ramses III. nicht. Darüber hinaus gibt es dort, im Vergleich zur abydenischen Szene, kaum Inschriften.

Der Raum, der unter dem Opferkalender für die Opferprozessionen freigelassen wurde, war durch die Steigerung des Bodens nach Westen und die Böschung der Wand beschränkt[24]. Die Ursache der Unvollständigkeit der Darstellung wird aber nicht nur ein Mangel an Raum gewesen sein. Die Gesamtlängen der Opferprozessionen in Medinet Habu und Abydos sind ungefähr dieselben; die Szene in Medinet Habu ist sogar etwas länger (Abydos ± 23, MH ± 25 Meter)[25]. Außerdem zeigt die Medinet Habu-Szene Elemente,

---

[22] Um einen Eindruck der Proportionen zu vermitteln, seien hier nur die Gesamtmengen (pro Tag) an Getreide aus einigen Listen angeführt (Nummer der Listen nach Medinet Habu III): Liste 6 (tägliche Opfer): 30 Sack; Liste 9 (Neumondsfest): 5 Sack; Liste 19 (jährliche Krönungsfeier): 15 Sack; Liste 29 (1. Tag des Opetfestes): 12 Sack. Die einzigen Listen, die mehr Getreide aufführen als beim täglichen Kult verwendet wurde, sind Liste 22 (Trinkfest der Priester): 70,6 Sack; Liste 47 (Sokarfest): 135,5 Sack; Liste 52 (*Nḥb-k3*-Fest): über 50 Sack; Liste 53 (Schlagen der Meschwesch): 58 Sack; Listen 60 und 61 (Aufheben und Betreten des Himmels): 42 Sack täglich. Die meisten Listen bleiben weit unter 30 Sack.

[23] Nelson, Work, S. 30 und 33.

[24] Siehe Medinet Habu III, Fig. 2 (die Figuren 1-5 finden sich gerade vor Tf. 132).

[25] Diese Zahlen gründen sich auf die Maßangaben in Medinet Habu III, Tf. 168 und 169 (A), und in Naville, Détails, Tf. XXVI-XXVIII.

die es in Abydos nicht gibt: die Brotträger der täglichen Prozession sind erheblich zahlreicher (22 Figuren; in Abydos nur 12) und es gibt 5 Träger mit Blumen und Gemüse (in Abydos nur 2). Den Mann mit Opfertisch, die Gruppe von Beamten (*ḥr.y.w-šnʿ* u.a.) und den Milchträger finden wir in Abydos auch nicht. Medinet Habu folgt also wahrscheinlich einer etwas anderen Tradition. Leider sind von einer ähnlichen Darstellung aus dem Ramesseum (von der die Szene wahrscheinlich kopiert wurde) keine Fragmente bekannt[26].

Falls die Opferprozessionsszene in Medinet Habu eine unvollständige ist, dann haben wir also für die fiktive, "korrekte" Version einen viel größeren Umfang anzunehmen. Dieses ist kaum erstaunlich: der Tempel Ramses III. ist größer und bedeutender als das Heiligtum Ramses II. in Abydos, und im Opferkalender in Medinet Habu sind viel größere Mengen Opfergaben als in seinem abydenischen Pendant verzeichnet[27].

Wahrscheinlich um den Mangel an Raum zu lösen, haben die Künstler in Medinet Habu die zwei Prozessionen zusammengefügt: diese Modifikation gab den Raum frei, der sonst von den Darstellungen der letzten Opferträger der ersten Prozession und einigen Priestern und Angestellten am Anfang der zweiten Prozession besetzt sein würde. Möglicherweise wurden diese Figuren als eine nicht notwendige Verdoppelung beiseite gelassen. Weil man andererseits aber die vollständige zweite Reihe der Brotträger behalten wollte, gab es am Ende der täglichen Opferprozession keinen Platz mehr für die Rinder und vielleicht noch andere Tiere, die die ganze Skala der üblichen Opferprodukte komplettiert hätten. Das Ergebnis dieses Verfahrens, eine "Kompositprozession", wirkt durch die lange Reihe der Brotträger etwas disproportioniert.

Beim Anbringen der großen Opferkalender[28] hatte man übrigens ähnliche Probleme: einerseits sind fünf neue Listen dem kopierten Ramesseumskalender am Anfang hinzugefügt, andererseits fehlt am Ende der Raum für die letzten Listen der ursprünglichen Version, die die Festopfer der

[26] Nelson, Work, S. 30.

[27] Publikation des Opferkalenders Ramses II. in Abydos in Kitchen, Ram. Inscr. II, S. 513-531. Die vorletzte Liste (S. 530 und 531, Kol. 58-63 der Inschrift) ist eine Parallele zu Liste 18 des Medinet Habu-Kalenders (Medinet Habu III, Tf. 150, Z. 543-550), führt aber nur die Hälfte der dort verzeichneten Mengen auf.

[28] Zur Einteilung des Opferkalenders im allgemeinen: Medinet Habu III, S. vii-ix; Nelson, Work, S. 4-25.

šmw-Monate II-IV beschrieben. Der zweite Teil der Liste 58 und die Listen 59-67 sind verstreut über der Wand zwischen dem ersten und zweiten Pylon angebracht[29]. Das Ergebnis ist unbefriedigend, es ist aber der Entscheidung der Künstler zuzuschreiben, die vielleicht erst während der Arbeit getroffen wurde.

Die Zusammenstellung der festlichen und täglichen Prozessionen muß an sich nicht unbedingt inkorrekt sein. Es wurde oben bereits festgestellt, daß an Festtagen die täglichen Opfer und die Festopfer zusammengezählt wurden. Daher dürfen wir vielleicht vermuten, daß in Medinet Habu eine mehr oder weniger vollständige Festprozession, das heißt, eine Prozession mit täglichen Opfer und Festopfer dargestellt sei. Es läßt sich aber weder verifizieren noch verneinen, ob dies die Absicht der Künstler war.

Die Opferprozessionsszenen sind lebhafte Illustrationen zu den Opferkalendern, die in Medinet Habu und in Abydos in der Nähe der Szenen angebracht sind. Sie unterstreichen den Realitätswert der Kalenderlisten, da sie dieselben Proportionen an täglichen und festtäglichen Opfern zeigen. Die Produkte werden auch in derselben Reihenfolge gebracht, in der sie in den Listen aufgeführt sind. Aus den Prozessionsdarstellungen geht klar hervor, daß jeden Tag tatsächlich große Mengen an Opfergaben zum Tempel getragen wurden.

Überdies liefern die Szenen zusätzliche wirtschaftliche Informationen: die Inschriften in Abydos erwähnen jeweils die Herkunft der Opfergaben[30]. Es sind dies die "Kammern" (*ʿ.t*) der *bi.t*- und *psn*-Brote unterschiedlicher Größe, des Bieres, und der Dattel (oder: "Süßigkeit", *bni.t*). In Luxor kommt noch eine Weinkammer hinzu. Weitere Opfer kommen aus dem "Vogelhaus" (*mḥwn*) und aus den Gärten. Nach der Textkolumne zu der täglichen Prozessionsszene in Abydos ist die Herkunft der Opfergaben die "Außenwerkstätte" (*šnʿ n s3*)[31] des Tempels. In den Inschriften der Opferprozession im Luxortempel werden sogar die "Kammern" als Teile einer solchen Werk-

---

[29] Siehe zu dieser Problematik Nelson, Work, S. 24 und 25. Der Kalender ist mit Sicherheit unvollständig: es fehlt jedenfalls das so wichtige Talfest, das im zweiten *šmw*-Monat stattgefunden hat. Die Listen 3 und 4 verzeichnen nur die zusätzlich von Ramses III. gestifteten Opfer für dieses Fest (Medinet Habu III, Tf. 142).

[30] Kitchen, Ram. Inscr. II, S. 533 und 534.

[31] Diese Übersetzung geht aus von *s3* "Außen": Wb IV, S. 12 und 13. Vgl. Meeks, Année Lexicographique III (1979), 238: "magasin arrière". Mit diesen Übersetzungen ist aber noch nichts über die genaue Lage gesagt.

stätte bezeichnet[32]. Auf diese Weise geben die Szenen einen -sei es auch idealisierenden- Eindruck des täglichen wirtschaftlichen Verkehrs im Tempelbezirk.

Zum Schluß möchte ich die Orte im Tempel besprechen, an denen die Opferprozessionsszenen angebracht sind. Wie gesagt, finden wir die Szenen in beiden Fällen auf der Südmauer des Tempels, in Medinet Habu aber an der Außenseite und in Abydos an der Innenseite (Abb. 1). In den beiden Tempeln sind die Darstellungen über den Wänden links und rechts des südlichen Seiteneinganges zum zweiten Tempelhof verteilt. Im Luxortempel findet man die Opferprozession im ersten Hof, zum größten Teil an der Innenseite der Ostwand, die wegen der Süd-Nord-Orientierung des Tempels mit der Südwand anderer Heiligtümer korrespondiert. In allen Fällen ist die Aktionsrichtung der Trägerfiguren nach dem Sanktuar, also nach ideellem Osten gerichtet. Obwohl die Funktion eines Tempelraumes nicht immer direkt aus seiner Wanddekoration zu schließen ist[33], liegt doch die Vermutung nahe, daß der Anbringungsort der Opferprozessionsszenen eine Bedeutung hat.

Es wäre zum Beispiel an die Nähe des Opferkalenders zu denken, zu dessen Listen die Szenen inhaltlich so gut passen. In Medinet Habu ist die Szene sogar direkt unter den Kalender angebracht. Gegen diese Annahme spricht aber einiges. An erster Stelle ist der Opferkalender Ramses II. in Abydos an der Außenseite, die Szene an der Innenseite angebracht. Außerdem findet man auf der Mauer, auf welcher die Opferprozessionsszene im Luxortempel angebracht worden ist, gar keine Opferlisten; weder an der Innen- noch an der Außenseite.

Eine andere Erklärung hört sich zunächst nicht weniger wahrscheinlich an. Könnte der Südeingang zum zweiten Hof des Tempels vielleicht die Stelle sein, wo die Opferprozession ins Heiligtum kam, und wo der *ḥm-nṯr* und der Opferschreiber die Opferträger empfingen ? Dies wurde vielleicht schon von Nelson angenommen[34], doch gibt es auch hier Gegenargumente. Hölscher hielt den Nordwest-Eingang des zweiten Hofes für den wahrscheinlichen Eingang der Opferträger aufgrund einer Inschrift am Türpfosten[35]. Diese Inschrift beschreibt den König als "Guten Gott, reich an Geflügel, der die Schatzhäuser

---

[32] Kitchen, Ram. Inscr. II, S. 347, Z. 14-16.

[33] Arnold, Wandrelief, S. 127.

[34] Nelson, Work, S. 30. Es ist dort nur von einem Seiteneingang die Rede, ohne diesen als nördlich oder südlich zu spezifizieren.

[35] Hölscher, Medinet Habu III, S. 9 und 14.

festlich macht mit guten Sachen, der seinen Tempel füllt mit allerhand Essen, mit Gold, und mit allerhand wertvollem Gestein"[36]. Die ganze Opferprozession beim südlichen Eingang zum zweiten Hof scheint mir aber doch ein stärkerer Hinweis auf die Route der Opferprozessionen zu sein.

In einem Vorbericht der Grabungen am Sethostempel in Gurna betrachtet auch Stadelmann den Nordwesteingang des zweiten Hofes als den Weg der Opfergaben zum Tempel[37]. Der korrespondierende Eingang im Ramesseum aber führte vom zweiten Hof des Tempels zum Inneren der Barkenkapelle an der Nordseite[38]. Es ist also weniger wahrscheinlich, daß eine Opferprozession im letztgenannten Tempel den Nordwesteingang benutzt hat.

Als ein spätes Beispiel möchte ich zum Schluß den Horustempel in Edfu anführen. Wie Fairman und Alliot bereits feststellten, wurden dort die Opfergaben durch einen Seiteneingang in der Ostmauer, also einen anderen Weg, hineingeführt[39]. Der Opferkult eines ptolemäischen Tempels ist natürlich nicht völlig mit dem eines ramessidischen Heiligtums zu vergleichen. Einen Aspekt haben beide jedoch gemeinsam. In Edfu kamen die Opfer von der Südseite des Tempels in die zweite Säulenhalle, im Ägyptischen *wsḫ.t ḥby.t* "Festhalle" genannt. Auch der zweite Hof der ramessidischen Tempel in Medinet Habu und Abydos hieß *wsḫ.t ḥby.t*. Ein mit diesem Terminus bezeichneter Raum scheint also der traditionelle Bestimmungsort der Opfer gewesen zu sein, wonach nur ein Teil der Gaben endlich in den sakrosankten Bereich gebracht wurde[40].

Es scheint mir durchaus möglich, daß die tägliche und festtägliche Opferprozessionen, wenigstens in einigen Tempeln aus der Zeit Ramses II. und seiner Nachfolger, durch den Seiteneingang an der Südseite des Festhofes in den Tempel kamen. Die Prozessionsszenen würden dann die anschaulichen Zeugen eines solchen Verfahrens an der geeigneten Stelle sein.

---

[36] Medinet Habu V, Tf. 306 (B).

[37] Stadelmann, MDAIK 33 (1977), S. 128.

[38] Siehe Hölscher, Medinet Habu III, Tf. 10.

[39] Fairman, BRL 37 (1954/55), S. 178; Alliot, Le culte d'Horus à Edfou au temps des Ptolémées, BdE 20, Kairo 1949, S. 31-34.

[40] Siehe Arnold, Wandrelief, S. 106 und 107. Vielleicht wurde ein kleiner Opfertisch - wie am Anfang der Opferprozession in Medinet Habu dargestellt (Abb. 2) - weiter in den Tempel gebracht, während die anderen Gaben im Hof stehen blieben.

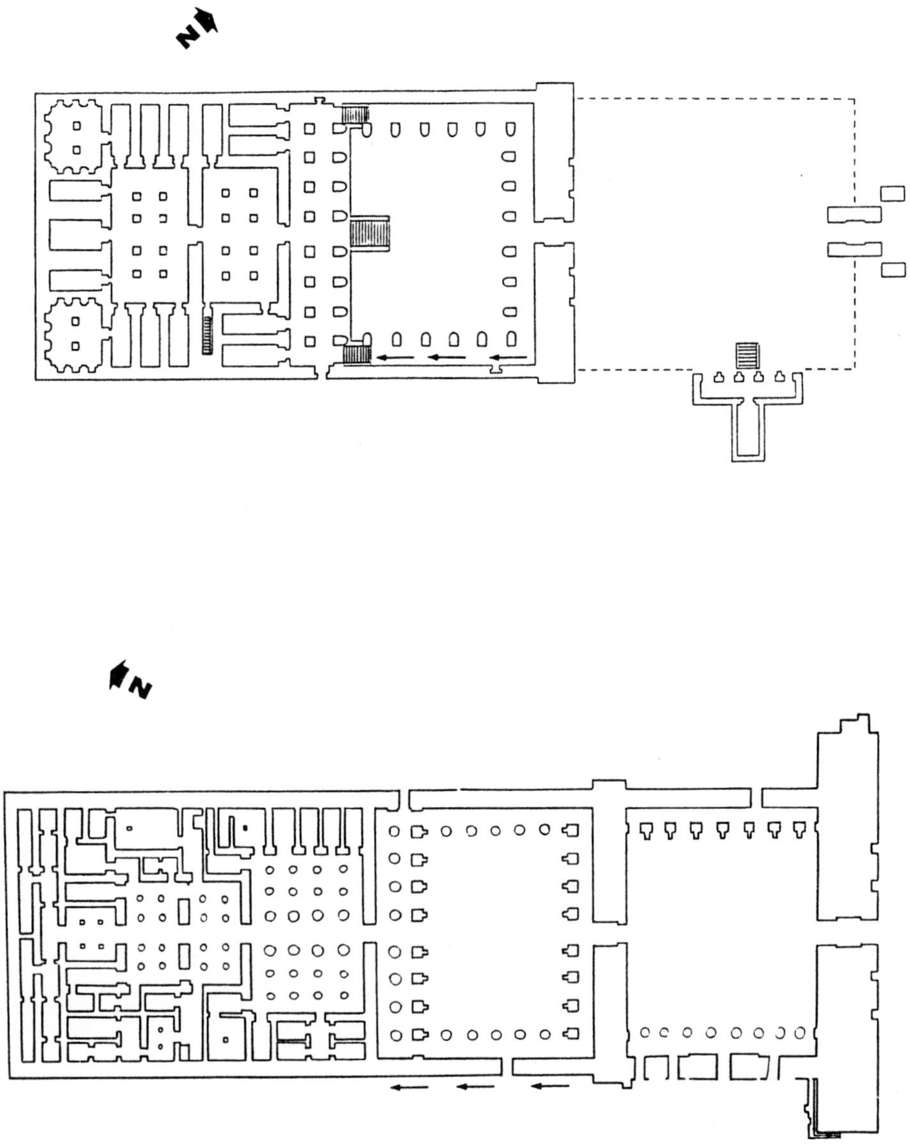

Abbildung 1 - Tempel Ramses' III. in Medinet Habu (links) und Ramses' II.in Abydos (rechts). Ort und Richtung der Prozessionsszenen sind jeweils mit → → → angegeben.

Opferprozessionsszenen

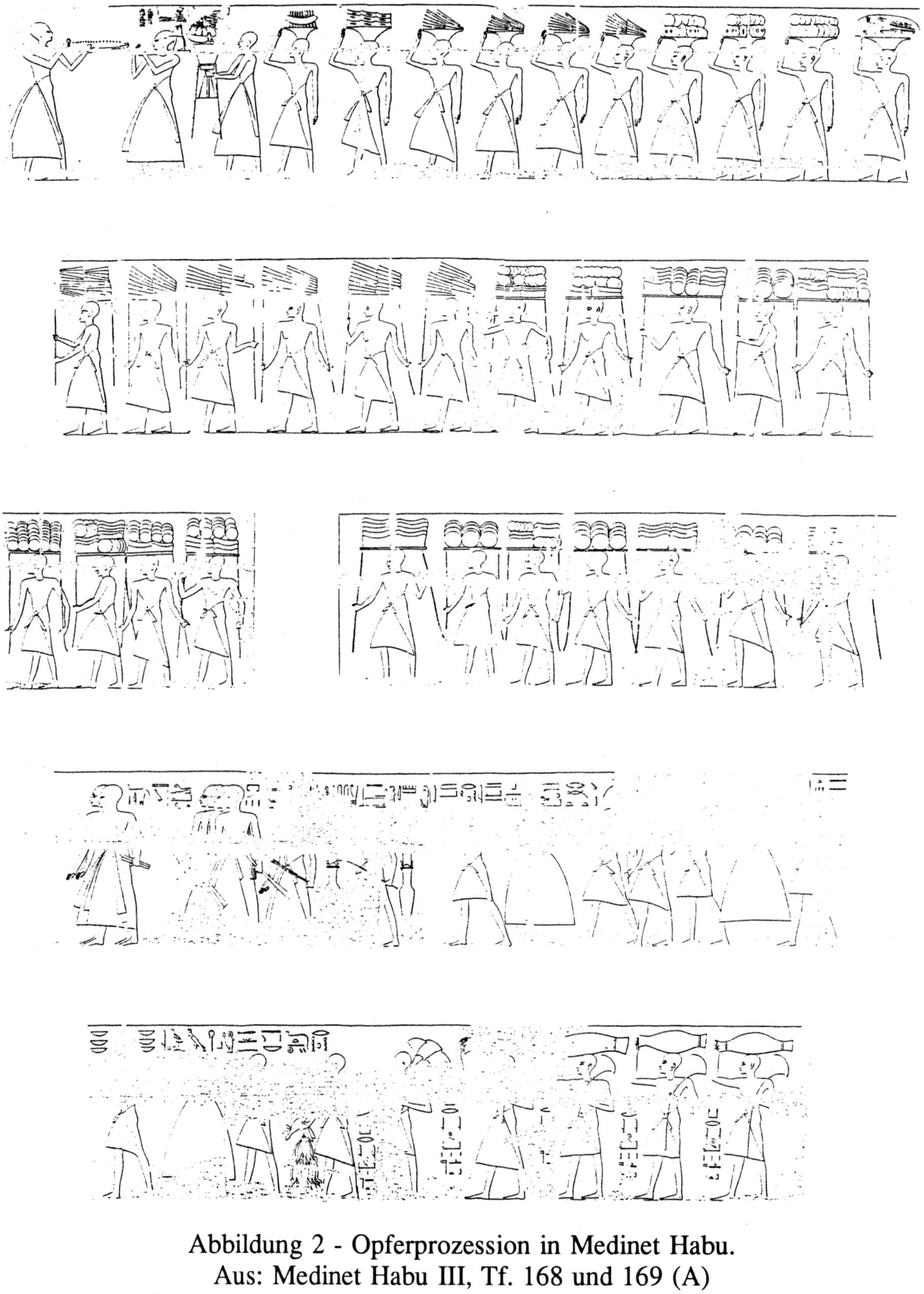

Abbildung 2 - Opferprozession in Medinet Habu.
Aus: Medinet Habu III, Tf. 168 und 169 (A)
(Erlaubnis des Oriental Institute, University of Chicago).

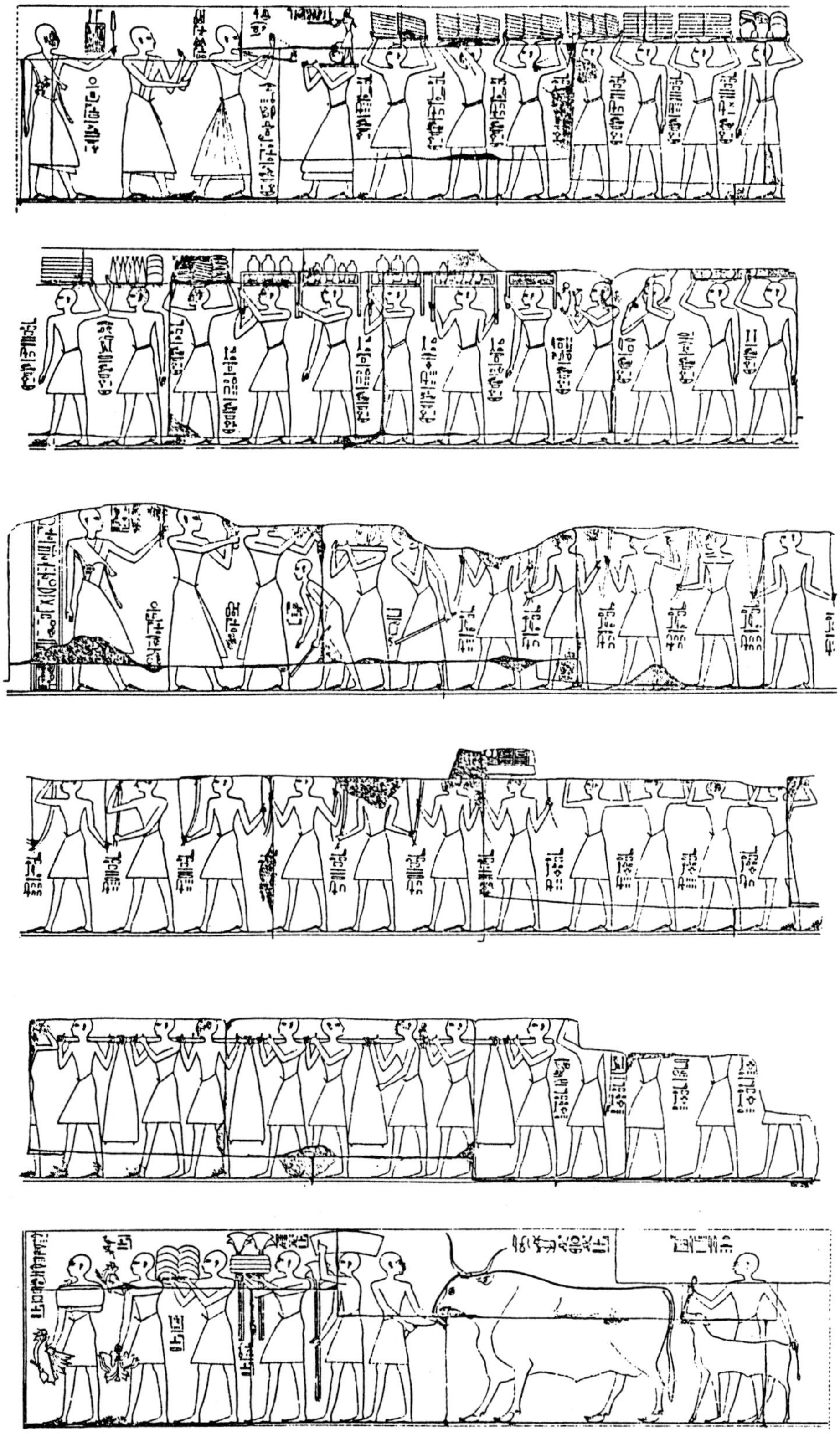

Abbildung 3 - Opferprozession in Abydos (gespiegelt).
Aus: Naville, Détails, Tf. XXVI-XXVIII.

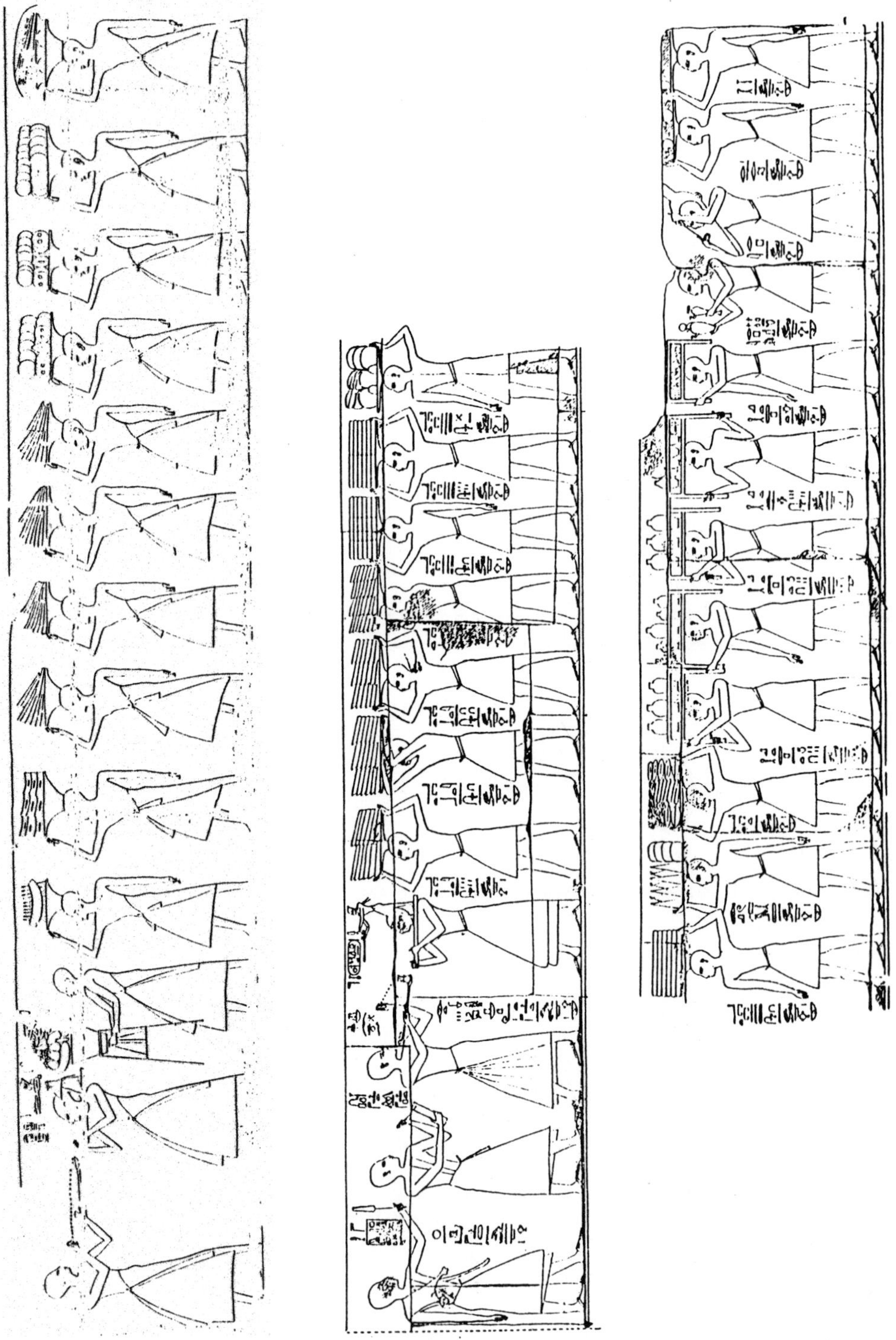

M

A

Abbildung 4 - Anfang der ersten Prozession in Medinet Habu (M) und Abydos (A). Aus: Medinet Habu III, Tf. 168 (Erlaubnis des Oriental Institute, University of Chicago); Naville, Détails, Tf. XXVI.

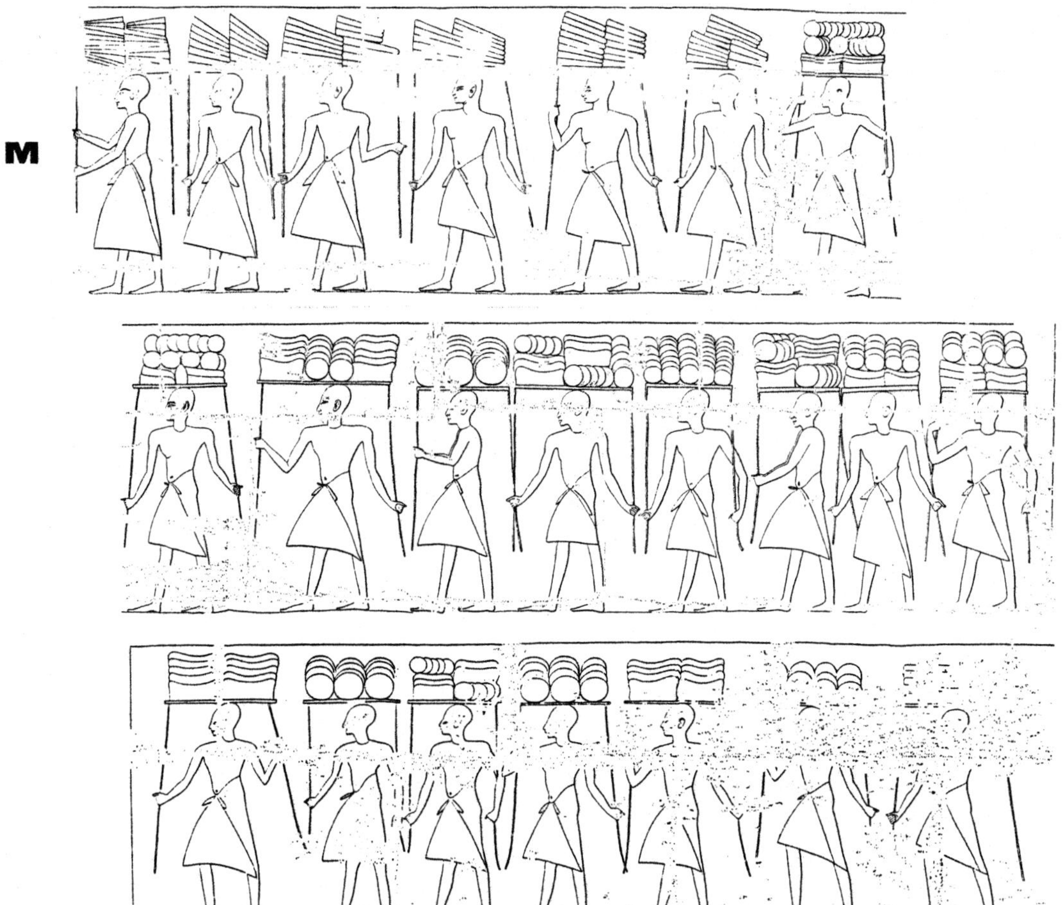

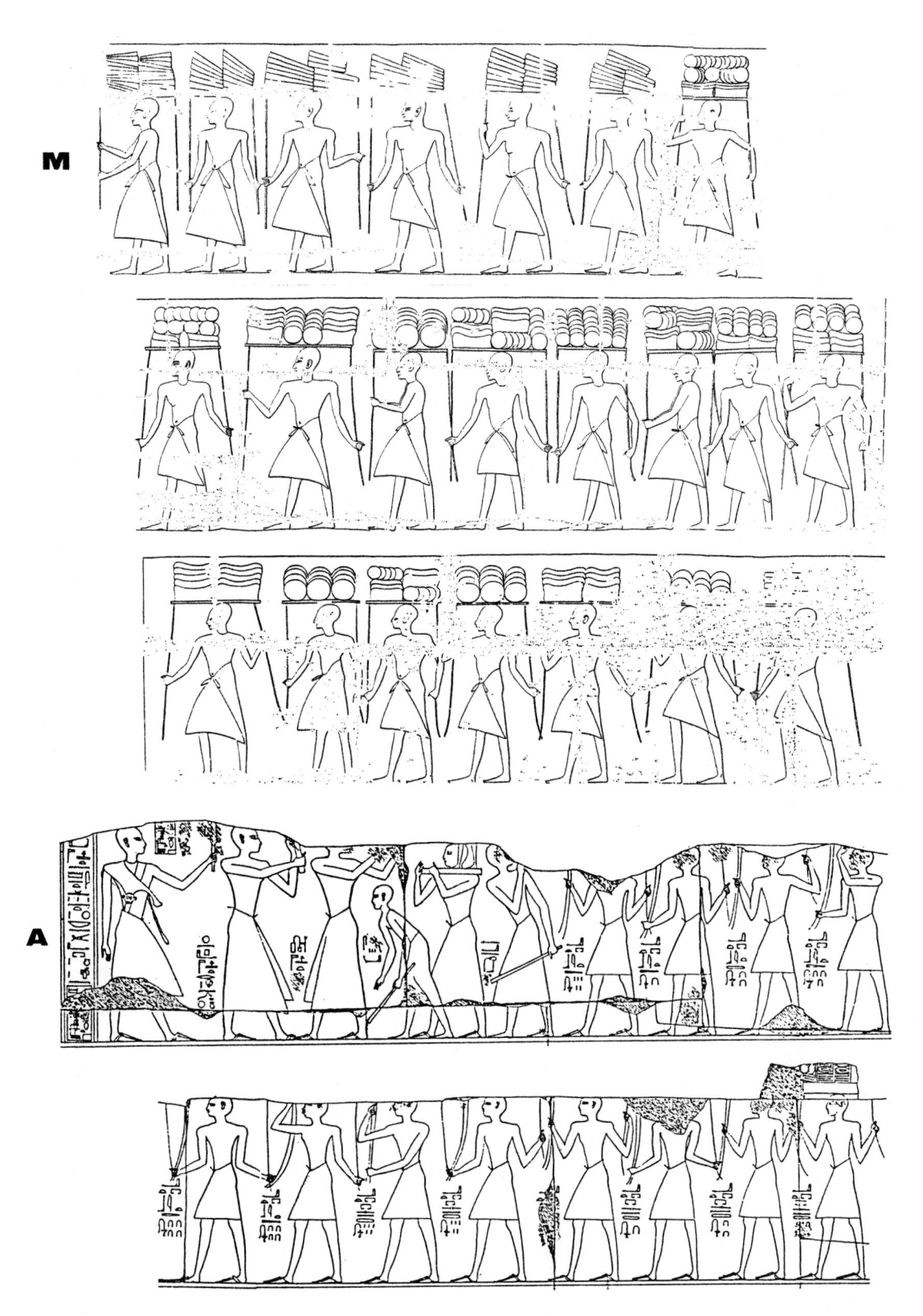

Abbildung 5 - Brotträger der zweiten Prozession in Medinet Habu (**M**) und Abydos (**A**). Aus: Medinet Habu III, Tf. 168 (Erlaubnis des Oriental Institute, University of Chicago); Naville, Détails, Tf. XXVII.

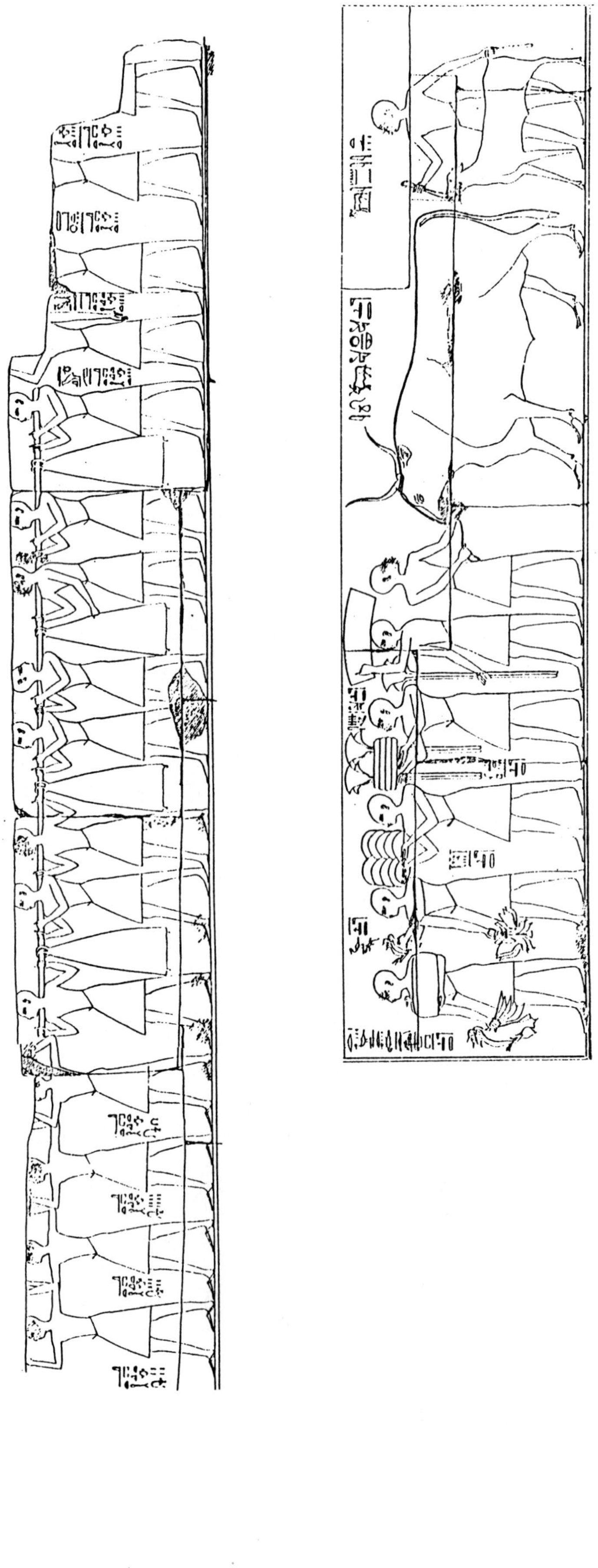

Abbildung 6 - Ende der zweiten Prozession in Abydos.
Aus: Naville, Détails, Tf. XXVII und XXVIII.

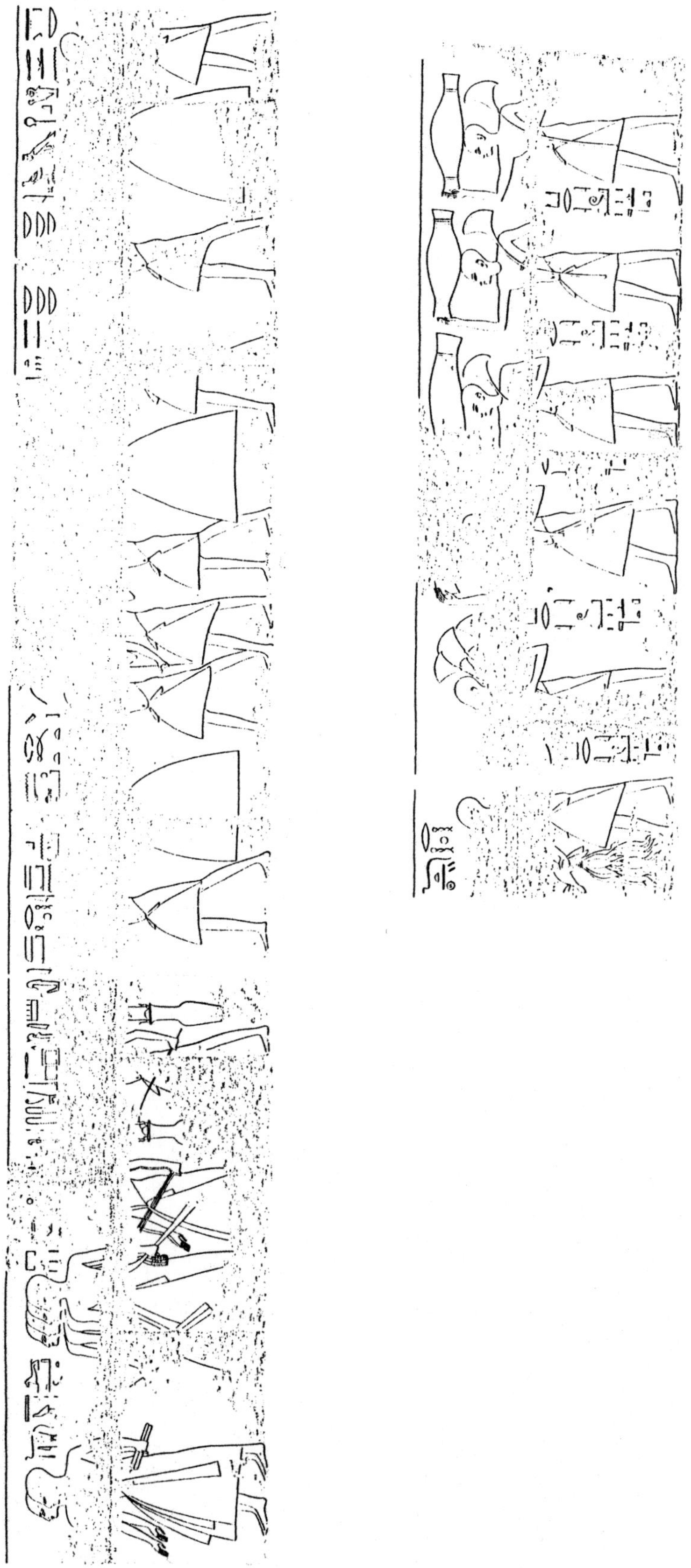

Abbildung 7 - Ende der (zweiten) Prozession in Medinet Habu.
Aus: Medinet Habu III, Tf. 168 und 169 (A)
(Erlaubnis des Oriental Institute, University of Chicago)

László Kákosy

Heilstatuen in den Tempeln

In den meisten ägyptischen Tempeln von gewissem Rang wurden ohne Zweifel in großer Anzahl Statuen aufgestellt. Außer dem heiligsten Kultbild, das im Naos aufgestellt und von der Außenwelt abgeschlossen war, gab es noch eine Menge von Darstellungen sowohl der Hauptgottheit als auch der Mitgötter, der *synnaoi theoi* die anderswo heimisch waren, doch in dem betreffenden Tempel mit verehrt wurden. Einige Götterbilder genossen auch einen volkstümlichen Kult, wie z.B. die Sachmet des Sahure in Abusir[1] und das Bild des Ptah auf der Südwand des Tores in Medinet Habu.[2]

In diesem Vortrag möchte ich nicht auf die Kultbilder eingehen, sondern hauptsächlich auf diejenigen Statuen, die in den Tempeln oder in ihrem weiteren Bezirk eine eigentümliche und ungewöhnliche Rolle gespielt haben. Hier soll zuerst der berühmten sog. Mittlerstatuen des Amenophis, Sohn des Hapu, gedacht werden. In ihren Inschriften wird Amenophis als Herold (*wḥmw*) bezeichnet, der die Gebete der Gläubigen zu Amun weiterleitet. Damit ist er in die Sphäre zwischen der irdischen und der göttlichen Welt gerückt und daher müssen diese Statuen als die erste Stufe seiner späteren Apotheose betrachtet werden.[3] Es soll nicht unerwähnt bleiben, daß auch andere Leute ihren Tempelstatuen eine ähnliche Mittlerrolle wie die des Amenophis sichern wollten.[4]

Wir haben ein zwar problematisches aber doch nennenswertes Anzeichen dafür, daß schon in der Ramessidenzeit auch ein hochgestelltes Mitglied der thebanischen Beamtenschaft, der königliche Schreiber und Vorsteher der

---

[1] Ashraf I. Sadek, Popular Religion in Egypt during the New Kingdom (HÄB 27), Hildesheim 1987, 29-36.

[2] W.J.Murnane, United with Eternity. A Concise Guide to the Monuments of Medinet Habu, Chicago, Cairo 1980, 7.

[3] Urk. IV, 1833-1835.

[4] Urk. IV, 1856 (Truchseß Neferronpet); Urk. IV, 1922 (Rekrutenschreiber Men); G. Björkman, A Selection of the Objects in the Smith Collection of the Egyptian Antiquities at the Linköping Museum, Sweden. Stockholm 1971, pl. 4-5.

Scheunen und der Domäne des Amun, Djehutimes, im Totenreich der segensreichen Nähe des Weisen teilhaftig sein wollte. In seinem Grab hat nämlich die ungarische Grabung in 1983 ein Bruchstück einer großen Statue gefunden, die höchstwahrscheinlich den Amenophis darstellt.[5] Natürlich muß man auch mit der Möglichkeit rechnen, daß die Statue nicht zur ursprünglichen Grabausrüstung gehörte und sekundär dorthin geschleppt wurde, aber die Fundumstände erlauben immerhin die Annahme, daß sie Djehutimes in das Grab hat legen lassen. Dies würde bedeuten, daß der spätere Heilgott schon im Neuen Reich als eine schützende halbgöttliche Macht angesehen wurde. Während diese im Vorhof des Tempels in Karnak aufgestellten Statuen des Amenophis des öfteren in der Fachliteratur behandelt wurden, haben die sog. Türhüterstatuen geringe Beachtung gefunden.

J.J. Clère hat zwei ramessidische Würfelhockerstatuen behandelt. Sie sind Darstellungen des königlichen Schreibers und Hohenpriesters des Onuris, Minmose, bzw. des *sḏm-ʿš* Pyai. Beide geben dem Wunsch Ausdruck, in der Gestalt ihrer Statuen ewig als Türhüter dem Onuris, bzw, der Werethekau dienen zu dürfen.[6] Sie hofften offenbar mit Rücksicht auf die bemerkenswerte kultische Rolle, die den Toren der Tempel zukam, auch auf eine Mittlerrolle zwischen der Gottheit und den Besuchern des Tempels. Hier kommen ohne Frage magische Vorstellungen ins Spiel. Wir sind uns über die Schwierigkeiten im klaren, eine Grenze zwischen *reiner* Religion und Magie zu ziehen. Die terminologischen und prinzipiellen Fragen wurden unlängst von Wilfried Gutekunst und Robert K. Ritner behandelt.[7] Trotz aller Kontroversen und Unsicherheiten scheint es angemessen zu sein, Magie und Religion gewissermaßen auseinander zu halten. Der beträchtliche psychologische Unterschied im Hintergrund eines Gebetes und einer Beschwörung, die auch Bedrohungen an die Götter enthalten kann sowie die Rolle des Gottes Heka sprechen dafür, daß dieses Phänomen als ein spezielles Gebiet innerhalb des ägyptischen Geisteslebens betrachtet werden muß. Dies soll jedoch keinesfalls in dem Sinne interpretiert werden, daß ich einen Gegensatz zwischen Magie und Religion – wie etwa in den monotheistischen Religionen – postulieren möchte. Magie integriert sich vollkommen in die Ganzheit der ägyptischen Religion.

---

[5] L.Kákosy - E.Gaál, Acta Artchaeologica Acad. Sc. Hungaricae 37 (1985), 15.

[6] J.J.Clère, JEA 54 (1968), 135-148.

[7] LÄ VI, 1320-1355 (Gutekunst); Ritner, The Mechanics of Ancient Egyptian Magical Practice, Chicago 1993, 3-28, 235-249.

Das erste eindeutige Beispiel für einen Besuch einer ausländischen Götterstatue in Ägypten, d.h. aus Mitanni, stammt aus der Zeit Amenophis III. In einem Brief des Königs Tuschratta an den Pharao wird die bevorstehende Ankunft der Statue der Göttin Schauschka (höchstwahrscheinlich Ischtar) aus Ninive in Ägypten angekündigt.[8] Obwohl im Brief der Zweck der Reise nicht eindeutig angegeben wird, dürfte es sich höchstwahrscheinlich um eine Heilstatue handeln, die die Gesundheit des alten Königs wiederherstellen soll. Im Text wird auch eine frühere Reise derselben Göttin nach Ägypten angedeutet. Während ihres Aufenthalts in Ägypten dürfte die Göttin in einer Kapelle des Königspalastes verehrt worden sein.

Die erste magische Statue mit Zaubersprüchen gegen Schlangen und Skorpione stellt Ramses III. und eine weibliche Figur (Königin oder Göttin) dar.[9] Die Texte haben in diesem Falle eher einen prophylaktischen als heilenden Charakter. Es ist von Belang, daß im Text auch der Aufstellungsort der Statue angegeben wird. Sie stand nämlich in der Ostwüste unweit von Heliopolis in einem *st gmḥ*, einer Art Beobachtungsstelle, von wo aus die Statue die gefährlichen Tiere überwachen konnte. Das Hauptanliegen für die Aufstellung der Statue ist darin zu sehen, der Armee beim Durchqueren der Wüste Schutz zu gewähren. *st gmḥ* kann vielleicht als eine für diese Statue bestimmte Kapelle vorgestellt werden.

Nach der Statue von Ramses III. folgt ein langes Intervall bis zum 4. vorchristlichen Jh., aus dem keine solchen magischen Statuen bekannt sind. Dieser Zeitraum wird jedoch durch die Horustafeln ausgefüllt. Die bekannteste magische Statue ist die des Djedhor, des "Retters", aus der Zeit des Philippus Arrhidaios (323-317).[10] Djedhor gehörte zum Personal des Tempels des Chenti-cheti in Athribis. Er trug die Titel Obertürhüter des Horus Chenti-cheti und Oberwächter des Falken. Obwohl er nicht zur Priesterschaft des Tempels zu zählen ist, hat er eine wichtige Aktivität ausgeübt, indem er die unbegraben gebliebenen heiligen Falken mumifizieren und bestatten ließ. Die magischen Formeln, die seine Statue bedecken, wurden von einem Priester namens Wahibre zusammengestellt, wobei er ein magisches Kompendium, ein *Bau-Re*, benutzt hat. Diese Statue des Djedhor dürfte

---

[8] Les lettres d'El Amarna (trad. de W.L.Moran, V.Haas, G.Wilhelm), Paris 1987, 137 (EA 23).

[9] É.Drioton, ASAE 39 (1939), 57-89.

[10] E. Jelinková-Reymond, Les inscriptions de la statue guérisseuse de Djed-*Ḥr*-Le Sauveur, Le Caire 1956.

irgendwo im Tempelbezirk aufgestellt worden sein, sicher an einem Ort wo sie den Notleidenden leicht zugänglich war.

Djedhor besaß eine weitere Statue[11], deren Sockel im Oriental Institute in Chicago aufbewahrt wird. Hier wird er in einem Text als Gott bezeichnet.[12] Diese zweite Statue befand sich in der Nekropole der Stadt. Ob die Statue frei aufgestellt worden ist, oder eine Kapelle für sie errichtet wurde, läßt sich anhand des Textes nicht ermitteln. Jedenfalls ist eine derartige heilige Statue ohne Kapelle schwer vorstellbar. Es mag zunächst überraschen, daß eine magische Statue in einer Nekropole aufgestellt wurde. Doch ist dies einerseits durch die Furcht der Verstorbenen vor den Schlangen (Pyramidentexte, Totenbuch) erklärbar, anderseits durch die Tatsache, daß die Grabstätten wie die Tempel häufig besuchte Orte gewesen sind.

Die Metternichstele wurde nach der Inschrift im "Haus des Osiris-Mnevis", also in einem Tempel oder einem Grab, gefunden und erneuert.[13] Angesichts des klaren unterägyptischen Gepräges des Textes[14] ist es nicht unwahrscheinlich, daß die Stele tatsächlich in Heliopolis, in einem Tempel des Mnevis aufgestellt wurde. Obwohl solche Beglaubigungsgeschichten gewöhnlich einen legendären Charakter haben, kann dieser Text durchaus auf einer realen Grundlage beruhen.

Die Errichtung von magischen Statuen, oder Horus-Cippi, in Tempeln wird auch durch archäologische Belege bewiesen. Die wichtigste Entdeckung wurde vom Brooklyn Museum Archaeological Expedition im Bezirk des Tempels der Mut in Karnak gemacht, wo fünf beschriftete Steinblöcke gefunden wurden.[15] Die Inschriften konnten als Texte der Metternichstele identifiziert werden. Die Blöcke gehörten zur Wand einer Kapelle, die unter der XXVI. Dyn. von Horudja, dem Hohenpriester von Heliopolis und Athribis, gebaut wurde.[16] Meines Erachtens stand in der Kapelle eine Horusstele auf einem großen Sockel. Ein ähnliches Stück befindet sich in Museum in Turin, das für den vierten Priester des Amun Djedchonsuiufanch errichtet wurde.[17] Wie von Cl. Traunecker nachgewiesen, war die Kapelle im

---

[11] E.J.Sherman, JEA 67 (1981), 82-102.
[12] F 7, Sherman 86, 90.
[13] Sander-Hansen, Metternichstele, 48-49.
[14] N.Scott, BMMA 9 (1951), 216.
[15] Cl. Traunecker, JARCE 20 (1983), 65-92.
[16] Traunecker, Une pratique de magie populaire dans les temples de Karnak, in: La magia in Egitto ai tempi dei faraoni, (ed. A. Roccati, A. Siliotti), Verona 1987, 7.
[17] Unpubliziert. Die Publikation wird vom Vf. vorbereitet.

Muttempel nicht die einzige Heilstätte in Karnak, es gab mindestens noch drei andere in verschiedenen Stellen des großen Temenos.[18]

Eine andere Heilstätte, das sog. Sanatorium von Dendera, wurde von Fr. Daumas publiziert.[19] Hier wurde das heilige Wasser nicht getrunken wie im Falle der magischen Statuen und der Horusstelen, sondern man badete in ihm. Das Wasser floß von der Basis einer Statue in die Bäder. Die Zaubersprüche auf der Basis weichen von den Texten der Horusstelen und denen der heilenden Statuen ab. Aus ihnen ist zu folgern, daß auf dem Sockel keine Horusstele, sondern eine Statue des Osiris stand. Skorpione und Schlangen sind nicht erwähnt, das Bad wurde offensichtlich von anderen Kranken besucht.

Dieses Sanatorium dürfte der Nachfolgebau einer anderen Kapelle in Dendara aus der Zeit Ptolemaios I. gewesen sein.[20] Die magische Inschrift des Tores wurde gegen den bösen Blick verwendet. Im Text wird nur Isis bei Namen genannt, doch muß auch Thot aufgetreten sein. In der letzten Kolumne wird "der lebende Ibis" erwähnt. Aufgrund der Bilder und Inschriften dürfte die Kapelle als Wohnung für mehrere Gottheiten gedient haben, Isis und Thot waren sicher dabei. Zu welchem Zweck eigentlich das Gebäude errichtet wurde, läßt sich schwer bestimmen. Jedenfalls kann als sicher gelten, daß den hiesigen Gottheiten - als Wächter und Schutzmächte des Temenos - eine apotropäische und prophylaktische Rolle zugeschrieben wurde. Ohne auf die Problematik des bösen Blickes[21] einzugehen, sei hier nur der Buchtitel *r3w nw ḫsf jrt bjnt* in der Bibliothek in Edfu erwähnt.[22]

In der Ptolemäerzeit trat der Kult der zwei vergöttlichten Weisen Amenhotep, Sohn des Hapu, und Imhotep, stark in den Vordergrund. Ein Zeichen für einen volkstümlichen Kult war die Gründung eines kleinen Heiligtums auf der oberen Terrasse des damals weitgehend verlassenen Totentempels der Hatschepsut in Deir el-Bahari.[23] Unter Ptolemaios VIII. Euergetes II. wurde das alte Sanktuar um eine innere Kapelle erweitert, in

---

[18] Traunecker, op. cit., 75.

[19] BIFAO 56 (1957), 35-57.

[20] S.Cauville, BIFAO 89 (1989) 43-66.

[21] L. Kákosy, Studia Aegyptiaca VII (1981), 19-25; J.F.Borghouts, JEA 59 (1973), 114 ff; Sanaa Abd El Azim El-Adly, GM 138 (1994), 7-10.

[22] E III, 351, 4.

[23] PM II, 343.

deren Darstellungen die Hauptrolle Amenhotep und Imhotep zufiel.[24] Doch erscheinen daneben auch andere Götter, und auch Hygieia genoß hier einen Kult. Der Kult des Amenhotep war schon früher nach Deir el-Bahari gelangt. Als der Totentempel des Weisen in 3. vorchristlichen Jh. bereits ein Ruinenfeld war, wurde sein Totenkult in den Tempel der Hatschepsut umgesiedelt. Die Blütezeit des Kultes beginnt jedoch erst mit der Errichtung der inneren Kapelle , die als Heilstätte[25] bis in die späte Kaiserzeit im Betrieb blieb. Letzthin wurden von Adam Lajtar griechische Graffiti bis in die Mitte des 4. Jh. n.Chr. gefunden. [26]

Auch Tempelschlaf dürfte in ägyptischen Tempeln geübt worden sein. Die Stele des Qenherchepschef aus Deir el-Medine läßt sich in dem Sinne deuten, daß die Gläubigen die Nacht im Vorhof des Heiligtums der Meretseger verbrachten und offenbar auch mantische oder medizinische Träume haben konnten.[27] Die Blütezeit der Praxis der Inkubation fällt aber in die griechisch-römische Zeit, in der diese Sitte vor allem im Kult des Sarapis und der Isis nachweisbar ist.[28]

Neben der Anwendung magischer und kultischer Heilmethoden wurden die Kranken in einigen Tempeln auch empirisch behandelt. Ein Beweis dafür ist das bekannte Bild im äußeren Tempelumgang von Kom Ombo, auf dem ein ärztliches Instrumentarium dargestellt wird. Da Haroëris, einer der Hauptgötter des Tempels, als "guter Arzt" bezeichnet wird, der das Auge heilen kann[29], darf man annehmen, daß einige Priester in der Ophthalmologie spezialisiert waren.[30]

Die Verbindung der magischen Heilung und der ärztlichen Behandlung läßt sich auch in der Inschrift mancher Heilstatuen, wie z.B der Statue in Florenz (no.1788)[31] nachweisen. Der dargestellte Mann sagt hier von selbst:

---

24 E. Laskowska-Kusztal, Le sanctuaire ptolémaique de Deir el-Bahari (Deir el-Bahari III), Warszawa 1984.

25 A.Bataille, Les inscriptions grecques du temple d'Hatshepsout à Deir el-Bahari, Le Caire 1951.

26 A. Lajtar, The Jounal of Juristic Papyrology, XXI. (1991), 53-70.

27 B. Bruyère, Mert Seger à Deir el Médineh I, Le Caire 1929, 26. Vgl. RÄRG, 837.

28 M.P.Fraser, Ptolemaic Alexandria I, Oxford 1972, 257-258; Roscher, Lex.Myth.II, 522-525.

29 A.Gutbub, Textes fondamentaux de la théologie de Kom Ombo (BdÉ XLVII/1), Le Caire 1973 94-95 n.o.

30 Siehe D.Meeks - Chr. Favard-Meeks, La vie quotidienne des dieux égyptiens, Paris 1993, 112.

31 E. Schiaparelli, Museo Archeologico di Firenze, Roma 1887, 121-124; P. Vernus, Athribis, Le Caire 1978 (BdÉ 74), 181-182. Eine neue Publikation wird vom Vf. geplant.

"Ich kenne den, der unter meinen Fingern ist (d.h. den Patienten)[32] , und ich heile die Krankheit... Ich bin der, dessen Namen in *ꜣḫ-bjt* (Chemmis) geschützt wird ..[Ich bin einer, der seine] Zaubersprüche [rezitiert]."[33] Der Mann, ein Priester des Chenti-cheti, dessen Statue offenbar im Tempel von Chemmis aufgestellt wurde, war ein Fachmann in der Heilung und auch kundig in der Magie.

Aus dem vorhandenen Material gewinnt man den Eindruck, daß die magischen Heilstatuen in erster Linie mit Tempeln im Delta, Athribis (Djedhor), Chemmis (Florenz 1788) und Bubastis (Tyszkiewicz Statue im Louvre, Kairo 41671[34]) eng verbunden waren. Sie waren auch in Theben volkstümlich, wenn auch die Initiative zur Errichtung der Kapellen von hochgestellten Persönlichkeiten des Nordens ausgehen dürfte (siehe oben). In den Heilstätten von Theben wurde Heilung oder Schutz entweder von Horustafeln oder von Heilstatuen erwartet. Da in Theben mehrere Horus- oder Schedtafeln gefunden wurden,[35] dürfte man vielleicht die erste Alternative vorziehen.

Sicher wurden zahlreiche Statuen in den Tempeln in verschiedenen magischen Praktiken benutzt. Im großen Pariser Zauberpapyrus liest man am Ende einer Vorschrift zur Herbeiführung einer Vision im wachem Zustand: "Schutzmittel der Handlung, das du tragen mußt zum Schutze deines ganzen Körpers: nimm <einen Fetzen> vom Linnen eines steinernen Harpokratesbildes in irgendeinem Tempel, darauf schreib mit Myrrhe folgendes: Ich bin Horos Alkib Harsamosis Iao (ZW), Abraiaóth, Sohn der Isis (ZW) und des Osiris Osoronóphris. Bewahre mich gesund, unverletzt, von den Dämonen nicht geschlagen, unerschreckt für meines Lebens Zeit."[36] (Übersetzung von K. Preisendanz).

In der Bentresch-Stele wurde ein Heilgott zum Protagonisten einer Königsnovelle.[37] "Chons, der Anordnungen trifft in Theben (*Pꜣ jr sḫr m Wꜣst*), der große Gott, der die landfremden Dämonen vertreibt" wird von Ägypten in das Land Bachtan gesandt, wo er die Prinzessin Bentresch von einem Krankheitsdämonen heilen soll.

---

[32] Grundriß der Medizin VII/2, 1002 d.

[33] Offenbar stand hier *šdnj*. Die Ich-Form habe ich mit der 3. Person übersetzt.

[34] G.Daressy, ASAE 11 (1911), 187-191.

[35] CG 9406, 9409, J. Berlandini, Karnak VI (1980), 235-245.

[36] PGM IV, 1070-1081.

[37] M. Broze, La princesse de Bakhtan (Monographies Reine Élisabeth 6), Bruxelles 1989.

Die Horusstelen und die magischen Statuen sind während der römischen Kaiserzeit auch in Italien und anderen Provinzen des Reiches zu begehrten heiligen Gegenständen geworden. Noch in konstantischer Zeit wurde eine Horusstele in Rom auf dem Esquilin in einem prächtigen Lararium aufbewahrt.[38]

Die Ärzte Ägyptens waren seit langem im Ausland, z.B. im Hethiterreich und später im persischen Königshof, berühmt, aber die Heilgötter haben vielleicht noch mehr dazu beigetragen, daß die Leidenden der Alten Welt ihr Vertrauen in Ägypten setzten.

---

38 F. De Salvia, Studia Aegyptiaca XIV, Budapest 1992, 509-517.

Olaf E. Kaper

Doorway Decoration Patterns in the Dakhleh Oasis

The temples in the Dakhleh Oasis have seen extensive exploration only during the last fifteen years. From 1978 to 1983, the Dakhleh Oasis Project undertook a survey of the oasis, during the course of which a total of twenty new temples were noted[1]. Most of these were buildings in mud brick, but seven temples in Dakhleh were built of stone[2]. Of the latter, only the temple of Deir el-Haggar had been studied prior to the recent investigations[3]. Since the completion of the survey, excavations have concentrated upon three of the better preserved stone temples in Dakhleh. In 1982, work started at the temple of Ein Birbiyeh. From 1990 onwards, excavations have been undertaken at the Main Temple of Ismant el-Kharab (Kellis), and finally, in 1992, a clearance and restoration programme was commenced at the temple of Deir el-Haggar.

As a result, we now have three temples in Dakhleh with their preserved decoration available for study, even though not every wall or gate has yet been exposed. These temples mainly date to the early Roman period, when the oasis was under increased exploitation[4]. The temple of Ein Birbiyeh is the oldest of the three and probably dates from the late Ptolemaic period[5]. The next temple to be

[1] At this moment, the survey is being continued to the east of the present-day boundaries of Dakhleh, where a large number of prehistoric sites is still being registered. For the historical period, with which we are concerned here, the recording of new sites ceased in 1983. Yearly reports on the survey were published by A.J. Mills from JSSEA 9 (1979) onwards.

[2] A detailed listing will be included in my paper in: S.Quirke (ed.), The Temple in Ancient Egypt, London, forthcoming.

[3] This situation is still reflected in: D. Arnold, Die Tempel Ägyptens: Götterwohnungen, Kultstätten, Baudenkmäler, Zürich 1992, 159-60.

[4] A.J.Mills, The Dakhleh Oasis Project, in: Mélanges Gamal Eddin Mokhtar, vol. 2, BdE 97, 1985, 128.

[5] The gateway in front of the building was decorated early in the reign of Augustus. The foundation of the temple should, therefore, be Ptolemaic, even though the temple building itself was decorated only under Hadrian and another unidentified Roman emperor.

built was that of Deir el-Haggar, the decoration of which commenced under Nero. Finally, the Kellis temples seem to date from about the reign of Hadrian.

This paper focusses on the temple doorways in Dakhleh for several reasons. Temple doorways usually contain the basic information on the local theology of a temple. As a rule, the scenes at eye-level upon the jambs as well as those upon the lintel of a doorway or a gateway depict the major deities to whom a shrine was dedicated. For these scenes, we may use the term 'Blickpunktsbilder', devised by Arnold[6], or 'images d'affichage' introduced by Traunecker[7]. It is clear that the doorway decoration was important in Dakhleh, because the outer faces of doorways were often the first parts of the temples to receive decoration[8]. In fact, doorways are the most frequently found element of temple decoration in the oasis. In Kharga, the same applies to the temples of Qasr Zayan and Qasr Dush[9].

The temple decoration will be discussed here only with regards to the deities represented on the 'divine side' of the temple relief. Other elements, such as the inscriptions, the crowns of the kings and the rituals represented in the scenes are not discussed here, because these do not correspond between the various temple doorways. One conclusion to be drawn from the present study of the Dakhleh doorways is that the contents of a scene in the oasis temples is determined by the wish to represent certain deities. The gods have priority over the rituals in terms of the composition of the doorway decoration.

1. Deir el-Haggar and its gods

The temple of Deir el-Haggar is the best preserved of the Dakhleh temples and it will serve as my point of departure, after which the other two temples can be compared with it. The wall decoration contains the names of Nero, Vespasian,

---

[6] Or 'Repräsentationsbilder': Arnold, Wandrelief, 128. Arnold uses the term only to refer to the scenes on the rear walls of chapels.

[7] C.Traunecker, in: L'image et la production du sacré, ed. by F.Dunand et al., Paris 1991, 87.

[8] The outer face of a doorway was the most important face, cf. H.Brunner, Die Rolle von Tür und Tor im Alten Ägypten, reprinted in: Das hörende Herz, ed. by W. Röllig, OBO 80, Freiburg and Göttingen 1988, 249.

[9] PM VII, 293-95.

Titus and Domitian. The only publication devoted to the temple reliefs was prepared by Winlock and Bull[10].

The recent clearance work inside the temple[11] has uncovered a substantial amount of new reliefs, notably within the pronaos. The temple counts four decorated doorways along its main axis, indicated in figure 1. Apart from the outer faces of the doorways, only the sanctuary, the rear wall of the pronaos and the screen walls of the facade were decorated with reliefs.

The main gods venerated at Deir el-Haggar were Amon-Re, Mut and Khonsu of Thebes. Their titles clearly indicate the gods' Theban origins[12]. The borrowing of the Theban cult in the Southern Oasis was already mentioned by Herodotus, who probably referred to the Theban cults at Hibis (Kharga) or in the Siwa Oasis[13]. The gods of Deir el-Haggar show a later occurrence of Theban influence upon the oasis cults, which may have been initiated by the priests of Hibis. The local Amon-Re of Deir el-Haggar is a theological amalgam uniting aspects of Amon-Re of Karnak with Amon-Re of Hibis[14].

Thoth and Nehmet-awai were venerated in a neighbouring sanctuary, as is shown by the few stone blocks of a temple dedicated to Thoth which are visible reused in the houses of the town of El-Qasr. It is likely that these blocks originate from the large Roman period site of Amheida, which is known to have possessed a stone temple[15]. Thoth and Nehmet-awai are represented at Deir el-Haggar as major gods, doubtless as a result of their regional popularity. In the temple decoration, Amon-Re gets pride of place in the bandeau inscriptions of the sanctuary and the pronaos, but Thoth and Nehmet-awai are depicted in prominent

---

10 H.E.Winlock, Ed Dâkhleh Oasis: Journal of a Camel Trip Made in 1908, MMA Dept. of Egyptian Art 5, New York 1936, 29-33, 65-77, pls.17-25.

11 This part of the Dakhleh Oasis Project's work is partly funded by the Egyptian Antiquities Organization. For a preliminary report on the first season, cf. A.J.Mills, in: JSSEA 20 (1990), 20-23, pls.4-5.

12 Amon-Re of Deir el-Haggar is most often designated as *nb nst-t3wy ḫnty ipt-swt*, and Mut as *nbt išrw*. Khonsu-Shu in Thebes (*m w3st*) also occurs.

13 Herodotus IV, 181: 'Ils ont un temple dont le culte est emprunté à celui de Zeus Thébain', translation J.Leclant, in: BIFAO 49 (1950), 240. For the Theban origins of the cult at Siwa, see K.P.Kuhlmann, Das Ammoneion: Archäologie, Geschichte und Kultpraxis des Orakels von Siwa, AV 75, Mainz 1988, 50 ff.

14 Other aspects united in Amon-Re of Deir el-Haggar are Min-Re of Akhmim and Horus, the son of Osiris.

15 On these blocks, cf. the discussion and the references in O.E.Kaper, in: BIFAO 92 (1992), 128-29.

locations in the *soubassement* inside the pronaos and on the lintel of the hypostyle doorway[16]. In both cases, Thoth and Nehmet-awai share this privilege with Amon-Re and Mut. Later visitors' graffiti on the temenos wall confirm the temple's two-fold dedication, because they show both Amon-Re and Thoth in the form of their sacred animals. These graffiti are located in the thickness of a doorway through the temenos wall, which was discovered in 1993[17].

2. The doorway decoration at Deir el-Haggar (fig.2)

As said above, the eye-level scenes upon the door jambs generally contain forms of the major gods of the temple. At Deir el-Haggar, we find in these positions the gods Amon-Re, Mut and Khonsu upon every doorway. In the eye-level scenes of three of the four doorways, Amon-Re and Mut share this position with the gods Min-Re and Triphis of Akhmim, who are known from the inscriptions elsewhere in the temple as manifestations of Amon-Re and Mut of Deir el-Haggar[18]. The latter are again found upon the lintels of the doorways, with the addition of Mont, Thoth and Nehmet-awai upon the doorway into the hypostyle (no.3). The lintel of the temenos gateway is preserved only in fragments.

As for the registers in between the eye-level scenes and the lintels, the doorway into the sanctuary (no.1) depicts mainly Amon-Re, Khonsu and Mut. Other gods have been depicted only in the upper register of the jambs. On the south jamb these are Thoth and Nehmet-awai, and on the north jamb Osiris and Isis. The role of Thoth in the temple has already been explained, being both inside the sanctuary and in a nearby temple. Osiris and Isis belonged to a

16 In addition, Thoth has been incorporated into the astronomical ceiling of the sanctuary as one of the main deities: O.E.Kaper, The Astronomical Ceiling of Deir el-Haggar in the Dakhleh Oasis, in: JEA 81 (1995), forthcoming.

17 I may also, in this connection, refer to a private votive stela from Deir el-Haggar which depicts Thoth and Nehmet-awai: G.Lefebvre, Petits monuments du musée du Caire, in: ASAE 28 (1928), 29-34.

18 For example, Amon-Re is called *kꜣ-mwt=f ṯꜣj nṯrw* in the bandeau inscriptions in the sanctuary and the pronaos. Even more explicit is the epithet *fꜣj-ꜥ ẖr nḫḫ* of Amon-Re in a relief in the pronaos.

different sanctuary in the western end of Dakhleh, where a temple of Osiris was discovered by the Dakhleh Oasis Project in 1980[19].

The doorway into the Offering Hall (no.2) of the temple is similar to the sanctuary doorway. Even though three of the scenes have recently disappeared, we know its original layout from the description of the doorway made by Winlock in 1908[20]. The upper register of the south jamb again contains Thoth and Nehmet-awai, but all other scenes were devoted to the members of the Theban triad. The decoration of this doorway shows that an effort was made to ensure that no two scenes with identical gods would be adjacent to each other. Amon-Re alternates with Khonsu as the principal figure within each scene.

The doorway into the hypostyle hall (no.3) depicts the main gods of the temple: Amon-Re, Khonsu and Mut, upon the lintel as well as in the two eye-level scenes on the jambs. Thoth and Nehmet-awai have been added to the gods upon the lintel, while the eye-level scene of the south jamb replaces Amon-Re again by Min-Re of Akhmim. In this case, Min-Re is accompanied by his son Harsiese, who takes the place of Khonsu. The figure of Min-Re is depicted on the southern jamb of this doorway, but on the northern jamb of both the sanctuary doorway and the temenos gateway. This alternation between the sides of the temple does not seem to be of special significance; the same alternation is displayed at Deir el-Haggar by the gods Khnum-Re and Ptah[21]. On the lintel of the hypostyle doorway, the god Mont is added whose Theban origins associate him closely with Amon-Re, as also at Hibis[22]. Nevertheless, the position of Mont in Dakhleh remained only marginal[23].

Upon the jambs above the eye-level scenes, divided over four registers, a total of fourteen deities is depicted. These gods seem to belong to temples elsewhere in the Dakhleh Oasis, as has appeared from a comparative study of the temple decoration in the three temples in Dakhleh now exposed[24]. The main

[19] Mills, in: JSSEA 11 (1981), 181-82, pls.8, 13a. The evidence for the cult of Osiris in Dakhleh will be collected in my paper in: Quirke (ed.), The Temple in Ancient Egypt.

[20] Winlock, Ed Dakhleh Oasis, 32, pls.21, 25.

[21] Compare the situation described in C.Traunecker, Coptos: hommes et dieux sur le parvis de Geb, OLA 43, Leuven 1992, 241 §204.

[22] E.Cruz-Uribe, Hibis Temple Project, I, San Antonio 1988, 256 (index) s.v. Mont.

[23] One other depiction of the god is known in Dakhleh, upon the rear wall of Shrine I at Ismant el-Kharab.

[24] See Kaper, in: Quirke (ed.), The Temple in Ancient Egypt.

theme in the temple decoration of the oasis was the religious topography of the area. At Deir el-Haggar, the assembled gods of the oasis are depicted both upon the jambs of the hypostyle doorway and in the sanctuary decoration where they appear in the following of Amon-Re[25].

In the second register on the jambs, the deities in the reliefs are Osiris and Isis, from the western end of Dakhleh (see above) and Khnum-Re and Sothis who were venerated in the eastern end of the oasis[26]. In the registers above, we find Shu and Tefnut (temple location unknown), Atum-Re-Harakhty and Hathor *nbt ḥtpt* (idem), Seth and Nephthys (temple at Mut el-Kharab), and finally Ptah and Sekhmet. The latter pair's temple perhaps stood in the neighbouring Kharga Oasis, where they appear more frequently upon the temple walls than in Dakhleh. It seems significant that Ptah and Sekhmet are not included in the decoration of the sanctuary at Deir el-Haggar, nor in Shrine I at Kellis[27].

The gateway through the temenos wall at Deir el-Haggar (no.4) shows a similar pattern as the doorway into the hypostyle hall. This gateway is preserved only in a fragmentary state, but it is clear that the outer face contains the gods Amon-Re and Mut as well as Min-Re and Triphis in the eye-level scenes upon the jambs. In the second register of the north jamb Khnum-Re and Sothis appear again, while Ptah and Sekhmet are depicted upon fragments belonging to one of the higher registers of the south jamb.

3. The Temple of Ein Birbiyeh and its Doorways

The temple of Ein Birbiyeh was found in 1982 buried up to its roof in a sand dune[28]. Despite its complete state, the preservation of the sandstone has, however, been badly marred by irrigation waters. The local gods of this temple were Amon-nakht and Hathor. Amon-nakht is a deity unique to Dakhleh, uniting

[25] The decorative scheme of the sanctuary of Deir el-Haggar I outline in: ibid. A line drawing of the south wall of the sanctuary is given in Winlock, Ed Dakhleh Oasis, pl.22.

[26] In a painting in the temple at Kellis, Khnum is designated as the «Lord of *imrt*» which refers to the eastern part of Dakhleh, cf. Kaper, in: BIFAO 92, 122-24.

[27] See Kaper, in: Quirke (ed.), The Temple in Ancient Egypt.

[28] The excavations at this temple are described in the preliminary reports by Mills, in: JSSEA 13 (1983), 132-34 and subsequent volumes.

aspects of Amon-Re and Horus, the son of Osiris[29]. Osiris, the father of Amon-nakht, was also venerated at Ein Birbiyeh. Hathor of Ein Birbiyeh may have been identical with Isis, the mother of the god, but this remains uncertain. The couple Khnum-Re and Isis-Sothis were venerated in a nearby temple (see note 26), but they have not yet been found in the Ein Birbiyeh temple decoration.

Three doorways of the temple have been partly excavated so far, dating to early in the reign of Augustus or Octavian, to Hadrian, and to a still unknown Roman emperor. The outer gateway was decorated first[30]. Of the sanctuary doorway, the outer face has not yet been exposed, nor has the entire decoration of the doorway inside the pronaos yet been revealed. The state of preservation of the stone is generally very bad, but much information can still be gleaned from the surviving reliefs and inscriptions.

The temenos gateway is preserved nearly up to its lintel, measuring more than four metres in height. It has, as the only gateway in the oasis, additional reliefs within the passage of the gate. Upon both the inner and outer faces of the jambs, the eye-level scenes contain the gods Amon-nakht and Hathor. The second register depicts gods from other temples in Dakhleh and Kharga, in accordance with the decorative scheme at Deir el-Haggar. At Ein Birbiyeh, the second register contains the following pairs: Osiris and Isis, Ptah and Sekhmet, Re-Harakhty and Hathor *nbt ḥtpt* and Amenebis and Mut of Kharga. The presence of the god Amenebis in this temple is a consequence of the position of the Ein Birbiyeh temple at the start of the road to Kharga. The same motivation may underlie the prominent position of Ptah and Sekhmet. The third register of the gate has been partly demolished, but the presence of the pairs Geb and Nut and Shu and Tefnut is clear from the legends in the reliefs. The doorway inside the pronaos at Ein Birbiyeh, leading into the temple's naos, was decorated under Hadrian. Its lintel contains the gods Amon-nakht, Hathor and Osiris. The south jamb shows three badly damaged scenes, the second of which contains Amenebis, in the same position as on the outer gateway. The remainder of this gate as well as the sanctuary doorway still await further excavation. Nevertheless, the

---

29 An initial statement on Amon-nakht may be found in O.E.Kaper, in: JSSEA 17 (1987), 151-56.

30 Other examples of Ptolemaic and Roman temples of which the outer gateway was decorated first, are those of Deir Shelwit, Dush and the temple of Opet in Karnak: C.Traunecker, in: Religion und Philosophie im alten Ägypten (Festgabe Derchain), OLA 39, Leuven 1991, 314, n. 57.

decoration pattern of the doorways at Ein Birbiyeh can already be said to correspond to that of Deir el-Haggar.

4. The Main Temple at Ismant el-Kharab and its Doorways

The major gods of Ismant el-Kharab (ancient Kellis) were Tutu, Neith and the local goddess Tapsais[31]. The temple complex consisted of at least three main sanctuaries contained within large enclosures[32]. The temple's construction is provisionally dated from about the time of Hadrian up to Pertinax in 193 AD[33]. Unfortunately, the two stone temples belonging to the complex have been thoroughly quarried and only a few reliefs remain intact on the site. The recent excavations at the Main Temple have yielded a small number of fragments from four decorated doorways[34]. The temenos gateway has not yet been investigated.

Fragments from the lintels of three doorways are preserved. Their decoration was near-identical and contained the three major gods of Kellis. The small fragments surviving from the corresponding jambs do not allow any firm conclusions as to their decoration patterns. Of the outer gate of the Main Temple, the only fragment in which a deity can be identified shows a falcon headed god from the northern jamb. This is important because it proves that not every scene upon this gate depicted the main gods of the temple. Tutu is never depicted with a falcon's head.

The scarce evidence at Kellis does not contradict a possible application of the same doorway decoration pattern as attested at Deir el-Haggar and Ein Birbiyeh. One element of unambiguous correspondence between Kellis and Deir el-Haggar appears in figure 5, which is discussed below.

---

31 On this goddess, cf. O.E.Kaper and K.A.Worp, A Bronze representing Tapsais of Kellis, RdE 46 (1995), forthcoming.

32 For a preliminary description of the site and its temple complex, cf. C.A.Hope, in: Mediterranean Archaeology 1 (1988), 160-65.

33 This earlier date may still be altered, because the excavations of the temple complex have not yet been completed. A current assessment of the dating problems will be published by C.A.Hope in: Quirke (ed.), The Temple in Ancient Egypt.

34 A preliminary discussion of the archaeology of the temple and a plan are found in: C.A.Hope et al., Dakhleh Oasis Project: Ismant el-Kharab 1991-92, in: JSSEA 19 (1989), pp. 6ff.

5. Other Elements of Doorway Decoration in Dakhleh

Outside the main temple complex at Kellis lies a small stone temple, the West Temple, which was dedicated to the goddesses Neith and Tapsais. This structure was investigated by the Dakhleh Oasis Project in 1981[35]. Its outer gate shows an unnamed king in the bottom register in the posture of consecration; a type of doorway scene which is rare in Dakhleh in the Roman period.

A regular feature of the sanctuary doorways in Dakhleh is the appearance of the two Meret goddesses. The sanctuary rooms at both Deir el-Haggar and Ein Birbiyeh contain these goddesses on the interior walls, on either side of the doorway. The goddesses are shown as if entering through the doorway and facing the gods of the temple. The West Temple at Kellis has the Meret goddesses on the outer face of the sanctuary doorway in the bottom registers, facing Neith and Tapsais (fig.3)[36]. They mark the transition into the sanctuary area. Their role is that of singers for the main gods of the temple, and they also ward off evil from the doorway[37]. An early parallel for the Meret goddesses in this location is found in the temple of Seti I at Abydos upon the jambs of the doorways into the Ptah and Isis chapels[38], but no examples seem to exist from the period in between. The feature may, therefore, be a specifically local adaptation of an otherwise obsolete tradition in temple decoration. Through lack of material, it is not possible to ascertain whether the occurrence of the Meret goddesses had been common in the oasis already before the Roman Period[39].

In a different context, the Meret goddesses were depicted on the vaulted ceiling of Shrine I at Kellis, in two scenes which still await full reconstruction out

---

[35] A.J.Mills, in: JSSEA 12 (1982), p. 99, pl.12a-b.

[36] The relief in pl.1 during its excavation appears in: Mills, in: JSSEA 12 (1982), pl. 12b. A photograph of the parallel scene appeared in idem, in: JSSEA 20 (1990), pl. 3 (reversed). This relief was recently robbed from the site together with the relief in ibid. pl. 2.

[37] W.Guglielmi, Die Göttin Mr.t, Probleme der Ägyptologie 7, Leiden 1992, especially 220f.

[38] Calverley-Gardiner, Abydos, IV, pl.15 (Isis chapel), pls.27-28A (Ptah chapel). Guglielmi, Die Göttin Mr.t, discusses these scenes on pp. 218-19. The Meret goddesses here face and address the king who enters the sanctuary, and they usher him in. Compare also the goddesses in a mortuary context in the papyrus of Anhai (pBM 10472, dd. Twenty-first Dynasty), in which they stand at the door of the shrine housing Ptah-Sokar-Osiris: ibid., 217.

[39] Earlier depictions of the Meret goddesses in tombs in the Bahriya Oasis from the Twenty-sixth Dynasty have a different function: Guglielmi, Die Göttin Mr.t, 182-84, 232-33.

of many plaster fragments. The goddesses were depicted singing in front of the main gods of the shrine, Tutu and Neith, while heading a procession of divinities bringing offerings of various kinds.

At Deir el-Haggar, upon the doorway forming the entry into the temple proper, the naos, the bottom register contains Horus and Thoth on either side of the door (fig.4). They are shown pouring water from a *ḥs*-vase, in a purification ritual directed at the priests entering the naos. Relief fragments from Kellis show that the same iconography was employed also here (fig.5); the only difference being that the stream of water has been replaced by a stream of hieroglyphs signifying the common divine gifts of stability (𓊽), dominion (𓌀) and life (𓋹). A contemporary parallel for this feature in temples outside the oasis is found in the temple of Debod (Nubia)[40], and earlier parallels occur at Karnak (Twenty-sixth Dynasty) and Hibis (Thirtieth Dynasty)[41]. In all cases, Horus appears on the southern jamb and Thoth on the northern jamb. The Kellis relief, therefore, probably depicts Thoth.

6. Conclusions

The temples from the Roman period in the Dakhleh Oasis show a strong interrelation in their decorative scheme. The same deities recur upon the walls of the three temples here discussed. Moreover, the decoration patterns of the several doorways in these temples have been found to be identical. This applies to the doorways and gateways in both Deir el-Haggar and Ein Birbiyeh, and possibly also at Ismant el-Kharab. Characteristic for this decorative scheme is a specifically regional origin of the deities depicted. The gods of the temple itself appear on the lintel and in the eye-level scenes, while deities from elsewhere in the oasis fill the higher registers upon the jambs.

---

40 In Debod, Horus and Thoth appear on the inner face of the doorway into the chapel of Azekheramun: PM VII, 4 (16-18).

41 At Karnak, the purifying gods are found upon the second axial doorway of the chapel of Osiris *Wnnfr nb ḏfꜣw* north of the Hypostyle Hall (PM II^2, 193-94). The adjacent chapel of Amasis and Nitocris (PM II^2, 192-93) preserves traces of similar figures. At Hibis, Horus and Thoth appear at the entrance to the temple: N. De Garis Davies, The Temple of Hibis in El Khargeh Oasis III, MMA Egyptian Expedition 17, New York 1953, pls.65-66. In ibid., pl.15, the same gods are depicted flanking the entrance to the roof chapel E1 of Amon-Re.

This doorway decoration pattern is not unique to Dakhleh. It is first found upon a doorway in the Hibis temple dating to Nectanebo II, but most consistently it is found employed in the Ptolemaic gateways at Thebes. From among numerous examples, I may mention the gateway of the second pylon of the Karnak temple[42], which dates to Ptolemy VI Philometor. Here it is specifically upon the inner faces of the jambs that a number of other gods appear, while the major gods of the Karnak temple itself are depicted in every scene on the facade. The other gods upon the inner faces are: Ptah, Osiris, Opet, Isis, Re-Harakhty and the Hermopolitan Ogdoad, who represent a series of other cults in Karnak and the Theban region as a whole. The same decorative scheme applies to the gate of Euergetes and the temenos gateway of the Mont complex[43], but it would be too much of a deviation to describe these gates in detail here[44].

Instead I will describe the doorway into the naos of the Opet Temple at Karnak which dates to the reign of Ptolemy VIII Euergetes II[45]. This doorway is of particular interest here, because it shows most clearly the identity of the Theban and the Dakhleh doorway decoration patterns. The eye-level scenes and the lintel on the Opet Temple doorway contain the gods who were important in this temple: Osiris, Harsiese, Isis, Nephthys, Opet, Amon-Re, Mut and Khonsu. On the jambs above the eye-level scenes, the gods are mainly, though not all[46], belonging to neighbouring sanctuaries in the Theban area: Geb and Haroeris (of Qus), Mont and Rattauy (belonging to several sanctuaries in the Theban region), Khonsu and Hathor (the gods of the adjacent temple of Khonsu), Amenope and Hathor (from Western Thebes), and the Hermopolitan Ogdoad (idem). The exact relationships which existed between these various gods and their shrines will not be explored here. It suffices to indicate that the jambs contain deities from neighbouring sanctuaries.

---

42 PM II^2, 41-42.

43 PM II^2, 225-27 and 2-4 respectively.

44 Different correspondences between the texts and rituals upon the Mont complex gateway and the gate of Euergetes are signalled in E.Winter, Untersuchungen zu den ägyptischen Tempelreliefs der griechisch-römischen Zeit, Vienna 1968, especially 32-33; and H. Sternberg-El Hotabi, Der Propylon des Month-Tempels in Karnak-Nord, GOF IV.25, Wiesbaden 1993, 6-22, figs. 6, 8. The decoration pattern discussed in the present paper has not been remarked upon before.

45 PM II^2, 246.

46 Similarly, the gateway into the hypostyle at Deir el-Haggar contains one scene with Amon-Re and Mut within a higher register upon the jamb.

The Theban temple decoration probably served as an example for the Dakhleh temples. No other sites in Egypt, to my knowledge, show the same type of doorway decoration pattern. I mentioned that the Hibis temple was the first to adopt this scheme outside of Thebes, under Nectanebo II. Theban influence on the temples at Hibis and Deir el-Haggar was already apparent from the gods worshipped there. We may now add that the Theban pattern books came with the gods to the oases and served in the decoration of their temples.

In addition, it is even more remarkable that we find the same decoration pattern applied to other temples in Dakhleh, as at Ein Birbiyeh, which were not specifically dedicated to Theban deities. The Theban decoration pattern had become the model for each new temple to be decorated in the oasis. The Hibis temple shows that the transmission of Theban priestly knowledge to the Southern Oasis dates back to the Saite Period at least[47]. Economic contacts between Theban temples and the Western Desert oases can be traced back even as far as the Eighteenth Dynasty[48]. In Dakhleh, the influence of Thebes was certainly present when the outer gateway at Ein Birbiyeh was decorated shortly before the start of our era (see above). The recently reconstructed astronomical ceiling from Deir el-Haggar shows that Theban theological notions remained important in Dakhleh into the second century AD[49].

The decoration of the Dakhleh temples provides us with a clear indication of the extent and lasting influence of the Theban westward expansion. Even when Thebes had ceased to be a major religious centre itself, its ideas still determined the temple decoration in the Dakhleh Oasis.

---

47 The earliest decoration preserved in the Hibis temple dates to the Twenty-sixth Dynasty, see E.Cruz-Uribe, in: Varia Aegyptiaca 3 (1987), 215-30.

48 L.L.Giddy, Egyptian Oases: Bahariya, Dakhla, Farafra and Kharga during Pharaonic Times, Warminster 1987, 71-74, 154-55 Table VII.

49 Cf. Kaper, in: JEA 81 (1995), forthcoming.

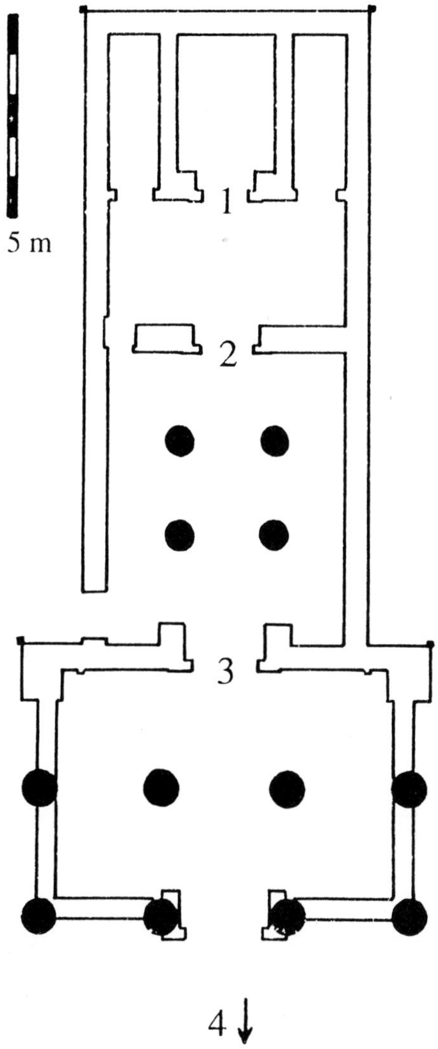

fig. 1: Schematic plan of the Deir el-Haggar temple with its decorated doorways numbered (1)-(3). (4) indicates the main gateway through the temenos wall. The building opens towards the east.

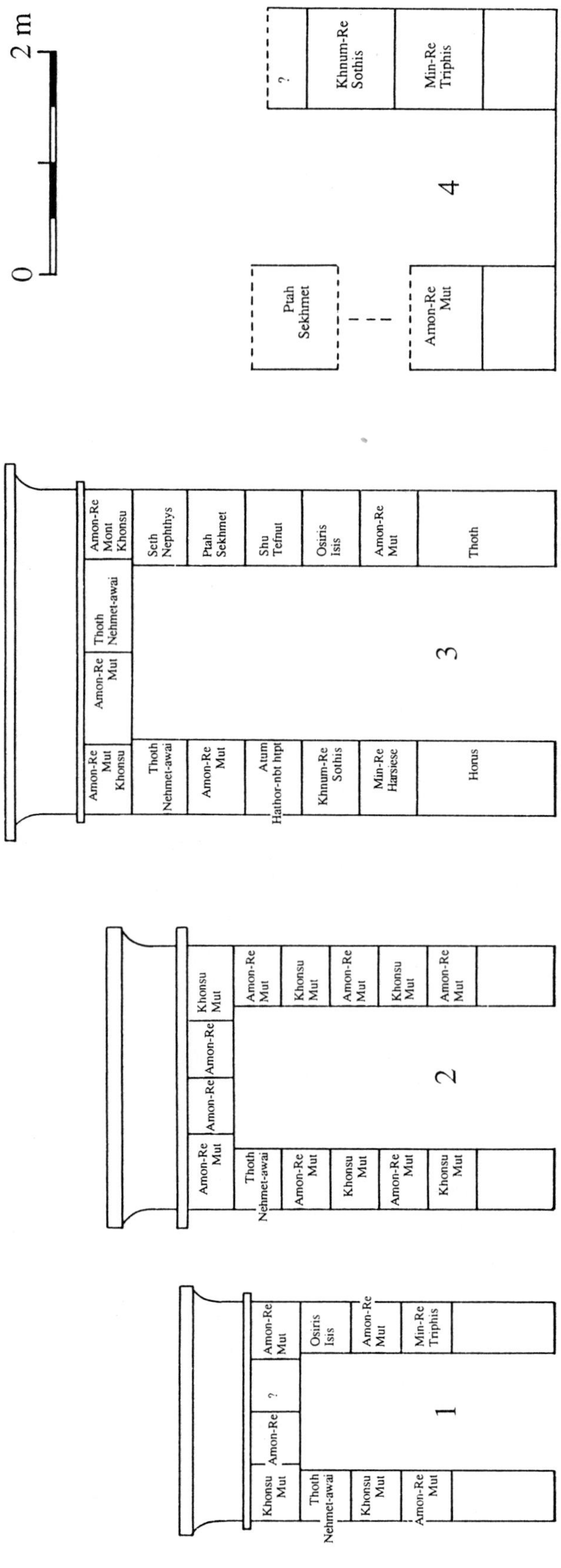

fig. 2: Schematic rendering of the four decorated doorways at Deir el-Haggar.
The numbers relate to those in figure 1.

fig. 3: One of the Meret goddesses standing before Neith upon the northern jamb of the sanctuary doorway of the West Temple at Ismant el-Kharab (photo A. F. Hollett).

fig. 4: The god Horus purifying at the entrance into the hypostyle hall at Deir el-Haggar.

fig. 5: Drawing of a reconstructed relief from the excavations at Ismant el-Kharab (Kellis). It shows the legs of a god, probably Thoth, from the northern jamb of the entrance into the inner rooms of the Main Temple.

Eleonora Kormysheva

Fries- und Sockeldekor nubischer Tempel der ptolemäisch-römischen Zeit

Die Kompositionen, die als Dekor in den ptolemäisch-römischen Tempeln von Unternubien benutzt werden, könnten in zwei Gruppen eingeteilt werden:

I. Szenen, in denen Götter und Prozessionen dargestellt werden.
II. Ornamental-symbolischer Dekor.

Die erste Gruppe wird vorzugsweise im Sockel benutzt, die zweite im Fries. Szenen mit Darstellungen von Göttern schließen ein

1. Prozessionen der Nilgötter mit der Feldgöttin
2. Prozessionen von Nomen Ägyptens
3. Darstellungen des Tempelherrn
4. Darstellungen des Königs mit Opfergaben
5. Darstellungen des Horus von Edfu und der im Tempel verehrten Götter

Ornamental-symbolischer Dekor zeigt folgende Varianten:

1. Komposition von Chekeru, Kartuschen mit dem Pharaonennamen und Falken mit ausgestreckten Flügeln, den Namen des Königs schützend
2. Zwei geflügelte Schlangen, die den *ḏd*-Pfeiler schützen
3. Chekeru mit der Kartusche des Königs
4. Sonnenscheibe, geschützt von einer geflügelten Schlange
5. Chekeru als einziges Ornament
6. Darstellung von Sumpfpflanzen

Alle Typen des Dekors waren Bestandteil des ikonographischen Programms des Tempels, in dem sie verschiedene Bedeutung trugen in Bezug auf den Tempelherrn, auf die mit ihm verehrten Götter und den Kult des Königs; sie dienten somit als notwendiges Attribut für die Darstellung seiner natürlichen Umwelt im Tempel, der als Modell des Kosmos auf Erden gilt. Die Möglichkeit, eine direkte Verbindung zwischen Inhalt der Hauptszenen und Charakter des Fries- und Sockeldekors herzustellen, läßt darauf schließen, daß es in der gesamten Komposition des Reliefs eine innere Verbindung gibt. Radikale Veränderungen im Charakter des Dekors zwischen den ptolemäischen und römischen Tempeln sind nicht zu verfolgen. Die zu beobachtenden Veränderungen lassen sich eher durch Umfang und Bestimmung des für den Dekor benutzten Raumes des Tempels erklären.

Eine der am meisten verbreiteten Szenen des Sockeldekors ist die Darstellung des Nilgottes und der Feldgöttin. Es sind verschiedene Varianten der Komposition anzutreffen: von der Figur eines einzelnen Gottes bis zu langen Prozessionen, die aus 16 Figuren bestehen. Die Darstellungen sind oft von Inschriften begleitet.

Praktisch ist in allen zu behandelnden Tempeln die Darstellung der Prozessionen des Nil oder einer Figur des Nilgottes am Sockel nachzuweisen. Eine Ausnahme bietet nur der Tempel von Debod. In der Kapelle von Adikhalamani wurden im Unterschied zum Dekor des Sockels der Kapelle Arkamani in Dakke die Nilprozessionen nicht dargestellt; statt dessen waren dort Sumpfpflanzen abgebildet.

Am Sockel der Fassade der Arkamanikapelle in Dakke sind fünf Figuren des Nilgottes dargestellt, die sechste Figur – die vermutlich wie an der westlichen Sockelhälfte eine Feldgöttin war – ist vollständig weggebrochen. Nilgötter schreiten auf die Tür zu. An der westlichen Hälfte der Fassade schreiten hintereinander fünf Nilgötter und eine Feldgöttin.[1] Der Nilgott als schreitender Mann mit herabhängender, weiblicher Brust mit darunterliegender Fettfalte hält auf beiden Händen vor sich eine Platte, auf welcher zwei Wasserkrüge und zwei Lotosblumen stehen; über die Hände sind zwei Papyrusblüten und vier Knospen gelegt. Die Feldgöttin ist als schreitende Frau, die auf beiden Händen eine Platte trägt, dargestellt; von jeder Hand hängen an einer Strickschleife je zwei Gänse herab. Auf der Platte liegen verschiedene Brote, darauf ist durch senkrechte Halme, deren in zwei Reihen gegliederte Ähren lange Grannen haben, ein Gerstenfeld angedeutet. Auf dem weggebrochenen Kopf ist ein Feldzeichen zu erkennen. Neben der Göttin geht ein kleines Rind (erhalten nur ein Horn und die Vorderbeine), das auf ein Papyrusdickicht (abwechselnd Dolden und Knospen) zuschreitet. An der östlichen Hälfte der Fassade befand sich eine jetzt vollständig weggebrochene sechste Figur, die vermutlich wie an der westlichen Sockelhälfte eine Feldgöttin war.[2]

Die Prozessionen der Nilgötter sind in der ptolemäischen Kapelle in Dakke gezeigt. So schreiten an dem Fassadensockel der Vorhalle König und Königin, der oberägyptische Nil und eine Feldgöttin Gaben bringend auf die Tür zu. Der Nil als schreitender Mann mit herabhängender Brust trägt auf beiden Händen eine Platte mit Aufsätzen und herabhängenden Stengeln wie

1 ROEDER, Dakke, 172,174, § 401, Taf.71a; 185, § 422-423, Taf. 71b.
2 Ibid., 172, § 401, Taf. 71.

beim König. Auf dem Kopf sind Pflanzen mit Lilienblüten dargestellt. Die Feldgöttin – mit dem Feldzeichen auf dem Kopf – als schreitende Frau trägt vor sich eine Opferplatte mit Broten und einer Darstellung eines Dickichtes von Lilien mit Vögeln und Nest. Von ihrer rechten Hand hängen zwei Gänse, von ihrer linken Hand eine dritte mit rückwärts hochgebogenem Kopf herab. Unten vor der Göttin ist ein Liliendickicht mit Blüten und Knospen dargestellt, auf das hinter der Göttin ein kleiner Bulle zuschreitet. Hinter dem Leib der Göttin hängen unter ihrem rechten Oberarm eingeklemmt drei Pflanzenstengel herab. Laut Inschrift kommt Ptolemäus IX. zu Thot von Pnubs – und somit auch die Herrin der beiden Länder, Kleopatra. An der westlichen Wandhälfte ist dieselbe Szene zu sehen, die Prozession aber geht auf Isis zu[3] (Abb. 1).

Der Sockeldekor vom Tor zum Querraum (Ptolemäus IV.), wo am Türpfosten je eine Figur des Nil dargestellt ist,[4] hatte allem Anschein nach denselben Inhalt wie die Nilprozession mit dem König an der Spitze (Abb. 2). Die Darstellung nur einer Figur ist auf den Charakter des Denkmals und Umfang des bestimmten Raumes zurückzuführen. An der Nordseite des Tores zum Querraum (Ptolemäus IV.) ist die Ausschmückung des Sockels unvollendet; statt der beiden Nilgötter, die am Sockel der Südwand abgebildet sind, ist hier nur der hintere, und auch dieser nur unvollständig reliefiert. Von dem untersten Sockelstreifen ist nur eine kleine Ecke erhalten. Man erkennt in gleicher Höhe umsichtig angeordnete Papyrus- und Lilienblüten; abwechselnd mit diesen stehen, etwas unterhalb der Blüten, Stengel mit Knospen. Am östlichen und westlichen Türpfosten[5] war die Darstellung ebenso beabsichtigt, wie sie am westlichen Pfosten ausgeführt ist. Vollendet ist nur der erste Nilgott mit seiner Standlinie sowie ein Teil des zweiten, dessen Körper bei der Erweiterung der Türöffnung weggenommen ist; über ihnen sind ein durchlaufender Himmel und zwei Abschlußleisten zu sehen. Von dem zweiten Nilgott ist nur die linke Hand mit einem Teil der auf ihr befindlichen Platte erhalten. Am Sockel des westlichen Türpfosten ist unten ein schmaler Streifen mit dem Ornament der Sumpfpflanzen zu sehen; oben werden abwechselnd Papyrusdolden und Lilienblüten, darunter zwischen je zwei der vorigen eine Knospe dargestellt. Darüber erkennt man zwei hintereinander schreitende Nilgötter (als ste-hende Männer mit herabhängenden weiblichen Brüsten); sie tragen auf beiden Händen vor sich eine Platte, auf welcher ein *w3s*, zwei *ḥz*- Krüge und

---

[3] Ibid., 98-100, § 219-222, Taf. 41; 106-108, § 236-241, Taf. 44.

[4] Ibid., 165, § 382; 167-168, § 389, Taf. 67.

[5] Ibid. 158, § 364, Taf. 59b. Östlicher Türpfosten, Sockel: Der Sockel, dessen unterer Teil weggebrochen ist, zeigt eine unbearbeitete Fläche. Das unterste Bild des Türpfostens hat im Gegensatz zum Sockel des westlichen Türpfostens nur eine Standleiste (Ibid., 154, § 354).

zwei Lotosblüten stehen; unter der Platte befinden sich zwei Papyrusdolden mit drei Querlinien am Kelch und vier Knospen. Auf dem Kopf ist eine Papyruspflanze mit drei Dolden und zwei Knospen erkennbar.

Ein klassisches Beispiel des Sockeldekors als lange Götterprozession der Nilgötter bietet der Tempel in Kalabscha. Eine Prozession aus 16 Figuren der Nilgötter mit dem König an der Spitze, die auf Osiris und Mandulis zutritt, ist an der westlichen, östlichen und nördlichen Wand der Cella dargestellt.[6] Die Figuren haben den gleichen Kopfschmuck aus Lotosblüten, die Götter tragen in den Händen *ḥz*-Krüge. Laut Inschriften werden die Gaben der Nilgötter entsprechend für Isis, Mandulis und Osiris bestimmt[7] (Abb. 3). Die 16 Figuren sind durch Darstellungen von Kompositionen aus Lotosblüten getrennt. Als Besonderheit des Dekors dieser Wände gilt die Darstellung eines Falken in der Doppelkrone hinter der 14. und 15. Nilfigur.

Andere Details sind nach analoger Darstellung am Sockel in der Procella zu beobachten. Hier gibt es neben jeder der Nilfiguren eine Darstellung eines Tieres, z.B. einer Gazelle, einer Antilope oder einer Gans. Der Kopfschmuck der Nilfigur ist unterschiedlich: hier können entweder eine Lotosblüte, ein Feldzeichen oder andere Zeichen angetroffen werden.[8]

Einen analogen Dekor zeigt auch der Sockel des Pronaos. Hier ist der König an der Spitze der Prozession aus neun Figuren der Nilgötter dargestellt, die sich in Richtung Zentraltür bewegen. Sie tragen verschiedene Gaben wie in der Procella, den Kopfschmuck bilden Pflanzen.[9] Am nördlichen Sockelflügel tritt eine Prozession aus acht Göttern mit dem König an der Spitze auf Mandulis zu.[10]

Im Tempel von Dendur ist der Nil zusammen mit der Feldgöttin am Pylonsockel gezeigt. Die Darstellung vollendet ein Ornament aus Blumenketten.[11] Hier – wie auch in anderen ähnlichen Szenen – tragen die Götter Gaben, und vor jedem von ihnen ist eine schreitende Gans gezeigt.

Der Sockel des inneren Teils vom Pronaos ist im südlichen und nördlichen Teil mit Prozessionen dekoriert, an deren Spitze der König steht; ihm folgen die Figuren des Nil und der Feldgöttin. Der nördliche und südliche Teil symbolisieren Unter- und Oberägypten, was entsprechende Kronen auf

---

6 GAUTHIER, Kalabscha, 8-15, Taf.III, XIA, B, XVI B, XII-XIII.
7 Ibid., 13-15.
8 Ibid., 73, pl. XXII-XXV.
9 Ibid., 208-209, pl. LXXIII.
10 Ibid., 223, pl. LXXVIII.
11 BLACKMAN, Dendur, 9, 10, 12, 15-16, 19, pl. XV,3; XX,2; XXVI; XXX,1.

dem Haupt des Königs bestätigen.[12] Laut beigegebener Inschrift sind die Gaben für Isis bestimmt. Eine Blumenkette ist wie an der Fassade ein charakteristischer Zug. Der Außenteil des Pronaos hat einen Dekor, der aus vier Nilfiguren besteht, welche voneinander durch Lotosblüten, Blumensträuße und Knospen getrennt sind.[13] Nach dieser Vorlage sollte auch die unvollendet gebliebene westliche Seite der Tür an der Südwand geschmückt werden.[14]

Im Heiligtum von Dakke sind an der Nordwand drei Nilfiguren und eine vorangehende Kuh dargestellt; sie kommen an der westlichen Hälfte auf Thot von Pnubs als Pavian unter einem Baum zu. Der Nilgott hat eine weibliche Brust, in jeder Hand einen Wasserkrug, auf dem Kopf eine Papyruspflanze. Über ihm lautet die senkrechte Beischrift: „König Pharao, zu dir, Thot-Re von Pnubs". Hinter dem Nilgott steht ein zusammengesetzter Blumenstrauß, der im wesentlichen aus vier Papyrusdolden besteht, zwischen denen Stengel sichtbar sind, und deren oberer Rand als Bogen mit drei Zacken angegeben ist[15] (Abb.4).

Am Sockel der Westwand des Heiligtums sind sieben schreitende Nilgötter dargestellt. Die Lotos- und Papyrusblüten tragen im allgemeinen zur Abgrenzung des Kelches eine gewellte Linie, die in drei Bogen gebrochen ist; an einzelnen Blüten sind zwei solcher Linien dicht nebeneinander gezeichnet. Diese Blüten sind: 1. und 5. Blumenstrauß, Lotosblüte auf der Spitze, 6. Blumenstrauß, oberste Papyrusdolde. Vor jedem Nilgott schreitet ein Tier, bald ein Rind, bald eine Gans; merkwürdigerweise sind die Gänse größer gezeichnet als die Rinder. Sie gehen zu Thot von Pnubs.[16]

Am Sockel der Westhälfte der Südwand schreiten der König, hinter ihm drei Nilgötter. Sie bringen Gaben dar vor Osiris, Isis und Harendotes von Abaton.[17] Am Sockel der Ostwand sind sieben Nilgötter dargestellt, vor jedem Nilgott und hinter dem letzten ist je ein Blumenstrauß gezeichnet. Vor jedem Nilgott ist ein Tier zu sehen: Bulle – Gans – Kuh – Gans – männliche Gazelle – Küken oder Wachtel – Gans.[18] Laut Inschrift gehen sie auf Osiris zu.

Denselben Charakter und Bestimmung hat der Dekor des Sockels der Antichambre des Tempels von Kalabscha, wo Figuren der Gaue dargestellt

---

12 Ibid., 38, pl. LVI,2; LIX.

13 Ibid., 54,59-60, pl. LXXV, LXXIV.

14 Ibid., pl. LXXXIV, LXXXVIII.

15 ROEDER, Dakke, 320,325, § 706-709. Taf. 121a,b.

16 Ibid., 328-330, § 719-722, Taf. 136b.

17 Ibid., 337-338; 343-345, § 742, 759-763, Taf. 131a; laut Inschrift ist hier Harendotes gezeigt (Ibid., 345, § 763), von ROEDER noch irrtümlich als Harpokrates von Abaton bezeichnet (Ibid., 343).

18 Ibid., 351, § 779-780.

sind, die dem Herrn des Tempels Gaben bringen. Die Prozession wiederholt sich links und rechts von der Tür und verbindet auf solche Weise die Antichambre mit dem Pronaos und der Procella. An der Spitze der aus 18 Gauen bestehenden Prozession steht der König.[19]

Die angeführten Beispiele zeigen, daß die Figuren des Nils und der Gaue mit Gaben in Wirklichkeit eine Verkörperung des Königs sind, wovon die begleitenden Inschriften zeugen. Die Darstellungen am Sockel haben somit einen besonderen Sinn: Die Gestalt des Königs verschmilzt mit den Gestalten der Götter der Fruchtbarkeit, die dem Tempelherrn und den zusammen mit ihm verehrten Göttern Gaben bringen.[20]

In einigen Fällen nehmen die Prozessionen mit Darstellung des Nilgottes den größten Teil oder sogar den ganzen Sockel ein. Aber jene Teile des Dekors, wo die Prozession zu Ende ist, dienen der Darstellung der Götter, die die ihnen bestimmten Gaben erhalten. Meistenteils ist dies der Tempelherr; es gab aber auch andere Götter, die eine wichtige Rolle im Tempel spielten. In Dakke ist es Thot von Pnubs, der Tempelherr von Dakke, der als Pavian unter einem Baum am Sockel der Nordwand des Heiligtums dargestellt ist.[21]

In Bigeh, wo die Prozessionen auch auf den Tempelherrn zutreten, ist Osiris dargestellt. Seine Gattin Isis, die auch eine Hauptrolle spielte, hatte eine Stellung, die der des Osiris vergleichbar war. Dementsprechend bringt der Nilgott seine Gaben Osiris und die Feldgöttin der Isis.[22] In Kalabscha am Sockel der Cella geht die Prozession der Nilgötter mit dem König an der Spitze auf Osiris und Mandulis zu[23], im Pronaos nur auf Mandulis, dem Hauptgott des Tempels.[24] Am Sockel der Procella (Südsektor, West-, Süd- und Ostwand) bringt die Prozession aus 9 Figuren von Nilgöttern mit dem König an der Spitze Gaben zu Osiris, Isis und Harendotes[25], im Nordsektor aber (West-, Nord- und

---

19 GAUTHIER, Kalabscha, 137-140, pl. XLIII-XLVI.

20 Die Personifikationen der Gaue, die die Produkte ihres Bodens dem Tempelherrn zuführen, haben das Aussehen des Nilgottes oder des Königs und nennen in entsprechendem Kontext Hapi oder stellen diesen dar – Charakteristikum ägyptischer Tempel, vgl. KURTH, in: LÄ IV, 487.

21 ROEDER, Dakke, 320-322, § 692-696, Taf. 121a,143a; daß der Tempel Thot von Pnubs geweiht ist, zeigt die sich auf ihn beziehende Inschrift: *rdi pr n nb.f* – Das Haus wird seinem Herrn gegeben (Ibid., 219, § 488, Tgaf. 84b, 85).

22 BLACKMAN, Bigeh, 6-7, pl. V, VI,1; 9, IX, X,1.

23 GAUTHIER, Kalabscha, 9-15, pl. III-V.

24 Ibid., 223, pl. LXXVIII.

25 Ibid., 74-77, pl.XXI B - XXII A.

Ostwand) bringt die Prozession aus 16 Nilgöttern mit dem König an der Spitze Gaben zu Mandulis und seiner Gattin Wadjet.[26]

Im Friesdekor in Bigeh gibt es Szenen, in denen der König vor den Göttern dargestellt wird. So ist am Fries der Nordwand des inneren Teils der Türleibung der König dargestellt, der *m3ʿ.t* dem Horus von Edfu – begleitet von Hathor – darbringt. Am Fries der Südwand überweist der König *ʿnḫ* und *w3s* auf dem *nb*-Zeichen an Osiris und Isis. Hinter dem König sind in beiden Fällen zwei kniende männliche Figuren dargestellt (Abb. 5).[27] Diese Figuren symbolisieren die Genien der Ewigkeit, da über den Häuptern derjenigen an der Nordwand  und , derjenigen der Südwand  und  sind.

Am Fries der Arkamanikapelle (innere Südwand, Westhälfte) ist zweimal die gleiche Gruppe von zwei kastenartigen Untersätzen zu sehen. Auf jedem sieht man einen hockenden Ibis mit zusammengesetzter Krone: waagerechte Widderhörner, darauf in der Mitte die Bündelkrone, oben und unten mit Sonne, an der Seite mit zwei Straußenfedern; auf den Widderhörnern außen je eine Schlange mit Sonne. Vor jedem Ibis befindet sich eine Straußenfeder. Die Beischrift lautet vor dem linken Ibis „Herr von Schmun", vor dem rechten „Herr der Gottesworte". Diese Gruppen stehen auf einem waagerechten Bande[28] (Abb.6 u. 7).

Im Innenraum des Pronaos von Kalabscha kann man eine originelle Lösung des Friesdekors finden. Wie auch im Hauptregister wird der Fries in zwei Tafeln geteilt (A und B). Auf Tafel A sind sechs Figuren in zwei Dreiergruppen zu sehen: hier werden zwei Falken mit Sonnenscheibe und einem Uräus auf dem Kopf gezeigt, die eine Kombination aus *ḫw*-Wedel und *šn*-Ring halten, zwischen denen Mandulis mit seiner charakteristischen Krone und dem *w3s*-Szepter auf den Knien sitzt. Rechts befindet sich dieselbe Komposition, in der Mitte aber ist Isis mit dem Szepter als Lotosblüte dargestellt. Tafel B (rechts) hat einen analogen Dekor, wo in der Mitte einerseits der fal-

26 Ibid., 77-81, pl.XXIII A,B, XXV A,B. Die Tatsache, daß in der Zeit von Augustus als Tempelherr von Kalabscha Mandulis galt, gründet sich auf der Inschrift des *bandeau de la frise de cella*: „Kaiser Augustus hat sein Denkmal für seinen großen Vater Mandulis, den großen Gott, Herrn von Talmis errichtet" (Ibid., 57). Dabei war eine Besonderheit der theologischen Konzeption des Tempels die Einordnung von Mandulis in die Triade Isis, Osiris, Horus. S. dazu KORMYSHEVA, Religia, 216 und auch in meinem früheren Beitrag: Minkovskaya, Mandulis, 114-115.

27 BLACKMAN, Bigeh, 43, 44, pl. XXXII, XXXV.

28 ROEDER, Dakke, 243-244, § 541, Taf. 95. Der Fries über der Osthälfte ist ebenso wie über der Westhälfte ausgeführt, jedoch hängt um den Hals jedes Ibis eine Brusttafel (Ibid., 255, § 567, Taf. 102) s. Taf.7. In der Hauptszene bringt der König *m3ʿ.t* dar vor Thot von Pnubs und Tefnut von Abaton.

kenköpfige Horus, auf der anderen Seite Osiris dargestellt ist.[29] Der Fries hat keine Fortsetzung und ist mit dem Fries des nördlichen Flügels nicht verbunden. Zweifelsohne bestand der Sinn dieser Komposition in der Absicht, die Hauptgötter des Tempels in ihrem himmlischen Leben zu zeigen, die unter dem Schutz des Horus von Edfu stehen. Die Identifikation dieser Figuren mit Horus von Edfu wird offensichtlich beim Vergleich mit analogen Figuren aus Dakke, die von entsprechenden Inschriften begleitet sind.

Eine ähnliche ikonographische Lösung findet sich am Fries des Nordflügels. Hier sind sechs Figuren links und rechts am Rande, in der Mitte drei Chekeru dargestellt. Zwischen der ersten und zweiten Chekeru-Gruppe sind – wie auch am südlichen Fries – zwei einander gegenüber sitzende Falken dargestellt. Auf dem Kopf ist die Sonnenscheibe vom Uräus umschlungen, in den Händen hält er ein - und -Zeichen. Im Unterschied zum südlichen Fries sitzen sie auf . Zwischen ihnen sitzt auf einem kleinen Sockel Osiris mit der Atefkrone, der auf den Knien das *wꜣs* hält. Zwischen der zweiten und dritten Gruppe des Chekeru ist auch auf solche Weise Mandulis dargestellt. Im unteren Teil des Frieses ist ein 7 cm breiter geometrischer Dekor zu sehen.[30] Trotz einiger ikonographischer Besonderheiten ist dieser Dekor zweifelsohne dem oben beschriebenen identisch. Der Dekor ist dazu bestimmt, Mandulis und Osiris einander durch ihre Rolle im Tempel näherzubringen, die von himmlischen Beschützern und Chekeru umgeben gezeigt sind. Daß Mandulis und Osiris mit Isis und Horus an der Nordwand vereinigt werden, erweitert die Verbindungen von Mandulis, der laut der theologischen Konzeption des Tempels in den mythologischen Kreis Isis – Osiris – Horus eingeordnet wurde.

In Dakke ist am Sockelbild der römischen Tür (östlicher Pfosten) nur die obere linke Ecke erhalten. Hier befindet sich eine Sonne mit im rechten Winkel ausgestreckten Flügeln, der eine nach vorn, der andere nach unten; über ihr liegt eine nach vorn aufgerichtete Schlange. Rechts vor der Sonne ist der linke Rand eines Hochreliefs erhalten, das möglicherweise einen hockenden Löwen darstellte.[31] Das Bild erinnert an das Relief auf der Stele von Adikhalamani in Debod.[32] Am zerstörten Original bleibt unklar, ob ein Löwe, Pavian oder Falke dargestellt ist.

Der Fries unterhalb der Decke der Arkamanikapelle (innere Westwand) zeigt unten ein waagerechtes Band, oben und unten gesäumt, mit bunten Fel-

29 GAUTHIER, Kalabscha, 221-222, pl. LXXVII.

30 Ibid, 233-234, pl. LXXXII.

31 ROEDER, Dakke, 197, § 448, Taf. 78a; 200, § 453, Abb. 24.

32 ROEDER, Debod, 95-96, § 255, Taf. 37b.

dern zwischen Feldern ohne Farbe. Darauf wird eine ständig wiederholte Gruppe gezeigt: zwei Falken schützen den Namen des Königs. Jeder Falke und der Königsname befinden sich auf einem 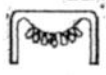. Die Falken stehen jeweils auf einem Bein; das vorgestreckte, in dem die Symbole  und  gehalten werden, ist nicht gezeichnet. Vor jedem Falken ist der Name des Horus von Edfu geschrieben.[33]

Eine Variante solchen Dekors ist am Fries in der Antichambre des Tempels von Kalabscha anzutreffen. Hier sind geflügelte Falken mit dem -Zeichen in den Fängen und drei Chekeru gezeigt.[34] Hier in der Antichambre sind an den Reliefs Episoden des Krönungsrituals gezeigt, die vom oben beschriebenen Friesdekor an allen Wänden begleitet sind. Der Dekor teilt sich in eine nördliche und südliche Gruppe. Die nördliche Dekorgruppe beginnt in der Mitte der Westwand mit der Kartusche des Königs. Dann folgen drei Chekeru und ein Falke; der Dekor wiederholt sich systematisch bis zur Mitte der Ostwand, läuft über der Nordwand durch und endet an der Ostwand mit einem Falken. In der Mitte der Wand sieht man drei Chekeru. Die südliche Gruppe beginnt in der Mitte der Westwand mit einer Kartusche, dieser folgen drei Chekeru. Die südliche Ecke der Westwand, in der es ein Fenster gibt, unterbricht den Dekor. Wie die vorige Gruppe, endet der Dekor mit der Darstellung eines Falken[35] (Abb. 8).

Denselben Charakter trägt der Fries im inneren Teil des Pronaos von Dendur. Dort sind zwei Chekeru, Falken, die zwei Kartuschen des Königs und anschließend drei Chekeru gezeigt. An der westlichen Hälfte der Südwand beginnt der Dekor mit einem Cheker, dem die Kartusche schützende Falken und zwei Chekeru folgen.[36]

Der Fries der Osthälfte der Nordwand der Arkamanikapelle läuft nur über der West- und Osthälfte der Nordwand durch und setzt oberhalb der Tür aus. Er enthält unten ein breites Band, oben und unten gesäumt. Auf ihm stehen drei *ḫkr*-Zeichen abwechselnd mit den Königsnamen. Der Grundgedanke dieses Frieses, die Anbringung des Chekeru-Ornaments, ist derselbe, wie in Debod über allen vier Wänden der Adikhalamanikapelle. In Dakke ist jedoch das Ornament um die Königsnamen bereichert worden[37] (Abb. 9). Ein analoges Ornament ist in Debod zu beobachten. An der nördlichen Wand auf einer

33 ROEDER, Dakke, 235-236, § 524, Taf. 165; 216, Abb. 27.
34 GAUTHIER, Kalabscha, 131, pl. XL A, XLII.
35 Ibid., 169-171, pl. L, LI, LVII, LVIII, LIX, LX A.
36 BLACKMAN, Dendur, 27, pl. XLVII, CXIX, CXX.
37 ROEDER, Dakke, 215, § 484, Taf. 83; 203, Abb.25.

Standleiste stehen *ẖkr*-Fransen in besonderer Ausführung, die sich an die Bündelkrone des Königs anlehnen.[38].

In Dakke entspricht dieses Ornament den Krönungsszenen des Königs, die nach ägyptischem Ritual ausgeführt werden, bei dem unter anderem Atum und Monthu die Krone auf das Königshaupt aufsetzen.[39] Folglich kann davon gesprochen werden, daß die Symbolik des Ornaments mit dem Hauptinhalt der Szene am Relief des Tempels verbunden ist. Ein analoges *ẖkr*-Ornament gibt es an der Südwand der Cella von Kalabscha.[40]

An der Ostwand des Sanktuars von Dakke besteht ein Fries aus drei *ẖkr.w* und den von Falken geschützten Königsnamen.[41] Vor jedem Falken befindet sich ein Wedel und ein *šn*-Zeichen. Die Beischrift lautet über dem linken Falken „Behedeti, großer Gott, Herr des Himmels", über dem rechten „Herr von *msn.t*, großer Gott, Herr des Himmels" und vor jedem Falken „er möge seinen geliebten Sohn schützen". Die Darstellung und Inschrift drücken den Sinn des Friesdekors aus, d.h. Schutz des Königs durch Horus, dem Herrn des Himmels. Der Fries endet an der Südseite mit der Gruppe aus drei *ẖkr.w*, dann folgt eine glatte senkrechte Abschlußleiste. Am nördlichen Ende schließt der Fries mit dem Königsnamen ab; es folgt ein großes glattes *nṯr*-Zeichen und eine senkrechte Leiste. Eine Variante dieses Dekors gibt es in Bigeh. Hier sind zwei Kartuschen des Königs mit drei Symbolen der Chekeru gezeigt. Am westlichen Ende des Frieses sind eine geflügelte Schlange am -Zeichen mit der Krone Unterägyptens und die Symbole, die die Flügel überspannen, dargestellt. Zweifelsohne war an der Gegenseite des Frieses eine Schlange mit weißer Krone dargestellt.[42] Einen analogen Dekor – zwei Kartuschen des Königs und drei *ẖkr*- Zeichen – gibt es in der Procella in Kalabscha.[43]

Der Fries der Ostwand der Arkamanikapelle nimmt durch seinen Inhalt, der nur hier wiedergegeben ist, deutlich darauf Bezug, daß Osiris und Isis die Schützer der östlichen Hälfte der Kapelle sind: der *ḏd*-Pfeiler ist ein offenbarer Hinweis auf Osiris; die Schlangen allerdings, die ihn schützen, heißen nicht Isis und Nephthys, sondern Nechbet und Uto, gewiß durch nachträgliche und irrtümliche Veränderung einer ursprünglichen Gruppe. Auf einem waagerechten Band steht in ornamentaler Wiederholung folgende Gruppe: zwei einander zu-

---

38 ROEDER, Debod, 67, § 178, Taf.10e.

39 ROEDER, Dakke, Taf. 84a.

40 GAUTHIER, Kalabscha, 58, pl. VIII.

41 ROEDER, Dakke, 336-337, § 739, Taf. 129-130.

42 BLACKMAN, Bigeh, 7, pl. VII.

43 GAUTHIER, Kalabscha, 119, pl. XXXIV-XXXVII A.

gewendete geflügelte Schlangen breiten ihre Flügel aus, um einen großen *ḏd*-Pfeiler zu schützen. Jede Schlange hält vor sich ein -Zeichen und *wꜣs*-Szepter. Ferner steht vor dem Kopf der letzteren scheinbar Nechbet, vor dem Kopf der ersteren vielleicht Uto[44] (Abb. 10).

In einigen Fällen ist ein nur aus Chekeru bestehendes Ornament anzutreffen. Das ist z.B. an der Ostwand der Kapelle von Adikhalamani zu beobachten, wo ein *ẖkr*-Fries auf einer schmalen glatten Leiste steht.[45] Ein ähnlicher Dekor des Frieses ist an der inneren Nordwand,[46] und auch an der Westwand zu beobachten. Der Fries zeigt *ẖkr*-Ornamente auf einer Standlinie; dies alles nicht in Relief, sondern nur in einem anderen Muster als in der Bemalung der Nordwand aufgezeichnet.[47] Der Fries aus Chekeru ist an der Südwand der römischen Kapelle in Dakke zu sehen.[48]

Eine Besonderheit des Dekors des Sockels von Dakke und Debod waren Sumpfpflanzen. Unter dem ornamentalen Sockeldekor findet sich dieses Ornament an der inneren Ostwand der Arkamanikapelle sowie an der inneren Nordwand[49] (Abb.11). Das Sumpfdickicht besteht aus senkrechten, parallelen glatten Stengeln, auf denen in drei Reihen angeordnete Blüten und Knospen sitzen, und zwar in der obersten Reihe große, in der mittleren kleine Papyrusdolden, in der untersten Knospen. Es folgen aufeinander große Dolde – Knospe – kleine Dolde – Knospe – große Dolde u.s.w.[50] Derselbe Dekor ist an der Südwand des Außenteils des Pronaos von Dendur zu finden.[51] In einigen Fällen in Dakke wird der Nilgott über dem Ornament aus Papyruspflanzen dargestellt.[52] Der Sockel ist mit schematischen Papyrusdolden und Lilienblüten – dazwischen je eine Knospe – dekoriert.[53]

44 ROEDER, Dakke, 275-276, Anm. 2, § 610, Taf. 109; 256, Abb. 28.

45 ROEDER, Debod, 49, § 129, Taf. 95a.

46 Ibid., 55, § 141, Taf. 96.

47 Ibid., 72-73, § 196; vgl. § 178.

48 ROEDER, Dakke, Taf. 115.

49 Ibid., Taf. 105; 203, Abb.25. Derselbe Dekor ist auch in Debod anzutreffen: ROEDER, Debod, 49, § 129, Taf. 95a; 54-55, § 141, 143, Taf. 96, 10d.

50 ROEDER, Debod, 55, § 143, Taf.10d; s. auch Dakke, Taf.164b.

51 BLACKMAN, Dendur, 59-60, pl. LXXIV, LXXXVII, XCI.

52 ROEDER, Dakke, Taf. 59b, 67.

53 Ibid., 204, Abb. 25.

Eine Darstellung der Sumpfpflanzen am Sockel gibt es auch in Bigeh[54]. Dort sind sie so dargestellt, als ob sie einem längeren Bassin entwachsen[55] Einen gleichen Dekor gibt es am Sockel der Fassade vom Pronaos in Dendur.[56]

Zusammenfassend ist festzustellen, daß im großen und ganzen mit wenigen Ausnahmen im Ornament des Dekors von Friesen und Sockeln der nubischen Tempel aus ptolemäisch-römischer Zeit benutzt wurden:

1. Für den Fries verschiedene Kombinationen von Chekeru mit Falken und Kartuschen, geflügelte Schlangen mit Chekeru oder *ḏd*-Pfeiler, Chekeru als einziges Ornament, geflügelte Falken, die die Götter schützen; Szenen, in denen der König vor den Göttern erscheint.
2. Für den Sockel aber Prozessionen der Nilgötter und der Feldgöttin oder ein ornamentaler Dekor aus Sumpfpflanzen. Eine Ausnahme bildet die Darstellung einer geflügelten Sonnenscheibe und – wahrscheinlich – eines Tieres in Dakke, die allem Anschein nach Episoden der Legende über die ferne Göttin widerspiegeln.[57]

Man könnte annehmen, daß der Sockeldekor für die Widerspiegelung der Taten, die auf Erden geschahen, bestimmt war. Der Sinn dieser Szenen bestand darin, daß die Gaben dem Herrn des Tempels und den Göttern, die mit ihm verehrt werden, dargebracht wurden. Diese Übergabe verwirklichte der Gott der Fruchtbarkeit, der in diesem Fall den Pharaoh personifizierte. Dementsprechend ist zu vermuten, daß der Friesdekor dazu diente, den Eindruck der Himmelssphäre zu erwecken, in der der Gott seinen Sitz hatte, sowie seinen Schutz der Königsmacht gegenüber, der symbolisch durch die Protektion entsprechender Götter der Kartusche ausgedrückt war. Eine solche Teilung entspricht der Bestimmung des Tempels als Abbild des Kosmos. Wenn man den Tempelraum bedingt als einen Ornamentträger annimmt, bei dem jedes Ornament benötigt wird,[58] so könnte an eine Verbindung zwischen Tempelraum und Ornament gedacht werden, die symbolisch die irdische und himmlische Sphäre des Lebens des Tempelherrn, anderer Götter und des Königs – als wichtigste handelnde Person des Tempelrituals – entsprechend widerspiegelte.

Der Versuch, konkret den Dekor der Fassadenreliefs mit den Wänden der Tempelräume zu vergleichen, zeigt selbst vom Standpunkt der Beziehungen vom Objekt als Ornamentsträger und der Semantik des Ornaments in

---

54 BLACKMAN, Bigeh, 2, pl. IV.

55 Ibid., 5, pl. XIV, XVII.

56 BLACKMAN, Dendur, pl. XXXIX.

57 Ebensolche geflügelte Sonnenscheiben begleiten in der Hauptszene die Figuren der Ibisse an Untersätzen, in deren Innern ein Löwe liegt. Unten ist Thot als Pavian gezeigt, der die Löwin befriedet, s. Taf.115.

58 DRENKHAHN, in : LÄ, IV, 611.

manchen Fällen eine Verbindung zwischen dem Friesdekor und dem Inhalt der Szene. Das sind u.a. die Koronationsszenen, in denen die Königskartuschen – unter symbolischem Schutz der Himmelsgötter stehend – als Friesdekor dienen.

Fries- und Sockeldekor sind nicht nur mit dem Tempelherrn, sondern auch mit anderen Göttern verbunden, u.a. mit Osiris und Isis. Diese Verbindung ist nicht zufällig und steht in unmittelbarem Bezug zu Kulthandlungen, die auf die Gewährleistung der Fruchtbarkeit gerichtet waren. Gerade deshalb sind am Sockel Prozessionen der Nilgötter und Gaue (die sich nicht nur zum Tempelherrn, sondern auch zu Osiris und Isis bewegen) zu sehen, deren Funktion sich traditionell mit Fruchtbarkeit verbinden läßt.

Vom Standpunkt der Evolution des Friesdekors her ist zu bemerken, daß Chekeru seit der 18.Dynastie als Ornament mit Symbolen der Hathor, Darstellung von Anubis u.s.w. benutzt wurden.[59] Die Kombinationen der Chekeru mit Kartuschen des Pharaoh und Falken – die ihrem religiös-magischen Sinne nach verbunden sind mit Koronationsepisoden des sich wiederholenden Zyklus von rituellen Festlichkeiten mit dem Ziel, die Königsmacht zu behaupten – werden zu einem der Hauptmotive im Friesdekor der ptolemäisch-römischen Tempel in Nubien. Die religiös-mythologische Bedeutung dieser Art des Dekors und dementsprechend des Sockeldekors als Prozession von Nil[60] und Feldgöttin besteht in der Widerspiegelung der Idee der vom Himmel kommenden Protektion der Königsmacht durch Götter; Hauptfunktion des Königs ist die Garantie der Fruchtbarkeit durch die sich wiederholenden Gaben der Felder und der Haustiere, die von ihm in entsprechender göttlicher Gestalt erfüllt wird. Die Papyruspflanzen sind ihrer Bestimmung nach eng verbunden mit den Nilprozessionen, wovon einzelne Darstellungen zeugen, in denen Nilgötter diese Pflanzen in den Händen tragen. Dieses zeigt auch der Sockeldekor, bei dem die Darstellung der Prozession und der Dekor aus Sumpfpflanzen zusammenstehen.

Die Verwendung des Chekeru-Frieses, der einen selbständigen ornamental-symbolischen Dekor darstellt, gründet vermutlich auf der Bedeutung dieses Dekors. Ein alleiniges Chekeru-Ornament hat, bei scheinbar abstraktem Sinn, seinen eigenen Inhalt. Seine Semantik, die mit dem Schmuck des Re, Horus u.a.[61] verbunden ist, lag seiner Benutzung als Friesdekor zugrunde; die Symbolik dürfte wohl mit Schutz verbunden sein, der von den himmlischen Herren Re und Horus ausgeht. Dieser Dekor ist ziemlich alter Herkunft und kann

59 MACKAY, in: Ancient Egypt 1920, 119.

60 Die Nilprozessionen sind seit der 5. Dynastie in den ägyptischen Tempeln anzutreffen, s. LEIBOVITCH, in: JNES 12, 106-113.

61 Wb III, 401.18.

deshalb als Nachfolger des Chekeru-Dekors gelten, der noch in den Gräbern der viel früheren Zeit anzutreffen ist;[62] kompliziertere Kombinationen mit Chekeru sind entsprechend als Resultat der Entwicklung zu betrachten.

In einer besonderen Untersuchung der Friese von Dendera und Edfu kam D. KURTH zu dem Schluß, daß die Friesdekoration sich teils konkreter, teils abstrakter auf die Funktion des Raumes bezieht, in dem sie sich befindet. Er zeigt, daß aus den von ihm angeführten Fällen auch hervorgeht, daß der Fries als eine Art „Überschrift“ der Raumdekoration gestaltet werden konnte.[63] In den zu behandelnden Tempeln Nubiens ist es nicht gelungen, so deutlich solche Verbindungen festzustellen, wie es am Beispiel von Dendera und Edfu der Fall ist. Aber einige der analysierten Szenen fallen mit dem allgemeinen Schema nicht zusammen. So z.B. der Fries aus Kalabscha, in dem unter Schutz der geflügelten Falken vier Götter dargestellt sind, die auf dem Lotos sitzen. Es sind Mitglieder der ägyptischen Triade Osiris, Isis und Horus, sowie der lokale Gott Mandulis, deren verschiedene Kombinationen der theologischen Konzeption des Tempels zugrunde lagen. Wenn die Resultate der Untersuchungen von D. KURTH angewandt werden, läßt sich vermuten, daß dieser Fries in gewissem Maße als Überschrift zu der mythologischen Konzeption des Tempels diente, in dem die Veränderung der traditionellen ägyptischen Triade zu beobachten war – im Ergebnis der Einführung von Mandulis. Wahrscheinlich könnte man in Bigeh bei der Szene der Darbringung von *mꜣꜥ.t* vor Horus von Edfu und Hathor an eine Überschrift zur Theologie des Tempels denken. Dabei läßt sich die Darstellung der Ibisse als eines der Friesdekore in Dakke nicht anders erklären, als durch die Absicht, eine der Hypostasen des Tempelherrn von Dakke zu zeigen.

Der Vergleich der Resultate meiner Untersuchungen der Friese von nubischen Tempeln mit denen von D. KURTH haben mich erneut davon überzeugt, daß es keine einheitlichen Prinzipien der Verbindung zwischen Dekor des Frieses und dem Hauptinhalt der Szenen gegeben hat. Doch stabile Verbindungen, die beim Fries- und Sockeldekor benutzt werden, lassen vermuten, daß aparte Kompositionen aus obengenannten Elementen und aus Götterfiguren existiert haben. Sie alle haben einen bestimmten religiös-magischen Inhalt erhalten, und sind organisch ins ikonographische Programm der nubischen Tempel der zu behandelnden Periode eingeflochten.

---

62 Seit Mittlerem Reich s. z.B. MACKAY, in: Ancient Egypt 1920, 119 u.s.w.; seit Altem Reich s. KURTH, in: Festschrift Erich WINTER.

63 D. KURTH, in: Festschrift Erich WINTER.

Literaturverzeichnis:

BLACKMAN, A.M., The Tempel of Dendur, Le Caire 1911
BLACKMAN, A.M., The Tempel of Bigeh, Le Caire 1915
GAUTHIER, H., Le Temple de Kalabschah, t. 1-2, Le Caire 1911-1927
KORMYSHEVA, E., Religia Kuscha, Moskwa 1984 (auf Russisch)
KURTH, D., Die Friese innerhalb der Tempeldekoration griechisch-römischer Zeit, Festschrift Erich WINTER, 1994.
MACKAY, E., Kheker Friezes, Ancient Egypt, London, 1920, pt. IV, 111-122
MINKOVSKAYA, E., Bog Mandulis, Vestnik drevnej istorii, 1974, N 4, 111-124 (auf Russisch)
ROEDER, G., Debod bis Bab Kalabsche, t.1-2, Le Caire 1911-1912
ROEDER, G., Der Tempel von Dakke, Bd. 1-2, Le Caire 1930

Die Prozessionen der Nilgötter und Feldgöttinen oder Nomen *Tabelle 1*

TEMPEL	DEKORSTELLE	DARSTELLUNG
Dakke. Arkamanikapelle	Sockel der Fassade	5 Figuren des Nilgottes und 6 Figuren der Feldgöttin
Dakke. Ptolemäerkapelle	Vorhalle. Sockel der Fassade	2 Prozessionen aus Nilgöttern, Feldgöttinen mit dem König und Königin an der Spitze
Dakke.	Sockel des Tor zum Querraum. Ptolemäus IV	Je eine Figur des Nilgottes am Türpfosten
Dakke. Heiligtum	Nordwand	3 Figuren des Nilgottes auf Thot von Pnubs zuschreitend
	Südwand	3 Figuren des Nilgottes auf Isis, Osiris und Harpokrates zuschreitend
	Westwand	7 Figuren des Nilgottes auf Thot von Pnubs zuschreitend
	Ostwand	7 Figuren des Nilgottes auf Osiris zuschreitend
Debod.	Naos. Römische Zeit	
Dendur	Sockel. Pylon	Nilgott und Feldgöttin
Dendur	Innerer Teil des Pronaos	Nilgott und Feldgöttin
Dendur	Äußerer Teil des Pronaos	4 Figuren des Nilgottes

Die Götterdarstellungen als Friesdekoration *Tabelle 2*

TEMPEL	DEKORSTELLE	DARSTELLUNG
Bigeh	Nordwand	König bringt *mꜣʿ.t* Horus von Edfu und Hathor. Hinter dem König befinden sich 2 männliche Figuren
Bigeh	Südwand	König bringt *ʿnḫ* und *mꜣʿ.t* zu Osiris
Kalabscha	Pronaos	2 Falken mit Sonnenscheibe und Uräus auf dem Kopf, den Gott schützend
Kalabscha	Fries des Nordflügels	Analoge Komposition mit *Chekeru*. Osiris oder Mandulis werden geschützt
Dakke	Östlicher Pfosten	Eine Sonne mit ausgestreckten Flügeln und eine nach vorn aufgerichtete Schlange
Bigeh	Nordwand. Fries	König bringt *mꜣʿ.t* zu Osiris und Isis
Kalabscha	Fries des Interieurs vom Pronaos	6 Kompositionen je 3 in 2 Gruppen. In jeder Gruppe: 2 Horus-Falken, Osiris, Mandulis, oder Isis schützend
Dakke	Römische Tür. Sockelbild	Sonnenscheibe mit Uräus und hockender Löwe

Chekeru, Falken und Königsnamen *Tabelle 3*

TEMPEL	DEKORSTELLE	DARSTELLUNG
Dakke	Innere Westwand	3 Chekeru, 2 Falken und 2 Kartuschen
Kalabscha	Fries. Antichambre	3 Chekeru, 2 Falken und 2 Kartuschen
Debod	Fries. Innerer Teil des Pronaos	2 Chekeru, 2 Falken die Kartusche schützend, 3 Chekeru

Chekeru und Königsnamen *Tabelle 4*

TEMPEL	DEKORSTELLE	DARSTELLUNG
Dakke	Fries. Nordwand	Chekeru und Königsname
Debod	Fries. Nordwand	Chekeru und Königsname
Kalabscha	Cella und Procella	Chekeru und Königsname
Dakke	Ostwand des Sanktuars	Chekeru und Königsname

Geflügelte Schlangen, *d̲d*-Pfeiler schützend *Tabelle 5*

TEMPEL	DEKORSTELLE	DARSTELLUNG
Dakke	Fries. Innere Ostwand	Geflügelte Schlangen, Isis und Nephthys symbolisierend, *d̲d*-Pfeiler schützend, Symbol von Osiris

Chekeru als einziges Ornament *Tabelle 6*

TEMPEL	DEKORSTELLE	DARSTELLUNG
Debod. Adikhalamanikapelle	Ostwand	Chekeru
Debod. Adikhalamanikapelle	Innere Nordwand	Chekeru
Dakke. Römische Kapelle	Südwand	Chekeru

Sumpfpflanzen *Tabelle 7*

TEMPEL	DEKORSTELLE	DARSTELLUNG
Dakke	Nordwand Westwand Ostwand	Sumpfpflanzen
Debod	Innere Ostwand	Sumpfpflanzen
Debod	Innere Nordwand	Sumpfpflanzen
Dendur	Sockel des Fassade des Pronaos	Sumpfpflanzen

Abb. 1

Abb. 2

Abb. 3

Abb. 4

Abb. 5

Abb. 6

Abb. 7

Abb. 8

Abb. 9

Abb. 10

Abb. 11

Christian E. Loeben

Symmetrie, Diagonale und Chiasmus als Dekorprinzipien im Bildprogramm des Großen Tempels von Abu Simbel -

Beobachtungen und vorläufige Ergebnisse

Es gehört sicher zum größeren Leid der Ägyptologie, daß bis heute, 182 Jahre nach seiner Entdeckung und mittlerweile 30 Jahre nach seiner Versetzung, keine endgültige Publikation der Reliefs und Inschriften des Großen Tempels von Abu Simbel vorliegt[1]. Interessiert den Ägyptologen ein bestimmtes Detail in diesem Tempel, das nicht zufällig von Lepsius aufgenommen und in seinen *Denkmälern*[2] veröffentlicht wurde oder sich z.B. im "Trésor Sud"[3] befindet, dann bleibt ihm nur die Reise an den Rand des Nasser-Sees, um danach zu forschen. Dort sind ihm dann selten mehr als einige Stunden Zeit dafür vergönnt. Unter solchen Bedingungen wurden auf vier verschiedenen Reisen zwischen 1990 und 1992 die folgenden Beobachtungen gemacht, von denen ich teilweise bereits andernorts berichtet habe[4]. Nach Fertigstellen des Manu-

---

[1] Für den Kleinen Tempel ist die Situation besser: C.Desroches-Noblecourt/C.Kuentz, Le petit temple d'Abou-Simbel, CEDAE: Mémoires I-II, Kairo 1968.

[2] Hauptsächlich LD III, 185-191 und LD, Text V.

[3] S.Donadoni/H.El-Achirie/C.Leblanc/F.Abdel-Hamid, Le grand temple d'Abou Simbel III, 1/2: Les salles du Trésor Sud (N-O-P), CEDAE: CS 48, Kairo 1975 [im folgenden: **CS 48, Abou-Simbel: Trésor Sud, I: / II:**].

[4] Tagungsbeiträge: "Stages of the Deification of Ramses II at Abu Simbel", International Society for Nubian Studies, 7th International Conference, Genf, September 1990; "Ikonographie und 'Politik': Zur Vergöttlichung von Ramses II. in Abu Simbel", Humboldt-Universität zu Berlin, Tagung: "Tempel am Nil - Struktur und Funktion" (1. Tempeltagung), Gosen bei Berlin, Oktober 1990. Der letztgenannte Vortrag konnte nicht im entsprechenden Band der Tagungsakten (R.Gundlach/M.Rochholz (Hrsgg.), Ägyptische Tempel - Struktur, Funktion und Programm, HÄB 37, 1994) veröffentlicht werden, da vor dem Termin der Manuskriptabgabe einige Angaben nicht mehr im Tempel von Abu Simbel zu überprüfen waren. Die Veröffentlichung einer Synthese von Teilen beider Vorträge in den vorliegenden Akten der 3. Tempeltagung Hamburg 1994 bot sich besonders wegen des für Hamburg gewählten Rahmenthemas "Systeme und Programme der ägyptischen Tempeldekoration" an. Für anregende Diskussionen zum Thema möchte ich an dieser Stelle den Herren Bernard V. Bothmer †, Robert G. Morkot und Torgny Säve-Söderbergh (in Genf), sowie Lanny Bell und Gerhard Haeny (in Gosen bei Berlin) danken.

skriptes konnten die Bemerkungen nicht mehr am Original kollationiert werden.

O. Vorbemerkungen (Plan 1)

Die folgenden Ausführungen wurden unter zwei Voraussetzungen formuliert:

1. die Wanddekoration eines ägyptischen Tempels folgt einem Dekorprogramm, das ursprünglich für den gesamten Tempel ausgelegt wurde; und

2. spätere Ergänzungen zu dieser ursprünglichen Anlage folgen keinen **eigenen** Programmen, sondern ordnen sich dem älteren unter, fügen sich ihm, eventuell unter anderen Prämisssen dennoch an.

Für den großen Tempel von Abu Simbel ist bekannt, daß nach langer Bauzeit[5] die ursprüngliche Architektur in einer zweiten Bauphase abgeändert wurde. Nach der Fertigstellung der Räume in der Hauptachse des Tempels (Plan 1: Räume D-M) und den zwei Gruppen von Seitenräumen außerhalb dieser Achse (Räume N-O: sog. "Trésor Sud"; und Räume S-U: sog. "Trésor Nord") wurden in dieser zweiten Bauphase die Räume Q und R aus dem Fels gemeißelt, wobei das große Relief mit der Darstellung der Qadesh-Schlacht an der Nordwand der Halle F in Mitleidenschaft gezogen wurde[6]. Die Dekoration des Raumes Q blieb unvollendet: die N- und O-Wand wurden nie dekoriert und die letzte, nördlichste Opferszene der W-Wand ist nur in schwarzer Vorzeichnung ausgeführt. In den fünf Szenen der dekorierten W-Wand dieses Raumes (Q) scheinen jedoch die drei wesentlichen Kultempfänger des Großen Tempels von Abu Simbel programmatisch zusammengefaßt zu sein: Ramses II. "opfert"[7] jeweils vor den Göttern (vom Eingang ins Rauminnere) Amun,

[5] Zur Datierung der Bauarbeiten s. ausführlich: L.-A. Christophe, "Les temples d'Abou Simbel et la famille de Ramsès II", BIE 38/2, 1965, (107-130), 125-127. Danach war das Gros der Dekoration im 26. Regierungsjahr von Ramses II. abgeschlossen. Als letztes kam im Jahr 34 die "Hethitische-Hochzeits-Stele" dazu.

[6] H.El-Achirie/J.Jacquet, Le Grand Temple d'Abou-Simbel I, 1: Architecture, CEDAE: CS 46A, Kairo 1984 [im folgenden: **CS 46A, Abou-Simbel: Architecture**], p. 17.

[7] Die Begriffe "opfern", "Opfernder", "Opferszene" etc. sind immer im Sinne von "den Kult vollziehen", "Kultvollzieher" etc. zu verstehen, vgl.: E.Graefe, "Die Deutung der sogenannten

Re-Harachte, (Gott) Ramses II., ergänzt durch Horus *nb Bhn*, Horus *nb Mj3* und Horus *nb B3k* (s. Plan 3). Die schlechte Qualität der Ausführung der beiden nachträglich hinzugefügten Räume (Q,R) wurde mit der schlechten Ausführung der beiden "Schatzkammern" des Tempels (Räume N-O und S-U) verglichen[8]. Die Reliefs der letztgenannten Räume wurden in der Literatur auch als qualitativ schlecht angesehen[9]. Da sie sich m.E. nicht von der Qualität der Reliefs der sekundären Räume Q und R unterscheiden, die "Schatzhäuser" jedoch in das ursprüngliche Konzept der Tempelarchitektur gehören, vermute ich, daß diese, wie auch die das Sanktuar (M) flankierenden Räume (M' und M"), anfänglich nicht dekoriert waren und erst im Zuge der Neuanlage der Räume Q und R Dekor erhielten. Unter dieser Voraussetzung kann das Dekor der Raumflucht in der Hauptachse (Räume D-M) als ursprünglich und einheitlich angesehen werden und das der übrigen Räume (N-T) als eine in sich einheitliche Ergänzung dazu.

I. Symmetrieachsen im Großen Tempel (Plan 2)

Bekanntermaßen sind ägyptische Tempel achsial aufgebaut. Der gesamte Tempel besitzt eine Hauptachse, die das Eingangstor mit dem Sanktuar in direkter Linie verbindet. Diese Achse ist auch als Symmetrieachse zu verstehen, um die herum das Dekor der Wände konzipiert wurde. In den hier befindlichen Opferszenen sind König und Götter in symmetrisch angeordneten Bildfeldern meist so positioniert, daß der opfernde König in das Tempelinnere blickt und die Gottheiten als Kultempfänger ihm entgegentreten[10]. Für die Längswände und quer zur Achse stehenden Wände ist diese Positionierung eindeutig. Bei im Raum stehenden Pfeilern jedoch gibt es verschiedene Lösungsmöglichkeiten[11]. Auf den längs zur Tempelachse stehenden Pfeilerseiten blickt der König der Regel entsprechend in das Tempelinnere. In den Reliefs der

'Opfergaben' der Ritualszenen ägyptischer Tempel als 'Schriftzeichen'", in: J.Quaegebeur (Hrsg.), Ritual and Sacrifice in the Ancient Near East, OLA 55, 1993, 143-156.

[8] CS 46A, Abou-Simbel I,1: Architecture, 14.

[9] Z.B. C.Desroches-Noblecourt/G.Gerster, Die Welt rettet Abu Simbel, Wien-Berlin 1968 [im folgenden: **Die Welt rettet Abu Simbel**], p. 27.

[10] Dazu neuerlich: D.Arnold, Die Tempel Ägyptens, Zürich 1992, p. 49.

[11] Vgl. z.B. F.Abitz, König und Gott, ÄA 40, 1985, 175-182 u. 188-194.

Querseiten kann er sowohl auf die Tempelachse blicken als auch von ihr wegschauen[12].

In beiden Pfeilerhallen im Großen Tempel von Abu Simbel (F und H) wurde die zweitgenannte Lösung gewählt, bei der der König aus der Mittelachse kommend ins Tempelinnere zu schreiten scheint. Für alle Pfeiler trifft dies zu: auf ihren N- und S-Seiten[13] (längs der Tempelachse) blickt der König einheitlich nach Westen ins Tempelinnere und auf den W- und O-Seiten der Pfeiler nach Norden, bzw. Süden, symmetrisch um die Hauptachse des Tempels angeordnet.

In ägyptischen Tempeln können sich über den Bildfeldern der Wandflächen, zwischen diesen und der Tempeldecke, dekorative Friese verschiedenster Art befinden[14]. Wie nicht untypisch für das Neue Reich, wurde auch für den Großen Tempel von Abu Simbel ein Fries bestehend aus den Kartuschen des Herrschers gewählt, die von Uräen gerahmt sind[15]. Im Normalfall sollten die Hieroglyphen dieser Kartuschen in die gleiche Richtung blicken wie der unter ihnen abgebildete Pharao (="Regel"), nämlich ins Tempelinnere. Auf den **Wänden** beider Pfeilerhallen entspricht dies auch im allgemeinen der "Regel"[16]. Für die quer zur Tempelachse stehenden Seiten der Pfeiler hingegen besteht eine genaue Umkehrung der oben formulierten "Regel": die Kartuschen der Friese "blicken" hier alle auf die Tempelachse[17]. Eventuell soll diese zweifache Orientierung des Königs, als Bild und als Name, Bewegung in zwei Richtungen ausdrücken. Am bemerkenswertesten sind die Ausnahmen von der "Regel" jedoch auf den Pfeilerseiten längs der Tempelachse. Hier sollten die Kartuschen alle zum Tempelinnern orientiert sein. In der ersten Pfeilerhalle (F) besteht eine einzige Ausnahme, nämlich auf der Südseite von Pfeiler II. Hier sind die Kartuschen in entgegengesetzter Richtung orientiert. Sie scheinen symmetrisch zum folgenden Pfeiler III angeordnet zu sein, um eine nur hier angedeutete Achse herum, die die Halle

---

[12] Eine Mischung beider Möglichkeiten für die zwei Querseiten der Pfeiler ist ebenso möglich, vgl. F.Abitz, König und Gott, ÄA 40, 1985, 191 u. 194.

[13] Im Saal F nur auf den Rückseiten der Osiris-Pfeiler.

[14] Zu solchen Friesen s. jetzt: D.Kurth, "Die Friese innerhalb der Tempeldekoration griechisch-römischer Zeit", in: M.Minas/J. Zeidler (Hrsgg.), Aspekte spätägyptischer Kultur (FS Winter), Aegyptiaca Treverensia 7, Mainz 1994, pp. 191-201; sowie den Beitrag von E.Kormysheva im vorliegenden Band.

[15] Beide Ringnamen des Königs kommen dabei zur Verwendung, aber von Saal zu Saal in verschiedenen Namensformen. Eine Untersuchung dazu ist vom Autor in Vorbereitung.

[16] Zu Ausnahmen und Besonderheiten vgl. den Plan 2.

[17] Gut im Photo zu erkennen bei: Die Welt rettet Abu Simbel, Taf. 55, 56.

in N-S-Richtung in zwei symmetrische Hälften teilt. Deutlicher erkennbar ist der ähnlich gelagerte Fall in der nächsten Halle (H) mit vier Pfeilern. Auf den beiden hinteren, westlichen Pfeilern sind die den Längswänden gegenüber liegenden Pfeilerseiten mit Kartuschenfriesen dekoriert, die beide **nicht** zum Tempelinneren hin orientiert sind. Dadurch wird eine zweite Symmetrieachse in diesem Raum manifest. War die bildliche König-Gottheit-Disposition der Pfeilerseiten nur um die Tempelachse symmetrisch aufgebaut, so ist die Orientation der Kartuschenfriese nicht nur um diese W-O-Achse symmetrisch angeordnet, sondern auch um eine, nur durch die Kartuschenfriese faßbare N-S-Achse.

II. Symmetrien und Parallelismen bei den Götterszenen der Wandreliefs und ihre Durchbrechung (Plan 3)

Labib Habachi ist die Erkenntnis zu verdanken, daß der Große Tempel von Abu Simbel durch seine Tempelachse in zwei semantische Hälften geteilt ist, die jeweils maßgeblich einem Gott zugewiesen sind: die nördliche Hälfte dem Re-Harachte und die südliche dem Amun(-Re)[18]. Diese Zweiteilung ist schon auf der Fassade des Tempels deutlich erkennbar, wird auf den Wänden bis ins Innerste des Tempels, zu den Statuen des Sanktuars konsequent fortgeführt: nördlich der Tempelachse thront Re-Harachte, südlich von ihr Amun-Re. Habachi bemerkte auch, daß in den Wandreliefs, in denen parallel zu Amun Darstellungen von Re-Harachte zu erwarten wären, häufig stattdessen der (Gott) Ramses II. zu finden ist. Das Sanktuar weist auf seiner N-Wand sogar ausschließlich den (Gott) Ramses II. auf, genau dort nämlich, wo ihm gegenüber Amun(-Re) dargestellt ist. Schließlich thront (Gott) Ramses II. direkt nördlich der Tempelachse neben Amun; Re-Harachte scheint in die Ecke gedrängt[19]. Zusammen mit dem bekannten Opfertableau an der Fassade über dem Eingang des Tempels[20] interpretierte Habachi diese Phänomen dahin-

---

[18] L.Habachi, Features of the Deification of Ramesses II, ADAIK 5, 1969 [im folgenden: **Habachi, Deification**], 2-5. Neuerlich auch: I.Hein, Die ramessidische Bautätigkeit in Nubien, GOF IV.22, 1991 [im folgenden: **Hein, Bautätigkeit**], 32, 123-134.

[19] Habachi, Deification, pl. Vb.

[20] Habachi, Deification, pl. Va; neuerlich auch: P.Frandsen, "Trade and Cult", in: G.Englund (Hrsg.), The Religion of the Ancient Egyptians: Cognitive Structures and Popular Expressions, BOREAS 20, Uppsala 1989, pp. 95-108 (p. 95f., n.1).

gehend, daß der (Gott) Ramses II. eine Erscheinungsform des Sonnengottes ist, seiner Meinung nach Schu, und damit berechtigt sei, Re-Harachte in den Opferszenen zu ersetzen[21].

Bei genauerer Betrachtung der Verteilung der Gottheiten Amun(-Re), Re-Harachte und (Gott) Ramses II. stellt sich die Sachlage nicht ganz so einfach dar, wie sie von Habachi präsentiert wurde. Amun(-Re) kann ebenso in der N-Hälfte des Tempels in Erscheinung treten (s. Plan 6), so wie Re-Harachte und (Gott) Ramses II. auch in seiner S-Hälfte (s. Pläne 3-6), und dies selbst in den ursprünglich dekorierten Räumen der Tempelachse (F-M)!

In ähnlich anderem Lichte repräsentieren sich die, m.E. (s.o.) später dekorierten Seitenkammern (N-T), die alle eine eigene Achse aufweisen, markiert durch jeweils zwei antithetisch angeordnete Gottheiten an den Rückwänden der Kammern (außer O und Q). Von den sechs Kammern ist nur in Raum N der N-Teil dem Re-Harachte und der Südteil dem Amun zugewiesen[22]. In der ihm gegenüberliegenden Kammer S stellt sich die Situation genau umgekehrt, wie um die Tempelachse gespiegelt, dar: N (links) = Amun, S (rechts) = Re-Harachte. Raum U folgt diesem Schema in gewisser Weise: links (W) = Amun, rechts (O) = Re-Harachte. Raum T hingegen zeigt zwei Darstellungen Re-Harachtes und Raum R zwei von Amun(-Re) auf der Rückwand[23]. Weil er keine dekorierte Rückwand aufweist, kam in Raum Q anscheinend eine Art zusammenfassendes "Notprogramm" zur Ausführung. Hintereinander sind hier die drei wesentlichen Gottheiten des Tempels, denen der König Opfer darbringt, abgebildet: (vom Eingang ins Rauminnere) Amun, Re-Harachte, (Gott) Ramses II., gefolgt von drei lokalen, nubischen Erscheinungsformen des Horus: Horus *nb Bhn*, Horus *nb Mj3* und Horus *nb B3k*.

Von ganz besonderer Aussagekraft sind jedoch die Räume P und O der Raumgruppe "Trésor Sud". An der Rückwand von Raum P thronen links (O) Re-Harachte und rechts (W) (Gott) Ramses II. (s. auch Plan 6)[24]. Hier scheint (Gott) Ramses II. geradezu Amun(-Re) in seiner ihm sonst eigenen Position zu

---

[21] Habachi, Deification, 7 (Achtung: in den Zeilen 2 und 3 dieser Seite ist "southern" jeweils durch "northern" zu ersetzten!).

[22] CS 48, Abou-Simbel: Trésor Sud, I: Pls. VIIbis (N.8-9), XVII; II: Pl. IX.

[23] In den beiden Räumen T und R ist gewissermaßen der "alte" Parallelismus Re-Harachte / Amun der Tempelachse wiederzuerkennen, der m.E. ein gemeinsames — wegen der Hinzufügung der Räume R und Q — sicher spätes Dekorprogramm für alle Nebenräume (N-U) nahelegt (s. supra, Kap. O. Vorbemerkungen).

[24] CS 48, Abou-Simbel: Trésor Sud, I: Pls. XXXIXbis (P.1), LV; II: Pl. XXXVI.

ersetzen! Gleiches passiert m.E. auch in Raum O. Obwohl dieser keine mit Opferszenen dekorierte Rückwand aufweist, gibt es dort dennoch einen besonderen Platz für Dekor. In der N-O-Ecke des Raumes finden sich zwei Götterszenen: an der O-Wand stehen die Namen des Königs vor Re-Harachte und an der N-Wand opfert Ramses II. vor (Gott) Ramses II.[25]. An der entsprechenden Stelle der N-Wand im parallel angeordneten Raum P findet sich hier Amun-Re (s. Plan 3 und 6)[26]. Bemerkenswert ist die leider stark zerstörte Beischrift zum (Gott) Ramses II., der sich in Raum O jedenfalls in einer Position findet, in der Amun zu erwarten wäre. Sie nennt am Ende eines Epithetons von (Gott) Ramses II.: *///t3-Stj*, Nubien. Direkt "hinter" dieser Szene, auf der O-Wand von Raum N (s. Plan 3)[27], befindet sich eine Opferszene vor Amun-Re, der mit den Epitetha: *nb ns.wt tꜣ.wj ḫnty m tꜣ-Stj* bezeichnet ist. Ist im Raum O vielleicht ein "(Gott) Ramses II., der Vorderste in Nubien" dargestellt?

Zusammenfassend bleibt zu bemerken, daß (Gott) Ramses II. im Großen Tempel von Abu Simbel nicht nur in Positionen vorkommt, in denen eigentlich Re-Harachte zu erwarten wäre, wie es Habachi schon beobachtet hat, sondern scheint (Gott) Ramses II. auch Amun(-Re) zu ersetzen; letzteres jedoch relativ diskret. An den zwei besprochenen Stellen des "Trésor Sud" ist dies überhaupt nur greifbar.

Ganz wesentlich ist jedoch auch darauf hinzuweisen, daß Positionen, die keine Parallelität erlauben, die deshalb nur eine Gottheit nennen können, m.W. ausschließlich von Amun(-Re) eingenommen werden! Dies sind z.B. die einzelnen, senkrechten Textzeilen zwischen antithetisch angeordneten Göttern[28]. Im Eingangstor des Tempels (Raum E), in dem wegen des nach rechts öffenenden Türblattes auch nur eine Opferszene angebracht werden konnte, ist auch Amun der alleinige Kultempfänger (s. Plan 3 und Abb. 1; s.u.).

[25] CS 48, Abou-Simbel: Trésor Sud, I: Pls. XXIIbis (O.1), XXV; II: Pl. XII (diese Zeichnung ist ungenau: es sind *keine* Zeichenreste über der *tꜣ*-Hieroglyphe erhalten) Hier wird die Darstellung von (Gott) Ramses II. immer mit "(?)" versehen. Ihre Ikonographie läßt aber keine andere Möglichkeit als (Gott) Ramses II. zu.

[26] Siehe CS 48, Abou-Simbel: Trésor Sud, I: Pl. XXXIXbis (P.1), XLII; II: Pl. XXIV).

[27] Siehe CS 48, Abou-Simbel: Trésor Sud, I: Pls. VIIbis (N.1), X; II: Pl. III.

[28] Z.B. in der Mittelachse des Kartuschenfrieses über dem Eingang des Tempels an der Fassade: Habachi, Deification, 3, Fig. 2; in der Mittelachse über dem Tor des Sanktuars: CS 46A, Abou-Simbel: Architecture, Pl. XLVIIIa (= Die Welt rettet Abu Simbel, Taf. 175); zwischen symmetrisch angeordneten Opferszenen: CS 48, Abou-Simbel: Trésor Sud, I: Pls. VIIbis (N.8-9), XVII; II: Pl. IX.

III. Einige andere Beispiele für Darstellungen ohne symmetrische / parallele Entsprechungen (Plan 4)

Im Großen Tempel von Abu Simbel ist (Gott) Ramses II. 30 Mal belegt: 28 Mal in Opferszenen als Empfänger des Kultes durch sein *alter ego* König Ramses II., als Kultbild im Sanktuar (s.o.) und als (Gott) Ramses II. in der Position des Kult**vollziehers** (s. Plan 4)[29]. Das letztgenannte ist überraschend. In der zweiten Pfeilerhalle, auf der O-Seite von Pfeiler I, findet sich die Darstellung von dem in der Bewegungsrichtung Pharaos stehenden (Gott) Ramses II., der von Anukis umarmt wird[30].

Ferner sind auch zwei Familienmitglieder Ramses II. im Tempel als Kultvollzieher dargestellt: Die Gattin Nefertari vor Hathor (Halle F, Ost-Seite von Pfeiler I) und die Tochter/Königin[31] Bint-Anat vor Anukis.

Es ist auffällig, daß sich die drei genannten ungewöhnlichen Szenen alle im S-Teil des Tempels befinden, der Amun zugeordnet ist und in dem der (Gott) Ramses II. seltener erscheint. In der Phase der Dekoration der Nebenräume scheint aber gerade dieser Teil des Tempels dann Möglichkeiten zum Experimentieren gegeben haben. In diesem Kontext würde eigentlich auch nicht verwundern, daß Ramses II. sich als Gott zwischen göttliche Dyaden einfügen ließ, wie es bekanntermaßen zweimal auf der W-Wand der ersten Pfeilerhalle (F) und zweimal auf der O-Wand der zweiten Pfeilerhalle (H) geschah[32]. M.E. lassen sich diese Änderungen mit dem neuen Konzept der Göttlichkeit von Ramses II., wie es sich in den später dekorierten Nebenräumen (N-U) darstellt, gut in Einklang bringen.

---

29 Zwei ausführliche Studien über die verschiedenen Erscheinungsformen (Namen und Ikonographie) des vergöttlichten Ramses II. in Abu Simbel sind z.Zt. in Vorbereitung (durch Robert G. Morkot, London/Exeter, und den Autor).

30 LD III, 189c; S.Curto, Nubien - Geschichte einer rätselhaften Kultur, München 1966, p. 301, Abb. 219; CS 46A, Abou-Simbel: Architecture, Pl. XLIIIa.

31 L.-A-Christophe, "Les temples d'Abou Simbel et la famille de Ramsès II", BIE 38/2, 1965, (107-130), 127.

32 Habachi, Deification, 8-9, Fig. 7, Pl. III-IV. Gutes Farbphoto: Die Welt rettet Abu Simbel, Taf. 65.

IV. Ein Beispiel für die Diagonale im Dekorprogramm (Plan 5)

Ein anderes Beispiel dafür, daß der Große Tempel von Abu Simbel mittels der Tempelachse nicht einfach in eine nördliche "Re-Harachte-Seite" und eine südliche "Amun(-Re)-Seite" teilen läßt, bietet eine genauere Betrachtung des Vorkommens jenes Gottes, der neben den drei meist genannten als vierter eine Sitzstatue als Kultbild im Sanktuar besitzt: Ptah[33]. Auffällig ist, daß er der einzige Gott ist, der eine Kultzene auf den seitlichen Türrahmen **aller** vier Tore des Tempels besitzt. Sonst besitzen eigene Kultszenen auf den Türrahmen: Re-Harachte (3x), Amun(-Re) (2), Amun(-Re) / ityphallisch (2), Chons (2), Osiris, Month, Thot und Atum (je 1x).

Die Verteilung der Kultszenen mit Ptah an den Toren ist bemerkenswert (Plan 5). Im Sanktuar (M) nimmt seine Statue die südlichste Position ein. Am Tor zum Sanktuar befindet er sich im Norden[34], am Tor zum Opferraum (L) im Süden[35], erneut im Norden am Tor zum Erscheinungssaal (H)[36] und wieder im Süden an der Innenseite des Tores der ersten Pfeilerhalle (F). Auch für Re-Harachte ist eine ähnliche, umgekehrte Verteilung zu beobachten. Sein Kultbild und seine Opferszene am Eingangstor der Halle F befinden sich im Norden, erwartungsgemäß in der "Re-Harachte-Seite" des Tempels. Auf dem Tor zum Sanktuar begegnet er uns jedoch überraschenderweise im Süden. Da er keine Opferszene am Torrahmen zum Erscheinungssaal besitzt, ist für ihn ein "diagonales Durchschreiten" der gesamten Tempellänge nicht zu rekonstruieren.

V. Beispiele für chiastische Anordnungen der Tempeldekoration (Plan 6)

Eine diagonale Anordnung, wie sie im vorhergehenden Abschnitt vorgestellt wurde, findet sich auch bei Amun(-Re), dem der südliche Teil des Tempels zugeordnet ist. Jedoch findet er sich in zwei Türlaibungen in der nördlichen

[33] Zur räumlichen Verteilung verschiedenster Götter in den nubischen Tempeln vgl. Hein, Bautätigkeit, 122-126.

[34] CS 46A, Abou-Simbel: Architecture, Pl. XLVIIIa (= Die Welt rettet Abu Simbel, Taf. 175).

[35] CS 46A, Abou-Simbel: Architecture, Pl. XLIVa.

[36] CS 46A, Abou-Simbel: Architecture, Pl. XLI; Die Welt rettet Abu Simbel, Taf. 65.

Tempelhälfte (K und G). Da er zwischen diesen beiden recht auffällig auf der N-Seite von Pfeiler II der zweiten Pfeilerhalle (H) abgebildet ist, gegenüber von einem (Gott) Ramses II., ließe sich eventuell auch ein diagonales Dekorprinzip, wie es für Ptah oben geschildert wurde, rekonstruieren. Der eben angesprochene (Gott) Ramses II. auf der S-Seite von Pfeiler V der Halle H hat ein nicht *a priori* in den südlichen Bereich des Tempels gehörendes Pendant zum zitierten Amun der Türlaibung K, und zwar in der Türlaibung J, wo er zusammen mit dem ebenfalls nicht in den südlichen Tempelteil passenden Re-Harachte erscheint (Plan 6). Zwischen den gleichen Gottheiten der Türen J und K und den inneren Seiten der Pfeiler II und V besteht eine chiastische Anordnung, die für manche Leser vielleicht nicht ganz überzeugend zu sein scheint.

Eindeutiger ist eine vom Ägypter definitiv angelegte chiastische Anordnung als Dekorprinzip bei den vier äußeren Pfeilern der ersten Pfeilerhalle (F) zu erkennen. Die Statuen der Osirispfeiler werden auf ihren Rückenpfeilern von zwei Inschriftenzeilen gerahmt, die mit einem **Titel** des Königs beginnen und mit "*mrjj* +**Gottheit**" enden[37]. Folgende Kombinationen von Titel und Gottheit finden sich auf den sechs Pfeilern:

Pfeiler-Nr.		linke Textzeile:		rechte Textzeile:	
		Titel	Gott	Titel	Gott
S	**I**	**n.-b.**	**Amun-Re**	**n.-n.**	**Isis**
	II	s.-R.	Month	n.-n.	H. nb Nbhy
	III	n.-n.	Chons	s.-R.	H. nb Mj3
	IV	*s.-R.*	*Re-Harachte*	*n.-b.*	*Amun-Re*
N	*VI*	*n.-b.*	*Amun-Re*	*s.-R.*	*Re-Harachte*
	VII	n.-n.	Atum	n.-n.	Ptah
	VIII	n.-b.	Thot	s.-R.	Min-Amun
	IX	**n.-n.**	**Isis**	**n.-n.**	**Amun-Re**

(n.-b.= *njswt-bjt*; n.-n. = *nṯr-nfr*; s.-R. = *s3-R*^{C})

[37] Siehe z.B. CS 46A, Abou-Simbel: Architecture, Pls. XXXVII-XXXIX.

Die Tabelle macht deutlich: nur vier Gottheiten werden zweimal erwähnt und zwar auf jeweils den gleichen vier Pfeilern. Dabei ist die Anordnung nicht nur oben in der Tabelle, sondern auch auf dem Plan (6) eine chiastische. Exakt entsprechen sich der westlichste Pfeiler der S-Seite (IV) und der östlichste der N-Seite (VI). Zwischen dem östlichsten der S-Seite (I) und seinem Pendant, dem westlichsten der N-Seite (IX) besteht bei den Göttern genaue Entsprechung, nur die Titel der Inschriftenzeilen mit Amun divergieren. Ist dies vielleicht eine gewollte Durchbrechung der als zu perfekt empfunden Symmetrie, wie sie einst Erik Hornung formuliert hat[38]?

Im Eingangsbereich ist auch eine chiastische Anordnung bei der Nennung von Göttern in Randzeilen zu erkennen (Plan 6). Amun(-Re) wird auf der Außenseite des Türrahmens im Süden genannt, dann im nördlichen Türpfosten und vor Eintritt in die Halle F wieder am südlichen Türpfosten. Re-Harachte findet sich an der erst- und letztgenannten Position jeweils im Norden. Dort wo Amun-Re im ihm nicht zugesprochenen Norden steht, dort findet sich im Süden statt Re-Harachte nun Atum, jedoch auch eine Erscheinungsform der Sonne.

Beim letztgenannten Beispiel gewinnt man den Eindruck, daß Amun problemloser in den nicht für ihn bestimmten nördlichen Tempelteil übernommen werden konnte als Re-Harachte in den südlichen.

VI. Der Tempelherr und seine Rolle (Abb. 1)

Am Ende der Abschnitte II und V wurde jeweils betont, welche zentrale Rolle Amun im Dekorprogramm des gesamten Tempels einnimmt. Allein der Umstand, daß das große Opferbild im Eingang des Tempels (E; Abb. 1) Amun und keine andere Gottheit als Opferempfänger zeigt, zeugt davon. Leider fehlen gerade dieser Darstellung Amuns alle Beischriften. Daß sie nicht veröffentlicht ist, mag der Grund dafür zu sein, daß bis heute die außergewöhnliche Ikonographie dieser Amunsdarstellung in der ägyptologischen Literatur unerwähnt blieb.

---

38 "Zur Symmetrie in Kunst und Denken der Ägypter", in: Ägypten - Dauer und Wandel, SDAIK 18, 1985, 71-77.

Amun trägt hier eine eigenartige Krone, eine Kombination seiner hohen Doppelfedern mit einer *hmhm*-Krone. Die **einzige**, sogar zeitgenössische Parallele für diese seltene Kronenkombination ist ein Relief im Südteil der großen Hypostylenhalle von Karnak[39], das später von Ramses III. in seinem Tempel in Karnak kopiert wurde[40]. In den Beischriften zu dieser Darstellung heißt es "Ich (Amun-Re) gebe dir (König) den Nil (Hapi)..." und dementsprechend ist unter den Füßen Amuns Wasser dargestellt, auf dem in der links anschließenden Szene die göttliche Flußprozession fährt.

Jüngst wurde erneut auf die Verbindung des nubischen Amuns mit dem Wasser hingewiesen[41]. Wenn — wegen ihrer gemeinsamen, sonst nicht belegten Ikonographie — Amun im Tor des Großen Tempels von Abu Simbel in direkte Verbindung zu dem den Hapi bringenden Amun-Re der Hypostylenhalle in Karnak[42] gebracht werden darf, dann ließe sich eventuell auch ein weiterer Aspekt der nubischen Felstempel der Ramessidenzeit ermitteln. Sollen sie weit im Süden, außerhalb Ägyptens, vielleicht durch göttliche und königliche Präsenz in den Tempeln als Kultgaranten auch den guten Verlauf der Nilschwelle aus dem Ausland kommend bis nach Ägypten sicherstellen?

Zusammenfassung

Der symmetrische Aufbau des Dekorprogramms entlang der Tempelachse im Großen Tempel von Abu Simbel ist, wie in jedem ägyptischen Sakralbau, evident. Subtiler, weil nicht durch Tore markiert, aber dennoch im Dekor greifbar, sind die orthogonal zur Tempelachse stehenden Symmetrieachsen in zwei Räumen des Großen Tempels von Abu Simbel, die sicher auch in anderen ägyptischen Tempeln nachweisbar wären. Ferner sind diagonale und

[39] Zeichnung: H.H.Nelson/W.Murnane, The Wall Reliefs, The Great Hypostyl Hall at Karnak 1,1, OIP 106, Chicago 1981, Pl. 36; Photos: R.A.Schwaller de Lubicz, Les temples de Karnak II, 88; Leclant, Mon. Thébains I, 242, Fig. 33.

[40] Reliefs I, pl. 44 E; p. ix (Kommentar). Diesen Hinweis verdanke ich Herrn Lanny Bell. Andere Beispiele für diese Kombination der zwei Kronen gibt es m.W. nicht!

[41] Dazu ausführlich: Leclant, Mon. Thébains I, 241-246; P.Pamminger, "Amun und Luxor - Der Widder und das Kultbild", BzS 5, 1992, (93-140), 113-115; und neuerlich: K.Zibelius-Chen, "Zur Entstehung des Kuschitischen Reiches", in: F.Geus (Hrsg.), Pre-Publication of Main Papers, Society for Nubian Studies: Eighth International Conference, Lille 1994, p. 5 (des Beitrages/Autorenmanuskript) (endgültige Veröffentlichung ist in CRIPEL 17 vorgesehen).

[42] In seiner Position auf der W-Wand der Hypostylenhalle blickt der Hapi bringende Amun von Süden nach dem Norden!

chiastische Anordnungen bestimmter Dekorelemente so auffällig, daß beide Dekorprinzipien sicher eine wichtige Rolle bei der Programmauslegung gespielt haben.

Die oben angestellten Beobachtungen (bes. Abschnitt II) legten auch nahe, daß es sich in Abu Simbel um zwei Dekorphasen handelt: die ursprüngliche für die in der Tempelachse gelegenen Räume D-M und die Dekoration der vorher roh belassenen Wände der Nebenräume (N-O und S-U) im Zuge des neuen Einbaus der Räume R und Q. Alle Nebenräume spiegeln eine veränderte Auffassung des Konzeptes vom vergöttlichten König wider, die auch den Nährboden für die sekundäre Hinzufügung eines Gottes-Ramses II. in vier wichtige Tableaux an der Hauptachse in den beiden Pfeilerhallen geliefert haben könnte. Wurde der vergöttlichte König in der ersten Dekorphase noch als dem Re-Harachte ebenbürtige Erscheinungsform des Sonnengottes angesehen, so scheint er nun, in zwei Fällen neben Re-Harachte, die Position einzunehmen, die in der ersten Dekorphase ausschließlich Amun vorbehalten war.

Amun bleibt aber dennoch der omnipräsente Hausherr im Tempel, eventuell mit der Verantwortung den Lauf des Nils bis nach Ägypten zu garantieren. Hierzu sind aber weitere Untersuchungen nötig.

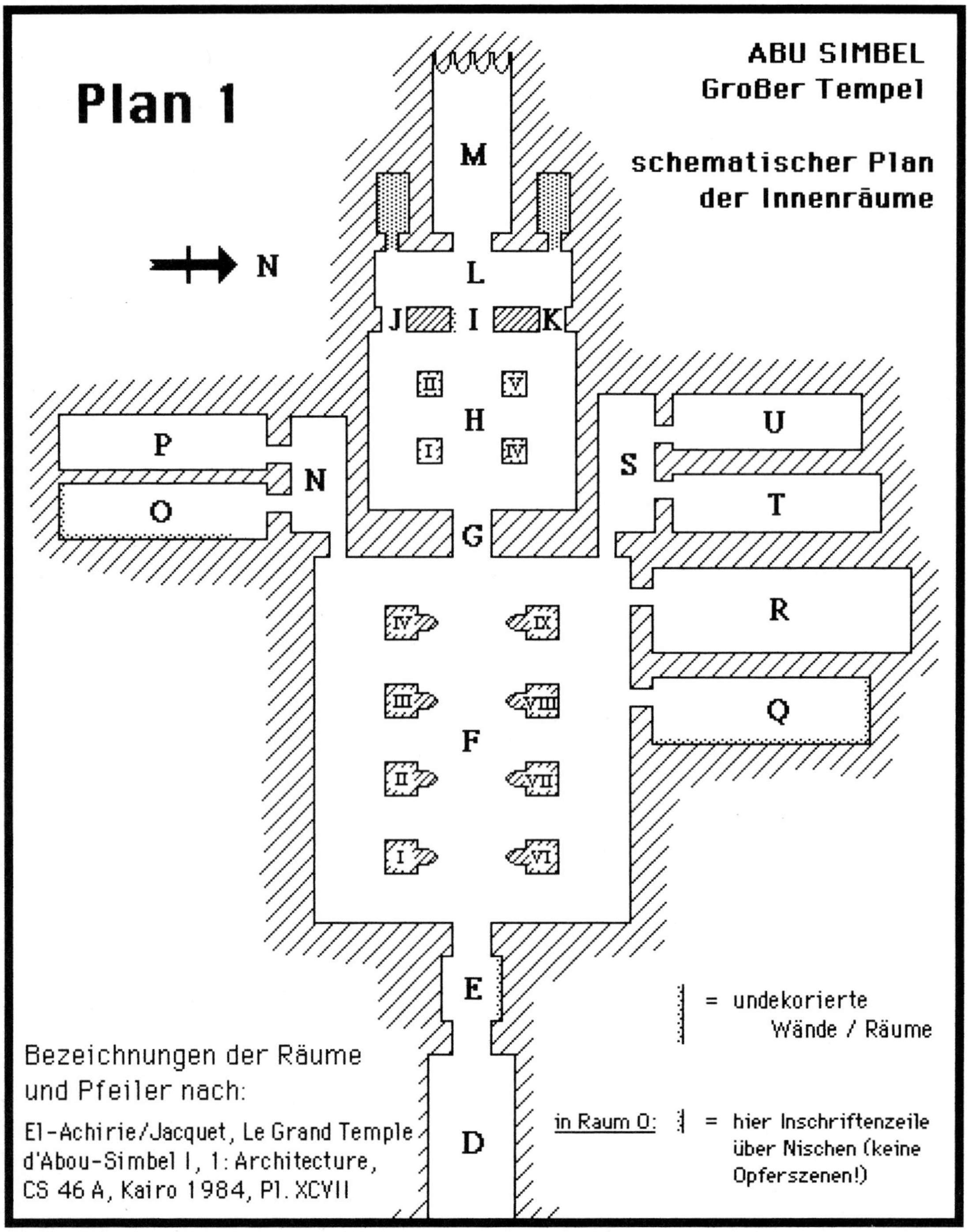
Plan 1
ABU SIMBEL
Großer Tempel
schematischer Plan
der Innenräume
N
M
L
J
I
K
H
I
II
IV
V
P
O
N
S
U
T
G
R
Q
F
I
II
III
IV
VI
VII
VIII
IX
E
D
= undekorierte
Wände / Räume
in Raum O:
= hier Inschriftenzeile
über Nischen (keine
Opferszenen!)
Bezeichnungen der Räume
und Pfeiler nach:
El-Achirie/Jacquet, Le Grand Temple
d'Abou-Simbel I, 1: Architecture,
CS 46 A, Kairo 1984, Pl. XCVII

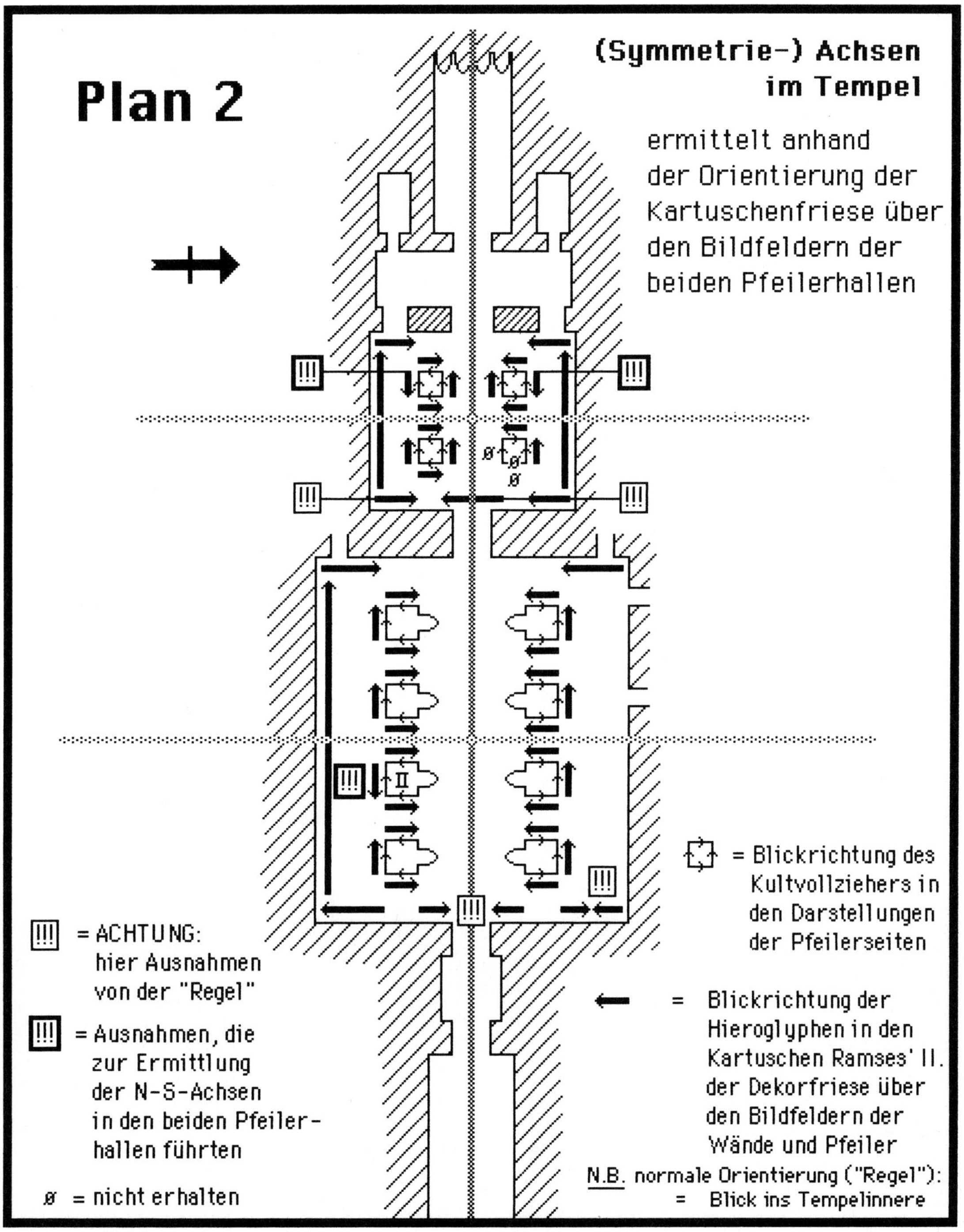
Plan 2
(Symmetrie-) Achsen
im Tempel
ermittelt anhand
der Orientierung der
Kartuschenfriese über
den Bildfeldern der
beiden Pfeilerhallen
= ACHTUNG:
hier Ausnahmen
von der "Regel"
= Ausnahmen, die
zur Ermittlung
der N-S-Achsen
in den beiden Pfeiler-
hallen führten
ø = nicht erhalten
= Blickrichtung des
Kultvollziehers in
den Darstellungen
der Pfeilerseiten
= Blickrichtung der
Hieroglyphen in den
Kartuschen Ramses' II.
der Dekorfriese über
den Bildfeldern der
Wände und Pfeiler
N.B. normale Orientierung ("Regel"):
= Blick ins Tempelinnere

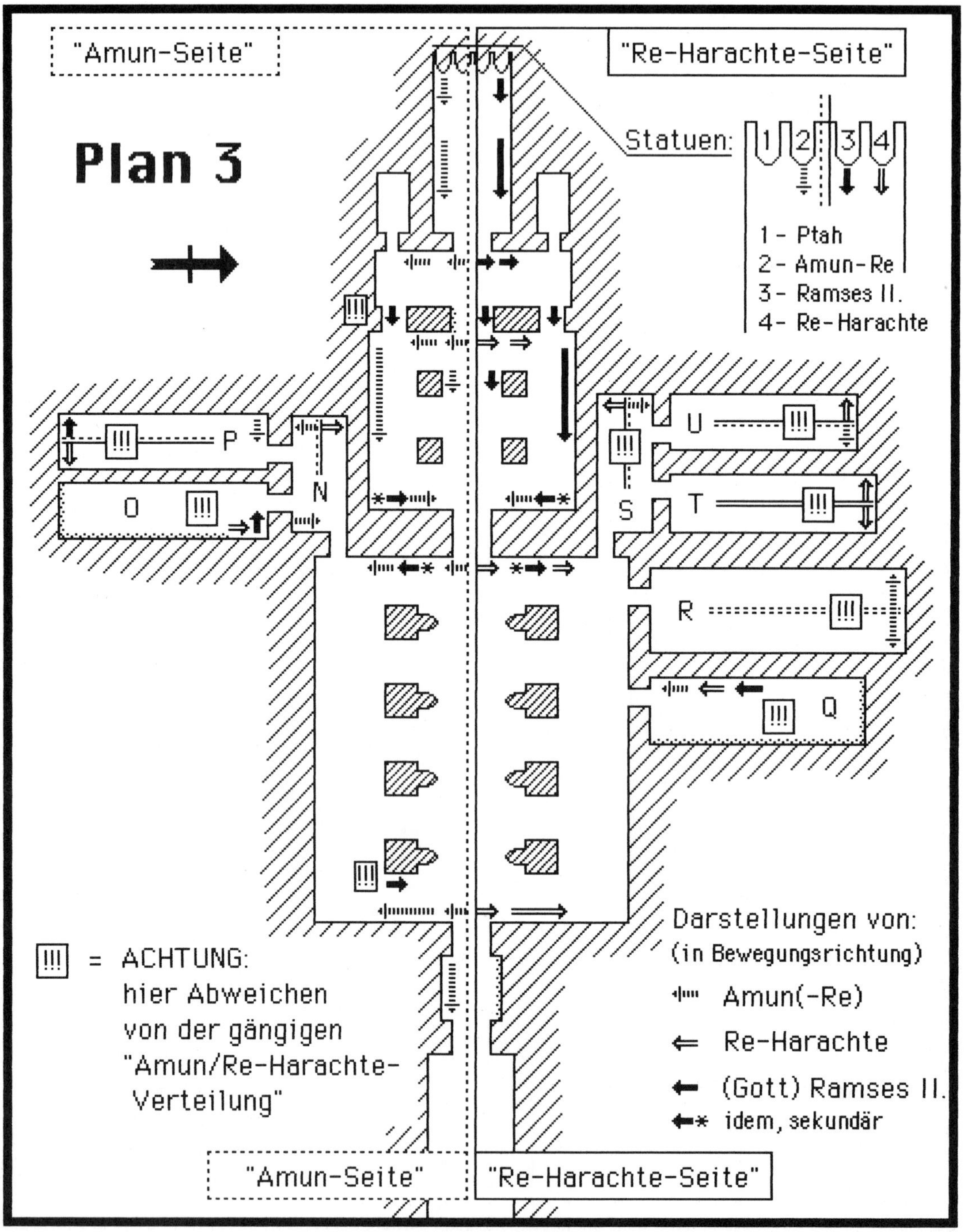
"Amun-Seite"
"Re-Harachte-Seite"
Plan 3
Statuen: 1 2 3 4
1 - Ptah
2 - Amun-Re
3 - Ramses II.
4 - Re-Harachte
P
O
N
U
S
T
R
Q
!!! = ACHTUNG: hier Abweichen von der gängigen "Amun/Re-Harachte-Verteilung"
Darstellungen von: (in Bewegungsrichtung)
Amun(-Re)
Re-Harachte
(Gott) Ramses II.
idem, sekundär
"Amun-Seite"
"Re-Harachte-Seite"

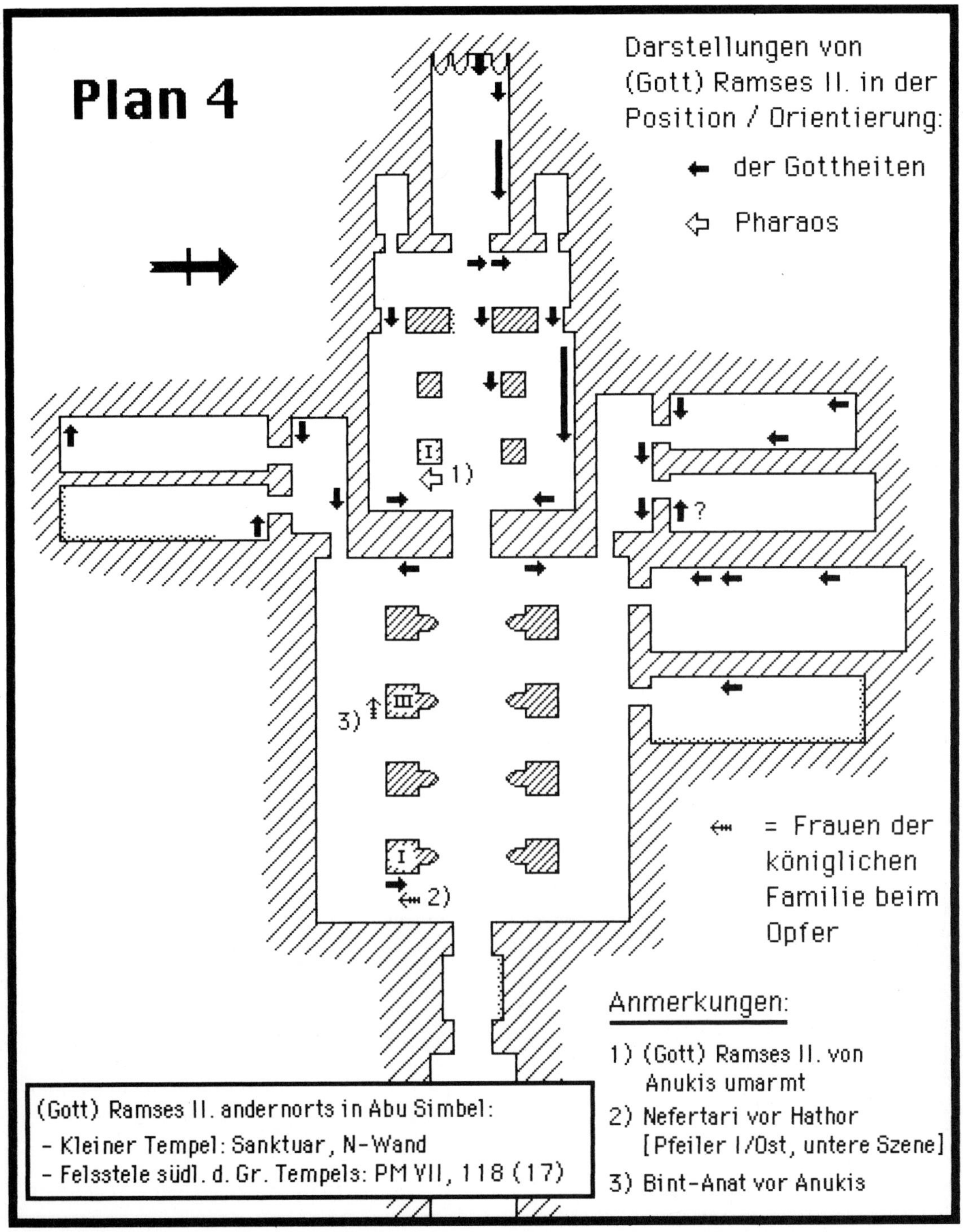
Plan 4
Darstellungen von (Gott) Ramses II. in der Position / Orientierung:
der Gottheiten
Pharaos
1)
3)
III
I
2)
= Frauen der königlichen Familie beim Opfer
Anmerkungen:
1) (Gott) Ramses II. von Anukis umarmt
2) Nefertari vor Hathor [Pfeiler I/Ost, untere Szene]
3) Bint-Anat vor Anukis
(Gott) Ramses II. andernorts in Abu Simbel:
- Kleiner Tempel: Sanktuar, N-Wand
- Felsstele südl. d. Gr. Tempels: PM VII, 118 (17)

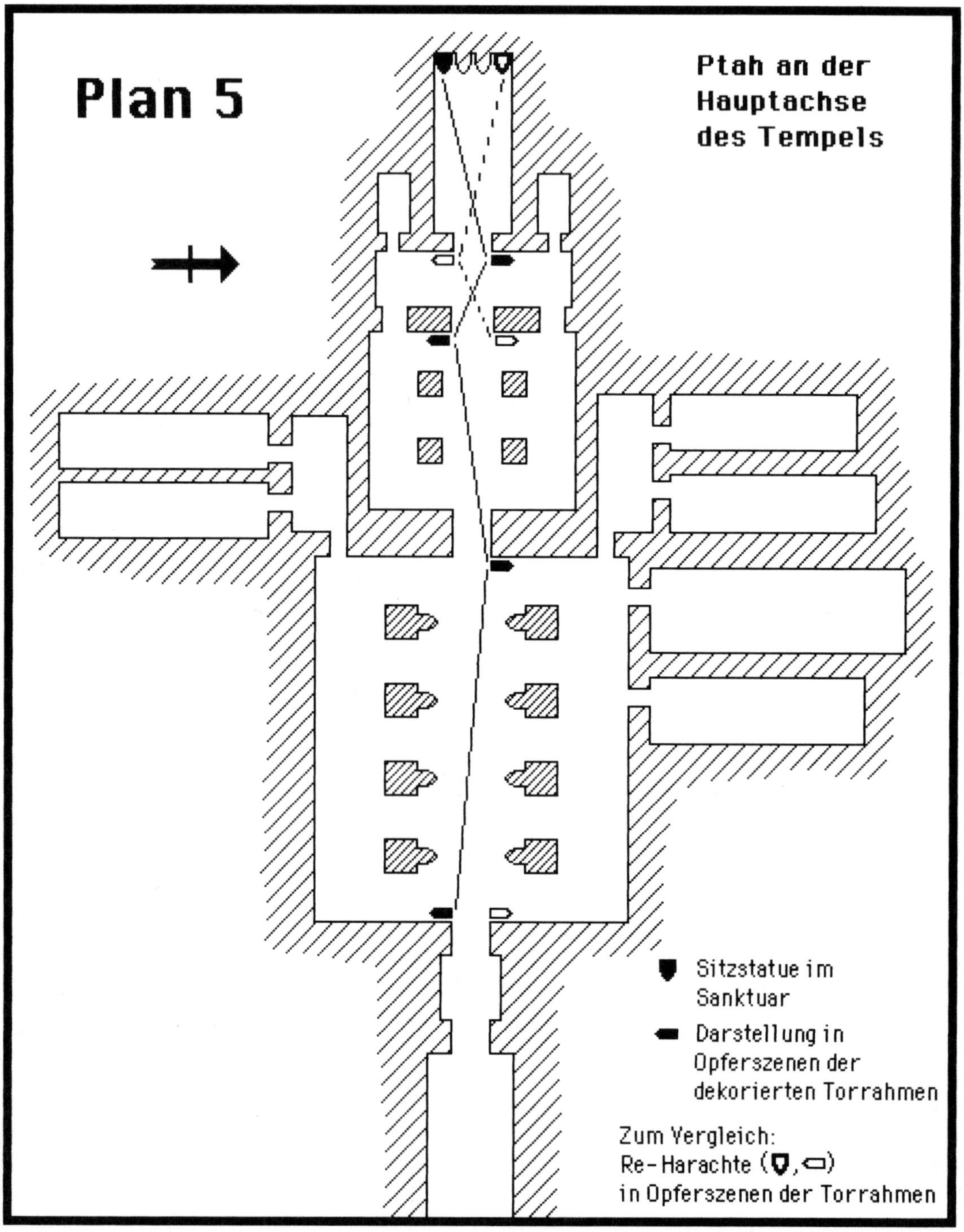
Plan 5
Ptah an der Hauptachse des Tempels
Sitzstatue im Sanktuar
Darstellung in Opferszenen der dekorierten Torrahmen
Zum Vergleich:
Re-Harachte (,)
in Opferszenen der Torrahmen

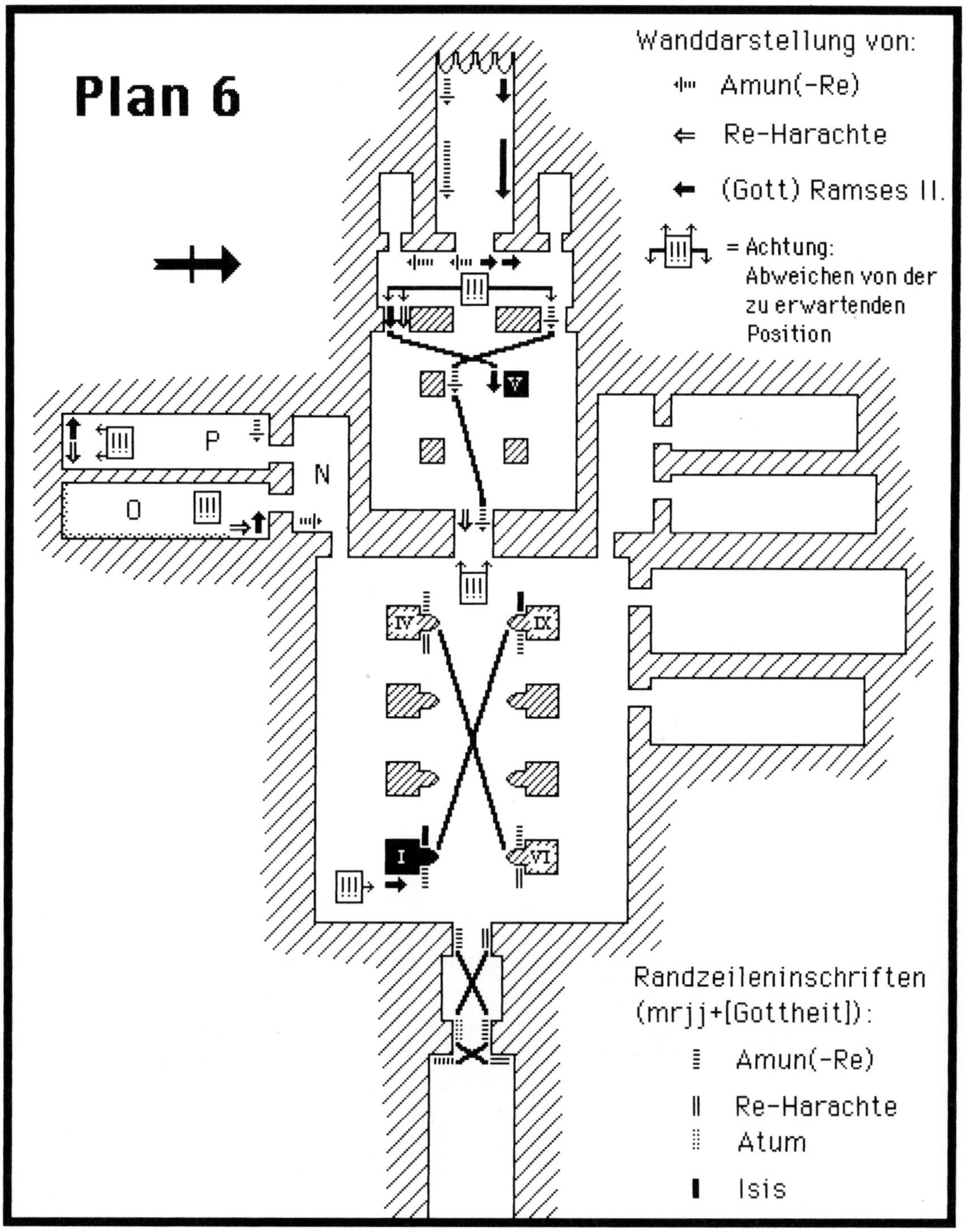
Plan 6
Wanddarstellung von:
Amun(-Re)
Re-Harachte
(Gott) Ramses II.
= Achtung: Abweichen von der zu erwartenden Position
P
N
O
V
IV
IX
I
VI
Randzeileninschriften (mrjj+[Gottheit]):
Amun(-Re)
Re-Harachte
Atum
Isis

Abb. 1: Amun dargestellt auf der Südwand des Raumes E (s. Plan 1) im Großen Tempel von Abu Simbel (Photo: C. E. Loeben)

Angelika Lohwasser

Die Darstellung der kuschitischen Krönung

Vor kurzem ist der Band HÄB 37 mit den Veröffentlichungen der Vorträge der Tempeltagungen in Berlin und Mainz erschienen. Ein Thema dabei war die Inthronisation des meroitischen Herrschers.[1] An diesen Vortrag soll hier mit einigen Bemerkungen angeschlossen werden. Das Hauptaugenmerk liegt aufgrund des Schwerpunktes der Tempeltagung 1994 "Systeme und Programme der Ägyptischen Tempeldekoration" auf der bildlichen Darstellung der kuschitischen Krönung.

Die Krönung in Ägypten ist immer wieder ein Thema in der Literatur[2], hingegen ist über die Krönungszeremonien in Kusch weniger bekannt. Erst in letzter Zeit ist ein gesteigertes Interesse an der Inthronisation der Könige von Kusch zu bemerken.

1971 beschreibt Hofmann die Krönungszeremonien der 25. Dynastie und der napatanischen Zeit.[3] Die Inthronisation wurde durch das Überreichen von Szepter und Krone durchgeführt,[4] wobei verschiedene Bezeichnungen für die Kopfbedeckungen verwendet werden. Bei den Reisen zu den Tempeln von Kawa, Tabo und Sanam holt sich der König eine zusätzliche Amtsbestätigung.

Zu den Kronen äußert sich auch Russmann,[5] die bemerkt, daß die "scullcap" mit dem Band, so wie sie Piye[6] überreicht wird, "their headdress of coronation"[7] war.

Die erste längere Auseinandersetzung mit der Inthronisation der kuschitischen Herrscher findet man bei Hakem,[8] der die Krönungsabschnitte der

---

[1] Kormysheva 1994.
[2] Vgl. z.B. Barta 1975, Barta 1980, Barta 1985, Gardiner 1953, Frankfort 1965, 105–139.
[3] Hofmann 1971, 18–25.
[4] Nach der Stele des Aspelta, Z. 23–24.
[5] Russmann 1974, 27–36.
[6] Auf der Krönungsstele des Piye; Reisner 1931, Tf. V, VI.
[7] Russmann 1974, 28.
[8] 1988, 97–104; 112–119; 131–141.

großen Königsstelen und den architektonischen Befund der "Coronation Temples" zu vereinen versucht. Der Ablauf der Krönung, insbesondere die Orte, an denen die einzelnen Teile des Ritus stattgefunden haben und die Frage der "Thronräume" gehören zu den Hauptanliegen Hakems.

Der Aufsatz von Séguenny[9] beschäftigt sich mit der "bonnet", und zwar v. a. mit den Darstellungen, in denen dieses kuschitische Herrschaftszeichen isoliert, also nicht auf dem Kopf eines Königs, gezeigt wird.

In seiner Bearbeitung der Darstellungen im Amuntempel von Naqa erwähnt Wenig auch die Krönungen, die an den Tordurchgängen dargestellt wurden.[10] Er geht jedoch nicht näher auf den Verlauf der Zeremonien ein.

Im "Meroitischen Staat I" beschäftigt sich Török mit der Krönungsreise,[11] wobei er die Durchführung von Krönungen an jeder Etappe der Reise voraussetzt. Doch "die Details der Zeremonien sind im Einzelnen unklar."[12]

1987 erscheint Töröks Zusammenstellung der "Royal Crowns of Kush", worin außer der Besprechung der Kronen[13] auch eine Auflistung von Krönungsdarstellungen der meroitischen Epoche (Musawwarat es Sufra, Naqa, Ringe der Amanishaketo) zu finden ist.[14] Es wird auch die Krönung an sich behandelt,[15] wobei festgestellt wird, daß sich die Staatskrone in einem besonderen Schrein befand und diese Krone mit dem Vorgänger oder früheren Königen in Verbindung stand. Thema sind auch die Szenen von Erwählung und Krönung in meroitischen Tempeln mit der Feststellung, nicht hinter jeder Erwählungsszene eine Krönung zu erwarten.[16] Török beschreibt auch die Krönungsreise, während der Krönungen an verschiedenen Orten stattfanden. Dieses Thema greift er 1992 nochmals auf, indem er meint, daß der König bei allen Stationen seiner Reise eine Residenz hatte und dort überall neu gekrönt wurde.[17] Er definiert diese Art von Königtum als "Ambulatory Kingship".

---

[9] Séguenny 1982.
[10] Wenig 1981, 209–210.
[11] Török 1986, 41–42.
[12] Török 1986, 41.
[13] Vgl. dazu auch die Rezension von Tomandl 1989.
[14] Török 1987, 36–39.
[15] Török 1987, 35–42.
[16] Török 1987, 40.
[17] Török 1992, 114–115.

Gegen diese Interpretation wendet sich Wenig, er nimmt vielmehr an, daß die Reise des neuen Herrschers ein Element der Legitimation war.[18] Die verschiedenen von Török genannten Städte seien nicht gleichwertige Residenzstädte, sondern Zentren verschiedener Kategorien.[19]

In der Beschreibung der Kleidung der Herrscher von Meroe bespricht Török 1990[20] den geöffneten Mantel, der die Amtsübernahme darstellen soll[21]. Török erklärt jedoch, daß nicht das Öffnen, sondern das Schließen die Investitur darstellt.[22]

1993 erscheint der Textband zum Löwentempel von Musawwarat es Sufra, in dem sich Wenig nochmals mit den Szenen der Erwählung und Krönung beschäftigt. Die meroitische Krönung wird durch Berühren am Ellbogen, Umfassen des Königs und die Übernahme des Amtes vom Vorgänger mit abschließendem Opfer vor dem Gott vollzogen.[23]

Es wurden also bereits einige Ansätze zur Beantwortung der Fragen um die Inthronisation der Herrscher von Kusch gegeben. Die erwähnte Literatur bezieht sich allerdings immer nur auf einen bestimmten Zeitabschnitt oder auf einige Details der Krönung, wie z. B. die Kronen.

Umso größer ist der Verdienst von Kormysheva, die mit dem "Inthronisationsritual des Königs von Meroe" die erste Zusammenfassung der Thronbesteigungs- und Krönungszeremonien von der 25. Dynastie bis in die meroitische Zeit bietet.[24] Sie versucht, v.a. anhand der schriftlichen Quellen den Ablauf der Inthronisation festzustellen: Nach der Prophezeiung und/oder der Wahl kommt es vor einer großen Menschenmenge zu den Krönungszeremonien.[25] Der König erhält in Napata durch das Überreichen von Szepter und Krone das Königtum.[26] Nach der Besprechung der zeremoniellen Kopfbedeckungen und der verschiedenen durchgeführten Feierlichkeiten sowie des Besuches der anderen Heiligtümer wird der Verlauf der Krönung mit den Dar-

[18] Wenig 1992, 138.
[19] Wenig 1992, 139.
[20] Török 1990, 158–160.
[21] Wenig 1993, 211.
[22] Török 1990, 159.
[23] Wenig 1993, 211.
[24] Kormysheva 1994.
[25] Kormysheva 1994, 192.
[26] Kormysheva 1994, 194.

stellungen des Taharqo in Kawa verglichen.[27] Als weiteren Bestandteil des Krönungsrituals sieht Kormysheva den Besuch der Mutter des Königs an.[28] Zuletzt werden die Krönungsdarstellungen an meroitischen Tempeln besprochen (Naqa, Musawwarat es Sufra, Meroe) und die Frage aufgeworfen, in welchen Räumen von welchen Tempeln die Krönung stattgefunden hat.[29]

Eines der wichtigsten Ergebnisse der Ausführungen ist sicher die Feststellung, daß, obwohl einige Teile aus Ägypten übernommen wurden, in diesen Inthronisationsriten lokale Besonderheiten auftreten.[30] Zu den lokalen Elementen werden die Zeremonialkappe[31] und die Darstellung der Mutter des Königs als Junmutef[32] gezählt. In der meroitischen Epoche treten allerdings weitere Veränderungen ein, was sowohl die vertretenen Götter als auch Handlungsabläufe und Kronen betrifft.

Nach Fertigstellung meines Manuskripts erschien die Pre-publication des Vortrages von Török beim Achten Nubiologenkongreß in Lille.[33] Török gibt zunächst einen Überblick über die Krönungsriten Ägyptens im Neuen Reich, danach über die Darstellungen im Kawa-Tempel.[34] Einer näheren Betrachtung unterzieht Török die Legitimation, die "Wahl" und das Orakel sowie die Investitur mit den Kronen.[35]

Um das Bild der Inthronisation des kuschitischen Herrschers abzurunden, soll hier ein Detail hinzugefügt werden, das v.a. in der 25. Dynastie und napatanischen Zeit eine große Rolle spielt, aber auch in der meroitischen Epoche noch bei Krönungsdarstellungen erhalten ist.

Dazu ist es notwendig, zuerst die uns erhaltenen Krönungsdarstellungen aus dieser Zeit vorzustellen.

---

[27] Kormysheva 1994, 198.

[28] Kormysheva 1994, 202.

[29] Kormysheva 1994, 206–207.

[30] Kormysheva 1994, 207–208.

[31] Dargestellt auf der Krönungsstele des Piye (Reisner 1931, Tf. V, VI).

[32] Im Giebelfeld der Aspeltastele (Grimal 1981, pl. V). Török spricht in seinem Kommentar zu dieser Szene in FHN I, 245, allgemeiner von Nasalsa als Priesterin. Ausführlich dazu Lohwasser in Vorb.

[33] Török 1994.

[34] Török 1994, 15–16.

[35] Török 1994, 19.

Ausgangspunkt ist der Tempel T von Kawa,[36] der von Taharqo nach seiner Krönung in Memphis erbaut wurde.[37] In diesem Tempel sind die meisten Wandbilder bis zur Brust erhalten, d.h., daß die abgebildeten Szenen besser als in jedem anderen Tempel dieser Zeit in Kusch zu verfolgen sind.

In den Räumen nördlich des Sanktuars sind nur noch im Raum H Reliefs erhalten. Dieser Raum ist durch den Inhalt der Szenen in eine nördliche und einer südliche Hälfte zu teilen. Die Bildabfolge auf W- und N-Wand[38] kann sehr gut mit Krönungsdarstellungen aus Ägypten verglichen werden:

Der Ritus beginnt an der W-Wand mit dem Treiben der 4 Kälber vor Amun-Re, dann wird der König von Horus und Thot geleitet.[39] Auf der N-Wand erkennt man die "Krönung" durch Horus und Thot mit der Doppelkrone. Die darauffolgende Szene, das Führen durch Horus und Thot zum Per-wer, scheint verkehrt angebracht zu sein: Eigentlich müßte der König in Richtung Tempelinneres gehen.[40] Nach der symbolischen Darstellung der Titulatur des neugekrönten Königs findet man zum Abschluß der N-Wand die Bestätigung der Krönung durch Amun-Re vor dem Junmutef und den Seelen von Pe und Nechen. Wir sehen also, daß wir in Kawa, Raum H, W- und N-Wand, eine typisch ägyptische Szenenabfolge einer Krönung haben.[41]

Reste einer solchen ägyptischen Krönung fand man auch in Sanam. Vergleichbar mit den oben erwähnten Darstellungen findet man am 2. Pylon von Sanam den Auszug aus dem Palast, die Reinigung des Königs durch zwei Götter und das Führen.[42] In Spuren erhalten ist auch die Szene des Junmutef vor den Seelen.[43]

---

36 Macadam 1955.

37 Kawa Stele IV, 14–16; Macadam 1949, 18–20.

38 Macadam 1955, pl. XXII a, c.

39 Es fehlen die Szenen "Verlassen des Palastes" und die "Reinigung durch Horus und Thot".

40 Dankenswerter Hinweis von A. Egberts: nach dieser Szene dürfte eine Nische sein, unter der die Titulatur des Königs angebracht ist. Möglicherweise tritt der König aus dieser Nische, dann ist die antithetische Darstellung zu erklären. - Macadam (1955, 95), der diese Wand beschreibt, erwähnt die Nische nicht, sie ist jedoch auf pl. 12 eingezeichnet. Unklar bleibt bei dieser Erkärung allerdings die Anbringung der ersten Szene dieser Wand, die Krönung durch Horus und Thot, die in Richtung Tempelinneres weist.

41 Vgl. in Ägypten z. B.: Hatschepsut, Chapelle Rouge (Lacau/Chevrier 1979, pl. 2, 3, 11, 14); Hatschepsut, Deir el Bahari (Naville 1898, pl. LIX, LX, LXI); Thutmosis III, Buhen (Caminos, 1974, pl. 46); Amenophis III, Luxor - Geburtsraum; Sanktuar Philip Arrhideius Karnak (Gardiner 1950, pl. II). Siehe auch die Beschreibungen der Krönung von Barta (1975, 46–50); Barta (1980, 49–51); Frankfort (1965, 105–109); Gardiner (1953, 24–28); Altenmüller-Kesting (1968, 215).

42 Griffith 1922, pl. XLI.2.

43 Griffith 1922, pl. XLII.2.

Auch auf einem Bau des Taharqo in Ägypten, nämlich der Ost-Kolonnade in Karnak, sind Szenen der Krönung dargestellt. Auf den Interkolumnien findet man das Treiben der Kälber,[44] das Verlassen des Palastes,[45] die Reinigung durch Horus und Thot,[46] das Umarmen durch Horus und Thot,[47] die Krönung durch die beiden Götter,[48] die Anerkennung des neuen Königs durch das Berühren am Kopf[49] und die Seelen.[50] Auch im Giebelfeld der Inthronisationsstele des Aspelta[51] ist diese Szene dargestellt: Amun berührt den vor ihm knienden König Aspelta am Kopf, auf der anderen Seite steht die Königsmutter Nasalsa in der Funktion des Junmutef.[52]

Zurück zum Tempel T von Kawa. Wie oben gezeigt, ist im Raum H auf der W- und der N-Wand die ägyptische Krönung dargestellt. Doch nicht der ganze Raum H ist so ägyptisch. Auf der S-Wand sieht man eine Szene, die unten näher besprochen werden soll: Das Opfern von Maat, Pektoral und Kette vor Amun[53] (Abb. 1). Danach wird der König vom thronenden Amun umarmt.[54]

Diese zwei Szenen finden wir nochmals in der südlichen Hälfte des Tempels, im Pendant zu Raum H, den Räumen D/E. Leider sind die Darstellungen, die in diesen Räumen (außer auf der W-Wand) in versenktem Relief gearbeitet sind,[55] sehr schlecht erhalten. Macadam[56] nimmt an, daß die Räume D/E nicht überdacht waren, Hakem[57] glaubt jedoch, daß alle meroitischen "Thronräume" dieser Art überdacht waren. Die Reliefs zeigen an der S-Wand in Raum E das Opfern von Pektoral und Kette[58] (Abb. 2). Die Szene, nur zum Teil erhalten, ist durch die Inschrift als "Schenken des Pektorals" determiniert. Aus der Zeit Harsiotefs existieren sekundär hinzugefügte

---

[44] Eγ3; Leclant 1953, Fig. 9.
[45] Fragm. A; Leclant 1953, Fig. 15, 16.
[46] Eδ2; Leclant 1953, Fig. 13.
[47] Eγ'4; Leclant 1953, Fig. 12.
[48] Eα3 und Eβ'3; Leclant 1953, Fig. 3, 6.
[49] Fragm. C/2; Leclant 1953, Fig. 20.
[50] Eα5; Leclant 1953, Fig. 4.
[51] Kairo JE 48866; Grimal 1981, pl. V.
[52] Kormysheva 1992, 3; Kormysheva 1994, 196; ausführlich dazu Lohwasser in Vorb.
[53] Macadam 1955, pl. XXI c.
[54] Macadam 1955, pl. XXII b.
[55] Macadam 1955, 96.
[56] 1955, 96.
[57] 1988, 115.
[58] Macadam 1955, pl. XXI b.

Bilder, die den König beim Opfer von Pektoral und Kette zeigen und somit den Inhalt nochmals veranschaulichen. Auf der gegenüberliegenden N-Wand steht ein opfernder König vor einem Gott, wahrscheinlich Amun, dahinter drei Göttinnen.[59] Alle drei halten ein Was-Szepter und ein Anch in den Händen, Beischriften sind leider keine mehr erhalten. Möglicherweise kann man diese Szenen jedoch parallel zu einer im Taharqo-Kiosk in diesem Tempel ergänzen, dort stehen hinter Amun Anukis Netji, Satis und Anukis Ba.[60] Diese Identifizierung erscheint mir als ziemlich wahrscheinlich, da Anukis und Satis auch im Tempel B von Kawa dargestellt[61] und noch im meroitischen Pantheon enthalten sind.[62] Was der König in dieser Szene allerdings opfert, können wir nicht mehr nachvollziehen.

In der Erweiterung des Raumes E, in Raum D, finden wir eine der interessantesten Darstellungen des Tempels: Vor dem thronenden Amun stehen der König im Priesterfell[63] und eine ebenfalls mit diesem Ornat bekleidete Frau, deren beachtliche Körperausmaße bereits an die in der meroitischen Zeit üblichen Frauendarstellungen denken lassen.[64] Der König im Pantherfell zeigt den Herrscher als obersten Priester. Wenig[65] nimmt an, daß der König die Funktion als Priester erst nach der Krönung wahrnehmen kann, die chronologische Abfolge kann im Wandbild des Raumes D/E jedoch nicht nachvollzogen werden. In der Inschrift hinter dem Paar ist das Übergeben der beiden Federn und des Uräus erwähnt, ebenso das Erscheinen als König, Ausdrücke, die sich auch auf die Krönung beziehen. Schließlich, in der letzten Szene, sehen wir einen thronenden Gott - wahrscheinlich Amun - und einen ihn teilweise verdeckenden König. Es dürfte sich also um das Umarmen des Königs durch den thronenden Amun handeln, wie wir es bereits im Raum H gesehen haben. Das Umarmen des Königs durch einen Gott ist in der meroitischen Zeremonie als Krönung anzusehen.[66] Möglicherweise hat dieser Akt bereits in der 25. Dynastie die Bedeutung als "Annahme des neuen Königs durch Amun." In

[59] Macadam 1955, pl. XX c.

[60] Macadam 1955, 97, pl. XVII e.

[61] Macadam 1955, pl. VI c, d.

[62] Onasch 1993, 253–254.

[63] Diese Szene ist bei Wenig (1964, 78.b) nicht erwähnt, siehe aber bei Wenig 1993, 157–158; Török 1990, 153; Wolf 1987, 17; Nicht beachtet bei Staehlin 1966, 64: "In der Bekleidung des Herrschers selber fehlt das Pantherfell in historischer Zeit ganz."

[64] Macadam 1955, pl. XXI a.

[65] Wenig 1981, 209.

[66] Wenig 1993, 211.

diesem Fall wäre die Szene parallel zu setzen mit der Darstellung im Raum H, wo der Gott die Krönung durch Handauflegen akzeptiert. Das Umarmen des Königs in der Zeremonie der kuschitischen Krönung wäre somit die Anerkennung des neuen Königs durch den Gott.

Erwähnenswert ist, daß alle Szenen in diesen beiden Räumen auf die W-Wand (also aus dem Tempel heraus) gerichtet sind. Vor der W-Wand ist ein Stufenpodest, wahrscheinlich für einen Thron, erhalten. Die Darstellungen auf dieser Wand zeigen uns antithetisch den König bei der Libation vor dem thronenden Amun.[67] Dieser Raum wird auch als "Coronation hall" bezeichnet.[68] Leider haben wir von keinem weiteren der sogenannten "Krönungstempel", nämlich B 500, Sanam, Tabo und auch Amun-Tempel Meroe, das entsprechende Wandrelief erhalten. Jedoch kann man die Struktur dieser Tempel vergleichen und stößt bei allen auf eine architektonische Besonderheit: In einem der hinteren Räume,[69] der ähnlich dem in Kawa konstruiert ist, nämlich mit einer säulengestützten Verbreiterung, steht ein Thronuntersatz. Dieser ist immer so ausgerichtet, daß der, der darauf sitzt - ob König od. Götterfigur - nach Osten blickt. Diese Räume mit dem Thronuntersatz stehen höchstwahrscheinlich mit der Krönung in Verbindung.[70] Auch die Wandbilder sprechen für einen Zusammenhang mit der Krönung.[71]

Wir haben also im Tempel T von Kawa in den hinteren Räumen mehrere Bildfolgen der Krönung, im Raum H in der nördlichen - also "ägyptischen" Hälfte - das ägyptische Bildprogramm einer Krönung, auf der südlichen - "nubischen" - Hälfte und in den Räumen D/E (der südlichen Tempelhälfte) die kuschitische Krönung.

Es gibt jedoch noch weitere Darstellungen der Krönung in diesem Tempel: Im Schrein des Taharqo findet sich die bereits öfter erwähnte Szene des Opfers von Maat, Pektoral und Kette wieder, diesmal zusätzlich mit einem Kuchen oder Brot.[72] Anders als bei den oben beschriebenen Darstellungen dieses Opfers steht der König nicht nur vor Amun, sondern hinter dem widderköpfigen Amun stehen Anukis Netji, Satis und Anukis Ba.

---

67 Macadam 1955, pl. XX a.

68 Hakem 1988, 138.

69 Gut zu erkennen bei der Zusammenstellung Hakem 1988, 110, Abb. 12.

70 Hakem 1988, 117 ff; Kormysheva 1994, 206.

71 C. Traunecker vermutet in den Kammern D und E des Tempels Kawa T eine Vorform der ptolemäischen Wabet, s. dazu sein Referat im vorliegenden Band, 272 ff.

72 Macadam 1955, pl. XVII e.

Auf der Wand des Aspelta bringt der König, beide Male mit dem Pantherfell als oberster Priester gekennzeichnet, auf der W-Wand dem widderköpfigen Amun von Kawa und der Anukis eine Maatfigur dar - Pektoral und Kette, die dazugehören, fehlen diesmal.[73] Amun hält einen Dolch mit Löwenkopf vor den König hin.[74] Auf der O-Wand erhält Aspelta vom menschenköpfigen Amun und von Mut Leben, Dauer und den Doppeluräus auf einem Stab.[75] Kormysheva[76] erkennt diese Gaben als Symbole von Königtum und Militärstärke; Amun von Kawa muß auch die Inthronisation bestätigen.

Auch im Schrein des Aspelta in Sanam sind vergleichbare Szenen zu erkennen: Der König steht im Pantherfell vor einem Gott, bzw. von einem Gott umarmt,[77] ebenso zeigt der Schrein des Taharqo in Sanam eine Umarmung durch einen Gott.[78]

Möglicherweise sind diese Schreine, die in den Höfen von Kawa und Sanam stehen, auch mit der Krönung in Verbindung zu sehen. Auf der Nastasenstele[79] finden wir im Giebelfeld zu der hinter dem König stehenden Pelcha folgende Beischrift:[80] "Schwester eines Königs, Mutter eines Königs, Fürstin von Kusch, Pelcha. Ihr wurde die Krone von Napata gegeben, weil ihr Vater die Kapelle der Königskappe des Re-Harachte befestigt hat."[81] Vielleicht ist die auf der Nastasenstele erwähnte Kapelle vergleichbar mit den oben erwähnten Schreinen. Sowohl die "Kapelle der Königskappe des Re-Harachte" als auch die Schreine von Taharqo und Aspelta in Kawa T und Sanam stehen anscheinend in engem Zusammenhang mit der Krönung.

Teile der Szenenfolgen einer Krönung finden wir auch im Tempel B 300 am Gebel Barkal, nämlich den König beim Opfer von Pektoral und Kette vor der thebanischen Triade, Min und Horus.[82]

---

73 Macadam 1955, pl. XVIII a.

74 Diese Szene ist häufig in Ägypten, z. B. Philae: Junker 1958, Abb. 37; Edfu: Chassinat 1960, pl. CXVII; siehe auch Belegstellen des WB III, 270.2.

75 Macadam 1955, pl. XVIII b.

76 1994, 198.

77 Griffith 1922, pl. XLIV.

78 Griffith 1922, pl. XLIII.

79 Berlin Inv. Nr. 2268.

80 Schäfer 1901, 89.

81 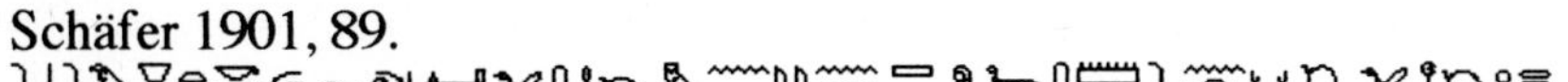.
Übersetzung Priese 1991, 258; zur Rolle der Königsmutter in diesem Zusammenhang siehe Kormysheva 1992; Lohwasser, in Vorb.

82 Robisek 1990, Raum B 305, N-Wd.

Es wurde nun immer wieder auf die Besonderheit des Opfers von Pektoral und Kette hingewiesen. Meiner Meinung nach steht dieses Opfer in sehr engem Zusammenhang mit dem Empfang der Kronen.[83] Wir finden es im Tempelbildprogramm in den Szenenfolgen, die die Krönung zum Inhalt haben. Jedoch ist das Vorkommen dieser Szene nicht auf Wandreliefs von Göttertempeln beschränkt, sondern das Opfer von Pektoral und Kette wird auch auf den Stelen der Könige dargestellt. Auf den Giebelfeldern der Stelen, die die Inthronisation von kuschitischen Herrschern beschreiben, findet man immer wieder die Darstellung dieser Handlung.

Die erste Stele dieser Art ist die Krönungsstele des Piye[84] (Abb. 3): Der König steht vor Amun, opfert Pektoral und Kette und erhält dafür die Rote Krone und die Kuschitenkappe. Es ist also explizit ausgesagt, daß der König als Gegenleistung für sein Opfer von Pektoral und Kette die Kronen - in Form der Roten, unterägyptischen, also nördlichen, und der Kuschitenkappe, also südlichen Krone - bekommt. Auch der Text im Giebelfeld, eine Rede Amuns, handelt von der Übergabe des Königtums. So ungewöhnlich diese Stele Piyes auch ist - der König und dessen Name wurden bei einer Restaurierung wieder eingemeißelt - so zeigt gerade diese Überarbeitung, daß Piye ganz bewußt in dieser Szene gezeigt werden sollte. Der Erhalt der Kronen wird dargestellt, und Piye opfert nicht das "Opfer der Opfer", die Weltordnung Maat, sondern sicher nicht zufällig Pektoral und Kette. In dieser Darstellung kann man den Zusammenhang Opfer Pektoral und Kette - Krönung so deutlich wie sonst nirgends erkennen.

Von Schabaqo und Schebitqo sind keine Denkmäler dieser Art erhalten. Von den vielen Taharqo-Stelen steht nur Kawa V[85] in direktem Zusammenhang mit der Krönung, auf dem Giebelfeld ist jedoch nicht das Opfer Pektoral und Kette dargestellt.[86] Die aus Kawa T und B 300 besprochenen Szenen des Opfers von Pektoral und Kette stammen von Taharqo.

---

[83] Vermuteter Zusammenhang zwischen Pektoral und Krönung bzw. Hebsed auch in Ägypten: Feucht-Putz 1967, 61–77, vgl. auch Gamer-Wallert 1983, 218, Anm. 259. Zum Pektoralopfer in Ptolemäischer Zeit siehe Graefe 1979 und 1991.

[84] Khartoum Nr. 1851; Reisner 1931, Stele Nr. 26, Tf. V, VI.

[85] Macadam 1949, 22–32; pl. 9, 10.

[86] Im Giebelfeld die antithetische Szene: Taharqo ein Spitzbrot bzw. Nu-Töpfe opfernd vor dem widder- bzw. menschenköpfigen Amun, hinter dem König seine Mutter Abalo, Sistrum rasselnd.

Auch die Traumstele des Tanwetamani[87] (Abb. 4) zeigt uns im Giebelfeld dieses Opfer:[88] Auf der einen Seite opfert der König Maat, auf der anderen Pektoral und Kette. Diese Stele beginnt mit dem Traum des Tanwetamani, daß er Ägypten wieder von den Assyrern zurückerobert. Er wird zum König gekrönt und zieht nach Ägypten. Auch hier also wieder die Verbindung der Giebelfelddarstellung Opfer von Maat, Pektoral und Kette und dem Inhalt der Stele, Krönung und Beginn der Regierung.

Von den ersten napatanischen Königen haben wir so gut wie keine Quellen. Die Stele des Anlamani,[89] die auf der linken Seite des Giebelfeldes das Opfer von Maat zeigt, ist leider auf der rechten Seite zerstört. Man könnte vielleicht parallel zur Traumstele auf der anderen Seite das Opfer von Pektoral und Kette erwarten. Die rechte Seite wurde von Macadam[90] mit einem Fragment ergänzt, auf dem noch die Atefkrone und Reste einer Geißel zu sehen sind. Damit wäre der König als Osiris dargestellt, was ein Opfer von Pektoral und Kette ausschließt. Es zeigte sich jedoch bei der Überprüfung am Original, daß die Zeichnung von Macadam gerade hier einen Fehler beinhaltet: Der König trägt zwar eine Atefkrone[91] über einer runden Perücke oder Kappe, die von Macadam gezeichnete Geißel erweist sich aber als Band, das am Hinterkopf vom Diadem herabhängt. Es gibt also keinen Widerspruch zur Möglichkeit einer Ergänzung der Szene mit dem Opfer von Pektoral und Kette.

Zwei weitere große Königsstelen, die mit der ausführlichen Beschreibung der Inthronisation beginnen, sind die Stelen von Harsiotef[92] (Abb. 5) und Nastasen[93]. Auf beiden Giebelfeldern wird diese Szene dargestellt,[94] bei beiden Stelen ist ausführlich die Inthronisation beschrieben. Der Inhalt dieser Stelen wurde bereits mehrmals untersucht, zuletzt von Kormysheva,[95] sodaß hier darauf verzichtet werden kann.

Auch die Stele des Tanyidamani[96] dürfte in diese Reihe gehören. Der Text ist in meroitisch abgefaßt, sodaß wir den Inhalt nicht kennen. Doch die

---

[87] Kairo JE 48863.

[88] Grimal 1981, pl. I.

[89] Kawa VIII; Kopenhagen, NCG, ÆIN 1709.

[90] 1949, pl. 15, 16.

[91] Die Atefkrone kommt bei den kuschitischen Königsdarstellungen mehrmals vor, z. B. Kawa T, Schrein des Taharqo, Eingangswand; vgl. Török, 1987, 16–17; Wolf 1987, 10–11.

[92] Kairo JE 48864.

[93] Berlin Inv. Nr 2268.

[94] Harsiotef: Grimal 1981, pl. X; Nastasen: Schäfer 1901, Tf. I.

[95] 1994, 193–196.

[96] Boston MFA 23.736; siehe Hintze 1960.

Szenen im Giebelfeld[97] geben uns darauf einen Hinweis: Auf der einen Seite sehen wir den König im Pantherfell als obersten Priester auf einem Feind stehend zwischen dem menschenköpfigen und widderköpfigen Amun, der König im Hochrelief, die Götter sind eingeritzt. Auf der anderen Seite sind zwei Szenen, aber nicht antithetisch angeordnet, wie es sonst bei den Kuschiten üblich ist, sondern die zwei Szenen sind hintereinander gereiht: Zuerst sehen wir den König vor Amun und Mut beim "Erschlagen der Feinde".[98] Der König ist also in seiner Funktion als Vertreiber des Chaos und Bewahrer der Maat gezeigt. Die symbolische Darstellung dieses Ritus der Herrschaftserhaltung[99] ist bei den meroitischen Herrschern eine oft gewählte Szene. Meist trifft man sie monumental auf Pylonen an,[100] auf dieser Stele ist sie im Verbund mit einer anderen Darstellung. Die zweite Szene zeigt den König beim Opfer des Pektorals, das an einer Kette hängt, und zwei Nu-Töpfen. Auch hier wäre die symbolische Darstellung einer Krönung anzunehmen.

Wir haben hier den König in den drei wichtigsten Funktionen, die zur Erlangung und zur Erhaltung der Herrschaft nötig sind: König als oberster Priester, als Chaosbekämpfer und bei dem für die Inthronisation wichtigen Opfer. Auch wenn auf dieser Stele eindeutig der kriegerische Aspekt dominiert - die Inschrift wird auf der Vorderseite von einem großen liegenden Feind, auf der Rückseite von vier Gefesselten oben begrenzt - so ist doch auch diese Stele ein weiteres Zeugnis für die Krönung.

Im Tempel von Sanam wurde eine kleine Kalksteintafel gefunden, die leider sehr abgerieben ist.[101] Doch ist darauf ein König zu erkennen, der Pektoral und Kette opfert. Er ist mit einem langen Gewand bekleidet, über dem ein Pantherfell liegt (der Kopf ist an der Hüfte des Königs sichtbar). In seinen Händen hält er eine lange Kette und ein Pektoral. Ein Gott, dem diese Gaben dargebracht werden sollten, ist nicht abgebildet. Möglicherweise ist dieses Täfelchen, vergleichbar mit einem Gedenkskarabäus, aus Anlaß einer Krönung hergestellt worden, vielleicht um an die Krönung eines kuschitischen Herrschers zu er-

[97] Hintze 1960, 128–131, pl. XXXI.

[98] Siehe dazu Hintze 1960, 129, Anm. 12.

[99] Barta 1975, 97–104.

[100] Z. B. Löwentempel Naqa, Gamer-Wallert 1983, Tf. 1–4, 8–12 - Beg. N.6, Chapman/Dunham 1952, pl. 17 - Beg. N. 19, Chapman/Dunham 1952, pl. 22. Nicht monumental die Sandsteintafel des Arikankharor (Worcester Museum 1922.145), Wenig 1978, 203, Nr. 125. Zum "Erschlagen der Feinde" in meroitischer Zeit siehe Gamer-Wallert 1983, 178–183.

[101] Griffith 1922, 89, pl. XVIII.5.

innern. Es könnte aber auch als symbolische Gabe verstanden werden - wir wissen ja nicht, ob das Opfer von Pektoral und Kette je real vollzogen wurde.

Als Krönungsdarstellung aus meroitischer Zeit sind v.a. die Säulen von Musawwarat es Sufra vor dem Zentraltempel der großen Anlage zu nennen.[102] Man sieht hier auf Säule 7 die für die meroitische Zeit typische Erwählung - das Berühren am Ellbogen - und das Umarmen durch den Gott mit dem Überreichen der Krone, also die Krönung.[103] Auf Säule 10 finden wir das Öffnen des Gewands. Mit dieser Handlung wird die Übernahme des Königtums symbolisiert.[104] Auf der selben Säule finden wir wieder das Opfer des Pektorals vor Amun und Mut (?). Es ist hier also anzunehmen, daß auch in der meroitischen Epoche das Überreichen des Pektorals in engstem Zusammenhang mit der Krönung steht.

Eine andere Aussage dürfte jedoch für das Pektoral-Opfer auf der Säule 8 des Natakamani-Tempels in Amara zutreffen.[105] Der König steht (im dritten Register) ein Pektoral opfernd vor einem menschenköpfigen Gott mit Hemhemkrone.[106] Keine weitere der erhaltenen Szenen läßt auf eine Krönung schließen, sodaß in diesem einen Fall, sofern die Zeichnung von O. Gregori von der nicht mehr erhaltenen Säule richtig ist, das Darbringen des Pektorals als Opferszene im Sinne einer "Realhandlung"[107] anzusehen ist.

An der westlichen Hälfte der südlichen Innenwand des Löwentempels Naqa ist die königliche Familie bei einem Opfer vor einem Gott (Chnum?[108]) und Satis dargestellt.[109] Die Kandake zwischen Prinz und König hält in der linken Hand "einen heute größtenteils abgewitterten Gegenstand, von dem an der Hand der Teil einer Kugel und, tief unten, aus einer Lücke herausragend, die Beinchen des bekannten göttergestaltigen Mittelanhängers der königlichen Kugelkette auszumachen sind."[110] Diese "schwere Kugelkette" wird dem Götterpaar dargebracht.[111] Es erscheint mir jedoch nicht wahrscheinlich, daß als

[102] Wenig 1993, Abb. 58, 192.
[103] Wenig 1993, 211.
[104] Wenig 1993, 211, Onasch 1993, 262, 265.
[105] Wenig 1977, Tf. 10, 11; LD V, 70a.
[106] Von Wenig 1977, 469–472 nicht näher identifiziert.
[107] Zu der Einteilung der Opferszenen in "Realhandlung", "Kultgerät", "Scheingerät" und "Sinnbild" siehe Graefe 1993, 144–145.
[108] Gamer-Wallert 1983, 78.
[109] Gamer-Wallert 1983, Tf. 57, 58, Bl. 10b.
[110] Gamer-Wallert 1983, 77.
[111] Gamer-Wallert 1983, 122.

Mittelanhänger, von dem noch die Füße einer Gottesfigur zu sehen sind, ein Pektoral gedient hat,[112] da zumindest ein die Götterfigur umschließendes Rechteck eines naosförmigen Pektorals zu sehen sein müßte. Es ist also nicht anzunehmen, daß es sich bei dieser Szene um ein tatsächliches Pektoralopfer, wie es die oben beschriebenen sind, handelt. Auch läßt sich hier kein Zusammenhang mit einer Krönung sehen.

Auf zwei Pektoralen aus dem Grab des Königs Amaniastabarqo in Nuri (Nu. 2) finden wir den König in einer außergewöhnlichen Szene dargestellt:[113] Der Gott (einmal der menschenköpfige Amun, einmal der falkenköpfige Re) hält mit der vorderen Hand dem König Leben, Dauer und Macht an die Nase, seine hintere Hand hält den König an der Hand. Die vordere Hand des Königs ist zum Gott erhoben. Diese Haltung wird normalerweise für das "Führen in den Tempel" gezeigt, jedoch sind dabei die Füße und Beine des Gottes vom König abgewandt. Es gibt in Ägypten häufig diese Darstellung, wo der König so vom Gott empfangen wird,[114] doch fehlt dafür bis jetzt ein Beleg für die napatanische oder meroitische Zeit. Möglicherweise gehören diese Pektorale auch zum Ornat des Königs, das ihn zum Eintritt in den Tempel berechtigte. Diese Haltung wäre aber auch mit der Krönung der kuschitischen Könige in Verbindung zu bringen: Wenig[115] beschreibt die "Erwählungsszene" - der Gott faßt den König am Ellbogen, die Füße überschneiden sich - und die "Krönung" - der Gott umfaßt den König an den Schultern. Auf den Pektoralen sehen wir, daß Gott und König in Distanz zueinander stehen, der Gott den König jedoch an der Hand faßt. Kann man diese Szene noch vor die "Erwählung" setzen und somit dem meroitischen Krönungsritual zuweisen? Durch den nur einmaligen Beleg dieses Aktes bei den Kuschiten und durch die vielen Parallelen in Ägypten, die alle in einem anderen Zusammenhang stehen, kann hier keine über eine Vermutung hinausgehende Antwort gefunden werden.

---

[112] Gamer-Wallert 1983, 218, Anm. 259.

[113] Keimer 1951, pl. VIII; Dunham 1952, pl. XIII (dort beide abgebildet).

[114] Z. B. Sethos I, Tempel Abydos: Gardiner 1958, pl. 22 (südl. Türlaibung), 73 (Säule 7.A NE), 74 (Säule 8.A SE), 75, (Säule 9.A NE), 76, (Säule 10.A NE), 78, (Säule 12.A SW); Ramses II, Karnak, Schwaller de Lubicz/de Miré/Lamy 1982, 224; 25. Dynastie Kapelle des Osiris Heka-Djet in Karnak, Schwaller de Lubicz/ de Miré/Lamy 1982, 234; Ptolemäisch: Philae: Junker 1958, Abb. 84, 85; Edfu: Rochemonteix/Chassinat 1897, pl. XXIb; XXXIIb.

[115] 1993, 211–212.

Das Opfer von Pektoral und Kette tritt immer wieder als Symbol der Krönung auf. Das weist darauf hin, daß für den Erhalt der Kronen ein solches Opfer - zumindest in der Darstellung - Voraussetzung war. Am deutlichsten wird dies auf der Piye-Stele gezeigt: Der König, indem er Amun dieses Opfer darbringt, erhält vom Gott die Kronen. Diese Szene, die dann im Giebelfeld der großen Königsstelen, die ja mit der Krönung beginnen, dargestellt wird, ist meiner Meinung nach die komprimierte Darstellung der Krönung überhaupt. So ist es auch nicht verwunderlich, daß in den meisten Fällen zusammen mit Pektoral und Kette eine Maatfigur geopfert wird. Das Bringen von Maat kann "... geradezu als Definition des Königtums eintreten."[116]

Offenbleiben muß die Frage der Symbolik von Pektoral und Kette. Die Kette könnte eine typische meroitische Kugelkette sein, die in der Kerma-Kultur auftaucht[117] und in meroitischer Zeit von der königlichen Familie getragen wird. Das Pektoral ist ein altes ägyptisches Schmuckstück und hängt auch dort mit der Krönung zusammen.[118] Piye bekommt als Gegengabe für Pektoral und Kette die ägyptische Rote Krone und die Kuschitenkappe. Auf den Säulen in Musawwarat es Sufra opfert der König nur ein Pektoral und bekommt dafür nur die Rote Krone. Ob aber das ägyptische Pektoral für die ägyptische Rote Krone und somit für die Herrschaft über Ägypten, die meroitische Kugelkette für die Kuschitenkappe, also der Herrschaft über Kusch, steht, kann bei der mageren Beleglage nicht bestätigt werden.

Nun sollen auch die Beischriften zu diesen Darstellung erwähnt werden. Wenn nur Pektoral und Kette geopfert werden, nennt die Beischrift das "Geben eines wḏ3w" in folgenden Schreibungen:

Kawa T, Raum E: 

B 305, N-Wand: 

Tanwetamani Traumstele: 
(Giebelfeld rechts)

Nastasenstele: 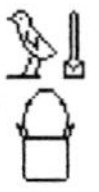
(Giebelfeld beide Seiten)

Werden Pektoral und Kette jedoch zusammen mit Maat geopfert, so wird nur letztere in den Beischriften erwähnt (Kawa Raum H, Kawa Schrein des Taharqo) bzw. natürlich auch dann, wenn nur Maat alleine dargebracht wird

116 Assmann 1990, 186.
117 Wenig 1993, 183; z. B. Leipzig Inv. Nr. 3845; Krauspe 1987, Abb. 50/11.
118 Feucht-Putz 1967, 61–77.

(Tanwetamani Traumstele Giebelfeld links; Anlamani-Stele Giebelfeld links; Kawa, Schrein des Aspelta).

Ob das Opfer von Maat, Pektoral und Kette je real vollzogen wurde, können wir heute nicht mehr nachprüfen. Ich möchte daher darauf hinweisen, daß hier nur die Darstellungen, nicht aber ein mögliches tatsächliches Opfer behandelt wurden.

In diesem Beitrag sollte aufgezeigt werden, daß das genannte Opfer, das wir im Tempel, aber auch auf den Giebelfeldern der großen Königsstelen finden, bei den Kuschiten die Voraussetzung für den Erhalt der Kronen ist und somit zu einem verschlüsselten Bild "Krönung" geworden ist. In Kawa, im Räume D/E, ist die ausführlichste Form der Krönungsdarstellung erhalten. Dort, wo es jedoch aus Platzgründen nicht möglich war, die ganze Krönung darzustellen, wurde die Bildfolge auf das Nötigste beschränkt und nur das Symbol für die kuschitische Krönung, nämlich Opfer von Pektoral und Kette, dargestellt.

Literatur

Altenmüller-Kesting 1968	B. Altenmüller-Kesting, Reinigungsriten im ägyptischen Kult; Hamburg
Arnold 1994	D. Arnold, Lexikon der ägyptischen Baukunst; München - Zürich
Assmann 1990	J. Assmann, Ma`at. Gerechtigkeit und Unsterblichkeit im Alten Ägypten; München
Barta 1975	W. Barta, Untersuchungen zur Göttlichkeit des regierenden Königs. Ritus und Sakralkönigtum in Altägypten nach Zeugnissen der Frühzeit und des Alten Reiches; MÄS 32
Barta 1980	W. Barta, Thronbesteigung und Krönungsfeier als unterschiedliche Zeugnisse königlicher Herrschaftsübernahme; in: SAK 8, 33–53
Barta 1985	W. Barta, Bemerkungen zur Existenz der Rituale für Geburt und Krönung; in: ZÄS 112, 1–13
Caminos 1964	R. A. Caminos, The New Kingdom Temples of Buhen II; London
Chapman/Dunham 1952	S. Chapman/D. Dunham, Decorated Chapels of the Meroitic Pyramids at Meroe and Barkal; RCK III; Boston
Chassinat 1960	E. Chassinat, Le Temple d'Edfou; Bd. X; Kairo
Daumas 1982	F. Daumas, "Neujahr" in: LÄ IV, 466–472
Dunham 1952	D. Dunham, Notes on a Gold Pectoral from Napata; in: JNES 11, 111–112
Feucht-Putz 1967	E. Feucht-Putz, Die königlichen Pektorale. Motive, Sinngehalt und Zweck; Bamberg
Frankfort 1965	H. Frankfort, Kingship and the Gods. A Study in Ancient Near Eastern Religion as the Integration of Society and Nature; Chicago
Gamer-Wallert 1983	I. Gamer-Wallert, Der Löwentempel von Naqa in der Butana (Sudan) III (Die Wandreliefs); Beihefte zum TAVO, Reihe B, Nr. 48/3
Gardiner 1950	A. Gardiner, The Baptism of the Pharao; in: JEA 36, 3–12
Gardiner 1953	A. Gardiner, The Coronation of King Haremhab; in: JEA 39, 13–19

Gardiner (Hg.) 1958 — A. Gardiner, The Temple of King Sethos I at Abydos, Vol. IV (Second Hypostyle Hall); London

Graefe 1979 — E. Graefe, König und Gott als Garanten der Zukunft, Anhang; in: Westendorf W. (ed.) Aspekte der spätägyptischen Religion; GOF IV/9, 71–77

Graefe 1991 — E. Graefe, Über die Verarbeitung von Pyramidentexten in den späten Tempeln (Nochmals zu Spruch 600 (§1652a–1656d: Umhängen des Halskragens)); in: Religion und Philosophie im Alten Ägypten; OLA 39, 129–148

Graefe 1993 — E. Graefe, Die Deutung der sogenannten "Opfergaben" der Ritualszenen Ägyptische Tempel als "Schriftzeichen"; in: J. Quaegebeur (ed.), Ritual and Sacrifice in the Ancient Near East; OLA 55, 143–156

Griffith 1922 — F. L. Griffith, Oxford Excavations in Nubia; in: LAAA IX, 67–124

Grimal 1981 — N.-C. Grimal, Quatre Stèles Napatéennes au Musée du Caire. JE 48863–48866; Kairo

Hakem 1988 — A. A. Hakem, Meroitic Architecture. A Background of an African Civilization; Khartoum

Hintze 1960 — F. Hintze, Die meroitische Stele des Königs Tañyidamani aus Napata (Boston MFA 23.736). Herausgegeben unter Zugrundelegung einer Bearbeitung Monneret de Villards; in: Kush 8, 125–162

Hofmann 1971 — I. Hofmann, Studien zum meroitischen Königtum; MRE 2

Junker 1958 — H. Junker, Der große Pylon des Tempels der Isis von Philä; Wien

Keimer 1951 — L. Keimer, A Gold Pectoral from Napata; in: JNES 10, 225–227

Kormysheva 1992 — E. Kormysheva, Remarks on the Position of the King's Mother in Kush; Seventh International Conference for Meroitic Studies Berlin (Preprint)

Kormysheva 1994 — E. Kormysheva, Das Inthronisationsritual des Königs von Meroe; in: Ägyptische Tempel - Struktur, Funktion und Programm; HÄB 37, 187–209

Krauspe 1987 — R. Krauspe, Ägyptisches Museum der Karl-Marx-Universität Leipzig. Führer durch die Ausstellung; Leipzig

Lacau /Chevrier 1979 — P. Lacau/H. Chevrier, Une Chapelle d'Hatshepsout à Karnak; Kairo

Leclant 1953 — J. Leclant, La colonnade éthiopienne à l'est de la Grande Enceinte d'Amon à Karnak; in: BIFAO 53, 113–172

Lohwasser in Vorb. — A. Lohwasser, Die Frauen der königlichen Familie der 25. Dynastie und napatanischen Zeit; Diss. in Vorbereitung

Macadam 1949 — M. F. L. Macadam, The Tempels of Kawa I. The Inscriptions; London

Macadam 1955 — M. F. L. Macadam, The Tempels of Kawa II. History and Archaeology of the Site; London

Naville 1898 — E. Naville, The Temple of Deir el Bahari III; London

Onasch 1993 — Ch. Onasch, Die religiöse Bedeutung des Tempels; in: F. Hintze (Hg.), Musawwarat es Sufra Bd. I,1: Der Löwentempel (Textband), Berlin, 228–267

Priese 1991 — K.-H. Priese, Das Ägyptische Museum Berlin. Staatliche Museen zu Berlin. Ägyptisches Museum und Papyrussammlung; Berlin

Reisner 1931 — G. A. Reisner, Inscribed Monuments from Gebel Barkal; in: ZÄS 66, 76–100

Robisek 1989 — Ch. Robisek, Das Bildprogramm des Mut-Tempels am Gebel Barkal; Veröff. d. Institute f. Afrikanistik und Ägyptologie der Universität Wien, Nr. 52

Le Marquis de Rochemonteix / Chassinat 1897 — Le Marquis de Rochemonteix/E. Chassinat, Le Temple d'Edfou; Bd. I.2; Paris

Russmann 1974 — E. R. Russmann, The Representation of the King in the XXVth Dynasty; MRE 4

Schäfer 1901 — H. Schäfer, Die aethiopische Königsinschrift des Berliner Museums. Regierungsbericht des Königs Nastasen, des Gegners des Kambyses; Leipzig

Schwaller de Lubicz / de Miré/Lamy 1982 — R. A. Schwaller de Lubicz/G. + V. de Miré/L. Lamy, Les temples de Karnak. Contribution à l'étude de la pensée pharaonique; Vol. II; Paris

Séguenny 1982 — E. Séguenny, Quelques remarques sur la couronne des souverains koushites; in: P. v. Moorsel (ed.), New Discoveries in Nubia. Proceedings of the Colloquium an Nubian Studies, The Hague 1979; Leiden, 117–119

Staehelin 1966 — E. Staehelin, Untersuchung zur ägyptischen Tracht im Alten Reich; MÄS 8

Tomandl 1989 — H. Tomandl, Rezension von L. Török, The Royal Crowns of Kush; in: BiOr 46, 67–70

Török 1986 — L. Török, Der meroitische Staat; Meroitica 9

Török 1987 — L. Török, The Royal Crowns of Kush. A Study in Middle Nile Valley Regalia and Iconography in the Ist millenium B.C. and A.D.; Camebridge Monographies, BAR 337

Török 1990 — L. Török, The Costume of the Ruler in Meroe. Remarks on its Origins and Significance; in: Archéologie du Nil Moyen 4, 151–202

Török 1992 — L. Török, Ambulatory Kingship and Settlement History. A Study on the contribution of archaeology to Meroitic history; in: Etudes Nubiennes I (Actes du VIIIème Congrès International d'Etudes Nubiennes, 3–8 septembre 1990, Geneve, Genf; 111–126

Török 1994 — L. Török, The Emergence of the Kingdom of Kush and Her Myth of the State in the First Millenium B. C.; in: Society for Nubian Studies. Eight International Conference, Lille Sept. 11–17, 1994 Pre-publication of the main papers

Wenig 1964 — St. Wenig, Untersuchungen zur Ikonographie der Darstellungen der meroitischen Königsfamilie und zu Fragen der Chronologie des Reiches von Meroe; Diss. A. Berlin

Wenig 1977 — St. Wenig, Der meroitische Tempel von Amara; in: Ägypten und Kusch (FS F. Hintze) 459–475; Berlin

Wenig 1978 — St. Wenig, Africa in Antiquity. The Arts of Nubia and the Sudan; Brooklyn

Wenig 1981 — St. Wenig, Das Verhältnis von Wandrelief und Raumfunktion am meroitischen Amuntempel von Naqa; in: Simpson W. K./Davies W. M. (ed.), Studies in Ancient Egypt, the Aegean, and the Sudan. Essays in Honor of Dows Dunham on the occasion of his 90th birthday, June I, 1980; 200–210

Wenig 1992	St. Wenig, Discussion. Kommentar zu Török: Ambulatory Kingship and Settlement History. A Study on the contribution of archaeology to Meroitic history; in: Etudes Nubiennes I (Actes du VIIIème Congrès International d'Etudes Nubiennes, 3–8 septembre 1990, Geneve, Genf; 137–140;
Wenig 1993	St. Wenig, Die Darstellungen. Untersuchungen zu Ikonographie, Inhalt und Komposition der Reliefs; in: F. Hintze (Hg.), Musawwarat es Sufra Bd. I,1: Der Löwentempel (Textband), Berlin, 74–227
Wolf 1987	P. Wolf, Beobachtungen zur Ikonographie des Herrschers im Tempelrelief der 25. Dynastie; Dipl.arb. Berlin, unpubl.

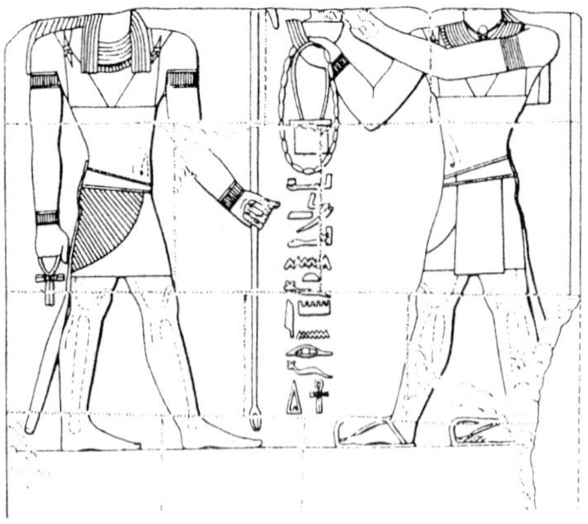

Abb. 1: Kawa T, Raum H, S-Wand
aus: Macadam 1955, pl. XXI c

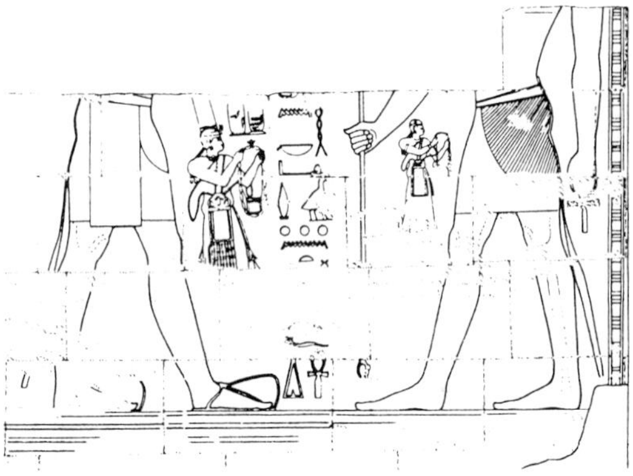

Abb. 2: Kawa T, Raum E, S-Wand
aus: Macadam 1955, pl. XXI b

Abb. 3:
Krönungsstele des Piye;
National Museum Khartoum Nr. 1851
aus: Reisner 1931, Tf. VI

Abb. 4: Traumstele des Tanwetamani, Kairo JE 48863; aus: Grimal 1981, pl. I

Abb. 5: Stele des Harsiotef, Kairo JE 48864; aus: Grimal 1981, pl. X

Laure Pantalacci

Compagnies de gardiens au temple d'el-Qal'a

Le programme décoratif des temples égyptiens tardifs puise souvent, tant était important le besoin de matière figurée, dans l'inventaire mobilier du temple. Ainsi, à Dendara, en particulier dans les espaces de stockage (cryptes), le catalogue des objets cultuels se laisse partiellement reconstituer[1]. Au temple d'el-Qal'a, les décorateurs ont recouru au même procédé, en représentant non les objets précieux des dieux majeurs, mais d'humbles compagnies de gardiens. Les deux plus remarquables sont les dieux-gardiens du couloir mystérieux et les figures de déesses hippopotames du "petit vestibule". Nous essaierons de préciser successivement la nature et la fonction de chacun de ces ensembles, pour en tirer de nouvelles informations sur le fonctionnement du temple d'el-Qal'a.

Les personnages assis, aux physionomies variées, qui occupent le deuxième registre des parois extérieures du couloir mystérieux (n°157-161 et 164-168) nous ont d'abord intrigués. C'est à Dendara que nous leur avons trouvé un unique parallèle[2] : au plus haut niveau du couloir, donc dans une situation analogue à celle de notre document d'el-Qal'a, ils sont figurés dans des naoi, ce qui les identifie à coup sûr comme des effigies du mobilier rituel. Ils forment huit compagnies de trois membres chacune, aux visages divers, mais à l'armement homogène : leur main droite tient une masse de pierre au manche court. Ils sont dénommés *ḥḏ(y)w*, terme que Chassinat a proposé de traduire "(dieux) de la massue"[3], tout en suggérant comme alternative une dérivation sur *ḥḏ*, le naos, donc "(dieux) des naoi", par comparaison avec des figurines du mobilier des chapelles osiriennes désignées comme *k3ryw*, "(ceux

[1] S.Cauville, "Les statues cultuelles de Dendera d'après les inscriptions pariétales", *BIFAO* 87, 1987, p.73-117.
[2] *Dendara* II, 24-25 et 54, et pl.88, 94, 98.
[3] Chassinat, *Khoiak*, p.343 ; peut-être simplement "les massues" : cp. le nom du dieu tutélaire primordial *ḥḏ-wr* à Edfou : J.-Cl.Goyon, *Dieux-gardiens* II, p.29 (index).

qui sont) dans les tabernacles"[4]. Comme ces derniers pendant les rites de Khoiak, ils sont accompagnés de figures des "rois de Haute et Basse Egypte". D'après cet indice, il n'est pas exclu que les *kꜣryw* et les *ḥḏw* représentent un seul et même groupe[5].

Dans le couloir mystérieux de Dendara, ces divinités, qui reçoivent du roi et de la reine des offrandes alimentaires *ḥtpw-nṯr* , sont de véritables statues du mobilier sacré : d'après les indications répétées pour chaque groupe, les naoi sont de pierre[6], les statues en bronze noir et pierres précieuses, d'une coudée de haut [7].

Les gardiens ne sont pas nommés individuellement, mais chaque trio reçoit un nom :

1. Tête de chacal *: rsyw,* les Veilleurs.
2. Tête de lion : *mkw,* les Protecteurs.
3. Tête de bélier : *ḫww,* les Gardiens.
4. Tête de cynocéphale : *ḥryw-sḫt,* les Maîtres du piège.
5. Tête de faucon : *šnnw,* les Oppresseurs[8].
6. Tête humaine : *ḥryw-ḫt,* les Maîtres du bâton.
7. Tête humaine : *ḥryw-ds.sn,* les Maîtres de leurs couteaux.
8. Tête de taureau : *nḏtyw,* les Défenseurs.

Soient 24 gardiens : S.Cauville propose de les considérer comme associés aux divisions du temps : avec les douze figures royales qui les accompagnent, ils figureraient les "trente-six décades de l'année" (*op.cit.*, p.108).

---

4 Chassinat, *loc.cit.*

5 Les deux lectures peuvent remonter à un original commun ou à deux textes semblables portant le seul signe du naos (*Valeurs phonétiques* III, Montpellier, 1990, p.520, n°1099) sans compléments phonétiques ; ces variantes de lecture montreraient que le nom de la compagnie était peu familier aux décorateurs.

6 La traduction donnée par S.Cauville, *op.cit.*, p.107, doit être précisée, et il faut signaler l'ambiguïté du groupe , pour lequel deux lectures ont été proposées par Harris, *Minerals*, p.81 et 84-85 : il peut s'agir du *bḫn,* la grauwacke du Ouadi Hammamat, ou bien de la pierre *ꜥb,* dont la nature n'est pas identifiée mais qui est mentionnée, outre les rares références fournies par Harris *s.v.*, au mammisi de Kom Ombo avec la graphie  *ꜥ(ꜣ)bt* : *Kom Ombo* 49. Le même temple différencie clairement cette pierre *ꜥ(ꜣ)bt* , d'une autre, , qui doit être la pierre de *bḫn* (*Kom Ombo* 48) : *infra*, fig.3.

7 S.Cauville, *op.cit.*, p.107-108 = *Dendara* II, 24-25 et 54, et pl.88, 94, 98.

8 *Wb* IV, 515, 11.

Qu'en est-il des représentations d'el-Qal'a ? Nous avons déjà indiqué qu'elles sont situées pareillement en haut des parois extérieures du couloir mystérieux (fig.1). Notons cependant que le modeste édifice coptite ne comporte que deux registres de décor, et non quatre.

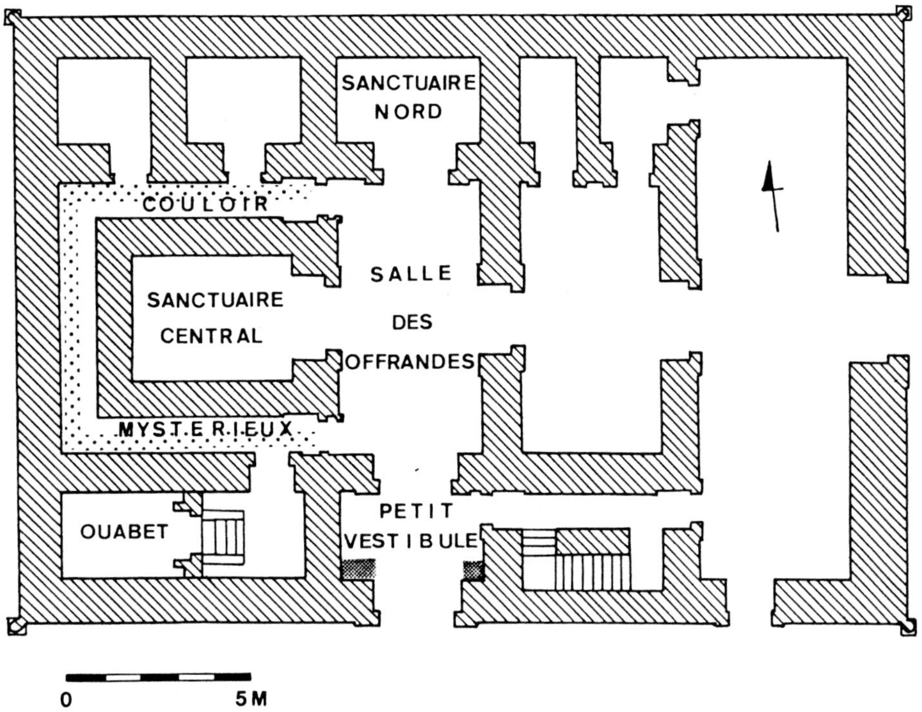

Fig.1. Localisation des compagnies dans le temple.

n° 157-161 et 164-168 : hallebardiers

n° 272-277 : déesses-hippopotames

Les images qala'ïtes représentent sans doute aussi des effigies du mobilier sacré. Cependant, elles ne sont pas enfermées dans un naos, et leurs dimensions restent inconnues (ces indications ont pu être peintes[9]). Les trios se succèdent dans le même ordre, apparemment canonique. On relève une seule variante de nom : les *ḥryw-sẖt,* "les maîtres du piège" deviennent à el-Qal'a les *ḥryw-ʿbꜣ.sn,* "les maîtres de leurs autels"[10].

[9] Sur le rôle de la peinture dans le décor d'el-Qal'a, voir *el-Qal'a* I, p. 14 et *BIFAO* 93, 1993, p.386.

[10] La confusion entre signe de l'autel et signe du piège faite par les scribes à el-Qal'a suscite le développement d'un texte en lien avec l'approvisionnement du culte (*infra,* n°161, fig.2). Ce genre de propos n'est pas surprenant dans la bouche de génies meurtriers, et, comme l'a formulé J.-Cl.Goyon dans son étude sur les dieux-gardiens (p.67), l'offrande qu'ils reçoivent

Nos compagnies se distinguent encore de celles de Dendara par leur armement original, qui nous a conduits à les surnommer "les hallebardiers" (fig.2). Très étonnante, leur arme est une sorte de hache emmanchée sur une longue hampe. La forme des armes qal'aïtes ne semble pas du tout indigène : elle évoque des objets asiatiques du Nouvel Empire[11] ou du premier millénaire, mais ceux-ci étaient emmanchés court et sont caractéristiques des étrangers. Les rares exemples de haches de ce type dans des contextes égyptiens sont justement d'époque gréco-romaine[12]. Serait-ce la hache des licteurs romains qui a impressionné les décorateurs de Coptos ? Le nom de *ḥḏw*, s'il est en rapport avec la massue de pierre, aurait-il pu encore s'appliquer à nos hallebardiers ?

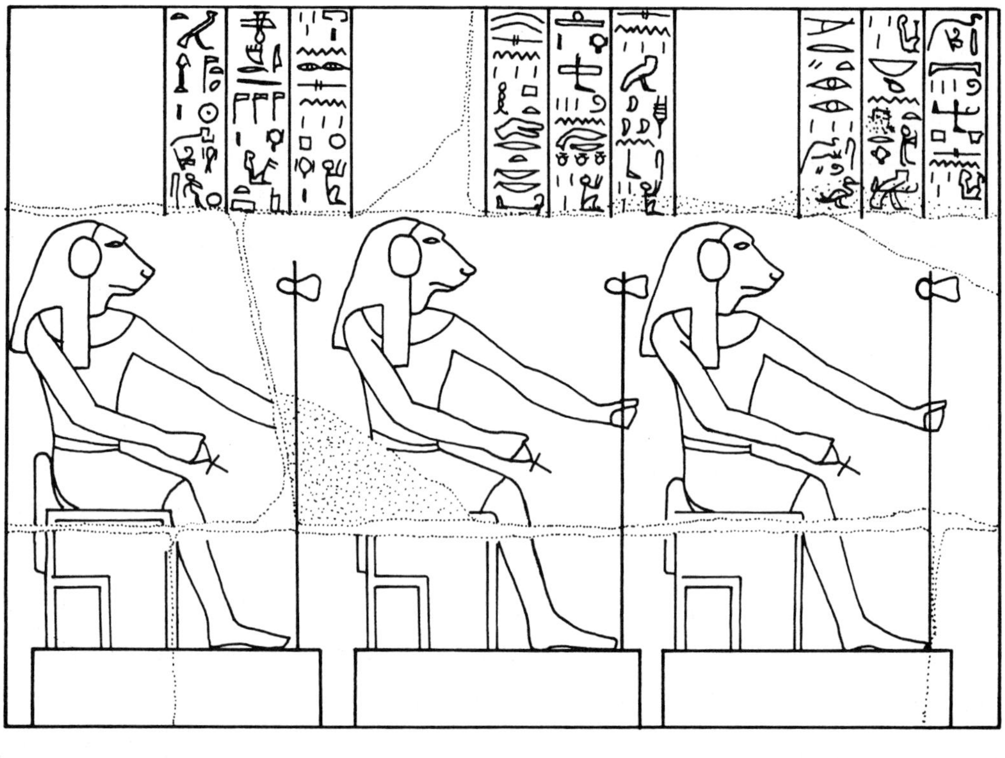

Fig.2. Les *ḥryw-ʿbꜣ.sn*, el-Qal'a n°161.

est "le corollaire de l'abattage" de l'ennemi. Mais la lecture erronée des scribes coptites suggère un rapprochement abusif avec les dieux "maîtres d'autel", *ḥryw-wḏḥw*, qui sont aussi présents à el-Qal'a (n°71-74) et qui constituaient un groupe plus familier, préposé à l'approvisionnement des tables d'offrandes (Simonet, *CdE* 62, 1987, p.78-81). Les gardiens du couloir semblent en définitive mal connus des rédacteurs locaux.

[11] The Epigraphic Survey, *Reliefs and Inscriptions at Karnak 4. The Battle Reliefs of Sety I. OIP* 107, Chicago, 1986, pl.10.

[12] A époque grecque, Naucratis en fabriquait (Petrie, *Naucratis*, p.39 et pl.XI, 25) ; mais leur adoption en Egypte n'intervient que plus tard : E.Kühnert-Eggebrecht, *Die Axt...*, *MÄS* 15, 1969, p.43 et 132 (R 97 et 98), et l'usage s'en développe surtout au contact des Romains : Petrie, *Tools and Weapons*, p.63.

Autre originalité par rapport aux gardiens du sanctuaire d'Hathor, ceux d'el-Qal'a sont doués de la parole et prononcent de courtes phrases, rédigées manifestement *ad hoc* et graphiées lourdement. En substance, ces textes parlent d'une protection spécifique à établir autour de la déesse et de son enfant. Voici le mieux conservé (n°161, fig.2) :

ḏd-mdw jn ḥryw-ꜥbꜣ.sn ... nbw ḫnt nryw-ḥr m mrty.w sḏfꜣ.sn ꜥḳw (m) ḥꜥw n sbyw ḥtp ḥr šbw n ẖꜣkw-jb spty.sn ptḥ(w) r tkkw pr pn m mꜣꜣ.sn ḫp(p)w ḥr ẖnm jḏr nṯrw ḥr sꜣwt tꜣ nṯrt ꜥꜣt hrw stp-sꜣ n ḫy.s

"Réciter par les Maîtres de leurs autels, ... les seigneurs du dressoir, redoutables de visage à cause de leurs yeux, qui fournissent les rations (avec) les corps des rebelles, qui apprécient la viande des opposants, sourcilleux à l'encontre de l'agresseur de ce temple s'ils voient un ennemi atteindre le domaine des dieux pendant qu'ils gardent le siège de la grande déesse, le jour de protéger son enfant".

Ce texte est appuyé par les bribes subsistant des bandeaux de frise du même couloir mystérieux (n°173-174), qui reprennent tous les noms des gardiens en insistant sur leur rôle spécifique. Nous citons ici le n°173, moitié Nord :

sḥryw sꜣw ꜥrryt ... ḏsr pr ḥnwt.sn ḫt ḫftyw r ꜣḫt šps(t) nṯṯ... ḥryw-ds...swḏꜣ pr ꜣst ...sꜣw n sꜣ.s šps

"...les Ecarteurs qui gardent la porte ... , qui isolent la maison de leur maîtresse, qui repoussent les ennemis loin du précieux horizon, et le Ficeleur...et les Maîtres du couteau..., ... qui sauvegardent la maison d'Isis..., ...la protection de son précieux fils".

Enfin, l'environnement des gardiens est différent dans les deux temples : à el-Qal'a, ils figurent dans une scène d'offrande carnée, mais ils en sont bénéficiaires seulement après 3 figures redoutables :

- sur la paroi nord (n°157) un lion  *nṯr ꜥꜣ sꜣ bꜣstt*, "le grand dieu, fils de Bastet", le nom de la déesse étant graphié par jeu *bꜣw-ꜣst*, "puissance d'Isis". C'est le lion Mahes/Miysis. Gardien coutelier populaire dans les temples tardifs[13], il est un habitué des mammisis, où il monte la garde en compagnie d'un hippopotame femelle[14].

13 de Wit, *Lion*, p.230-234 et 278 ; Zabkar, *Apedemak* , p.52-57 : présence de Miysis à Opet, Philae, Dendara, Dendour, Dakka.

14 Gutbub, *Textes fondamentaux de la théologie de Kom Ombo*, p.328 ; les deux animaux gardiens peuvent assumer différentes identités - ou aucune : cp. Junker-Winter, *Philae* II, 302-303 ; *Opet* I, p.138 = Schwaller de Lubicz, *Temples de Karnak* II, pl.285 (réf.Cl.Traunecker) ; *Edfou Mam.*, 133, 11-14 et 140, 3-5, pl.XXVII,1 et XXXII, 1.

- sur la paroi sud (n°164), un crocodile momiforme tenant 2 couteaux *nṯṯ* ("le Ficeleur")[15] et une autre momie, léontocéphale et coutelière, *ḥry-ʿfn* ("le maître du sac-*ʿfn* ?")[16].

Le rapport de ces trois génies avec les hallebardiers n'est pas clair. Sont-ils les chefs de ces troupes ? Cette organisation différerait alors nettement de celle de Dendara, où les groupes de génies ne semblent pas hiérarchisés. Le nombre de vingt-quatre génies retenu à el-Qal'a ne peut plus être en rapport avec les décans ; en divisant par deux ce nombre pour retrouver le chiffre des mois, on pourrait attribuer deux protecteurs à chaque mois, mais cette répartition va contre le groupement explicite en trios. Il faut avouer pour l'instant que la spécificité de ces huit compagnies obscures, mises en oeuvre par les décorateurs avec bien des variantes, semble fluctuer d'un temple à l'autre.

Tout au contraire, la deuxième troupe que nous allons soumettre à examen, celle des déesses-hippopotames (n°272-277, fig.1), donne l'impression d'être familière. Chargée de la protection des mois de l'année, elle a fait l'objet de plusieurs études de fond, déjà anciennes[17]. L'aspect général de ces pachydermes, tôt silhouettés sur les ivoires magiques du Moyen Empire, se fixe grâce aux représentations astronomiques du ciel du nord répandues au Nouvel Empire[18]. Leur coiffure, dans les reliefs tardifs, se constitue toujours du modius surmonté des deux plumes, souvent associées aux cornes lyriformes et au disque solaire. Ce modèle est généralement multiplié par douze pour correspondre aux mois de l'année : c'est le groupe des *špswt*[19]. Deux figures

---

[15] Le démon gardien ficeleur ne m'est pas connu par ailleurs, même si la racine *nṯṯ* est courante dans les textes décrivant la restriction de liberté (Zandee, *Death as an enemy*, Leyde, 1960, p.126-127).

[16] Traduction suggérée par le déterminatif. Le sème fondamental du substantif *ʿfn* semble être "lien (de serrage)". Dans les textes funéraires, il s'applique aux bandelettes de la momie (*CT* III, 350a S1C : Zandee, *op.cit.*, p.108) ; dans le lexique du vêtement, il désigne une coiffe d'étoffe pourvue d'une lanière de serrage qui permet de lui donner différentes formes (Winlock, *BMMA* 11, 1916, p.238-242 ; Jéquier, *Frises d'objets*, p.4-6 ; Vogelsang-Eastwood, *Pharaonic Egyptian Clothing*, Leyde, Brill, 1993, p.171-8) ou encore des sandales à lanières enserrant le talon ou la cheville (*Alex* 77.0632, p.63 *ʿfnw* (*) : "chaussures montantes"; cp.*Egypt's Golden age. The Art of living in the New Kingdom 1558-1085 B.C.*, Boston, MFA, 1982, p.171 fig.42 et p.177, n°201, texte). Le verbe correspondant signifie "bander, ficeler" et non "emballer, envelopper", comme on le traduit d'ordinaire.

[17] Daressy, *RT* 34, 1912, p.189-193 ; de Meulenaere, *CdE* 38, 1963, p.217-219.

[18] Un crocodile sur le dos, un pieu en main, gueule ouverte, langue dehors : Neugebauer-Parker, *Egyptian Astronomical Texts* III, p.183.

[19] J.Quaegebeur, *Le dieu égyptien Shaï dans la religion et l'onomastique, OLA 2,* 1975, p.157 cite ce texte d'Opet : "Elles sont les *rrwt*, toutes les *nfrwt* et toutes les *špswt* qui sont dans leur

majeures se détachent de cette série annuelle : Opet et Taouret-Touéris, qui ont reçu des cultes à titre individuel et sont des figures divines populaires à Basse Epoque[20]. Mais, même pour les plus effacées, chacune de ces douze divinités a une personnalité distincte : toutes les douze sont mentionnées couramment seules (dans l'anthroponymie[21]) ou en groupes restreints (dans des décors de temples[22]).

En cohorte annuelle, elles apparaissent le plus souvent dans le programme décoratif des monuments tardifs, et plus spécialement des structures liées à la (re)naissance[23]. Dans les passes dangereuses, leur rôle maternel, nourricier et protecteur est essentiel pour garantir le bon déroulement des rites à chaque temps fort de l'année liturgique. Ordinairement, elles sont justement chargées de la protection des passages : sur les montants ou le linteau, en façade des chapelles. A el-Qal'a, comme à Kom Ombo, elles sont cachées au revers d'une porte (petit vestibule, sur l'axe sud-nord : fig.1).

De même que les hallebardiers, les Touéris sont des statuettes du mobilier sacré. A el-Qal'a, elles ne sont, pas plus que les gardiens du couloir mystérieux, figurées dans des naoi, mais d'autre sources[24] attestent qu'elles étaient abritées dans de petits tabernacles. Toutefois, les tableaux de notre temple conservent l'indication du matériau dont étaient faites les statuettes : c'est là un signe de la réalité matérielle qu'elles ont eu ou qu'elles auraient dû avoir. Il faut souligner qu'el-Qal'a est la seule source, avec Kom Ombo, à mettre ces figurines prophylactiques en rapport avec certains minéraux ou bois spécifiques. On regrette d'autant plus que les listes soient si

---

mois" (*Opet* I, 185 = III, 102). Le prétendu groupement de quatorze femelles hippopotames sous un lit du mammisi de Dendara (*RÄRG*, p.532) n'existe pas, il se fonde sur un dessin erroné de Lepsius, *LD*.IV, pl.82b : *infra*, n.31.

20 D.Meeks, *Génies, anges et démons*, *SourcOr* 8, Paris, 1971, p.51 ; Ta-ouret "...incarne, mieux que toutes, les vertus fécondes et salvatrices" ; sa "nature bienveillante" cache une "férocité sous-jacente".

21 De Meulenaere, *loc.cit.* ; J.Quaegebeur, *loc.cit*, parle de la *špst* du mois de naissance comme d'une sorte d'ange gardien.

22 *Edfou Mam.*, p.4, 6 ; E.Laskowska-Kusztal, *Le sanctuaire ptolémaïque de Deir el-Bahari*, Varsovie, PWN-Editions scientifiques de Pologne, 1984 = *Deir el-Bahari III*, p.80 et fig.32 et 41-42.

23 *Kom Ombo*, p.45-49 (mammisi) ; *Dend.Mam.*, p. 38 ; *Edfou Mam.*, p.4 ; de Wit, *Opet*, p.85 ; *CG 29301-29323* II, p.115-126 (sarcophage de Petamenophis, CG 29318) ; *Dendara* VIII, p.44-64, 68-70, et pl.728-733, 736-37 (kiosque de la terrasse) = Mariette, *Dend.* IV, pl.26-29 ; E.Laskowska-Kusztal, *loc.cit.*, = Naville, *Deir el-Bahari* V, pl.149-150 ; Junker-Winter, *Philae* II, p.206-211.

24 *Kom Ombo* 46-49, Junker-Winter, *loc.cit.*.

fragmentaires. Les données des deux temples, entre les lacunes, concordent parfaitement entre elles (fig.3).

Mois/jours	KOM OMBO	EL-QAL'A
3ḫt	perdu	perdu
1.prt	"	*mfk(t)*
2.prt	"	*sḥr*
3.prt	*[bj3]-qs ꜥnḫ*	perdu
4.prt	sic! *ꜥb*	"
1.šmw	*ṯḥn*	*ṯḥn*
2.šmw	*nbw*	*nbw*
3.šmw	*bj3-n-pt*	perdu
4.šmw	*ḫnm(t)*	"
1er épag.	*jnr bḫn*	*jnr bḫn*
2ème épag.	*b3k*	*b3k*
Autres jours	perdus	perdus

Fig.3 : matériaux des statuettes de mois et de jours à Kom Ombo et el-Qal'a.

D'après les textes conservés, chaque statuette d'hippopotame était faite d'une matière différente. Mais malgré cette variété, la séquence chronologique annuelle des matériaux semble avoir été fermement établie[25] : la relation des déesses-pachydermes aux minéraux est si étroite que l'onomastique même de ces divinités fait appel à des termes minéraux. La 1ère de l'année s'appelle *ṯḥnt tpt-jnr/jnt*, "la lumineuse qui est sur la pierre/vallée"[26]. On joue de la polysémie de la racine : "joie" ; "lumière" ; "faïence" ; le choix du terme ne

25 Les listes de matières en rapport avec le calendrier ont dû être nombreuses. Chaque jour du demi-mois, comme les jours épagomènes, avait sa divinité propre, son minéral et son végétal, comme il ressort des différentes versions du "remplissage de l'oeil d'Horus" : Aufrère, *L'univers minéral*, p.213-290. Les 12 aromates et 24 minéraux utilisés pour certaines préparations de Khoiak (Chassinat, *Khoiak*, p.821) renvoient aussi clairement à une organisation calendérique.

26 Peut-être à l'origine *ṯḥnt tpt-jnrty*, "la lumineuse qui est au-dessus de Gebelein", épithète d'Hathor : Aufrère, *op.cit.*, p.531 et 536 n.120, 121.

pouvait être plus heureux[27]. Notons encore le nom de la protectrice du quatrième mois d'*ꜣḫt,* qui a été lu *stt* , Satis[28], mais qu'à la lumière de nos remarques précédentes, il vaudrait peut-être mieux lire *šsmt(t),* nom qui évoque la malachite[29].

D'autre part, des allusions concordantes à ces matériaux spécifiques se retrouvent dans les textes d'autres temples. Elles figurent, par exemple, dans les paroles attribuées aux divinités : au temple d'Opet (*Opet* I, p.85), le bienfait accordé au roi par la protectrice du 1er *šmw* est "que tous éprouvent la joie-*ṯḥn* ", du nom du matériau dont était en effet constituée la figurine à Kom Ombo (*Kom Ombo* 46) et el-Qal'a (n°276). Sur le plafond du mammisi de Philae, le deuxième mois de *šmw* est représenté par une Touéris -que nous savons en or- et un (Har)somtous dont il est précisé *jrw m nbw,* "faits d'or"[30], notation qui paraît s'appliquer aux deux figurines réunies dans le même naos. Tout cela confirme l'habitude d'attribuer à chaque division de l'année une matière spécifique.

Par ailleurs, aussi bien Kom Ombo que Philae font état pour chaque mois de plusieurs figures divines, assez différentes dès lors que l'on ne considère plus les hippopotames : il est donc probable que les collections de matériel liturgique "mensuel" constituaient dans les temples majeurs d'importantes séries de statuettes, dont les Touéris ne sont qu'une fraction, la mieux connue. Toutes ces figurines étaient-elles faites de la même matière, associée à leur mois ? Il est tentant de le penser. Quelle était leur utilisation pratique ? Il faut sans doute les imaginer disposées en rangs autour des figures divines majeures que la liturgie contraignait à exposer, les entourant d'un rempart protecteur[31].

---

27 Sur cette polysémie, *id.*, *RdE* 34, 1982-83, p.12 ; Motte, *in Etudes Coptes* III (*CahBibCopte* 4), 1989, p.144-145 (réf.Cl.Traunecker). Comme chaque minéral, dans les données conservées, semble n'être utilisé qu'une fois, et que la fritte-*ṯḥnt* est utilisée pour l'Opet du 9ème mois, il paraît pourtant peu probable que la première statuette de l'année ait été faite de cette matière.

28 de Meulenaere, *CdE* 38, 1963, p.218.

29 C'est à ce mois que correspond le décan *šsmw*, dont le nom, prononcé le troisième jour de ce mois, était susceptible de tuer un lion : Bakir, *Cairo Calendar*, pl.27 - rt°27, 11, cité par L.Kakosy, "Decans in Late Egyptian Religion", *Oikumene* 3, 1982, p.188 et n.112. Le jeu d'homophonie paraît favorable à notre proposition de lecture.

30 Junker-Winter, *Philae* II, p.209 ; la lecture retenue par Junker et Winter, *jrw.n nwbt,* "né de la Dorée", montrerait le choix d'une épithète hathorique faisant aussi jeu de mot avec l'or, matériau de la Touéris du mois.

31 Une telle répartition dans l'espace est représentée sous le lit d'allaitement au mammisi de Dendara (*Dend.Mam.*, pl.40B et 59), et suggérée par le sarcophage du Caire CG 29318, dont la cuve est sous la protection de deux équipes.Cp.avec le décor des sièges de "déesses

Dans le cadre de la protection de toute l'année, plusieurs combinaisons sont possibles : par exemple, les Touéris peuvent être associées avec des enfants[32]; mais couramment, on associe les douze Touéris à d'autres divinités, le plus souvent à corps d'hippopotame et à tête humaine, qui représentent les jours épagomènes. Ces derniers sont en nombre variable : tantôt quatre, incarnés par les Meskhenet[33], tantôt, d'après plusieurs sources, six[34]: le temple d'el-Qal'a semble être le seul à avoir retenu la séquence traditionnelle de cinq divinités affectées aux jours supplémentaires; par ailleurs, toutes les figures encore visibles à el-Qal'a ont entièrement l'aspect d'un hippopotame.
La répartition adoptée par les décorateurs d'el-Qal'a n'est pas entièrement préservée, mais la série des déesses-hippopotames supplémentaires commençait, d'après les textes décelables, par une hypostase de Nout, représentant le jour de la naissance d'Osiris, et par *Rnnt-nfrt,* jour de naissance d'Horus. Les trois dernières étaient vraisemblablement les Meskhenet. L'arrangement des dix-sept divinités sur la paroi se laisse restituer ainsi de façon probable[35] (fig.4).

La figuration de ces deux groupes de protecteurs dans le minuscule temple coptite n'est pas nécessairement un inventaire fidèle de son matériel cultuel. Si ces collections de statuettes ont effectivement existé, les nombreuses cryptes du temple[36] leur auraient fourni un abri sûr. Mais il peut

dangereuses" au début de l'année, qui peut comporter aussi des décans : statue memphite de Mout-Sekhmet CGC 38924 (Daressy, *Statues de divinités* I, p.231-234 et II, pl.XLVI) ; socle (non localisé) d'une statue de Ouadjet : *id., RT* 34, 1912, p.190-191.

32 *Dend.Mam.*, pl.8 ; Junker-Winter, *op.cit.*, p.207 et 209.

33 Daressy, *RT* 34, 1912, p.192-193 ; *Dend.Mam.*, pl.8 : là les quatre déesses ont une apparence entièrement humaine.

34 A Opet, Kom Ombo, au kiosque de Dendara et sur le sarcophage d'el-Qantara, CGC 29318, contrairement à l'analyse que fournit Daressy, *RT* 34, 1912, p.192-193. Sur ce dernier document, le sixième jour, qui tourne le dos au reste de la procession, se nomme *šmst-nṯr*, "celle qui suit le dieu". Il semble donc que la modification de calendrier préconisée par le décret de Canope ait été appliquée, au moins par les prêtres qui en étaient les principaux instigateurs, et n'ait pas été l'échec total que l'on décrit généralement (Poethke, *in LÄ* I, 1231-32, *s.v.* "Epagomenen" ; Thissen, *in LÄ* III, 321, *s.v.* "Kanopusdekret"). Dans l'Egypte gréco-romaine, les flottements dans les compilations calendériques sont souvent considérables, témoignant de manipulations purement spéculatives: Parker, *Calendars*, p.55-56, fait état de onze jours épactaux d'après un document d'Edfou.

35 Il est comparable à ceux que l'on peut retrouver à Opet et au mammisi de Kom Ombo, dans un cadre architectural similaire (montants de porte).

36 *BIFAO* 93, 1993, p.383.

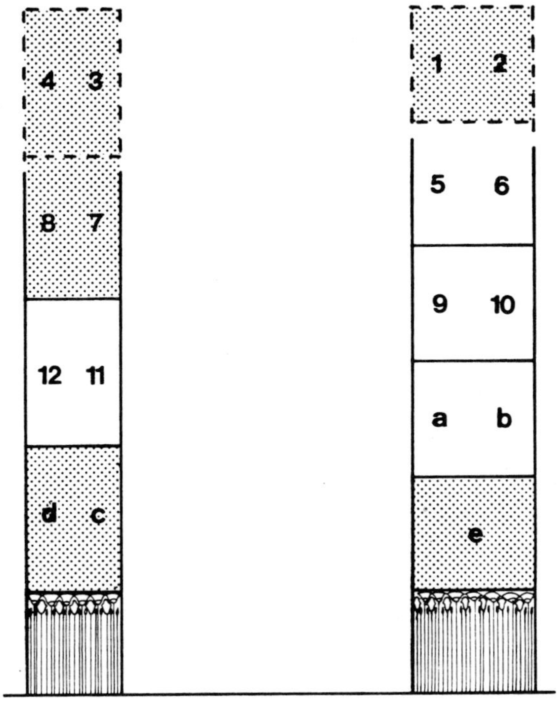

Fig.4. Reconstitution du décor de la porte sud du petit vestibule, face nord.

identités perdues — **1-12** : mois de l'année

a-e : jours épagomènes

s'agir aussi d'images de substitution, qui auraient au contraire eu pour finalité de remplacer un mobilier absent du petit sanctuaire. Quoi qu'il en soit, l'insistance à les faire figurer là, si elle n'autorise aucune conclusion archéologique, permet au moins de saisir une intention arrêtée dans la composition du décor qal'aïte.

La présence de ces deux troupes de gardiens imprime en effet au décor une dominante : tout l'espace est organisé autour de l'enfant divin. D'après leurs textes, les hallebardiers du couloir mystérieux sont à el-Qal'a spécialement préposés à la garde de l'enfant et de sa mère. Quant aux Touéris, elles n'apparaissent guère que dans les architectures spécialisées, consacrées à la naissance réelle ou symbolique des dieux. Nous avions déjà souligné, dans la première partie de la publication, l'importance pour l'axe sud-nord de la théologie de la déesse lointaine, dédoublée et associée à deux Harpocrates, l'un fils d'Osiris et l'autre fils d'Amon[37]. Le thème de la naissance consécutif à une théogamie[38] est bien illustré par plusieurs scènes de l'axe nord-sud : les deux

[37] *el-Qal'a* I, p.11-13, § 18-19.

[38] La théogamie marquant le retour de la déesse lointaine apaisée est aussi l'un des thèmes

scènes d'allaitement sur les revers de porte du sanctuaire nord (n°44 et 50), la figure de Neferhotep (n°110), mais aussi les vaches nourricières (n°94-102), dans la salle des offrandes. En relevant le petit vestibule, nous avons remarqué, outre les Touéris dont il vient d'être longuement question, un grand hymne (partie sud, paroi ouest : n°270) énumèrant les offrandes végétales, tout à fait comparable à ceux qui figurent à Dendara et Edfou sur les montants des portes des mammisis[39].

Ces quelques exemples montrent combien le programme décoratif de l'axe sud-nord est fortement inspiré du répertoire mammisiaque. Le bâtiment double élevé à l'emplacement d'un ancien "reposoir divin dans le gebel" (texte n°82) semble avoir voulu reproduire exactement la disposition d'un complexe urbain "classique", avec un sanctuaire principal et, au nord, un mammisi "périphérique". Cependant, compte tenu des éléments iconographiques et textuels que je viens de répertorier, il semble que ce soit la partie mammisiaque qui ait la préséance : son importance se ressent jusque dans le couloir mystérieux du saint des saints, où veillent le dieu-lion Miysis et les hallebardiers. Si cette hypothèse est valable, l'ensemble a dû surtout (ou exclusivement ?) fonctionner, à l'instar du reposoir qui l'a précédé, pendant les grandes liturgies de fêtes solennelles[40], qui déplaçaient de la métropole coptite des foules enthousiastes, aspirant à voir leur déesse et son enfant nouveau-né. Il resterait à déterminer exactement en quelles occasions festives s'animait le petit temple d'el-Qal'a : nous ne désespérons pas de le découvrir en progressant dans la lecture des textes.

---

majeurs du mammisi de Kom Ombo : Gutbub, *Textes fondamentaux de Kom Ombo*, p.324, 340.

[39] Daumas, *Mammisis*, p.221 sqq., surtout p.229.

[40] La même conclusion est suggérée par une observation architecturale : la prolifération des espaces de stockage (*supra*, n.31) dans un sanctuaire aussi réduit. On rappellera enfin le poids des indices iconographique : le mobilier rituel choisi pour être figuré en relief se compose justement de divinités mineures, mais affectées à un rôle collégial de surveillance, à un moment fort du calendrier liturgique.

Jan Quaegebeur

Le temple romain de Chenhour

Remarques sur l'histoire de sa construction et sur sa décoration

1. Introduction

1.1. Chenhour dans la région coptite

Le village de Chenhour, qui héberge un temple d'époque romaine, est situé sur la rive est du Nil dans l'actuelle province de Qena. Le site se trouve à égale distance des métropoles antiques de Thèbes et de Coptos, c.-à-d. à 20 km au nord de Louqsor et à 20 km au sud-ouest de Qift[1]. La ville la plus proche, à 6 km au nord, est Qous, appelée Apollonospolis par l'auteur antique Strabon. Dans sa "Géographie"[2], cet auteur classique, qui a voyagé en Egypte entre 25 et 20 avant notre ère, dit que la ville d'Apollon n'est pas loin de Coptos, qui est un centre commerçant relié aux ports de la Mer Rouge. A Qous, on voit encore quelques vestiges du grand temple ptolémaïque sur place[3].

A l'époque où Strabon visita l'Egypte, c.-à-d. sous le règne d'Auguste, on construisit à Coptos, à un endroit appellé aujourd'hui el-Qal^{c}a, "la citadelle", un petit temple (24 x 16 m) dédié principalement à Isis "qui réside dans le nome de Coptos" et qui y est également désignée comme "La-grande-déesse". La décoration de ce temple bien conservé, à savoir figures et textes

[1] Pour plus de détails sur la situation géographique et sur d'autres aspects, on consultera J. Quaegebeur et Cl. Traunecker, avec la collaboration de C. Casseyas, M. Chartier-Raymond, G. Creemers, P. Dils et I. Roovers, Chenhour 1839-1993. Etat de la question et rapport des travaux de 1992 et de 1993, dans: CRIPEL 16 (1994); voir également J. Quaegebeur et Cl. Traunecker, Een "grenstempel" te Sjenhoer bij Qoes, dans: Phoenix 40/2 (1994), 79-93.
Cl. Traunecker a lu et amélioré le présent article et il a fourni le dessin de la Fig. 3. Je le remercie de son aide, ainsi qu'A. Cabrol pour des suggestions linguistiques.
[2] Livre XVII, 1, 45; voir H.L. Jones, The Geography of Strabo VIII (Loeb Classical Library), London - Cambridge (Mass) 1959, 118-119.
[3] Temple mentionné, avec celui de Chenhour, par D. Arnold, Die Tempel Ägyptens, Zürich 1992, 162.

gravés et peints, a été terminée sous Claude[4]. A la même époque, non loin de là, les travaux de construction et de décoration d'un autre petit temple étaient en cours: celui de Chenhour.

1.2. L'exploration de Chenhour

Comparé au temple romain d'el-Qal^ca, peu visité et longtemps méconnu, celui de Chenhour a encore moins attiré l'attention. Son existence a pourtant été signalée au temps des pionniers.

Bien que les plus anciens témoignages dont nous disposons remontent à Nestor L'Hôte, qui a visité le temple en 1839 et a fait quelques esquisses sur place[5], c'est Prisse d'Avennes qui l'aurait découvert il y a plus de 150 ans[6]. Les papiers de Nestor L'Hôte contiennent, entre autres, un croquis incomplet du plan du temple; il s'agit de sa partie septentrionale, la mieux conservée, dont les dimensions sont à peu près 20 x 13,5 m.

En 1845, l'expédition prussienne se rend sur place et, dans ses "Denkmäler", C.R. Lepsius publie quelques notes et dessins[7]; ce sont les premières informations disponibles qui ont amené quelques voyageurs à s'y rendre, mais qui, par ailleurs, n'ont guère retenu l'attention des chercheurs. Après 1850, quelques égyptologues visitent Chenhour, mais les ruines du temple, dont pourtant plusieurs parois sont décorées, ne semblent séduire ni les fouilleurs ni les épigraphistes. C.E. Wilbour est une exception: il visite Chenhour le 8 mars 1889[8] avec, probablement, des copies des dessins faits par Nestor L'Hôte en main. Ces copies, retrouvées au Brooklyn Museum[9], contiennent en effet quelques annotations. Wilbour a dessiné un plan qui est plus correct que celui de L'Hôte. La deuxième visite qu'il annonce ne semble pas avoir eu lieu.

---

[4] Voir, en dernier lieu, J. Leclant et G. Clerc, Fouilles et travaux en Egypte et au Soudan, 1991-1992, dans: Orientalia 62 (1993), 228-229; L. Pantalacci - Cl. Traunecker, Le temple d'el-Qal^ca à Coptos: état des travaux, dans: BIFAO 93 (1993), 379-390 et pl. I-II.

[5] J. Vandier d'Abbadie, Nestor L'Hôte (1804-1842), Paris 1963, 38-39, pl. XXV/2-XXVI.

[6] Voir Prisse d'Avennes (fils), Le papyrus à l'époque pharaonique, Avennes-sur-Helpe 1926-1927, 253 (renseignement M. Dewachter).

[7] LD IV, 70g-i; II (Text), 258-260.

[8] Travels in Egypt [December 1880 to May 1891], Brooklyn 1936, 524.

[9] Une liste de dessins et d'esquisses, découverte en juin 1994 dans un des "Notebooks" de Wilbour, mentionnait des documents de Chenhour. Ceux-ci ont pu être identifiés grâce à l'obligeance de Richard Fazzini.

Les premiers visiteurs ont remarqué que le toponyme moderne conserve le souvenir du nom ancien, inscrit en hiéroglyphes à plusieurs endroits du temple: *P3-š-n-Ḥr*, "Le bassin d'Horus".

En 1937, presque cent ans après la découverte du temple, B. Porter et R.L.B. Moss donnent un état très incomplet de la question dans leur répertoire bibliographique[10]. A côté d'un plan rudimentaire du temple, dit d'Isis, nous n'y trouvons que quelques renseignements nouveaux dûs à G. Legrain, qui visita le temple en compagnie de G. Jéquier, à la fin du XIXe siècle[11].

Longtemps, depuis le siècle dernier et jusqu'à nos jours, l'intérêt porté à ce temple est resté très limité. Il faut cependant signaler l'intervention ponctuelle de C. Nims, de l'Oriental Institute de Chicago, dont les photographies ont permis à O. Neugebauer et R.A. Parker de publier un fac-similé du plafond astronomique de Chenhour dans leur grand ouvrage intitulé: Egyptian Astronomical Texts and Representations (1969)[12].

Chenhour n'est toujours pas cité dans l'article de Ph. Derchain "Les temples secondaires des époques ptolémaïque et romaine", paru dans l'aperçu de cent cinquante années de recherches égyptologiques (1972); pourtant les temples d'el-Qalᶜa et de Qasr el-Ghoueita, bien que "rongés par les intempéries", sont eux mentionnés[13]. D'après les répertoires bibliographiques de N. Sauneron et de J.-Cl. Grenier pour la période 1939-1974[14], les textes copiés par Lepsius ou les dessins de Nestor L'Hôte, publiés en 1963, ont été ignorés par les chercheurs.

1.3. Le projet belge et français

A partir de 1975, en marge de ses recherches sur Coptos, Cl. Traunecker s'intéresse au temple de Chenhour. Quelques visites lui permettent de rédiger l'article "Schanhur" pour le LÄ[15]; cet article, publié en 1983, est riche en informations nouvelles et présente un plan corrigé du temple.

En 1989, au cours d'une visite sur le site, Cl. Traunecker et le soussigné décident d'unir leurs forces pour dégager, étudier et publier le temple

---

[10] Topographical Bibliography V. Upper Egypt: Sites, Oxford 1937, 136.

[11] Plus précisément en 1894, voir: BIFAO 12 (1916), 101 n. 1.

[12] Il s'agit du plafond de la ouabet; voir l'article de Cl. Traunecker dans ce volume.

[13] Textes et Langages de l'Egypte pharaonique (BdE 64/3), Le Caire 1972, 276.

[14] Voir, respectivement, les ouvrages de N. Sauneron et de J.-C. Grenier, Temples ptolémaïques et romains (BdE 14 et 75), Le Caire 1956 et 1979.

[15] LÄ V, 528-531.

méconnu. Ils créent pour ce faire la mission archéologique belge et française de Chenhour, projet commun aux universités de Leuven et de Lille-III[16]. Dans ce cadre, deux campagnes de fouilles ont déjà eu lieu : la première à la fin de 1992 et la seconde, fin 1993[17]. Le but du projet est de fouiller non seulement le temple, mais aussi son environnement archéologique. Dans l'étude qui suit, il ne sera question que du temple, tel qu'il se présentait à l'époque où il fonctionnait.

2. L'étude du temple

Nous développerons ici deux points concernant le temple :

1. l'histoire de sa construction et
2. quelques réflexions d'ordre général ou de détail sur sa décoration.

Nous ne traiterons donc pas du sondage effectué à l'extérieur du temple[18], ni des traces de son utilisation par la population chrétienne, ni encore de sa dégradation ultérieure par les chaufourniers, ou par les habitants du village qui l'ont exploité comme une carrière[19].

2.1. L'histoire de la construction et de la décoration

Nos connaissances actuelles sur l'histoire de la construction du temple de Chenhour sont fondées sur une nouvelle étude des cartouches royaux. Il est inutile de corriger ici, de façon explicite, les écrits de Nestor L'Hôte, de Lepsius et d'autres, ou même les renseignements plus récents du LÄ[20]. Nous proposons donc de faire tabula rasa de tous les renseignements fournis jusqu'à présent sur l'histoire du temple par la littérature égyptologique. Notons cependant que les informations indiscutables apportées par l'article du LÄ ont été intégrées dans le nouveau répertoire des titulatures des empereurs romains,

---

[16] Depuis 1991, le projet fait partie du "Pôle d'Attraction inter-universitaire: archéologie" (IUAP 28), mis en oeuvre à l'initiative de l'Etat belge; du côté français le projet est intégré dans les activités de l'Unité de Recherches Archéologiques (URA) 1275 du CNRS associée à l'Institut de Papyrologie et d'Egyptologie de Lille (III).

[17] Voir n. 1.

[18] Ce sondage a révélé un établissement copte du VIe/VIIe siècle avec un riche matériel céramologique.

[19] Ces aspects de l'histoire du site ont été brièvement évoqués dans une communication présentée à Londres le 22 juillet 1994; sa publication est prévue.

[20] Voir n. 15.

publié par J.-Cl. Grenier en 1989[21]; aujourd'hui, elles peuvent elles-mêmes être complétées.

Pour illustrer l'évolution architecturale du temple actuellement connu, nous utilisons un plan nouvellement établi (Fig. 1) qui tient compte des résultats de nos travaux. En effet, les fouilles ont révélé une chapelle à l'ouest de la partie arasée du temple; construite sous Tibère et à l'origine indépendante, elle a plus tard été intégrée dans un projet d'agrandissement du temple.

En raison du but de cette étude, formulé plus haut, nous n'estimons pas nécessaire de donner ici une description détaillée de la totalité des salles et cryptes du temple; nous nous contenterons de présenter brièvement l'évolution de l'ensemble.

Le temple de Chenhour, orienté vers le sud, se compose de deux parties (voir Fig. 4). La partie nord (I-XIII), la mieux conservée (Fig. 5), est une bâtisse massive de dimensions relativement modestes (20 x 13,5). On y a ajouté plus tard, au sud, une deuxième partie, composée d'une salle hypostyle (XIV) et d'un pronaos (XV), actuellement réduit à l'état d'arasement.

2.1.1. Le temple augustéen et la chapelle de Tibère

Au coeur de la première construction, que nous qualifions de "temple augustéen", se trouve le sanctuaire (I), dont la façade et les parois intérieures présentent les cartouches Autocrator et César, c.-à-d. les noms d'Auguste. Les bandeaux intérieurs et de façade donnent une titulature plus complète d'Auguste; de plus, son nom d'Horus est gravé dans le passage de la porte. Si, comme on l'admet généralement, la décoration a été commencée une fois la construction achevée, on peut admettre qu'elle a été entreprise sous le règne d'Auguste (30 av. J.-C. - 14 ap. J.-C.). C'est pourquoi nous considérons ce premier temple comme augustéen, même si sa décoration a été poursuivie sous les règnes postérieurs. A l'heure actuelle, aucun indice ne permet d'avancer que la construction du temple a débuté plus tôt, à la fin de l'époque ptolémaïque. Nous reviendrons plus loin sur ce point.

[21] Les titulatures des empereurs romains dans les documents en langue égyptienne (Papyrologica Bruxellensia 22), Bruxelles 1989, 10 (A2), 24 (D2), 29 (J4), 104.

La décoration du temple augustéen a été poursuivie sous l'empereur Tibère (14 - 37 ap. J.-C.)[22], dont les noms, Tiberius et Caesar, inscrits dans des cartouches, identifient l'empereur figuré en grand format sur la façade arrière (voir Fig. 12 + 13). Sous son règne, on a entrepris la construction d'une chapelle au sud-ouest du temple augustéen. Cet édifice, déjà mentionné, est dédié à Horoudja et à sa mère La-grande-déesse (Ta-netjeret-aât). Le décor d'un montant de porte présente les cartouches de Tibère, mais les noms des divinités résidentes de la chapelle se lisent sur la nouvelle façade, ajoutée au moment où la chapelle a été intégrée dans un ensemble plus important.

Caligula (37 - 41 ap. J.-C.), le successeur de Tibère, a décoré la ouabet du temple qui contient le plafond astronomique déjà évoqué. Une titulature élaborée et originale figure dans les deux bandeaux de la pièce. L'empereur y est appelé tantôt Caius-Caesar et Autocrator-Augustus[= *nty ẖw*], tantôt Caius-Caesar-Augustus[= *nty ẖw*] et Germanicus.

Le décor des murs extérieurs est et ouest du temple augustéen a été réalisé sous Claude (41 - 54 ap. J.-C.). Cet empereur y est nommé Tiberius-Claudius et Caesar-Augustus[= *ẖw*]-Germanicus, protocole connu par ailleurs. Une titulature plus complète figurait dans le bandeau de frise du mur extérieur du temple. A l'exception d'un seul bloc, resté en place sur le mur est (Fig. 6), toute l'inscription a disparu, de sorte qu'il faut recourir à la copie faite par Nestor L'Hôte[23]. Ces inscriptions présentent des éléments intéressants, comme un hymne adressé à l'empereur Claude qui contient une mention de Rome[24].

De la partie augustéenne du temple, le sanctuaire a donc été décoré sous Auguste même, la façade arrière sous Tibère, la ouabet sous Caligula et les murs extérieurs est et ouest sous Claude.

Il est intéressant d'établir une comparaison avec le temple d'el-Qal^{c}a[25], construit d'ailleurs dans un matériau très proche de celui du temple augustéen de Chenhour. C'est sans doute également sous Auguste que la construction du temple d'el-Qal^{c}a a été décidée. En tout cas, les deux sanctuaires de ce temple -dont le double axe cultuel en croix est une particularité tout-à-fait remar-

---

22 Rappelons que Lepsius (voir n. 7) avait vu près du temple des blocs épars avec les cartouches de Tibère, mais il pourrait s'agir du résultat d'une lecture rapide des cartouches de blocs tombés des murs extérieurs portant en fait le nom de Tibère-Claude.

23 Probablement aussi copié par Wilbour d'après une notice dans ses "Notebooks"; voir n. 9.

24 A ajouter à la documentation réunie par C. De Wit, Une mention de Rome dans un texte hiéroglyphique du temps d'Auguste, Mélanges Mariette (BdE 32), Le Caire 1961, 62-69.

25 Voir n. 4 et L. Pantalacci et Cl. Traunecker, Le temple d'El-Qal^{c}a I, Le Caire 1990, 6.

quable - ont été décorés au nom d'Auguste. Il est possible que les grands reliefs du mur arrière d'el-Qal^ca datent du règne de Tibère, mais les cartouches n'ont pas été conservés. En tout cas, nous trouvons le nom de Caligula dans la salle des offrandes et le petit vestibule, et nous savons que le programme de décoration a été achevé sous Claude.

On peut se demander pourquoi la façade arrière du temple de Chenhour a été décorée avant la ouabet et les murs extérieurs est et ouest. Cela s'explique très probablement du fait de l'importance de cette façade arrière, qui, à Chenhour comme ailleurs, est un lieu de culte et de prière. Sur cette façade, une niche a été aménagée en forme de fausse-porte; elle est comparable à celle du temple à peu près contemporain de Deir Chellouit[26]. Cet élément architectural, qui se rencontre à d'autres endroits encore, mérite une étude plus détaillée. A Chenhour, la fausse-porte était pourvue de deux battants et les encastrements de poutres révèlent l'existence d'un portique qui protégeait les grandes figures divines. On pense à d'autres installations similaires, comme les traces d'un auvent disparu sur le mur arrière du temple de Ptah et la chapelle adossée du temple de Khonsou à Karnak[27]. Nous ne disposons pas encore d'une étude traitant de la chronologie des programmes de décoration, mais nous savons qu'à Dendara, par exemple, sur la façade arrière, le grand relief représentant Cléopâtre et Césarion a été réalisé avant les scènes de culte plus petites des murs extérieurs du grand naos, décorés sous Auguste[28].

A propos de Chenhour, P. Montet a écrit: "Aucune recherche n'ayant été faite sur le site, on ignore s'il est ancien"[29]. Bien que nos premiers résultats suggèrent la présence d'autres constructions à Chenhour[30], ils ne permettent pas encore d'attester avec certitude l'existence de constructions antérieures à l'époque romaine. Néanmoins un relief, dit ptolémaïque, a été

---

26 Les parois extérieures n'ont pas été décorées, mais la partie inférieure de la façade arrière était déjà ravalée; voir infra 3.2. et n. 59.

27 Pour la façade arrière du temple de Ptah, voir D. Wildung, Imhotep und Amenhotep. Gottwerdung im alten Ägypten (MÄS 36), München-Berlin 1977, 201-206 § 142, pl. XLIX-L; pour l'autre exemple, Cl. Traunecker et F. Laroche, La chapelle adossée au temple de Khonsou, dans: Cahiers de Karnak VI, Le Caire 1980, 167-196 et pl. XVVII-LI. Voir encore D. Arnold, Lexikon der ägyptischen Baukunst, München-Zürich 1994, 91 (Gegenkapelle).

28 Pour l'histoire du temple, voir en général: S. Cauville, Le temple de Dendera (Bibl. gén. 12), Le Caire 1990, 85-86.

29 P. Montet, La géographie de l'Egypte ancienne II, Paris 1957, 82.

30 Un bloc remployé dans l'escalier occidental de la mosquée porte un décor dont la disposition ne semble pas correspondre avec celui du temple actuellement fouillé.

transporté de Chenhour au musée du Caire en 1889, mais il n'y a pas encore été retrouvé[31].

2.1.2. Le projet d'agrandissement sous Trajan

Les ajouts postérieurs au temple augustéen[32] ont été réalisés en deux phases (la chapelle construite sous Tibère mise à part): elles ont consisté en l'adjonction de la salle à quatre colonnes (XIV) d'une part, et celle du grand pronaos (XV) d'autre part.

La paroi arrière de la salle hypostyle (XIV: 13 x 12 m), ajoutée au premier temple, vient s'appuier sur les murs latéraux du grand vestibule, sans y être reliée par des queues d'aronde. Bien qu'il soit difficile de reconstituer aujourd'hui l'aspect original de la façade du temple augustéen, on peut imaginer, entre autres possibilités, qu'elle comportait un portique de deux ou quatre colonnes.

La chapelle au nom de Tibère, qui, dans son état ancien, a dû présenter une façade avec des antes lisses et en fruit, de même type que celle du temple augustéen, a été intégrée dans le projet d'agrandissement (Fig. 7). Elle constitue une sorte d'aile latérale à l'ouest de l'axe principal. Une nouvelle façade a ensuite été édifiée au-devant de la salle hypostyle et de la chapelle[33]. Ainsi, la largeur de l'édifice a doublé et est passée à 28 m. Dans ce nouveau plan, la chapelle en question, transformée en vestibule fermé, est accessible par une porte secondaire dans la nouvelle façade et par une porte ouverte dans le mur ouest de la nouvelle salle hypostyle.

Pour l'instant, nous datons ces travaux du début du deuxième siècle car les inscriptions de la nouvelle porte comprennent les noms de l'empereur Trajan (98 - 117 ap. J.-C.). Dans deux longs cartouches, et malgré quelques difficultés, on lit d'une part: Autocrator-Caesar-Nerva-Trajanus-Augustus [= *nty ḫw*], et d'autre part: Nerva-Trajanus-Sebastos-Germanicus-Dacicus. La mention remarquable de l'épithète Dacicus, qui montre que les grands faits

---

[31] Voir G. Daressy, Rapport du voyage d'inspection de M. Grébaut en 1889, dans: ASAE 26 (1926), 20; il a été enregistré dans le JdE sous le numéro 28975.

[32] Pour ces ajouts, les constructeurs ont employé un calcaire blanc et homogène, de meilleure qualité que celui de la partie augustéenne.

[33] Comme en témoigne le joint oblique en "coup de sabre" (sans queue d'aronde) avec l'ante ouest de la chapelle latérale. A cet endroit, l'extrémité ouest de cette nouvelle façade est pourvue d'un boudin d'angle en fruit, ce qui suggère l'existence d'un boudin symétrique à l'est de l'axe principal. Il est probable que le mur est a été démonté lors de l'intégration du monument de Tibère dans l'ensemble de Trajan.

militaires dans l'empire romain étaient connus dans la chôra égyptienne, permet de préciser que la date post quem de l'élaboration du décor est 102. L'attribution de cette partie de l'édifice au règne de Trajan semble corroborée par la présence du nom de Germanicus-Autocrator dans les restes d'une procession géographique sur le soubassement de l'angle intérieur sud-ouest de la salle hypostyle (XIV); le bandeau de soubassement y est encore conservé (Fig. 8).

Enfin, au cours d'une seconde phase d'agrandissement du temple, on construit un grand pronaos (34 x 12 m) à trois rangées de huit colonnes, dont la rangée de façade est pourvue de murs d'entrecolonnement. Ce pronaos est un peu moins grand que celui d'Esna (à peu près 37 x 15 m; 4 x 6 colonnes), bâti sous Claude, mais il est plus large que, par exemple, celui de Kalabcha (environ 23 x 12 m; 2 x 4 colonnes) de l'époque d'Auguste[34]. Le mur arrière du pronaos de Chenhour s'appuie simplement, à l'ouest, sur le côté de la nouvelle façade construite lors de la première extension. Nous avons constaté que la porte dans le mur nord du pronaos qui permet d'accéder à l'ancienne chapelle de Tibère a été gravée aux noms de Trajan. Jusqu'à présent, il n'a pas été possible de déterminer si la décoration de cette porte est contemporaine de l'adjonction du pronaos ou si le pronaos a été ajouté plus tard.

2.1.3. Résumé de la chronologie des travaux

Voici le résumé des étapes de construction du temple et de la chronologie des campagnes de décoration.

La première partie du temple a été construite sous Auguste et décorée sous le même règne, puis sous Tibère, Caligula, et Claude.

Puis, sous le règne de Trajan, il a été décidé d'agrandir le temple augustéen. Il fut alors intégré dans un projet architectural monumental dont l'ampleur a probablement été commandée par la présence d'une chapelle construite sous Tibère. Cet édifice annexe peut expliquer la disproportion du pronaos par rapport à la largeur originale du temple.

---

34 Voir Arnold, op. cit. n. 27, 196; comparer D. Arnold, Zur Rekonstruktion des Pronaos von Hermopolis, dans: MDAIK 50 (1994), 15.

2.2. Réflexions sur la décoration du temple

Les remarques sur la décoration qui vont suivre ont trait uniquement au temple augustéen et n'ont pas un caractère définitif. En effet, le relevé et l'étude épigraphiques sont à peine ébauchés, de sorte que notre connaissance des inscriptions est encore très limitée. De même, les observations sur la théologie du temple sont provisoires.

Nous avons vu que seule une partie des parois du temple augustéen présente des décors, à savoir la façade et l'intérieur du sanctuaire (I), la ouabet (V) - pour laquelle on se reportera à l'étude de Cl. Traunecker dans ce volume -, les montants des portes axiales du petit vestibule (II) et de l'antichambre (IX), ainsi que les parois extérieures. A l'inverse, les parois du temple d'el-Qal^{c}a ont été décorées en totalité. A Chenhour, l'extérieur des portes, la paroi du fond du sanctuaire et la ouabet (sauf le plafond dont le décor astronomique est incisé) sont décorés en relief; toutes les autres parois du sanctuaire sont en relief dans le creux. A el-Qal^{c}a, en revanche, la totalité des reliefs est exécutée dans le creux. Dans le petit temple romain de Deir Chellouit, près de Thèbes[35], le naos est décoré en relief et le décor du reste du temple est incisé. Les raisons de l'utilisation de ces techniques différentes à Chenhour ne sont pas claires.

Observons à présent le décor sur la façade et à l'intérieur du sanctuaire, sur la façade arrière du temple et sur les murs extérieurs ouest et est.

2.2.1. Le sanctuaire

Le sanctuaire (I), de petite taille (3,50 environ sur 2,40 m), se présente comme un édifice indépendant. Les scènes de culte représentées sur la façade (Fig. 9) sont délimitées par des bandeaux de couronnement et de soubassement; le bas des parois est orné d'une frise de papyrus. Nous retrouvons les deux bandeaux à l'intérieur du sanctuaire, mais les murs extérieurs est et ouest du temple sont dépourvus de bandeaux de soubassement[36].

Le linteau de la porte n'est aujourd'hui que partiellement conservé. Lorsque Lepsius l'a dessiné (voir n. 7), le décor était encore intact, ainsi que le bandeau de couronnement intérieur.

---

[35] Voir infra 3.2. et n. 59.

[36] Notons que la partie arrière du temple (voir 2.2.2.) n'est pas encore dégagée.

Examinons les représentations de ce linteau de plus près à l'aide du dessin de Lepsius (Fig. 2a-b). Au milieu se trouve une double scène: à gauche, le roi présente le signe-maât à Amon-Ré (assis), Mout et Khonsou (tous deux debouts) et à La-grande-déesse-Isis (également assise); à droite on peut voir le même rite effectué devant Amon-Ré (à nouveau assis), Horus-enfant amonien et Isis (les deux sont debouts); derrière eux figure Nephthys-la-grande-d'Ih (assise); à l'extrémité gauche, Auguste offre l'oeil-oudjat à Min de Coptos, toujours debout, et à Haroêris de Qous (debout); enfin, à l'extrémité droite, Auguste offre le vin à Thot et à Maât (qui se tient debout derrière le dieu assis). Seul diffère le nom des deux déesses médianes: La-grande-déesse-Isis et Nephthys-la-grande-d'Ih. Elles s'ajoutent aux deux triades présidées par Amon-Ré.

Losqu'on rapproche la triade caractérisée par le dieu enfant en deuxième position d'une représentation du "Paneion" dans le Ouadi Hammamat, on se rend compte qu'il s'agit de la triade de Coptos[37]; toutefois, à Chenhour, Min est remplacé par Amon, mais nous retrouvons Min de Coptos dans la scène située à l'extrême gauche, où il est associé à Haroêris de Qous. En ce qui concerne Thot et Maât, la raison de leur présence n'est pas encore clairement discernable.

Sur la paroi ouest de la façade, la grande scène montre Auguste faisant une libation devant Mout, tandis que sur la paroi est, il offre l'onguent et les tissus à Isis; ce dernier bloc a disparu il y a quelques années[38]. La présence de Mout et d'Isis dans ces deux scènes, bien en évidence, s'explique encore une fois par leur relation avec Thèbes et Coptos. Mais quel est leur rapport avec les deux déesses figurées au centre du linteau, c.-à-d. La-grande-déesse-Isis, du côté coptite, et Nephthys, associée à la triade thébaine?

Passons à l'intérieur du sanctuaire (Fig. 3). Le bandeau de couronnement, copié par Lepsius, a disparu en grande partie. A gauche se trouvait une dédicace à "Mout-aux-apparences-multiples, la grande et puissante, qui réside à Chenhour"; à droite, c'est "La-grande-déesse-Isis qui réside à Chenhour" qui est mentionnée. Le lien avec Mout et Isis, représentées sur la façade, de part de d'autre de la porte, est évident. Comme il a déjà été signalé, la paroi du

---

[37] Voir pour des photos: J. Couyat - P. Montet, Les inscriptions hiéroglyphiques et hiératiques du Ouâdi Hammâmât (MIFAO 34), Le Caire 1912, pl. VIII; A. Bernand, De Koptos à Kosseir, Leiden 1972, pl. 14/1, 15-17; dessin dans H.-J. Thissen, Demotische Graffiti des Paneions im Wadi Hammamat, dans: Enchoria 9 (1979), pl. 25 I.

[38] Ce beau bloc montrant Isis a disparu entre juin 1990 (passage de S. Snape) et octobre 1991 (visite de P. Dils).

fond est réalisée en relief véritable. On distingue encore trois registres[39] constitués de scènes doubles. Le registre supérieur a en grande partie disparu. Dans la scène de droite, Lepsius signale la présence de Mout et d'Isis. Dans le registre du milieu (Fig. 10), à gauche, l'empereur, coiffé de la double couronne, présente le signe-maât à Amon-Ré, dont la légende est bien conservée: "Amon-Ré-roi-des-dieux, puissance auguste, chef de tous les dieux, seigneur du ciel, de la terre et du monde souterrain, de l'eau et de la montagne, etc.". A droite, la divinité à laquelle Auguste offre des bandelettes est probablement Osiris. En bas, à gauche, l'empereur avec la couronne rouge présente le sistre à Mout et à Isis de Coptos; à droite, l'officiant portant la couronne blanche brûle l'encens devant La-grande-déesse-Isis et Nebet-Ihy, qualifiée de "la soeur divine d'Isis" (?), à en juger d'après les copies de Nestor L'Hôte. Sur cette paroi, le critère de regroupement n'est pas géographique. On constate que Mout et Isis, respectivement les déesses principales des nomes de Thèbes et de Coptos, sont associées dans un seul panneau; elles font pendant à La-grande-déesse-Isis et Nebet-Ihy, figurées dans la scène symétrique, qui représentent la dyade locale. Nous avons rencontré ces deux déesses au milieu du linteau: Nebet-Ihy semble être un autre nom pour Nephthys-la-grande-d'Ih[40].

Quand on regarde les deux parois latérales, les scènes exécutées en relief dans le creux se répartissent sur deux registres. Examinons tout d'abord le registre supérieur à l'ouest; on reconnaît, de gauche à droite: Auguste, qui fait face à (Montou ?)-Khonsou, Rattaoui, Khonsou-l'enfant-le-premier-d'Amon (Fig. 11) et Mout-dame-de-l'Icherou; à la même hauteur, sur la paroi d'en face (paroi est), Auguste se présente devant Haroêris de Qous, Isis, Horus-enfant amonien et Hathor. Au registre inférieur à l'ouest, on reconnaît Auguste devant Amon-Ré, Mout-aux-apparences-multiples, Geb coptite et Hathor (?), alors qu'à l'est Auguste se présente devant Amon-Min, La-grande-déesse-Isis, Toutou qui réside à Chenhour et Nephthys. L'examen de ce décor fait apparaître clairement que la bipartition, déjà constatée sur la façade, est respectée de façon générale sur les parois latérales: les dieux thébains se trouvent sur la paroi ouest, tandis que la paroi orientale est réservée aux divinités coptites. Certains détails, dont notamment la succession des divinités, ne sont pas sans poser de problème: Geb coptite se trouve du côté thébain.

---

39 Pour Nestor L'Hôte, op. cit. n. 5, pl. XXVII/1 et p. 40, les scènes du troisième registre étaient méconnaissables, parce que trop haut placées.

40 L'épithète "soeur divine" est typique de Nephthys et non d'Isis.

Cependant, chaque divinité trouve son pendant au même endroit sur la face opposée; prenons comme exemple la deuxième scène du premier registre: à l'ouest, Mout “aux apparences multiples” correspond, à l'est, à “Ta-netjeret-aât”. La bipartition est également présente dans les scènes principales de la façade: Mout trône à l'ouest et Isis à l'est. Enfin, cette organisation équilibrée est formulée de façon explicite dans l'inscription de dédicace du bandeau de couronnement.

2.2.2. La façade arrière

La façade arrière du temple est encore en partie engagée dans les déblais. Bien que les petites scènes situées en haut du mur ne soient pas sans intérêt, comme celle qui présente l'empereur consacrant les quatre coffres et conduisant les quatre veaux[41], nous nous limitons à la discussion des grandes scènes figurant de part et d'autre de l'axe marqué par la fausse porte, dont il a été question plus haut.

Le grand tableau principal, qui occupe toute la largeur du temple, se décompose en deux parties (Fig. 12 + 13): à chaque extrémité du mur, Tibère officie devant quatre divinités. Des deux côtés, les trois premières divinités constituent des triades: à gauche (c.-à-d. à l'est) c'est la triade coptite, composée de Min-Ré de Coptos, Isis et Toutou (devant Isis on reconnaît Horus-enfant amonien de petite taille); à droite (c.-à-d. à l'ouest), se trouvent Amon-Ré, Mout et Khonsou. La quatrième divinité est, chaque fois, une déesse dont le nom se lit respectivement Nebet-ihy (à gauche) et La-grande-déesse (à droite); cette dernière est précédée de son enfant Horoudja, que nous avons rencontré sur la façade de la chapelle attribuée à Tibère. Ces déesses ne se joignent pas en tant qu'"épouses" aux dieux qui les précèdent, respectivement Toutou et Khonsou. Elles occupent une place de choix dans l'axe du temple et sont à considérer indépendamment, comme sur le linteau de la porte du sanctuaire; elles sont résidentes (*ḥryt-ib*) à Chenhour et constituent une dyade locale: La-grande-déesse et Nebet-ihy.

Il est remarquable que La-grande-déesse se joigne ici aux dieux de Thèbes et que Nebet-Ihy, à identifier avec Nephthys-la-grande-d'Ih, soit dans

[41] Sur ces scènes, A. Egberts, In Quest of Meaning. A Study of the Ancient Egyptian Rites of Consecrating the Meret-Chests and Driving the Calves, Leiden (thèse de doctorat) 1993, 449 (mention de Chenhour).

le camp coptite, car cette répartition diffère de celle qui figure sur le linteau de la porte du sanctuaire (voir Fig. 2a-b).

Notons aussi que Toutou est, dans ce cas, le dieu fils de la triade de Coptos. Cette triade diffère également de celle qui est représentée sur le linteau en question (voir supra 2.2.1 et Fig. 2b): en effet, Toutou (ou, en grec, Tithoês), dieu solaire à caractère royal[42], y remplace Horus, dieu-enfant à Coptos. On peut se demander si l'épithète "(le dieu) qui vient à celui qui l'appelle", qualifiant Toutou, ne le définit pas comme un dieu oraculaire[43]. Cet aspect populaire pourrait expliquer sa présence à cet endroit; cependant, on retrouve la même association de Toutou avec les dieux de Coptos à l'intérieur du sanctuaire, sur le mur est (voir 2.2.1 et Fig. 3).

2.2.3. Les murs extérieurs ouest et est

Après avoir présenté brièvement le sanctuaire, la façade arrière et en passant sous silence la ouabet, dont traite Cl. Traunecker dans sa contribution, il faut concentrer notre attention sur les façades latérales qui portent chacune un décor de 36 scènes (trois registres de 12 scènes)(voir Fig. 5).

Dans les scènes du registre inférieur, les divinités se tiennent toutes debout, comme il se doit, et, dans les scènes des deux autres registres, elles sont soit assises, soit la première divinité est assise quand la seconde est debout. En théorie, des scènes plus larges présentant deux divinités alternent avec des scènes moins larges où l'empereur est confronté à une seule divinité. Il y a des exceptions, mais nous n'entrerons pas dans le détail.

Nous ne pouvons pas donner ici une liste exhaustive des divinités représentées, qui n'ont été identifiées que dans une partie des scènes, soit parce que celles-ci ne sont pas encore déblayées, comme le registre inférieur du mur extérieur ouest, soit parce qu'un certain nombre de scènes est endommagé. Dans l'état actuel de l'étude, nous ne saisissons pas encore les principes qui ont

---

[42] Voir LÄ V, 1985, 602-606 (J. Quaegebeur); pour Chenhour, on consultera S. Sauneron, Le nouveau sphinx composite du Brooklyn Museum et le rôle du dieu Toutou-Tithoès, dans: JNES 19 (1960), 269-287. Une monographie sur ce dieu est en préparation par O. Kaper (KULeuven).

[43] Comparer J. Quaegebeur, Tithoes, dieu oraculaire, dans: Enchoria 7 (1977), 103-108. La même épithète se retrouve pour Amon sur la porte monumentale du temple de Dendour, de l'époque d'Auguste: A.M. Blackman, The Temple of Dendûr (Les temples immergés de la Nubie), Le Caire 1911, rééd. 1981, 51; M. Aly - F.A. Hamid, Chr. Leblanc, Le temple de Dandour II (CEDAE), Le Caire 1979, pl. XXII (B 35: dessin); III, 1975, pl. XXV (photo). R.S. Bianchi discutera cette épithète d'Amon de Dendour dans une étude en préparation.

présidé à l'élaboration de la "syntaxe" des scènes des façades ouest et est. Notre seul but ici est de montrer que l'on peut déceler des correspondances ou symétries entre deux murs opposés et que la répartition ne s'explique pas seulement par la proximité des deux centres religieux: Thèbes d'un côté, Coptos et Qous de l'autre. Notons encore, au passage, qu'une allusion au lien avec Thèbes est décelable dans le bandeau de soubassement, à l'intérieur de l'angle sud-ouest de la salle hypostyle; nous y trouvons l'expression: ... *m sty ꞽpt-swt*"en face de/avec vue sur Thèbes"[44].

Pour l'aperçu des scènes sur les murs extérieurs ouest et est, commençons par le registre supérieur. Du côté ouest, il est en grande partie endommagé, et, du côté est, il n'est que partiellement conservé. Heureusement, Nestor L'Hôte a dessiné une série de scènes du registre supérieur du côté est. Sur son dessin, nous lisons: "ces tableaux sont enfouis". Cependant, aujourd'hui, ce registre est tout-à-fait dégagé, mais la partie supérieure est détruite. Prenons la scène C où figurent Sebek[45] et Hathor pour comparer le dessin qu'en a fait Nestor L'Hôte avec l'état actuel (Fig. 14 + 15). On notera que ce Sebek-chedty est bien connu à el-Qal^ca[46], ce qui conviendrait pour le côté est qui est tourné en direction de Coptos. On ne comprend pas pourquoi le seul tableau de ce registre dont les légendes en haut sont encore visibles, qui présente Chou et Tefnout (voir Fig. 6), n'a pas été noté par Nestor L'Hôte.

Le registre du milieu est en mauvais état, aussi bien à l'ouest qu'à l'est, mais on peut néanmoins déduire quelques correspondances. La 3e scène à l'ouest montre Thot et Nehemetaouayit; à l'est, on peut probablement reconnaître Toutou et Neith. Dans la 4e scène, on trouve Mout des deux côtés, et la 7e scène est réservée, à l'ouest et à l'est, à Horus et sa mère Isis. Dans l'avant-dernière scène, on rencontre Geb sur le mur ouest et est.

Le registre inférieur du mur extérieur ouest est encore en grande partie sous les déblais (Fig. 16); du côté est, le registre correspondant est assez bien conservé. Le premier tableau à l'est présente Amon et Khonsou gainé; plus loin, nous trouvons aussi bien des divinités thébaines, comme Montou et Rattaoui (Fig. 17), que des dieux coptites, comme Horus-enfant, sur le sema-taoui, et Min. Le déblaiement du mur extérieur est nous permettra d'ajouter une série de scènes à cet ensemble.

---

44 Comparer la même expression dans l'hymne à Imhotep: Wildung, op. cit. n. 27, 207 § 143.1 et S. Sauneron, Un hymne à Imouthès, dans: BIFAO 63 (1965), 9 n. (o).

45 Cf. LÄ V, 1012 et 1027 (n. 339) s.v. Sobek.

46 Pantalacci - Traunecker, El-Qal^ca I, index p. 107.

3. Conclusions

Pour terminer, nous voudrions formuler quelques conclusions sur la théologie du temple de Chenhour et sur sa position géographique.

3.1. Les divinités du temple

Avant de répondre à la question de savoir à quelle(s) divinité(s) le temple a été consacré, il n'est pas sans intérêt de signaler qu'une inscription votive grecque, trouvée sur le site de Coptos[47], avait été dédiée à Isis et à Héra par un citoyen d'Aden en l'an 70 ap. J.-C. Au lieu de considérer simplement l'association d'une déesse égyptienne et d'une déesse grecque, on peut admettre que le nom d'Héra désigne en fait la déesse Mout, l'épouse d'Amon appelé parfois Zeus (pensons au nom de Diospolis)[48].

Dans la littérature égyptologique, on trouve une série de propositions quant à l'identification de la divinité du temple: le temple a été tour à tour attribué à Hathor[49], à Horus le patron de la ville[50], à Isis[51], à La-grande-déesse[52], ou même à la triade thébaine et La-grande-déesse[53]. Les auteurs en question ont constaté que les dieux thébains et coptites y occupaient une place importante, mais le rapport avec la divinité principale n'a jamais été clairement établi. Cl. Traunecker est le premier à attribuer le temple à deux déesses, Mout et Isis[54], association qui nous rappelle l'inscription grecque de

---

47 G. Wagner, Une dédicace à Isis et à Héra de la part d'un négociant d'Aden, dans: BIFAO 76 (1976), 277-281. Le bloc a dû être déposé vers 1990 dans le magasin du Service des Antiquités à Dendara.

48 Voir J. Quaegebeur, Les appellations grecques des temples de Karnak, dans: OLP 6/7 (1975/1976 = Miscellanea J. Vergote), 468-469.

49 Nestor L'Hôte (n. 5).

50 J.G. Wilkinson, Modern Egypt and Thebes II, London 1843, 132. Cet auteur semble le déduire du nom du lieu, information qui lui a probablement été fournie par Prisse.

51 Voir H. Brugsch, Die Geographie des alten Ägypten, Leipzig 1857, 198, qui se fonde sur une inscription copiée par Lepsius. En fait, on y lit qu'Auguste dédie le temple "à sa mère La-grande-déesse-Isis qui réside à Pchihor"; comparer Porter et Moss (n. 10); Neugebauer et Parker (se reporter à la note 12); LÄ III, 195 s.v. Isis et ailleurs.

52 G. Legrain, dans: BIFAO 12 (1916), 100: "En somme, la déesse que nous revèle Shenhour c'est la Grande Déesse, qui se tient à côté de Khonsou comme si elle était sa femme, mais c'est encore Amon thébain qui préside dans le monument".

53 H. Gauthier, Dictionnaire géographique II, Le Caire 1925, 152; avec référence à Legrain (voir n. 52); Montet, loc. cit. n. 29.

54 Dans le LÄ (voir n. 13); comparer Arnold, op. cit. n. 3.

Coptos (n. 47). Il faut cependant constater que la question reste assez complexe.

Le décor du temple montre, d'une part, la bipartition en deux territoires théologiques, Thèbes (à l'ouest) et Coptos (à l'est), avec leurs grandes déesses respectives, Mout et Isis; d'autre part, il met en scène deux déesses moins célèbres: La-grande-déesse (Ta-netjeret-aât) et Nebet-ihy, qui semblent être au centre du système théologique de Chenhour. La première est également connue dans le temple d'el-Qal^{c}a: elle y représente une forme locale d'Isis, mais par son nom, La-grande-déesse, elle apparaît comme une abstraction divine, regroupant les fonctions de plusieurs divinités, et comme une sorte de pendant féminin de Min[55]. Sa compagne, inconnue par ailleurs, est désignée par plusieurs noms, dont celui de Nebet-ihy "La-maîtresse-de-la-jubilation"[56]. Elle est appelée Nephthys sur le linteau de la porte et soeur divine sur la paroi du fond du sanctuaire; elle se rapporte à La-grande-déesse comme Nephthys se rapporte à Isis, les "deux soeurs" étant parfois considérées comme constituant une seule entité divine[57].

3.2. Un temple limitrophe

Le couple de déesses-soeurs, Mout-Nephthys-Nebet-ihy et La-grande-déesse-Isis, représenté sur le linteau du sanctuaire et, dans une combinaison différente, sur la façade arrière, est entouré par les grands dieux de Thèbes et de Coptos, les deux provinces voisines. Dans son article du LÄ, Cl. Traunecker avait déjà écrit: "Dans la déesse de ce temple limitrophe se fondent les qualités et attributs d'Isis coptite et de Mout de Thèbes, formant la synthèse de deux théologies géographiquement voisines"[58]. Nous avons vu que ce caractère de temple limitrophe s'est exprimé à travers le système décoratif.

A propos du petit temple romain de Deir Chellouit, Christiane Zivie-Coche a écrit récemment: "Il est significatif que, ..., Isis, dont les lieux de culte se multipliaient à travers l'Egypte, se voit dotée d'un temple-charnière

---

55 Voir Pantalacci - Traunecker, El-Qal^{c}a I, 13 § 20. A Chenhour, elle est dite "maîtresse des mâles et des femelles". Voir aussi Cl. Traunecker, The Teaching of the Temple of El-Qal^{c}a in Upper Egypt, dans S. Quirke, The Temple in Ancient Egypt (British Museum Colloquium Juillet 1994), sous presse.

56 Le nom semble avoir plusieurs étymologies. Une graphie qui ajoute au nom l'article *t3* et le détermine par une fleur suggère en tout cas la traduction proposée.

57 J. Quaegebeur, Le théonyme Senephthys, dans: OLP 22 (1991), 111-122.

58 Voir n. 15.

aux confins de la Thébaïde et du nome hermonthite" et aussi: "Si Isis est bien l'occupante principale de l'édifice, les dieux de la région sont tous convoqués, le sud étant l'apanage de Montou-Ré d'Erment et de ses parèdres, et le nord, celui d'Amon-Ré thébain ..."[59]. Ces observations, parallèles à ce qui a été écrit plus haut, invitent à une enquête plus large sur la question des temples limitrophes.

En outre, une comparaison plus détaillée entre les temples contemporains de Chenhour et d'el-Qal^c^a s'impose; dans les deux cas Isis et La-grande-déesse occupent une place prépondérante et les théologies présentées sur les parois sont très originales. Pensons à Haroêris de Qous qui est associé aux dieux de Coptos dans le temple de Chenhour; nous le retrouvons dans le temple d'el-Qal^c^a[60], mais son culte est également attesté à Thèbes dès le début de l'époque ptolémaïque[61]. Ces données doivent être intégrées dans une recherche plus large sur les rapports entre les cultes thébains et coptites à l'époque gréco-romaine, étude qui reste à faire.

---

59 Egyptes n° 1 (mars/mai 1993), 40-44; à part la bibliographie citée, voir C.M. Zivie, Trois campagnes épigraphiques au temple de Deir Chellouit, dans: BIFAO 77 (1977), 151-161 avec pl. XX-XVI, et Entre Thèbes et Erment: le temple de Deir Chellouit, dans: BSFE 80 (1977), 21-32.

60 Voir Pantalacci - Traunecker, El-Qal^c^a I, 35 scène 10.

61 Voir, par exemple, M. Bietak - E. Hauslauer, Das Grab des ^c^Anch-Hor II, Wien 1982, 294-295.

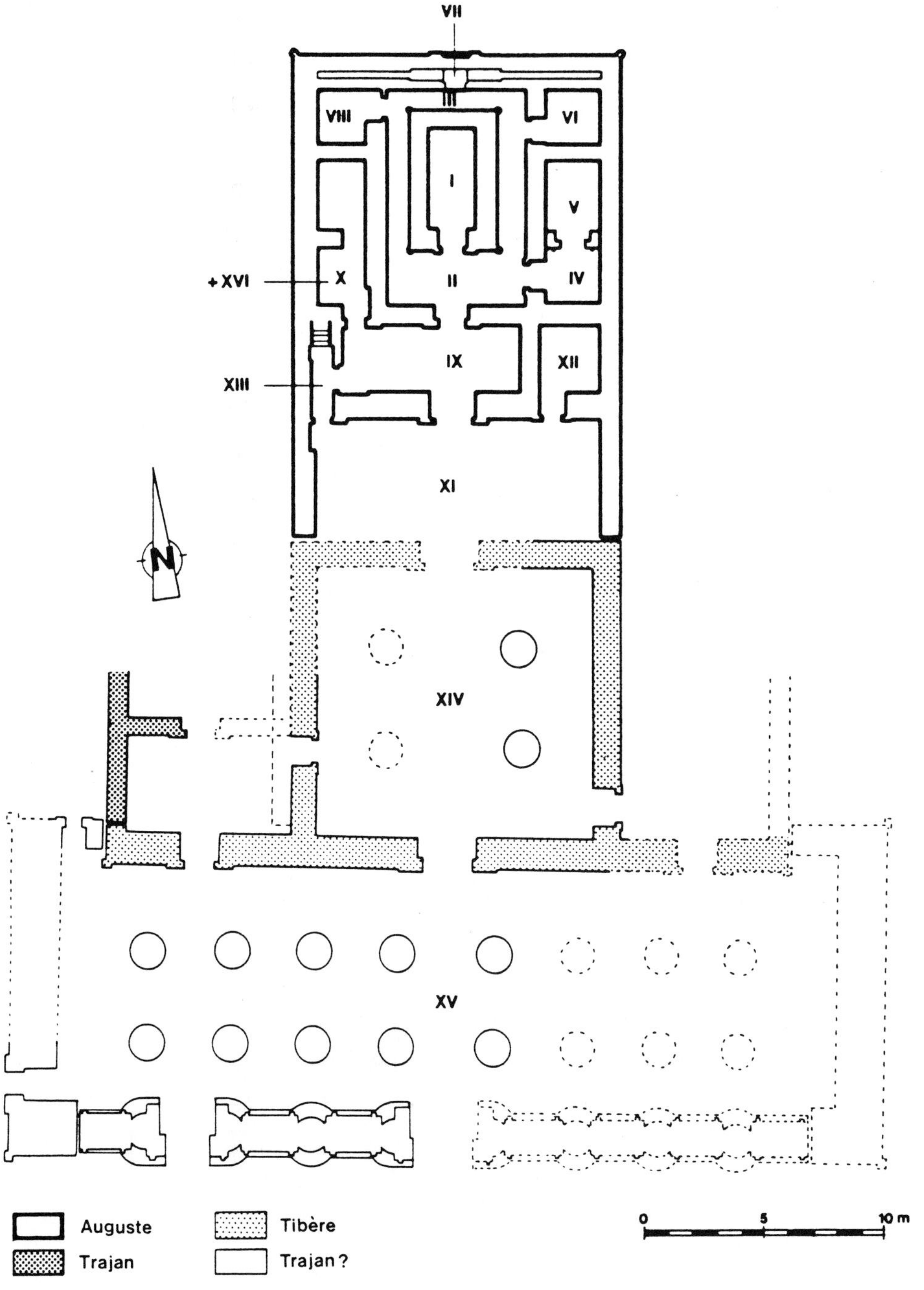

Fig. 1: Nouveau plan du temple (dessin d'E. Mahy d'après le plan dressé par Cl. Traunecker)

Fig. 2a: Les scènes du linteau de la porte du sanctuaire, partie ouest (Lepsius)

Fig. 2b: Les scènes du linteau de la porte du sanctuaire, partie est (Lepsius)

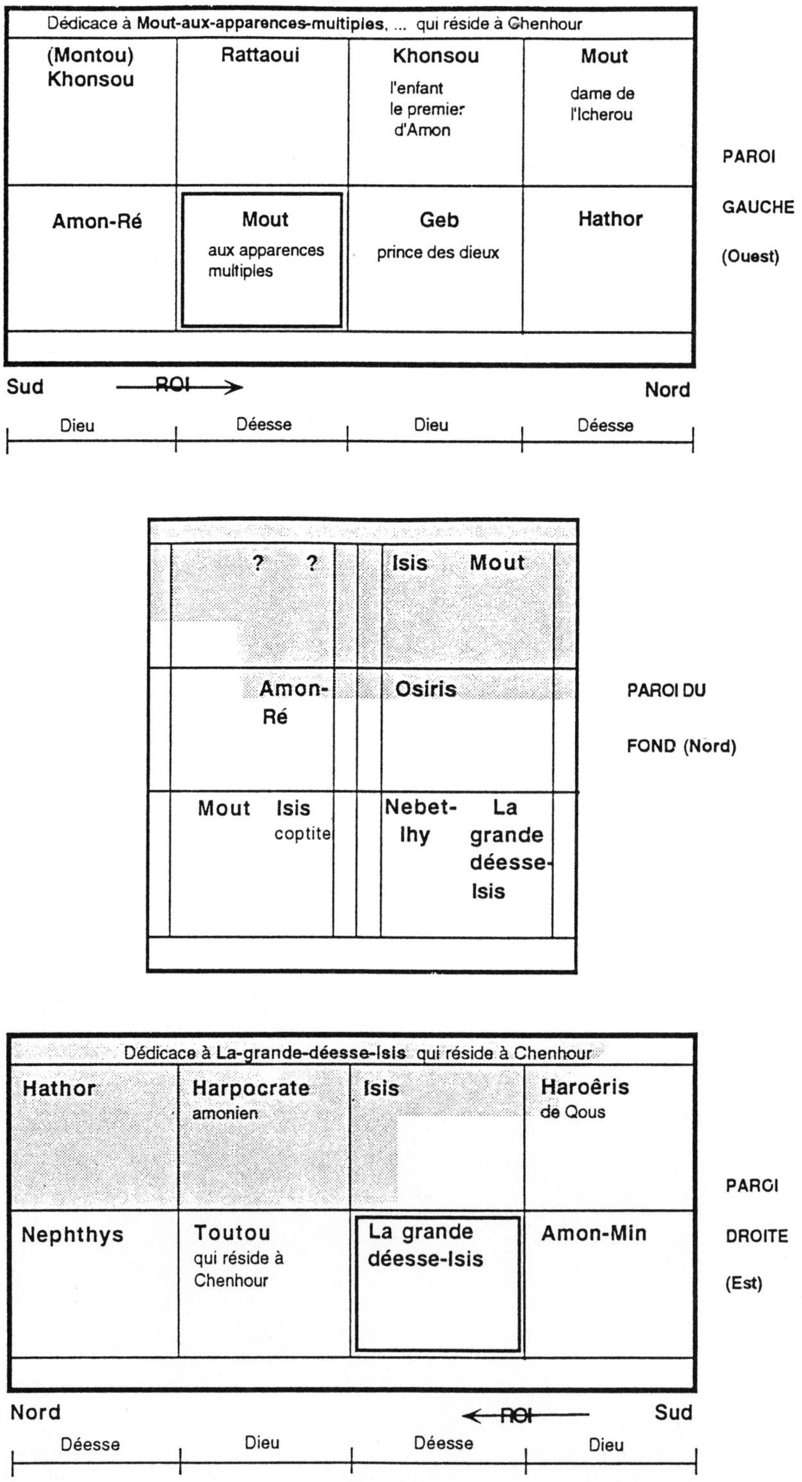
Dédicace à Mout-aux-apparences-multiples, ... qui réside à Chenhour
(Montou) Khonsou
Rattaoui
Khonsou l'enfant le premier d'Amon
Mout dame de l'Icherou
Amon-Ré
Mout aux apparences multiples
Geb prince des dieux
Hathor
PAROI GAUCHE (Ouest)
Sud
ROI
Nord
Dieu
Déesse
Dieu
Déesse
? ?
Isis Mout
Amon-Ré
Osiris
Mout Isis coptite
Nebet-Ihy
La grande déesse-Isis
PAROI DU FOND (Nord)
Dédicace à La-grande-déesse-Isis qui réside à Chenhour
Hathor
Harpocrate amonien
Isis
Haroêris de Qous
Nephthys
Toutou qui réside à Chenhour
La grande déesse-Isis
Amon-Min
PAROI DROITE (Est)
Nord
ROI
Sud
Déesse
Dieu
Déesse
Dieu

Fig. 3: Tableau des divinités représentées dans le sanctuaire (Cl. Traunecker)

Fig. 4: Vue générale sur le temple avant les travaux (photo par P. Dils)

Fig. 5: La partie nord du temple vue du sud-est (photo par P. Dils)

Fig. 6: La partie du mur est avec le bloc du bandeau de frise (photo par P. Dils)

Fig. 7: La chapelle de Tibère pendant les fouilles (photo par P. Dils)

Fig. 8: L'angle sud-ouest de la salle hypostyle (photo par P. Dils)

Fig. 9: La façade du sanctuaire (photo par P. Dils)

Fig. 10: Détail du paroi de fond du sanctuaire: Auguste devant Amon-Ré (photo par P. Dils)

Fig. 11: Auguste devant Rattaoui et Khonsou sur la paroi ouest du sanctuaire (photo par P. Dils)

Fig. 12: La façade arrière du temple, partie ouest (photo par P. Dils)

Fig. 13: La façade arrière du temple, partie est (photo par P. Dils)

Fig. 14: Scène avec Sebek de Qous et Hathor (en haut au milieu) sur le mur extérieur est (photo par P. Dils)

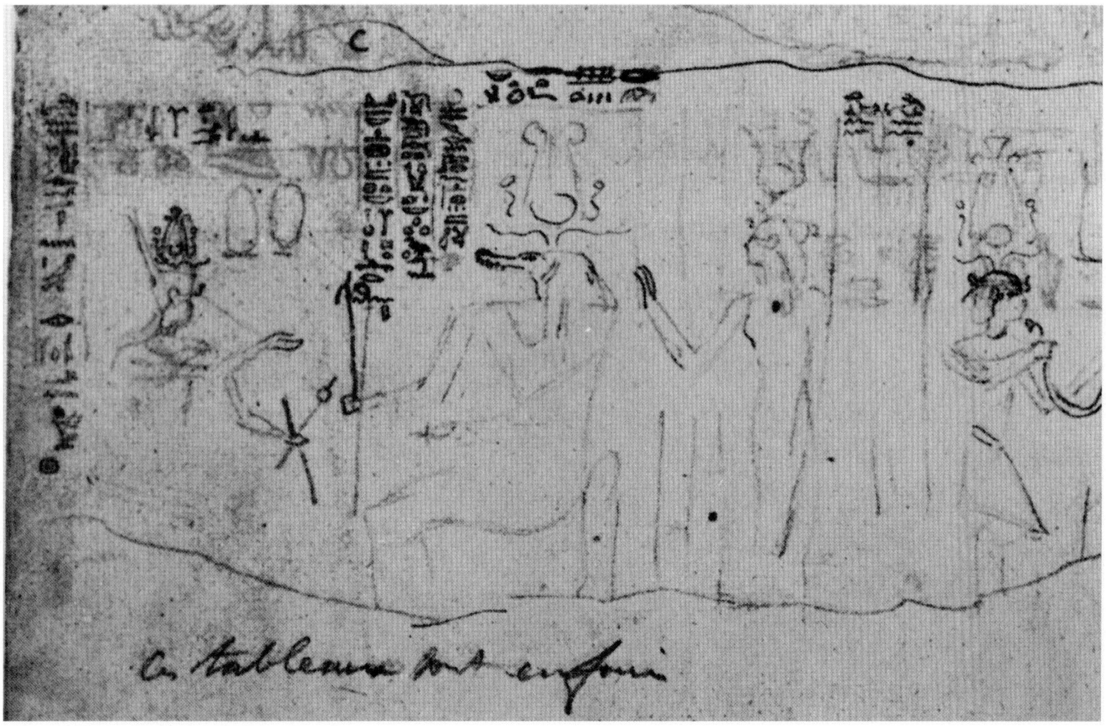

Fig. 15: Dessin de Nestor L'Hôte de la même scène encore complète (photo par P. Dils)

Fig. 16: Détail des registres inférieur (enfoui) et médian du côté ouest (photo par P. Dils)

Fig. 17: Registre inférieur du côté est: Claude devant Montou et Rattaoui (photo par P. Dils)

Ali El Sharkawy

Zum Bildprogramm der Westwand der Großen Säulenhalle im Amun -Tempel von Karnak

In der Dekoration der Nord- und Südhälfte der Westwand der Großen Säulenhalle im Amun-Tempel von Karnak sind Überarbeitungsspuren zu erkennen.[1] Es sind u.a. deutlich Umrisse von Barken (siehe Abbildung 1-3)[2] und von Körpern der Götter der Großen Neunheit[3] zu erkennen. Die Spuren lassen auf eine großflächige Darstellung der Barken schließen. Besonders im zweiten und dritten Register der Westwand/Nordhälfte sind die Barkenumrisse gut zu erkennen.

Man weiß, daß im Zuge der Anlage der Großen Säulenhalle die schon bestehende Dekoration der Ostfläche des 2. Pylonen geändert werden mußte, weil die jetzt innerhalb der Halle liegende Ostfläche wegen der im Vergleich zum Pylon geringen Höhe der Halle kleiner geworden war.[4] Hat nun dabei der Planer das vorgefundene Dekorationskonzept des 2. Pylonen beibehalten, oder hat er gänzlich neu dekoriert? Das Problem, vor dem der Planer stand, wird offensichtlich: Entweder mußte die bestehende Dekoration für die Innenwand völlig neu gestaltet werden, oder sie mußte verkleinert werden. Bei genauer Betrachtung liegt die Vermutung nahe, daß die alte Dekoration in das neue Konzept der Hallendekoration eingepaßt wurde. Die alte Dekoration wurde verkleinert, umgestaltet und neue Elemente wurden hinzugefügt.

Einige Szenen wurden durch andere ersetzt. Dieses ist gut am Südende der Westwand/Südhälfte im Fries zu erkennen.[5] Andere Szenen wurden um

---

[1] Siehe H. H. Nelson, The Great Hypostyle Hall at Karnak, Volume 1, Part 1, The Wall Reliefs, OIP 106, Chicago, 1981, Pl. 258 (Westwand/Südhälfte) und 262 (Westwand/Nordhälfte). Siehe auch K. Seele, Coregency of Ramses II with Seti I and the Date of the Great Hypostyle Hall at Karnak, Chicago, 1940, 12ff.

[2] Herr C. E. Loeben hat mir freundlicherweise erlaubt, seine Fotos zu veröffentlichen. Siehe auch Seele, ebd., 16f. und Nelson, ebd., Pl. 146, 150, 151, 152, 154 und 156.

[3] Siehe Nelson, ebd., Pl. 138, 139 und 262 (oberes Register).

[4] Siehe G. Haeny, Basilikale Anlagen in der ägyptischen Baukunst des Neuen Reiches. Beiträge Bf 9, 1970, 41.

[5] Siehe Nelson, ebd., Pl. 12 und 258.

ein gutes Stück nach unten verschoben, was wiederum an den Umrissen der Körper der Gottheiten der Großen Neunheit zu erkennen ist (s.o.). Wieder andere Szenen wurden verkleinert. Die Verkleinerungsarbeiten treten besonders deutlich an den Prozessionsbarken im 2. Register der Westwand/Nordhälfte hervor. Spuren an den beiden Wandhälften lassen noch die ursprüngliche Größe erahnen[6], die weitgehend der Größe der Barke auf der Ostseite des 3. Plyonen (Ostwand/Außenwand) entsprach. Die ursprüngliche Darstellung der Barken reichte demnach über das 2. und 3. Register der Westwand/Nordhälfte hinaus. Das heißt also, die Prozessionsbarken wurden verkleinert und auf der Nordhälfte im 2. Register und auf der Südhälfte im unteren Register plaziert. Die Verkleinerung war notwendig, um Platz für neue Szenen zu schaffen, die für das Gesamtkonzept der Dekoration der Großen Säulenhalle erforderlich waren; vielleicht war die Verkleinerung bereits aufgrund der geänderten Proportionen erforderlich.

Diese Art der Umgestaltung war keineswegs eine Arbeitserleichterung, sondern brachte erhebliche Schwierigkeiten mit sich. Nicht jedes Detail ließ sich problemlos in einem kleineren Maßstab darstellen. Die Barkenumrisse konnten ohne weiteres zusammenschrumpfen, aber umfangreiche Darstellungen auf dem Barkenrumpf ließen sich nicht so einfach auf einer wesentlich kleineren Fläche detailgetreu wiedergeben.

Zwei Fragen tauchen auf: Waren die Barkenrümpfe verziert, wie es bei der Barke auf der Ostseite des 3. Pylonen der Fall ist? Und wenn ja, wie löste der Planer, der ja theoretisch durchaus auf die Verzierung hätte verzichten können, dieses Problem?

Die Plazierung der Barken im zweiten Register der Westwand/Nordhälfte könnte u.a. über die Lösung des Problems Aufschluß geben. Die Prozessionsbarken sind stets in den unteren Registern der Innenwände der Großen Säulenhalle plaziert. Nur an der Westwand/Nordhälfte finden die Prozessionsbarken im zweiten Register Platz. Warum wurde an dieser Wandhälfte eine Ausnahme gemacht? Ein Vergleich des Barkenrumpfes auf der Ostseite des 3. Pylonen (Außenwand der Großen Säulenhalle; siehe die Abbildungen 4-6)[7] mit dem Barkenrumpf auf der Westwand der Kolonnade im Luxor-Tempel (siehe Abbildung 7) zeigt, daß beide Barken mit einer Reihe von Szenen verziert sind. Es sind zwar nur wenige Szenen auf der Barke im Luxor-Tempel erhalten; diese stimmen allerdings weitgehend mit den Szenen auf dem Barken-

[6] Siehe Nelson, ebd., Pl. 262.

[7] Herr W. Helck hat mir seine Fotos freundlicherweise überlassen.

rumpf auf der Ostseite des 3. Pylonen (Außenwand der Großen Säulenhalle) überein. Der zweifache Beleg der Darstellung läßt vermuten, daß die Szenenfolge auf dem Barkenrumpf für das Gesamtbild der Szene unerläßlich, oder doch zumindest wesentlich war. Die verkleinerte Abbildung der Barken auf der Nord- und Südhälfte der Westwand der Großen Säulenhalle ließ nun eine Verzierung der Rümpfe nicht mehr zu. Ein Vergleich der Szenen auf der Westwand mit denen des Barkenrumpfes auf der Ostseite des 3. Pylonen (Außenwand der Großen Säulenhalle) und denen des Barkenrumpfes auf der Westwand der Kolonnade im Luxor-Tempel zeigt jedoch, daß der größte Teil eben dieser Szenen auch an der Westwand der Großen Säulenhalle vertreten ist, und zwar davon der größere Teil unter den Prozessionsbarken im unteren Register (im Anschluß an die Szenen zum Minfest) und der kleinere Teil evtl. über die Wandfläche verstreut. Einige der fehlenden Szenen könnten auch die zerstörte Wandfläche im unteren Register bedeckt haben. Bemerkenswert an den Szenen unterhalb des Barkenrumpfes auf der Westwand/Nordhälfte ist, daß sie ausnahmslos Opferszenen sind. Sie sind überdies zahlreicher und verschiedenartiger als z. B. im oberen Register auf der Nordwand/Westhälfte. Das verstärkt den Eindruck, daß sie zur Verzierung des Barkenrumpfes der ursprünglichen Dekoration gehörten und ihre Plazierung unterhalb der Barke mit Bedacht gewählt worden war, da sie sich ja ursprünglich auf dem Rumpf der Barke befunden hatten. Die Barke hätte bei dieser Aufteilung im unteren Register keinen Platz mehr gefunden.

Die Frage, warum möglicherweise ein kleinerer Teil der Szenen des Barkenrumpfes über die gesamte Wandfläche verstreut worden ist, wirft ein weiteres Problem auf, das bei der Dekoration der Wand zu bewältigen war.

Die im unteren Register fehlenden einstigen Szenen des Barkenrumpfes könnten ausgelassen worden sein; man hätte dann eine Auslese vor sich. Zwei Beobachtungen führen mich aber zu einer anderen Deutung. Zunächst ist da die Verteilung der Minfest-Szenen: Auch sie sind nicht zu einer Gruppe zusammengefaßt, sondern über die gesamte Westwand verteilt.[8] Ein Beispiel auf der Westwand/Nordhälfte zeigt, daß unterschiedliche Aspekte bei der Plazierung der Szenen eine Rolle spielen konnten. Die Szene "Treiben der vier Kälber" im 3. Register bildet nicht nur eine Einheit mit der Prozessions-Szene zum Minfest am Südende des unteren Registers, sondern auch mit ihren benachbarten Szenen "Meret-Kästen weihen" sowie "Klettern für Min" und den Inthronisationsriten. Nach diesem Schema ließe sich auch die verstreute Plazie-

[8] Siehe Nelson, ebd., Pl. 20, 28, 40, 146, 147, 158, 159, 258 und 262.

rung eines Teils der Szenen zur Verzierung des Barkenrumpfes erklären. Weiterhin sind die Szenen "Vasenlauf", "Ruderlauf" und "Tranktischopfer" unter den Szenen der Barkenrumpfverzierung zu finden. Auf der Westwand der Großen Säulenhalle sind sie allerdings nicht unterhalb der Barke abgebildet, sondern im oberen Register der Westwand/Nordhälfte und im 3. Register der Westwand/Südhälfte. Dort bilden sie eine Gruppe mit den ihnen jeweils benachbarten Szenen. Diese Gruppen korrespondieren wiederum mit Szenen auf der jeweils gegenüberliegenden Wandhälfte. Eine Plazierung um die Barke herum hätten diese Entsprechungen nicht ermöglicht. Mit Blick auf diese Beispiele halte ich es für denkbar, daß die fehlenden Szenen nicht einfach ausgelassen, sondern in neue Dekorationseinheiten eingebettet wurden.

Dieses allein ist aber noch kein Beweis dafür, daß der Barkenrumpf verziert war und daß auf die Verzierung nicht verzichtet wurde, denn es gibt ja auch Prozessionsbarken, die keine Verzierung aufweisen. Eine andere Überlegung spricht allerdings ebenfalls für eine Verzierung des Barkenrumpfes und das Beibehalten der Verzierung. Die Regeneration des Gottes und des Königs war von großer Bedeutung. Wie eng die Beziehung zwischen der Regeneration des Gottes und des Königs war, zeigt die Krönungsszene auf dem Barkenrumpf auf der Ostseite des 3. Pylonen. Die Opferszenen waren wiederum unerläßlich, um dem Gott die Lebenssubstanz zur Regeneration zu geben. Die Verzierung des Barkenrumpfes ist also eine komprimierte Darstellung dieses Regenerationsablaufes, der auch nach Verlassen des Tempels nicht unterbrochen wurde. Zudem verstärkt eine Funktion der Großen Säulenhalle die Annahme, daß auf die Verzierung des Barkenrumpfes nicht verzichtet wurde: Die Große Säulenhalle war die letzte Station vor Verlassen des Tempelbereiches.

Ein weiterer nicht unbedeutender Punkt ist: Alle drei Prozessionsbarken - sowohl auf der Westwand der Großen Säulenhalle im Amun-Tempel von Karnak als auch auf der Ostseite der 3. Pylonen im Amun-Tempel von Karnak und auf der Westwand der Kolonnade im Luxor-Tempel - gehören zum Opetfest.

Die folgende Tabelle gibt einen Überblick über die noch vorhandenen Szenen auf den Barkenrümpfen und über die betreffenden Szenen auf der Westwand:

	Westwand Nordhälfte	Ostseite des 3. Pylonen	Westwand der Kolonnade des Luxor-Tempels
	<u>unteres Reg.</u>		
Stoffe opfern	1 x	-	1 x
Undefinierbare Opferszene	2 x	-	2 x
Wein-/Trankopfer	2 x	4 x	4 x
Ein Weißbrot opfern	1 x	1 x	-
Salbe opfern	1 x	2 x	-
Weihräuchern und libieren	1 x	Weihräuchern	-
Schebet opfern	1 x	-	-
Maat opfern	1 x	1 x	1 x
Weihräuchern	-	1 x	-
	<u>3. Reg.</u>		
Den König einführen	1 x	1 x	-
Krönung	1 x	1 x	-
	<u>oberes Reg.</u>		
Vasenlauf	1 x	-	1 x
Ruderlauf	1 x	1 x	-
	Südhälfte		
	<u>unteres Reg.</u>		
Stoffe opfern	1 x	-	-
	<u>3. Reg.</u>		
Tranktischopfer	1 x	1 x	-

Die Tabelle zeigt:

1) Einige Opferszenen treten nebeneinander auf ("Wein- bzw. Trankopfer" und "Ein Weißbrot opfern"; "Den König einführen" und "Krönung").

2) Andere sind recht spezifisch. Die Szene "Stoffe opfern" kommt nur zweimal auf den Innenwänden der Großen Säulenhalle vor, und zwar im unteren Register der Westwand/Nordhälfte und im unteren Register der Westwand/Südhälfte.

3) Bis auf zwei Szenen[9] findet man alle Szenen des unteren Registers der Westwand/Nordhälfte auch auf dem Rumpf der Barke auf der Ostseite des 3. Pylonen oder auf dem Rumpf der Barke auf der Westwand der Kolonnade des Luxor-Tempels. Allerdings trüben die großen Zerstörungen das Bild ein wenig (siehe Abbildung 7).

Abschließend möchte ich aber festhalten, daß die soeben genannte Übereinstimmung allein wenig Wert hat. Vielmehr ist es die Gesamtheit aller Beobachtungen, die meine Deutung unterstützt. Die Gruppe der Ritualszenen im unteren Register der Westwand/Nordhälfte bildet eine Einheit. Diese Szenen befanden sich ursprünglich auf dem Rumpf der älteren Barkendekoration. Auch nach der Verkleinerung der Barke wollte man wegen der drohenden Unterbrechung des Rituals - außerhalb des Tempels - nicht auf diese Szenen verzichten. Da sie nun nicht mehr auf dem Rumpf der verkleinerten Barke Platz finden konnten, wurden sie unter deren Rumpf angebracht.

[9] Schebet opfern, Weihräuchern und Libieren.

Abb. 1: Westwand/Nordhälfte, 2. Register (Foto: C. E. Loeben)

Abb. 2: Westwand/Nordhälfte, 2. Register (Foto: C. E. Loeben)

Abb. 3: Westwand/Nordhälfte, 3. Register (Foto: C. E. Loeben)

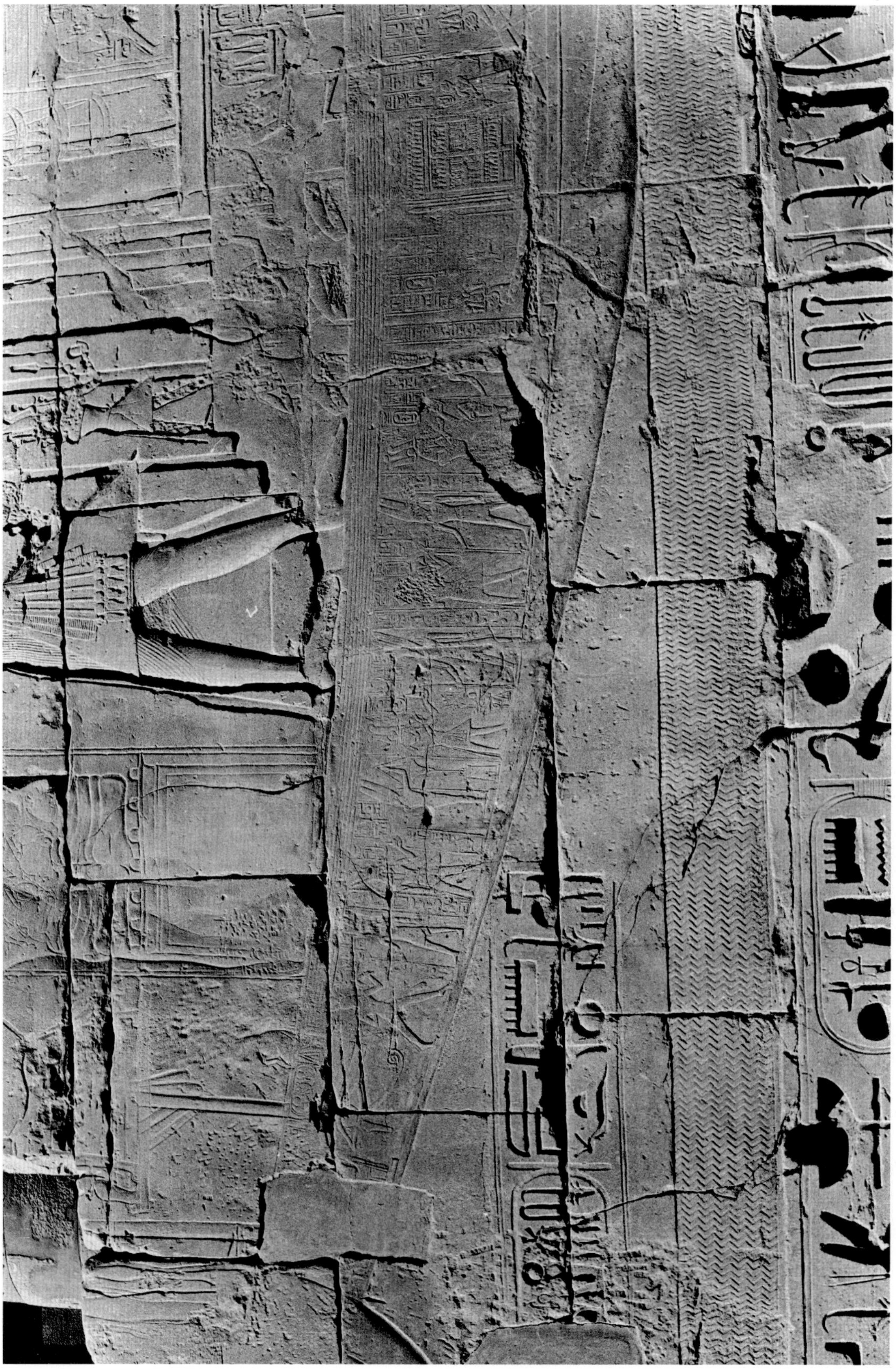

Abb. 4: Ostseite des 3. Pylons im Amun-Tempel von Karnak (Foto: W. Helck)

Abb. 5: Ostseite des 3. Pylons im Amun-Tempel von Karnak (Foto: W. Helck)

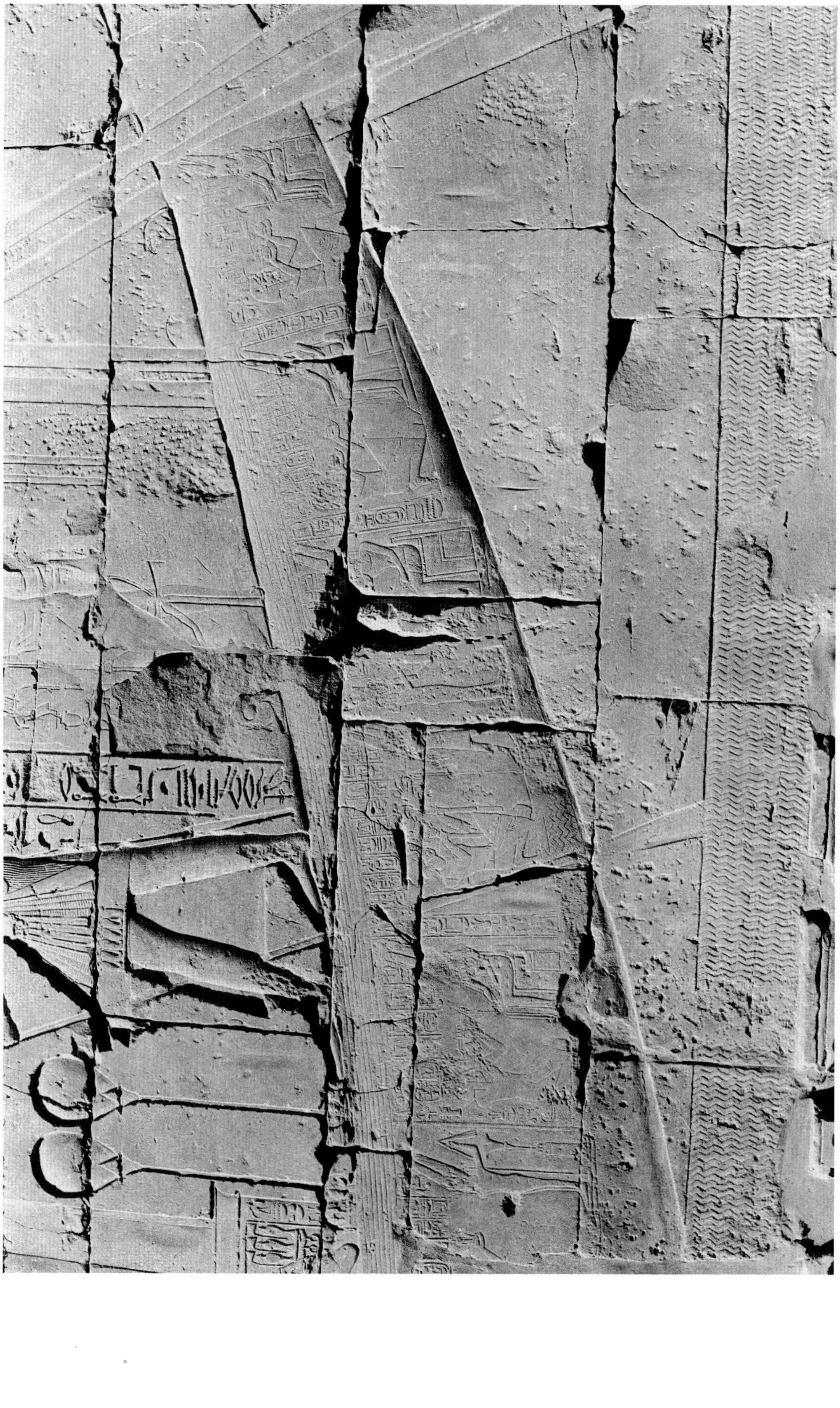

Abb. 6: Ostseite des 3. Pylons im Amun-Tempel von Karnak (Foto: W. Helck)

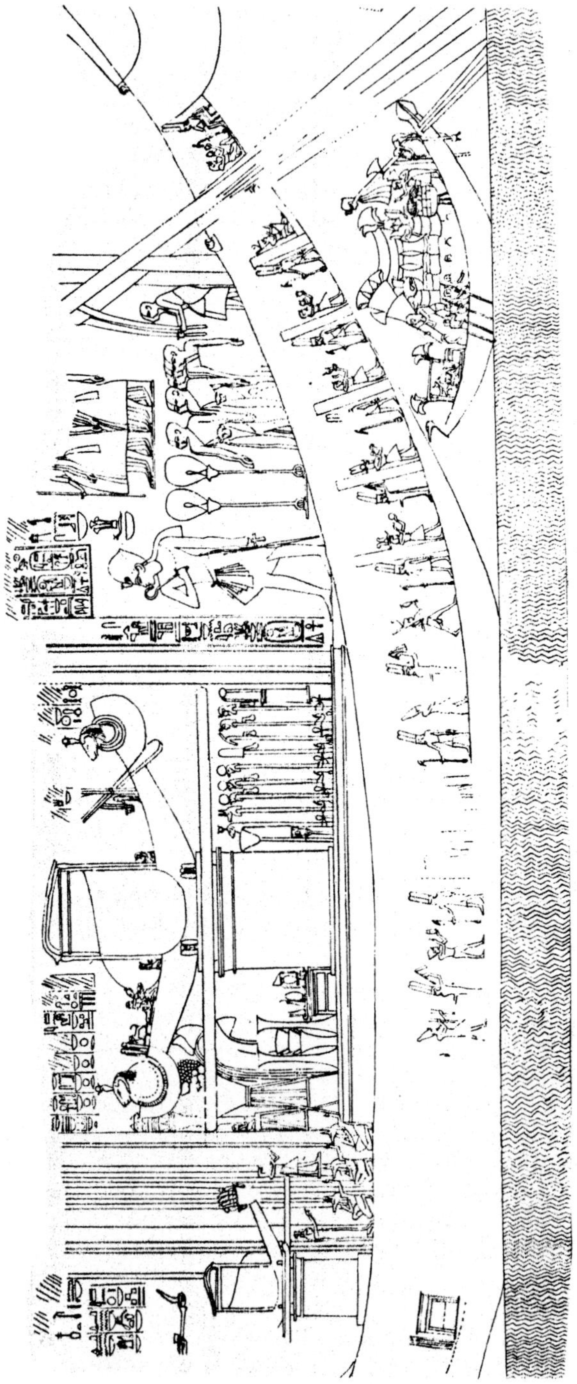

Abb. 7: Westwand der Kolonnade im Luxor-Tempel
(W. Wreszinski, Atlas II, Tf. 199)

Claude Traunecker

Les ouabet des temples d'el-Qal'a et de Chenhour

Décoration, origine et évolution

1. Introduction

Le dispositif intérieur associant une petite cour avec une chapelle légèrement surélevée est une des caractéristiques architecturales des temples d'époque gréco-romaine. La surprise de ce puits de lumière au milieu de la pénombre du temple avait vivement impressionné G. Maspero, lors d'une visite du temple de Dendara : « Ce soir, le demi-jour qui arrive du portique éclaire encore la nef centrale jusqu'au seuil du sanctuaire ; mais les bas-côtés sont déjà noyés dans la nuit, et le décor des murs se déroule vague et indécis... Seule, la chapelle du Nouvel An nous accueille nette et lumineuse, un temple en miniature ménagé au coeur du grand temple... Cour étroite, fermée de hauts murs entre lesquels un pan de ciel brille, perron de marches ébréchées, façade ajourée dont la porte s'encadre de deux colonnes à tête d'Hathor... le tout compose un ensemble des plus curieux et qui vaudrait d'être examiné de près[1] ».

Les ouabet de Dendara et de l'édifice frère d'Edfou sont les plus connues. Elles sont bien conservées et surtout abondamment décorées. Mais d'autres exemples sont connus. Citons rapidement et par ordre chronologique[2] : temple d'Isis à Philae, temple d'Isis à Behbeit el-Hagar, temple de Kom Ombo, temple de Wannina, temple de Kalabcha, temple d'el-Qal'a, temple de Chenhour, temple de Deir Chellouit. Soit un total de dix exemples : trois sont décorés et publiés (Philae, Edfou, Dendara), trois autres exemples sont décorés mais inédits (Wannina, el-Qal'a, Chenhour), deux exemples étaient décorés mais ont été détruits (Behbeit el-Hagar, Kom Ombo) et enfin deux exemples sont restés anépigraphes (Kalabcha, Deir Chellouit).

---

[1] G. Maspero, Ruines et paysages, Paris, 1910, p. 76.

[2] Voir infra, § 4.1., n. 142-148.

En somme, le matériel épigraphique des ouabet actuellement accessibles est réduit aux exemples de Philae, Edfou et Dendara. En hiver 1993, j'ai eu le privilège de participer au dégagement de l'ouabet du temple de Chenhour[3]. Ces travaux ont amené la découverte d'un décor nouveau et original. L'ouabet du temple d' el-Qal'a, dont les textes ont été copiés, collationnés et traduits, sera publiée dans le volume II de la publication du temple[4]. Disposant de cette documentation nouvelle, il m'a paru utile, sans attendre les publications définitives, de présenter ici les contenus épigraphiques de ces deux petites ouabet romaines tout en les comparant aux exemples des grands monuments ptolémaïques.

Nous commencerons par examiner les trois ouabet connues et leur décor. Puis nous présenterons les deux ouabet nouvelles. Enfin, après avoir tracé les grandes lignes de l'évolution du décor de ces monuments nous livrerons quelques observations et remarques quant à l'origine et à la fonction de ces monuments.

2. Les ouabet décorées publiées

Les rapides descriptions qui suivent s'attachent à relever les traits caractéristiques de la disposition des lieux et de la composition du décor. Nous avons accordé une place à part aux textes descriptifs, comme les bandeaux extérieurs enumérant les composants du temple et donnant donc une vision synthétique du monument vu par les desservants eux-mêmes.

2.1. L'ouabet du temple de Philae

L'ouabet du temple d'Isis à Philae est le prototype des ouabet classiques d'Edfou et de Dendara. Elle fait partie d'un ensemble férial composé de trois pièces occupant la partie droite du temple (est). Le décor est au nom de Ptolémée II Philadelphe (282-247 avant J.-C.).

---

[3] Deuxième campagne de la Mission belge et française de Chenhour : voir J. Quaegebeur et C. Traunecker, et coll., Chenhour 1839-1993, Etat de la question et rapport des travaux de 1992 et de 1993, dans CRIPEL 16, 1994, p. 167-209.

[4] Laure Pantalacci et Claude Traunecker, Le temple d'el-Qal'a, relevé des scènes et des textes II, en préparation (cité El-Qal'a II). Voir id., même titre I, Le Caire, 1990, (cité El-Qal'a I).

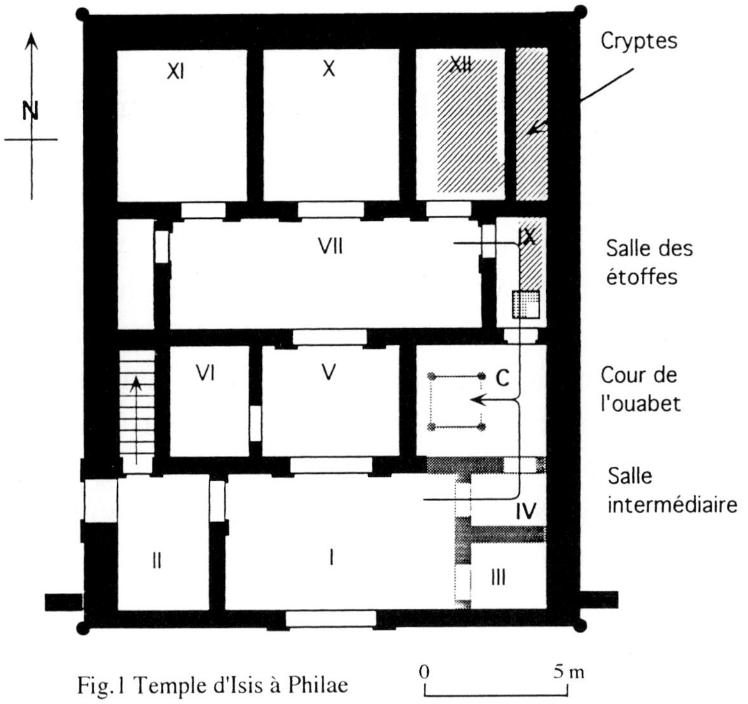

Fig.1 Temple d'Isis à Philae

L'espace central (C) est constitué par une cour à ciel ouvert[5] orientée perpendiculairement à l'axe du temple. Un dais en matériaux légers placé sur l'estrade ouest devait abriter le naos portatif. Ainsi, Isis faisait face à l'est, orientation qui a déterminé le curieux renversement de l'axe de culte. Toutes les scènes convergent vers l'axe médian de la paroi ouest de cette cour. Sur la paroi ouest trônent les divinités locales et proches[6]. Sur la paroi nord, seule conservée, le roi accomplit les actes du rituel journalier devant Isis et Osiris[7]. Le décor est celui d'une salle de culte, la seule différence réside dans la

[5] Voir les corniches de couronnement des parois ouest, nord et est, seules conservées (G. Bénédite, Philae, pl. VI à VIII). Traces de l'estrade dans le bas des murs.

[6] G. Bénédite, Philae, 23, pl. VIII. Reg. inf. : triade locale ; médian : grandes divinités locales et plus lointaines, supérieur : divinités osiriennes de Philae et Biggeh.

[7] G. Bénédite, Philae, 20-23, pl. VII. Neuf scènes en trois registres consacrées à Isis et Osiris (trois scènes médianes). 1e registre : Prosternation (scène IX de Bénédite) avec réunion de divers hymnes (P. Berlin 3055, IV 7, V 2, VI 1, voir A. Moret, Le rituel du culte divin journalier, p. 56, 59 et 66). Montée à l'estrade (P. Berlin 3055 XI 25, A. Moret, o. c., p. 105). Voir le dieu (scène VII ; A. Moret, o. c., 55). 2e registre : Ouverture Naos (Scène VI et V ; A. Moret, o. c., 49), offrande des miroirs à Isis (scène IV) sans doute une variante pour Isis de la « révélation de la face ». 3e registre : offrande du collier (III) hymne à Osiris « le premier des Cinq » (II) et offrande de la ménat à Isis (I).

présence du grand amas d'offrandes sur la paroi est, indice d'une célébration occasionnelle en plein air devant les dieux du kiosque[8].

Cette cour possède deux accès : l'accès de l'officiant royal venant du vestibule du temple par la pièce IV, sorte de « heret-ib »[9].

Le second accès est une salle intermédiaire (IX) entre la salle des offrandes VII et la cour C. Son décor est orienté vers la cour C[10]. Il montre le roi ouvrant la procession du coffre à tissus en présence d'Isis et d'Harpocrate[11], offrant les tissus à Osiris et Isis et adorant le dieu criocéphale Chesmou, seigneur du laboratoire (à parfums)[12]. Sur le soubassement, quatorze génies économiques présentent une statuette du roi portant un coffre à tissus[13]. Un puits à escalier s'ouvre dans le dallage de cette pièce. Il donne accès à une crypte de caisson aménagée sous le sanctuaire XII[14]. Je propose d'y voir la réserve des tissus de fête.

Aucun texte, malheureusement, ne donne le nom de cet ensemble férial et les bandeaux extérieurs du temple[15], datés d'Auguste, ne détaillent pas la structure intérieure de l'édifice comme à Edfou et à Dendara.

2.2. L'ouabet du temple d'Edfou

2.2.1. La disposition de l'ensemble férial

A Edfou, l'ouabet (P) et sa cour des offrandes (Q) sont situées dans la moitié droite du temple, à la hauteur de la salle dite de l'ennéade (N)[16]. L'accès principal de la cour s'ouvre dans la paroi est du vestibule, un accès secondaire

---

[8] G. Bénédite, Philae, 19, pl. VI. La divinité bénéficiaire n'est pas représentée.

[9] Seule la paroi est est conservée : G. Bénédite, Philae, 17, pl. V D. Scène d'encensement et libation. Un hymne développe, semble-t-il, des thèmes royaux.

[10] G. Bénédite, Philae, 55-56, pl. XXI.

[11] Sur ce type de procession et les fêtes associées voir l'étude de M.-L. Ryhiner, La procession des étoffes et l'union royale de Hathor (sous presse), voir le résumé dans Sixième Congrès International d'Egyptologie, Abstracts of Papers, p. 352-353.

[12] G. Bénédite, Philae, 55, ult., lire *šsmw nb is*.

[13] Les génies des soubassements des parois nord et ouest repètent des noms de tissus de la paroi est. Les légendes énoncent les noms de sept sortes d'étoffes.

[14] C. Traunecker dans LÄ III, col. 823, n. 10 ; BSFE 129, 1994, p. 231. Deux couloirs superposés aménagés dans l'épaisseur du mur sont accessibles à partir de cette crypte. Le couloir supérieur est éclairé par une lucarne donnant sur l'extérieur. Cette crypte a pu jouer le rôle de cachette pour des voix oraculaires (voir C. Traunecker, Coptos, § 3).

[15] G. Bénédite, Philae, 73, 87 (mur est) 94, 97, 98, 101 (mur nord) 102, 112 (mur ouest).

[16] S. Cauville, Edfou, Le Caire, 1984, p. 31. Cette salle fait office de vestibule du saint des saints.

sud (V) débouche dans l'escalier carré. Dans la cour des offrandes s'ouvre une crypte de caisson accessible par un puits[17].

2.2.2. La cour des offrandes

Seul le décor du premier registre est encore identifiable. Comme il se doit, la présentation de la grande offrande, rite spécifique de ce lieu, occupe les places de choix[18]. La légende de la représentation sud énumère les composants de l'amas de denrée[19]. Sur le linteau de la porte, côté cour, les sept Hathor, tournées vers l'ouabet, jouent du tambourin[20]. De part et d'autre de la porte un grand hymne en onze colonnes appelle les dieux et les hommes à acclamer Horus[21] et à exalter sa puissance destructrice. Une scène de destruction du serpent figurait au registre supérieur. Les bandeaux de soubassement[22] décrivent la joie régnant dans Mesen lorsque le dieu sort pour « l'Union au Disque », mais ils se terminent par le récit de la destruction des ennemis héréditaires d'Horus[23].

2.2.3. Le réduit-passage (V) au sud de la cour

D'après son décor[24], il semble que cette pièce servait de réserve au matériel de purification (eau et sans doute encens) utilisé pendant les grandes liturgies. On notera la mention d'une aiguière-seneb en or[25] probablement utilisée pour puiser solennellement l'eau nouvelle du Nouvel An[26].

---

17 C. Traunecker, dans BSFE 129, 1994, 34 (crypte 20). Elle consiste en un simple couloir bas occupant toute la largeur de la cour. Voir le plan d'Amador de los Rios Edfou IX, pl. 1.

18 Parois est et sud, Edfou IX, pl. 34.

19 Edfou I, 443, 12-18; M. Alliot, Le culte d'Horus à Edfou, Le Caire, 1949, p. 310 : l'eau de libation, tissus et onguents, les pains, les liquides, la volaille et les viandes, et enfin les végétaux.

20 Edfou I, 440, 1-11 ; Alliot, o. c., p. 369.

21 Edfou I, 442, 5 -443, 8 ; Alliot, o. c., p. 369-372. Refrain : « Voyez Horus, dieux et hommes ! »

22 Edfou I, 441 ; Alliot, o. c., p.348-9.

23 Noter la description structurée des ennemis : les ennemis mythiques, Seth (le désordre naturel) et Apophis (le non-être) sont suivis des ennemis réels, prédateurs du fleuve (crocodile) et de la campagne (l'hippopotame destructeur des cultures).

24 Edfou I, 590 et Alliot, o. c., p. 348 ; porte nord : Edfou I, 589 et Alliot, o. c., p. 376 ; porte sud: Edfou I, 586-7 et Alliot, o.c., p. 347; 4 Renenoutet sur le linteau intérieur.

25 Edfou I, 590, 13.

26 Voir C. Traunecker, Les rites de l'eau à Karnak, dans BIFAO 72, 1972, p. 195-236.

2.2.4. L'ouabet

La façade de l'ouabet est essentiellement ornée de textes hymniques décrivant le soleil[27] et glorifiant Horus le redoutable[28]. Les textes du revers de la façade, en revanche, plongent dans la réalité du rite et s'adressent aux célébrants[29]. La face interne des colonnes décrit en détail les rites de l'ouabet[30] dont la pose du bandeau-*sšd*[31]

Le décor des parois de l'ouabet présente une séquence d'identité très homogène : presque partout sur les trois registres, Horus d'Edfou est le bénéficiaire du geste rituel[32]. Les manipulations décrivent un rituel de soins proche du rituel journalier : purifications, habillement et parure aboutissant au troisième registre au couronnement du dieu (couronne-*ḥpt*)[33]. Enfin il faut noter les scènes du début du deuxième registre consacrées au culte royal : à gauche, offrande aux rois ancêtres Ptolémée III et Bérénice II, à droite, Ptolémée IV et Arsinoé III divinisés reçoivent onguent et tissus des génies Chesmou et Hedjhotep[34].

Sur le plafond de l'ouabet, Nout enserre l'espace céleste sous la forme d'une jeune femme nue dont les mains et les pieds touchent le sol[35]. Dans ce ciel, douze barques portent les douze transformations du soleil pendant un

---

27 Edfou I, 410, 15 - 411, 2, et 411, 4-7 (murets d'entrecolonnement).

28 Edfou I, 410, 2-6 et 410, 8-13 (fûts de colonnes) ; Edfou I, 411 ult - 412, 7 et 412, 10 - 412, 17 (passage de la porte).

29 Exhortation aux porteurs du dieu : entrecolonnement ouest : Edfou I, 414, 10-14 et Alliot, o. c., p. 345 ; est : Edfou I, 414 ult - 415, 3 et Alliot, o. c., p. 346.

30 Colonne ouest : Edfou I, 413, 12-ult. et Alliot, o. c., p. 350 ; colonne est : Edfou I 414, 2-7 et Alliot, o. c., p. 351 : montée à l'escalier, révélation de la face divine, offrande des amulettes et des colliers portecteurs, puis des tissus, pose du bandeau-*sšd*, adoration des couronnes. Hathor, Horsomtous et les autres dieux bénéficient des mêmes rites.

31 Sur ce bandeau et le nouvel-an, voir C. Traunecker, L'étole diaconale copte, dans Cahier de la bibliothèque copte, Louvain, 1986, p. 101 ; Z. el Kordy dans Mélanges Adolphe Gutbub, p. 125-133, J.-F. Pecoil et M. Maher-Taha dans BSEG 8, 1983, p. 67-79.

32 Edfou IX, pl. 33ab, sauf Hathor (parois latérales, dernière scène du 1e reg. : Edfou I, 419 et 428) et Horsomtous (paroi latérales, dernière scène du 2e reg. : Edfou I, 422 et 431).

33 Scènes axiales (Edfou I, 426, 435 et IX, pl. 33a). Sur couronne-*ḥpt*, couronne de la royauté horienne, voir M.-T. Derchain-Urtel, Die *ḥptj*-Krone in Edfou, dans Edfu : Studien zu Vokabular, Ikonographie und Grammatik, herausgegeben von Dieter Kurth, 1994, 25-71. Quatre scènes du 3e registre exaltent la royauté divine d'Horus : à gauche l'arme divine, symboles *ʿnḫ w3s*, à droite la longévité et des sceptres royaux *ḥq3* et *nḫḫ*, (Edfou I, 424, 425, 433 et 434).

34 Edfou I, 421 et 430.

35 Edfou IX, pl. 33c. Les pieds sur la paroi nord, la tête est à l'ouest (orientation correcte).

cycle diurne[36]. Les bandeaux de frise s'ouvrent sur des souhaits de beau temps, puis après avoir exposé le but de la procession (« pour s'unir à son ba »), décrivent la joie des dieux et de l'équipage de la barque et se terminent par la description de la puissance destructrice d'Horus d'Edfou[37].

2.2.5. Les textes descriptifs des bandeaux extérieurs

Le bandeau du naos se borne à nommer la cour et son kiosque : « L'autel (*ʿbꜣ*) des offrandes alimentaires (*ḏfꜣw*) est à sa gauche et son ouabet est en lui (*m-ḳꜣb.f*) »[38]. Dans ce texte la cour est considérée comme un espace rituel renfermant l'ouabet, l'enserrant en quelque sorte[39]. Cette terminologie correspond bien à la situation archéologique propre au temple de Philae où le kiosque, aujourd'hui disparu, était dressé sur un podium dans la cour. Il faut comprendre « cour de l'autel ».

Le passage correspondant du grand bandeau du mur d'enceinte[40] emploie la même terminologie mais ajoute une description des rites propres à l'ensemble férial : rites d'habillement[41] : « offrande de l'onguent, des tissus, des amulettes protectrices (*wḏꜣ n sꜣw*) afin d'équiper le dieu de ses parures (*ḫkrw*) » et de purification : « purifier Sa Majesté avec ses boulettes (de natron) et ses vases-*nmst* » et précise la finalité du rituel : « afin que son ba puisse s'unir avec son image ». Enfin après une allusion au décor du plafond[42] le texte s'achève sur la vigueur de l'action royale en faveur du dieu[43].

---

36 Les six premières heures à droite (est), et du sud vers le nord, les six dernières heures du jour à gauche (ouest) également du sud vers le nord. Exemple à ajouter à Brugsch, Thesaurus I, p. 56-7 ; voir aussi LÄ V, col. 1100-1103.

37 Edfou I, 417 ; Alliot, o. c., p. 353.

38 Edfou IV, 6 (2-3) ; C. de Wit, CdE XXXVI/71, 1961, p. 68 ; lire « (cour) de l'autel ».

39 E. Chassinat traduisait « (avec) son *wʿbt* à l'intérieur » (REA 3, 1930, p. 127). Pour cet auteur, la cour servait de dépot aux victuailles « destinées au repas du dieu qui était servi dans la salle des offrandes (R du plan) ».

40 Edfou VII, 16 (1-5) ; E. Chassinat, REA 3, 1930, p. 127 ; C. de Wit, CdE XXXVI/72, 1961, p. 308-309 ; D. Kurth, Treffpunkt der Götter, Zürich, 1994, 76.

41 C. de Wit pensait qu'il s'agissait d'une description du décor (o. c., p. 309).

42 Edfou VII, 16 (3-4) ; C. de Wit, o. c., p. 309, D. Kurth, o. c., p. 76 : les barques diurnes.

43 « Le roi adore son ba, adore son ka, abat ses ennemis et approvisionne sa demeure en offrandes » (justification mythologique des rites d'abattage du bétail nécessaires pour approvisionner l'autel de fêtes en viandes).

Il faut souligner que le nom de « Siège de la première fête » deviendra courant plus tard. A Edfou, ce terme est réservé au kiosque de la terrasse, aujourd'hui disparu mais cité dans le bandeau extérieur du mur d'enceinte[44].

2.3. L'ouabet du temple de Dendara

2.3.1. La disposition de l'ensemble férial

A Dendara, la disposition des lieux est légèrement différente. L'accès à la cour des offrandes se fait par le nord, face à l'ouabet et par l'intermédiaire d'une salle médiane (Q) donnant sur la salle de l'Ennéade (O). Dans la cour, un puits donne accès aux cryptes de fondation du mur ouest du temple[45].

2.3.2. Le trésor

Cette salle Q est un « trésor » (*pr-ḥḏ*)[46] mais le bandeau de soubassement de l'embrasure de la porte précise qu'elle sert également d'accès au « Siège de la première fête »[47]. Le décor de la porte qui donne sur la cour réunit les thèmes propres aux deux espaces[48] : offrande de tissus et d'onguent par Tait et Hathor de Pount à Hathor (est) et Isis (ouest), grande offrande sur les montants, présence des déesses Renenoutet[49]. Cette pièce servait probablement de lieu de préparation des parures et accessoires au moment des fêtes[50].

2.3.3. La cour des offrandes

Les parois de la cour (R) sont intactes. Les scènes principales du premier registre montrent le roi consacrant un énorme amas d'offrandes à Hathor et Horus d'Edfou (paroi est) et à Isis et Horsomtous (paroi ouest)[51]. Sur le sou-

---

44 Edfou VII, 14, 4 ; C. de Wit, CdE XXXVI/72, 1961, p. 305 ; D. Kurth, o. c., p. 75.

45 Crypte ouest n° 1 : Dendara VI, pl. 510 et 511 ; I, pl. 37 et 38.

46 Dendara IV, 154, 10.

47 Dendara IV, 151, 11.

48 Dendara IV, pl. 298.

49 Montants : les quatre Renenoutet présentent or, lapis-lazuli et nourriture : (Dendara IV, 179-184, pl. 298 ; linteau de la porte donnant sur la salle de l'Ennéade, IV, 149, pl. 288. A Edfou, réduit-passage au sud de la cour (Edfou I, 587), supra, § 2.2.3., n. 24.

50 S. Cauville, Dendara, Guide archéologique, 1990, p. 60. F. Daumas y voyait un magasin permanent (Dendara et le temple d'Hathor, Notice sommaire, Le Caire, 1969, p. 56).

51 Dendara IV, 190-191 (Hathor) ; 205-206 (Isis) ; pl. 301, 2.

bassement court une procession de personnifications productrices des denrées présentées. La dominante du décor de la paroi d'entrée est essentiellement hymnique[52]. Le décor des deuxième et troisième registres associe des scènes apotropaïques[53] avec un rituel alimentation, des fonctions célestes avec des offrandes spécifiques à Horus de Mesen et Osiris[54].

Selon le bandeau de soubassement ce lieu est « la cour du Siège de la première fête » utilisée pour « l'Union au Disque au jour du Nouvel An »[55].

2.3.4. L'ouabet

Les textes de la façade de l'ouabet clament la joie universelle qui règne pendant la fête, lorsque la procession atteint l'ouabet[56]. Son décor intérieur est plus complexe que celui de son modèle d'Edfou.

Les panneaux à l'aplomb des murs d'entrecolonnement forment une entité à part : offrande devant les oiseaux-ba de Hathor, d'Horus d'Edfou, d'Isis et d'Horsomtous[57], offrande aux quatre ka, félicités de la vie idéale[58].

Le premier registre des parois latérales est consacré aux rites d'habillement de la déesse, avec à l'est la célèbre scène de l'apport de couronnes et diadèmes[59]. L'offrande de Maât aux déesses du temple occupe la place d'honneur de la paroi du fond (premier registre)[60]. Au deuxième et au troisième registre figurent les rites d'habillement (offrande des bandelettes) et de purification.

---

[52] Exaltation de l'universalité du pouvoir (Dendara IV, 190, 204 et pl. 300), grand hymne devant Isis (ibid., 206) et pancarte d'offrande (ibid., 192).

[53] 2e registre : sacrifice de l'antilope (Dendara IV, 208), harponnage de la tortue (ibid., 209) ; paroi est : rite de frapper la boule (ibid., 193) et harponnage du crocodile (ibid., 194).

[54] « Présenter la barque de l'Orient » à Isis à l'ouest, (Dendara IV, 210) et « présenter la barque de l'Occident » à Hathor à l'est (Dendara IV, 198). Scènes finales : Encens et libation devant Isis et Atoum à l'ouest et Hathor et Rê Harmakhis à l'est. A noter l'inversion des barques. Papyrus et oiseaux pour Horus, symboles v.s.f. pour Osiris (ibid., IV, 211).

[55] Dendara IV, 185, ult. et 186, 1 ; voir aussi 186, 6.

[56] Montant : Dendara IV, 216-17 ; passage : 10 déesses musiciennes : 218-220, pl. 304 ; les 14 ka de Rê : 228-229 (cité dans l'ouabet d'Edfou, Edfou I, 441, 19). Joie : texte des colonnes (Dendara IV, 221-222 et 225).

[57] Dendara IV, 238 et 255. Scènes anépigraphes, identification des divinités par extrapolation avec les scènes finales du premier registre (241 et 259).

[58] Est : prospérité assurée et vieillesse heureuse (Dendara IV, 243, pl. 307 : offrande d'une statuette d'enfant en lapis-lazuli au ka Chou ; 248, offrande d'une statuette de vieillard au ka Ihyremout). Ouest : existence matérielle agréable et bel enterrement (Dendara IV, 261, pl. 312), offrande d'un plateau de nourriture au ka Hetepid ; 266, offrande de tissus et d'onguent au ka Nedjemankh. Sur les quatre kas voir D. Meeks dans RdE 15, 1963, p. 35.

[59] Dendara IV, 238-241.

[60] Dendara IV, 241 (est : Hathor et Horus d'Edfou) ; 259 (ouest : Isis et Horsomtous).

Dans l'offrande des bandelettes l'officiant royal est assisté dans son geste liturgique par Tait et Ouadjet, déesses du tissage[61]. Dans les scènes de purification axiale du dernier registre, Nekhbet et Ouadjet, déesses tutélaires de Haute et de Basse-Egypte, précèdent le roi[62].

Les deuxième et troisième registres des parois latérales réunissent des scènes diverses dont plusieurs appartiennent au vocabulaire liturgique spécifique de Dendara[63]. Au troisième registre, l'accent est mis sur les rites de purification et surtout on trouve trois mentions d'actes liturgiques effectués « le jour du Nouvel An »[64]. Les scènes finales des parois latérales montrent le roi présentant le pot à onguent et les vases en métal précieux pour l'eau de purification[65]. Cette série de scènes du troisième registre fait clairement allusion aux rites de puisage de l'eau nouvelle et à la purification du temple pendant les fêtes du Nouvel An[66]. Enfin, la célèbre scène du plafond montre, sous la Nout céleste, le soleil levant, irradiant le temple[67].

L'inscription de dédicace avec une description des rites de l'ouabet est reléguée dans les bandeaux de frise[68], les bandeaux de soubassement étant réservé à une inscription cryptographique[69] qu'il convenait de mettre à hauteur de vue pour l'édification des visiteurs. Sur le soubassement, le roi conduit une longue procession de neuf génies personnifiant différents aspects de l'inondation[70].

---

61 Dendara IV, 247 (est) : bandelette blanche par le roi et Ouadjet devant Hathor et Horus d'Edfou ; Dendara IV, 265 (ouest) : bandelette rouge par le roi et Tait devant Isis et Horsomtous.

62 Dendara IV, pl. 311, p. 251 et 270.

63 Sistres et miroirs (Dendara IV, 244, 248), oiseaux-*bꜣt* en turquoise (ibid., 244, 262), vase-*mn* avec sa boisson enivrante (ibid., 246 et 264 : couronnement de Hathor par Ptah et Râ-Harmakhis) ; colliers et bracelets (Dendara IV, 245 et 263, collier-ousekh ; 268, bracelet-hered).

64 Résine-*ʿntj* (Dendara IV, 249) ; eau du fleuve-*jtrw* dans un vase en or (ibid., 249) ; eau-*bjꜣ* (ibid., 267), voir E. Graefe, Untersuchungen zu Wortfamilie *bjꜣ*, 1970, p. 79.

65 Dendara IV, 269 (Isis à l'ouest) et 250 (Hathor à l'est).

66 C. Traunecker, Les rites de l'eau à Karnak, BIFAO 72, 1972, p. 195-236, particulièrement p. 233-234. Ces rites sont connus dès le Nouvel Empire et se sont développés à l'époque éthiopienne.

67 Dendara IV, pl. 315. Le filet blanc coulant du sein de Nout est une cassure de la dalle.

68 Dendara IV, 233-234; voir infra, § 2.3.5., n.71.

69 Dendara IV, 231-233. Leur contenu est proche de celui des bandeaux de frise.

70 Dendara IV, pl. 306, 235-238 (est), 252-255 (ouest).

2.3.5. Les textes descriptifs

Le bandeau de frise de l'ouabet[71], côté droit, est une inscription commémorative. Après les désignations métaphoriques du lieu (kiosque-*ḥ3jt* de Sa Majesté, horizon-*3ḫt*) il énumère les rites majeurs de l'ouabet : rites d'habillement (« pour habiller son corps ») et d'onction avec l'intervention de Tait et Chesmou, de parure avec le pectoral en or et surtout le collier floral aux « neuf pétales de lotus »[72], et conclut avec le but du rituel : « elle paraît dans son sanctuaire-*ḫm* afin de s'unir au Disque, son père ». Le contenu du bandeau symétrique, quoique moins structuré est très proche[73].

Le grand bandeau extérieur apporte quelques précisions[74] : le trésor (Q) est appelé « l'autel des offrandes » (*ʿb3-ḏf3w*) et renferme les « amulettes protectrices » (*wḏ3 n s3*), la cour est « la cour de son ouabet » (*wsḫt wʿbt.f*), on y « tend le bras devant le dieu qui est en elle », et l'ouabet interne « s'ouvre sur elle ».

3. Les ouabet décorées inédites

3.1. L'ouabet du temple d'el-Qal'a

3.1.1. Le temple d'el-Qal'a et son système divin

Le temple d'el-Qal'a est situé dans la banlieue de Coptos[75]. Construit sous Auguste, la décoration de ses deux sanctuaires a été réalisée sous ce règne[76]. Le reste du décor date pour l'essentiel de l'empereur Claude.

Pour comprendre la disposition des divinités d'el-Qal'a sur les parois du temple, il convient d'initier le lecteur au système divin propre à cet édifice. La

---

[71] Dendara IV, 233, 7 - 234, 3.

[72] F. Daumas, ASAE 51, 1951, p. 382, n. 5 ; M. L. Ryhiner, L'offrande du lotus, Rites égyptiens VI, 1986, p. 11 ; Dendara II, 81, 10. Collier assimilé à « Toum et ses enfants ».

[73] Dendara IV, 234, 5-9 ; nom métaphorique : *ḫwjt*, rites d'habillement du 29 mésoré, Union au Disque, Nuit de l'enfant dans son nid (9-10) citée dans les rites du 4ème jour épagomène (Alliot, o. c. p. 242, lg. 26, 249).

[74] S. Cauville, Les inscriptions dédicatoires de Dendara, BIFAO 90, 1990, p. 101-102.

[75] LÄ V, col. 38-40 ; L. Pantalacci et C. Traunecker, ASAE 70, 1984-85, p. 133-141 ; id., BSAK 3, p. 201-210 ; id., BIFAO 93, 1993, p. 379-390 ; id., Le temple d'el-Qal'a I, IFAO, 1990 (premier volume de la publication).

[76] Voir Fig. 2.

divinité principale du temple est Isis. Mais, dans le décor de Claude, Isis partage la prééminence avec « La-grande-déesse ». Cette divinité est extraite par antonomase des qualificatifs d'Isis : l'épithète devient une divinité à part entière représentée sur la paroi[77]. Isis et son antonomase La-grande-déesse se partagent les parois du temple : Isis à gauche (sud) et La-grande-déesse à droite (nord). L'Harpocrate coptite a subi, par le même procédé d'antonomase, un fractionnement en deux personnages divins : a. l'Harpocrate coiffé de la double couronne « fils d'Isis et Osiris » et associé à La-grande-déesse dans les séries de droite (nord)[78] ; b. l'Harpocrate coiffé de la couronne amonienne, « le premier d'Amon », associé à Isis dans les séries de gauche (sud). Enfin, devant les deux enfants et leurs deux mères divines, les théologiens qalaïtes ont imaginé deux déesses lointaines. Apaisées, Tameret et Tairetperatoum[79] deviennent d'aimables soignantes des nourrissons divins. Ces six personnages se partagent les panneaux de l'ensemble férial selon des règles propres et souvent indépendantes du type d'offrande. Aussi je propose d'analyser le décor[80] selon deux approches :

1. Etude de la succession des divinités : les séquences d'identité ;
2. Examen de la succession des actes rituels : les séquences d'action.

3.1.2. L'ensemble férial du temple d'el-Qal'a (fig. 2)

Malgré sa taille modeste (16 x 24 m), le temple d'el-Qal'a possède sa cour des offrandes et son ouabet. La porte de la cour des offrandes donne sur la branche sud du couloir mystérieux, c'est-à-dire à gauche pour le visiteur[81].

La cour, fort petite[82], forme un étroit puits de lumière dont les murs sont conservés sur une hauteur de 3,75 m. A l'ouest, le sol surélevé de l'ouabet[83] est accessible par un escalier de six marches. Son dallage recouvre une crypte de soubassement dont le puits d'accès s'ouvre dans le passage du

---

[77] Antonomase : figure de rhétorique consistant à désigner une personne ou une chose par son qualificatif. Sur le détail des antonomase qalaïtes et de Chenhour, voir C. Traunecker, Lesson from the Upper Egyptian Temple of el-Qal'a, sous presse dans les actes du colloque, The temple in Ancient Egypt, British Museum, Londres, juillet 1994.

[78] Cet Harpocrate est parfois appelé Horoudja: El Qal'a II, 130, 206; et infra, § 3.2.1.

[79] Tameret : El Qal'a I, § 17 ; « L'œil-de-Pithom », voir El Qal'a II, passim.

[80] Les numéros sont ceux des scènes dans la publication (El Qal'a II, en préparation).

[81] Sur la position des ouabet par rapport à l'axe du temple, voit infra, § 4.1.

[82] 2,15 m de large pour une longueur de 2,65 m. Hauteur originale des murs : 4,8 m environ.

[83] 2,15 m de large pour une longueur de 3,25 m. Hauteur du podium : 0,75 m.

portique[84]. Cette crypte contient un décor, malheureusement mal conservé. Cependant ce que nous avons réussi à lire est proche du programme décoratif des autres cryptes. Le roi officie devant les divinités principales du temple. Il faut remarquer l'importance accordée à Osiris, qui, entouré de divinités protectrices, est représenté dans l'axe de la crypte.

Le portique était constitué de deux colonnes très probablement hathoriques engagées dans les parois latérales. Les murs d'entrecolonnement sont réduits à une sorte de départ fictif s'engageant dans la paroi (fig.3).

3.1.3. Le décor de la cour des offrandes (fig.6)

Le décor spécifique de l'ensemble commence dans le couloir mystérieux: Chesmou, Hedjhotep et Tait[85], divinités des parfums et des tissus ornent le panneau entre la porte sud du couloir mystérieux et celle de la cour. Un hymne à La-grande-déesse (n° 120) précède la porte. Les tableaux de l'encadrement conservent un hymne exprimant la joie des assistants (n° 174) et une exhortation aux porteurs de l'image divine (n° 175).

3.1.3.1. Les séquences d'identités (fig.4)

Les bénéficiaires des quinze scènes de la cour des offrandes sont tous des déesses groupées par couples[86]. Dans le couloir mystérieux, Isis et La-grande-déesse sont strictement réparties de part et d'autre de l'axe de culte. Mais ici, le décorateur de la cour a préféré associer Isis et sa forme antonomasique, La-grande-déesse, dans les mêmes scènes[87]. Autant que l'on puisse en juger[88], les couples divins se répartissent en trois groupes :

Groupe I : Isis et La-grande-déesse : scènes principales n°s 179, 180, 182 (premier registre) et 183 (deuxième registre). A ce groupe se rattache un sous-groupe (Ib) où Isis est accompagnée par une déesse proche : sa sœur Nephthys (n° 186) ou sa mère Nout (n° 184).

---

[84] 2,5 m x 1,8 m, hauteur 1,1 m ; BIFAO 93, 1993, p. 383 et fig. 3; BSFE 129, 1994, p. 40.

[85] El-Qal'a II, n°s 117-119 : 117 divinité léontocéphale, Tait sous forme masculine.

[86] Sauf troisième registre de la paroi est (n°s 188 et 189) avec une seule déesse.

[87] Ce parti est-il du à l'asymétrie de la pièce et aux scènes centrales (n°s 179 et 183) ?

[88] L'identité des déesses du 3e registre est perdue (n°s 188-193).

Groupe II : La-grande-déesse et une de ses assistantes soit Tameret, soit Tairetperatoum : scènes finales du deuxième registre (n°s 187 et 185).

Groupe III : Les assistantes de La-grande-déesse : Tameret et Tairetperatoum (n° 181), dernière scène du premier registre, série gauche.
L'ensemble est parfaitement symétrique sauf la scène n° 182 décalée vers l'ouest en raison de la présence de la porte.

3.1.3.2. Les séquences d'actions

A part la grande offrande (n° 179), rite majeur de la cour, le choix et la succession des actes rituels ne suivent pas les exemples d'Edfou et de Dendara. On ne trouve ni rites apotropaïques, ni les allusions célestes caractéristiques des cours d'offrande. En revanche les décorateurs de la cour d'el-Qal'a ont puisé dans les décors des ouabet. Je propose de reconnaître au moins deux séquences d'actions :

a. Les rituels propres à la cour des offrandes
La grande offrande (n° 179) occupe le panneau principal de la cour. Le texte en trois lignes horizontales qui accompagne cette scène ne se borne pas à décrire l'amas de victuailles mais fait aussi allusion au rituel du « Siège de la première fête » et à ses rites d'habillement.

Au deuxième registre de la même paroi, une scène peu courante montre le roi déroulant et lisant un papyrus devant un autel et les deux déesses (n° 183). Le titre n'est pas conservé, mais la légende d'Isis cite expressément « le rituel du Siège de la première fête ». Malheureusement l'état de la paroi ne permet pas de reconnaître les denrées déposées sur cet autel. Autre particularité intéressante, dans ses épithètes, Isis est celle qui, quotidiennement, répartit l'offrande (*sfsf ꜣwt*) au bénéfice de son frère (Osiris). A ce titre elle prend le nom de Chentayt. Cette terminologie évoque les célébrations propres au culte des dieux morts[89].

b. Les rites de purification
Ces scènes, tirées du décor des ouabet, sont disposées de part et d'autre des deux panneaux superposés de la séquence precédente. Au premier registre, au

[89] Voir par exemple la moitié droite du linteau extérieur de la porte monumentale de Ptolémée X, Alexandre II à Médinet Habou (PM II^2 p. 462, 10) : *wꜣḥ iḫwt* pour Kematef et *sfsf ꜣwt* pour les Primordiaux (Sethe, Amun und die acht Urgötter von Hermopolis, Berlin, 1929, pl. V, lg. 24, voir aussi lg. 16, 17 et 19).

nord, purification à l'aide des quatre vases-*dšrt* (n° 182), au sud, avec les quatre vases-*nmst* (n° 180). Au second registre, la scène de lecture du rituel est flanquée par la purification par le natron du Nord (n° 186) et par le natron du Sud (n° 184). Cette séquence est présente à Edfou où elle ouvre la série des rites de l'ouabet (scènes initiales du premier registre des parois latérales : natron du Nord puis vases-*nmst* sur la paroi ouest[90], natron du Sud puis vases-*dšrt* sur la paroi est[91]. Les bénéficiaires de ces six scènes appartiennent tous au premier groupe (Isis et La-grande-déesse) avec sa variante (Isis et les déesses proches) pour les scènes de purification au natron.

En raison de la mauvaise conservation des scènes du registre supérieur, il est difficile d'identifier ou de restituer les autres séries d'actions. Il est possible que les deux scènes finales du troisième registre (présentation d'un amas d'offrandes devant deux déesses) soient en rapport avec le rite particulier de la cour. Les deux scènes centrales du même registre : n° 188, offrande de pain-*snw* et n° 190[92] pourraient bien se rattacher à la même thématique. Ainsi toute la paroi est serait consacrée au thème de la grande offrande des liturgies solennelles[93]. L'offrande du collier fait partie d'une séquence de scènes au deuxième registre de la face extérieure du saint des saints (n° 142)[94] et consacrée aux déesses dangereuses qu'il convient d'apaiser[95]. Peut-être sommes-nous dans la même thématique avec les deux scènes finales du deuxième registre : l'offrande litanique (n° 187) et l'objet-*wnšb* présentés devant La-grande-déesse et Tairetperatoum.

Enfin la scène n° 181, tableau final de la série sud du premier registre, n'a pas de symétrie de signification. D'après son contenu, une fumigation devant Tameret et Tairetperatoum, elle pourrait être associée aux scènes de purification. Quoiqu'il en soit elle permet aux deux assistantes de figurer dans le premier registre, là où les divinités sont représentées debout.

---

90 Edfou I, 418, IX, pl. 33a. Purification par aspersion à l'aide des vases.

91 Edfou I, 427, 428, IX, pl. 33a. On peut observer que l'association des deux types de vases avec le Nord et le Sud sont contradictoires entre les deux exemples.

92 Peut-être offrande d'une boisson ou d'un liquide.

93 Toujours au même registre, l'offrande du collier floral (n° 192) et l'offrande d'un objet de faïence (n° 190), symétriques, peuvent faire penser aux rituels de parures de l'ouabet. Mais à Dendara, on trouve la même offrande du collier floral (Dendara IV, 245) en symétrie avec l'offrande d'un collier-*wsḫ* (Dendara IV, 263) dans un registre consacré à des offrandes spécifiques.

94 En symétrie, offrande de l'œil-*wḏꜣ* à une déesse, probablement Tameret (n° 137).

95 Déesses locales, Tameret (n° 137) et Tairetperatoum (n° 142) et ordinaires, Sekhmet (n° 136) et Bastet (n° 141).

3.1.4. Le décor du portique de l'ouabet

Un hymne gravé sur les montants de la porte à linteau brisé exalte les vertus solaires d'Isis « qui s'unit à son père Rê » (n°s 195 et 196). Deux colonnes de textes gravés sur le corps de la colonne exposent la joie de l'univers lorsque « La-grande-déesse repose dans le "Siège de la première fête" »[96].

3.1.5. Le décor intérieur de l'ouabet (fig.7)

La symétrie de l'espace à décorer a conduit les auteurs à imaginer une répartition très logique des douze panneaux[97]. On peut dire que l'ouabet est l'exemple le plus clair de la bipartition qalaïte des séquences d'identités superposées à des séquences d'actions indépendantes.

3.1.5.1. Les séquences d'identités (fig.4)

L'identité des divinités principales locales et de tutelle d'el-Qal'a est déclinée dans tout le premier registre (n°s 203-208), avec en doublet le deuxième registre de la paroi du fond (n° 211 et n° 214). Les quatre panneaux restants (deuxième registre des parois latérales) mettent en scène les divinités associées.
a. Les divinités principales locales et de tutelle
Elles sont réparties en deux séries patronnées à gauche (sud) par Isis et à droite (nord) par sa forme antonomasique, La-grande-déesse. Les scènes initiales des parois latérales présentent le dieu-enfant d'el-Qal'a précédé par son père, divinité de tutelle. Ainsi, à gauche, l'Harpocrate aux plumes amoniennes : « Horus-l'enfant, le très grand, le premier d'Amon » est associé à Min coptite (n° 203). A droite, la divinité de tutelle est « Osiris, le grand prince dans Coptos » et l'enfant coiffé de la double couronne est appelé « Horoudja-l'enfant, le très grand, le premier d'Amon » (n° 206).

Les scènes secondes sont complémentaires : elles montrent non pas l'enfant, mais l'adolescent divin accompagné d'une déesse maternante. A l'Horus-fils- d'Osiris de gauche (n° 204) répond à droite Horus-fils-d'Isis (n° 207). La déesse maternante de gauche est Isis. En face, sa complice de toujours, Nephthys, assume le même rôle (n° 207).

---

[96] Dendara IV, 221-22 et 225, mais avec un texte beaucoup plus développé ; supra, n. 56.

[97] Deux registres de séries droite et gauche de trois scènes chacune. Sur les parois latérales les divinités vont par paire et comme de coutume, elles sont assises au registre supérieur.

Sur la paroi du fond trône, dans les deux registres, la déesse principale d'el-Qal'a dans ses deux formes : à gauche Isis (n°s 205 et 211) et à droite La-grande-déesse (n°s 208 et 214).

b. Les divinités associées

Les scènes initiales montrent Isis à gauche et La-grande-déesse à droite honorées en compagnie d'une divinité proche : Nout pour Isis et Chepeset pour La-grande-déesse. Cette Chepeset est, à vrai dire, une divinité crée pour la circonstance car elle semble n'être qu'une antonomase de La-grande-déesse[98].

Dans les scènes secondes du deuxième registre apparaissent enfin les deux déesses locales Tameret (à gauche) et Tairetperatoum (à droite). Ces formes maternantes des déesses lointaines du lieu sont introduites par une déesse associée, Nephthys, pour la série gauche patronée par Isis. L'identité de la première déesse de la scène correspondante à droite est perdue[99].

3.1.5.2. Les séquences d'actions

a. La paroi du fond

Ces quatre scènes appartiennent au rituel d'habillement de l'ouabet : offrandes des tissus-*nṯrj* (n° 205) et des tissus-*mnḫt* (n° 208) en bas, de la myrrhe (n° 211)[100] et du pectoral (n° 214) en haut. Cette dernière séquence est attestée au dernier registre de la paroi du fond de l'ouabet d'Edfou[101]. Ces offrandes correspondent à la description du rituel tel qu'il est exposé dans les bandeaux n°s 215 et 216[102]. L'offrande est tout à fait indépendante de la répartition droite/gauche des déesses : séquences d'actions et d'identités sont autonomes.

---

98 Sur cette antonomase secondaire voir C. Traunecker, o. c. dans la note 77; El-Qal'a II, n° 124 (La-grande-déesse et Chepeset).

99 On peut imaginer soit La-grande-déesse (voir El-Qal'a II, n° 129) mais cela conduirait à une répétition sans pendant à gauche. Je proposerai Anoukis, divinité mise en parallèle avec Nephthys dans l'état augustéen de la théologie d'el-Qal'a (El-Qal'a I, p. 12 et n° 70).

100 Ouabet d'Edfou : association de myrrhe et tissus : Edfou I, 419, 422 et 428, 431 (quatre scènes par paires superposées), offrande du pectoral dans les scènes finales : ibd., 426 et 435.

101 Encadrant l'offrande de la couronne-*ḥptj* : Edfou I, 426 (pectoral) et 435 (myrrhe). La planche (Edfou IX, pl. 33a est fautif : remplacer l'offrande du pectoral à droite par le vase à parfum (Edfou I, 435, n. 1).

102 Voir infra § 3.1.6.2.

b. Les parois latérales

Comment rendre compte des offrandes des parois latérales ? On pourrait y voir un commentaire du rituel d'habillement de l'ouabet avec les tissus (n° 206) et le fard (n° 204), mais cette lecture rapide n'est pas satisfaisante. Les scènes secondes fournissent les éléments d'une réponse : l'offrande du fard (n° 204) et, en symétrie de l'œil-oudja (n° 207), à Horus adolescent, divinité faucon combative, est particulièrement adéquate. Ici, semble-t-il, la séquence d'identités détermine l'action ou, en d'autres termes, la nature de l'offrande est commandée par l'identité de la divinité. Dans cette approche, les tissus-djayt présentés à Osiris coptite (n° 206) évoqueraient les soins funéraires dont ce dieu fait l'objet[103]. En face, Min, la grande divinité de tutelle bénéficie du privilège de l'offrande de Maât.

Au registre supérieur, l'offrande du bouquet rappelle le grand hymne du petit vestibule décrivant les offrandes florales caractéristiques du grand rituel de fête local en l'honneur des déesses du lieu[104]. En symétrie, au sud, Isis bénéficie de l'offrande du vin. Faut-il penser que cette offrande fait allusion aux agapes festuelles du Nouvel An[105] ? Dans ce cas les scènes extrêmes (n°s 209 et 212) représenteraient des offrandes spécifiques momentanées s'inscrivant dans le cadre d'une fête. Il en serait de même des offrandes présentées aux déesses assistantes, l'onguent (n° 210)[106] pour Nephthys et Tameret et les sistres (?) pour une déesse au nom perdu et Tairetperatoum (n° 213).

3.1.6. Les textes des bandeaux de soubassement

A el-Qal'a on distingue deux types de bandeaux : le bandeau descriptif et le bandeau commémoratif. Le formulaire du bandeau descriptif commence directement par le nom théologique de la pièce, suivi d'une série d'épithètes ou de commentaires théologiques. Le bandeau commémoratif est introduit par l'énoncé de la titulature royale suivi du récit de l'action royale et du nom de la

103 Voir C. Traunecker, Coptos, § 113.

104 El-Qal'a II, n° 270.

105 LÄ IV, col. 469.

106 Titre de l'offrande perdue. La colonne marginale divine cite l'onguent-*ḥknw* écrit à l'aide d'une fleur (Dendara II, 37, 5).

divinité bénéficiaire. Ces deux types sont souvent employés conjointement dans une même pièce[107].

Dans l'ensemble férial d'el-Qal'a, le bandeau de l'ouabet est descriptif et celui de la cour commémoratif : cour et ouabet étaient conçues comme un seul ensemble.

3.1.6.1. Le bandeau commémoratif de la cour

Le « Siège-pour-la-première-fête », proclame le bandeau, est un mémorial-*mnw* réalisé par l'empereur Claude pour « sa mère, Isis la grande, La-grande-déesse ». Suit une description technique, malheureusement très mutilée, de la splendeur des lieux : « construction de facture parfaite et aux équipements rituels complets, lieu aux parois gravées... ». Il est fait allusion au rituel, mais celui-ci n'est pas décrit ici.

3.1.6.2. Les bandeaux descriptifs de l'ouabet

Les textes des bandeaux gauche (n° 215) et droit (n° 216) sont construits sur le même plan, mais les contenus diffèrent légèrement. L'introduction donne le nom du monument et de la divinité bénéficiaire. A gauche comme à droite le monument est appelé « Siège de la première fête ». Les bénéficiaires sont, à gauche, « Isis[108], vénérable dans ses apparences (*ỉrw*) » et, à droite, « Neith, la grande (*wr*) déesse »[109]. Suit l'évocation de la perfection de l'équipement du monument, pourvu (*ʿpr*) de son matériel liturgique (*bdḥ*)[110] et de ses *sȝw*[111].

Les rites sont décrits en trois volets : rites d'habillement, de parure et d'onction. Les rites d'habillement consistent à « présenter (*sʿr*) les tissus-*mnḫt* vénérables en travail de Tait aux dieux et aux déesses » (n° 215) et les « tissus-*nṯrj* en travail de Hedjhotep au corps divin afin d'habiller son corps dans sa beauté » (n° 216)[112]. Les rites de parure consistent en l'apport des

107 Sanctuaire central : bandeau supérieur gauche descriptif et droit commémoratif (El-Qal'a I, nos 19 et 20) ; bandeau supérieur descriptif et inférieur commémoratif (ibd., nos 145-146 et 147-148).

108 Nom de la déesse en écriture rétrograde.

109 Noms et épithètes en rétrograde. Voir infra, n.114.

110 Texte 216 mutilé : « stable (*ḏd*) avec tous ses... ».

111 Peut-être s'agit-il de moyens de protection magique.

112 A noter que l'on retrouve ici les deux types de noms de tissus dont l'offrande est représentée sur la paroi du fond.

« *s3* (?) de Neith, des amulettes-*wd3* et des amulettes-*s3w* des dieux vénérables » (n° 215), du « collier-*w3d* et des bracelets-*mnf(r)wt* afin de la parer (en tant que ?) épouse royale (n° 216), afin de protéger le corps-*dt* d'Isis la grande, chaque jour (n° 215). Seul le bandeau droit (n° 216) parle des rites d'onction : présentation de « la résine-*ꜥntj* sèche et de première qualité » ainsi que de « l'onguent divin-*ḥknw* en produit de Chesmou, livré par lui(-même) ». Enfin, les bandeaux s'achèvent par une allusion au décor pariétal : « de nombreuses formules-*s3ḫw* sont gravées sur ses parois » (n° 215)[113].

Les bandeaux de l'ensemble férial d'el-Qal'a sont particulièrement cohérents dans leur composition. Cependant, l'intrusion de Neith en tant que déesse bénéficaire du bandeau droit de l'ouabet est déroutante. Dans cette position, en effet, on attendrait La-grande-déesse. Cette anomalie apparente peut s'expliquer théologiquement[114]. Elle est une trace de la première théologie d'el-Qal'a caractéristique du décor augusténien. Il est probable, si on se réfère à l'exemple de Chenhour, que la décoration de l'ouabet était en tête de la seconde tranche de décoration. On peut penser, à titre d'hypothèse, que les textes des bandeaux étaient composés avant le reste de la décoration et que, dans cette hypothèse, les textes des bandeaux 215 et 216 appartiennent à l'ancien projet, antérieur au développement claudien de la théologie qalaïte.

3.2. L'ouabet du temple de Chenhour

3.2.1. Le temple de Chenhour et son système divin

Le temple de Chenhour, nom actuel de l'ancien *p3-š-n-Ḥr*, « Le lac d'Horus », est situé dans le Ve nome de Haute Egypte, à 23 kilomètres au nord de Thèbes[115]. Le lecteur trouvera dans le présent volume une présentation du monument par Jan Quaegebeur, ainsi que des remarques concernant son

113 La fin du bandeau droit est perdue (trois à quatre quadrats).

114 Neith est présente dans le sanctuaire central comme divinité mère et archère protectrice probablement du nouveau né (El-Qal'a I, n°s 2, 23 et 32) et le sanctuaire nord où elle figure plus directement comme une assistante maternante d'Isis associée à Nephthys et complémentaire de Tameret (ibid., n°s 45, 56 et 66, voir aussi tableau p. 12).

115 PM V, p. 136 ; LÄ V, col. 528-531, VII, carte 4, sous le nom de Schanhur.

histoire et sa décoration[116]. Ce temple, encore mal connu, est très proche tant chronologiquement[117] que topographiquement du temple d'el-Qal'a.

Comme pour le temple d'el-Qal'a, il est indispensable de connaître les grandes lignes du système divin de Chenhour pour apprécier la répartition du décor de l'ouabet. Chenhour présente la particularité de conjuguer deux théologies locales. Sur la façade arrière du temple, ainsi que sur les parois latérales du sanctuaire deux compagnies divines se partagent les lieux : à gauche (ouest) les dieux de Thèbes, à droite (est) les dieux du nome coptite. Sur la façade du sanctuaire trônent les deux déesses principales de ces compagnies divines de tutelle : à gauche (ouest) « Mout aux apparences multiples » (*ꜥꜣ jrw*) et à droite (est) « Isis, la grande déesse ».

La divinité honorée dans le secret du sanctuaire était, comme à el-Qal'a, une forme locale d'Isis. Cette divinité résidente est une antonomase d'Isis coptite, « La-grande-déesse », mère d'Horoudja rencontrés à el-Qal'a.

Mais dans ce système complexe de théologie fractale on ne saurait se contenter d'une seule déesse. Aussi les théologiens de Chenhour créent-ils une dyade locale en associant à La-grande-déesse une compagne : Nebetihy, « la dame de la joie ». Cette déesse me semble faite de toutes pièces et sur mesure. Une scène du linteau du sanctuaire présente la dyade locale sous les noms de « Isis-La-grande-déesse » et « Nephthys dame de Ihy »[118]. Nephthys, dame de Ihy est une matrice d'où les théologiens ont extrait par antonomase la déesse Nebetihy. Toutefois, le second terme a été assimilé par assonance au mot ihy, « joie », terme qui convient bien à une théologie des naissances. En résumé, nous avons donc deux bipartitions :

1. Les déesses de nomes : Mout (ouest), en face d'Isis coptite (est) ;
2. La dyade locale : La-grande-déesse (ouest) et Nebetihy (est), formes locales extraites par antonomase des matrices divines « Isis-La-grande-déesse » et « Nephthys, dame de Ihy ».

---

116 Voir dans ce présent volume. Pour le premier compte rendu des travaux de l'équipe belge et française, voir supra, note 3 et n. 77 pour le système théologique.

117 Construit sous Auguste, sa décoration a été réalisée en quatre étapes : Auguste (saint des saints), Tibère (façade postérieure), Caligula (ouabet) et Claude (parois extérieures latérales). Plus tard, probablement sous Trajan, on ajouta une salle hypostyle et un grand pronaos.

118 Il était assez naturel, en effet, d'avoir recours à Nephthys, compagne habituelle d'Isis. Ihy, dans l'épithète de la déesse, est un toponyme (enclos, étable : Wb I, 118, 5) et il n'est d'ailleurs pas exclu que cette Nephthys ait eu une réelle existence cultuelle dans la région coptite.

3.2.2. L'ensemble férial du temple de Chenhour

L'ensemble férial est situé à droite. Sa porte donne sur l'espace de culte face au sanctuaire. Jusqu' en 1993, seule une moitié du décor de l'ouabet était hors des décombres. Elle a été entièrement dégagée au cours de la campagne d'hiver 1993. Ses dimensions sont légèrement inférieures à celles de l'ensemble d'el-Qal'a[119]. Dans le dallage de l'ouabet nous avons découvert l'ouverture d'un puits donnant accès à une crypte de caisson[120]. Comme à el-Qal'a cet ensemble est inédit[121].

L'importance de cette salle transparaît dans les faits archéologiques. La porte de la cour, d'une taille supérieure aux autres portes du couloir mystérieux, est la seule à être pourvue d'un encadrement. De plus, l'ouabet est la seule pièce du temple, avec le sanctuaire, à avoir été décorée. La cour est restée anépigraphe.

L'ouabet a été décorée sous le règne de Caligula. Son décor compte huit scènes seulement, réparties en deux registres avec bandeaux de frise et de soubassement. Deux assises de la façade du portique sont conservées mais seuls les revers intérieurs ont été inscrits. Une des deux dalles de plafond est encore en place. L'épigraphie est de meilleure qualité que celle d'el-Qal'a, mais sa conservation est nettement moins bonne[122].

3.2.3 Le décor de l'ouabet (fig.8)

3.2.3.1. Les séquences d'identités

a. La paroi du fond

Les entités symétriques de la théologie locale ont été regroupées par couples divins dans une même scène d'offrande[123]. On obtient ainsi deux couples : Isis et Mout (dyade extérieure), La-grande-déesse et Nebetihy (dyade locale). Au

---

[119] Cour : 1,95 x 2,1 m, hauteur 5 m;
ouabet : 2,65 m x 2,1 m, hauteur 3,4 m, podium : 0,70 m.

[120] Cette crypte n'est pas encore dégagée.

[121] Sauf le plafond astronomique publié par Neugebauer (voir infra, § 3.2.5.) et les bandeaux (CRIPEL 16, 1994, fig. 11a et b).

[122] La description qui suit doit être considérée comme une première approche de ce décor, les copies et collationnements étant encore en cours. La numérotation des scènes est provisoire.

[123] Même partie dans la cour de l'ouabet du temple d'el-Qal'a (voir supra, § 3.1.3.1.).

registre supérieur, la dyade locale occupe le panneau gauche (n° 6) et la dyade extérieure, le panneau de droite (n° 8). Au registre inférieur, le panneau de droite est consacré à la dyade locale (n° 4). Il est probable que le panneau de gauche (n° 2), illisible, était consacré à Isis et Mout[124]. Les mêmes quatre divinités figurent donc sur chaque registre de la paroi du fond mais dans un ordre différent (permutation latérale).

b. Les parois latérales

Ces scènes sont très mal conservées, aussi est-il difficile de reconstituer la logique de répartition des divinités. Au premier registre, à gauche (n° 1), le roi officie devant Min. Le dieu est précédé d'Harpocrate et suivi de quatre divinités dont Nephthys, Neferhotep[125] et Thot. La scène symétrique (n° 3) malheureusement illisible comptait quatre dieux et une déesse. Au deuxième registre, à gauche (n° 5), les grandes divinités osiriennes (Geb, Osiris, Isis) sont accompagnées d'Horus, « seigneur des terres étrangères » (*nb ḫ3swt*) et d'un Horus dont l'épithète est perdue. A droite (n° 7), on a relégué dans une scène unique les quatre grandes déesses du système local ainsi qu'une déesse dont nous proposons de lire le nom « La-bonne-sœur » (*Snt-nfrt*).

Il est clair que les décorateurs ont adopté un parti très différent de celui de la paroi du fond. Nous sommes en présence d'une sorte de catalogue des dieux locaux ainsi que des grandes divinités de tutelle.

3.2.3.2. Les séquences d'actions

a. La paroi du fond

Cette séquence reproduit celle de la paroi correspondante du temple d'el-Qal'a : offrande du tissu-*mnḫt* (n° 6) et du pectoral (n° 8) au registre supérieur, moments importants du rituel d'habillement spécifique à l'ouabet. Le premier registre n'est pas conservé, mais d'après le modèle d'el-Qal'a, le roi offrait au premier registre les tissus-*nṯrj* à gauche (n° 2) et la résine-*ʿntj* à droite (n° 4)[126]. L'offrande des tissus-*mnḫt* présente une étrange particularité : malgré son apparence royale et masculine, l'officiant cité par la

---

[124] Même disposition sur la paroi du fond du sanctuaire.

[125] Le jeune dieu est également présent à el-Qal'a (salle des offrandes : El Qal'a I, n° 110). Neferhotep est en rapport avec les forces de procréation (étude inédite).

[126] Dans cette restitution, les offrandes de tissus sont superposées, mais on peut également imaginer une permutation des offrandes du premier registre pour obtenir une disposition diagonale.

légende est la déesse Nekhbet. Il s'agit là d'un phénomène de contraction d'image se référant à un modèle où le roi officiant est assisté par des divinités en rapport direct avec l'acte effectué. Sur la paroi du fond de l'ouabet de Dendara, le roi présentant les bandelettes vertes et rouges est assisté d'Ouadjet[127] et de Tait[128], et de Nekhbet et d'Ouadjet lorsqu'il accomplit les rites de purification[129].

b. les parois latérales

Au premier registre, le roi consacre la grande offrande-*ʿ3bt* (n°s 1 et 3). Une partie de l'amas d'offrandes avec ses bêtes de boucherie abattues est encore visible. L'offrande du premier registre est perdue. La scène de la grande offrande devrait se trouver normalement dans la cour.

3.2.4. Les bandeaux

3.2.4.1. Les parois latérales

a. Les bandeaux de soubassement

De type royal, ces bandeaux commencent par l'énoncé de la titulature de Caligula[130], mais ici l'habituelle dédicace est remplacée par un texte montrant le roi comme le pourvoyeur du temple en offrandes et denrées produites par le pays :

(n° 11) « Il apporte tout ce qui pousse sur le dos de Geb afin que resplendisse le visage de sa maîtresse dans sa place favorite ; elle le récompense par la souveraineté sur le trône d'Horus à jamais. »

---

127 Pour Ouadjet et les vêtements et parures, voir Edfou V, 321,4.

128 2e registre : Dendara IV, 247 (à gauche), Ouadjet, bandelettes vertes ; 265 (à droite), Tait, bandelettes rouges.

129 3e registre : Dendara IV, 251 (à gauche), Nekhbet, fumigation ; 270 (à droite), Ouadjet, fumigation pendant que le roi effectue la purification avec les vases-*dšrt*.

130 Voir CRIPEL 16, 1994, fig. 11a et b : (9) « Vive l'Horus, le grand de force-*pḥtj*, qui établi les lois, roi de Haute et de Basse-Egypte, fils de Rê, seigneur des couronnes (Germanicus) ».

(11) « Vive l'Horus, le grand de force-*pḥtj*, qui établi les lois, roi de Haute et de Basse-Egypte, seigneur du double-pays, (Gaius-César-Augustus). Cette titulature est différente (« qui établit les lois ») de celle de Caligula à Coptos (voir C. Traunecker, Coptos, p. 326 et inscription 28). Ici le premier cartouche est exceptionnellement à droite.

(n° 9) « Il apporte toutes les villes de Haute et Basse-Egypte vers l'ouadjit de sa maîtresse, (la) Grande-déesse, elle le récompense par la vie et le pouvoir sur [le trône d'Horus] à jamais. »

Les décorateurs ont renoncé à décrire les rites de l'ouabet. Ils ont préféré mettre l'accent sur l'apport des offrandes. Le formulaire et l'allusion aux villes évoquent les processions de génies économiques. Une pareille procession existe dans l'ouabet de Dendara, mais les textes qui la commentent décrivent essentiellement la crue du Nil et ses bienfaits[131].

Selon le texte 9 la résidence de la déesse est une « ouadjit ». Ce terme doit être compris comme une métaphore végétale et non comme une stricte désignation architecturale[132]. Notons au passage que la divinité bénéficiaire est bien La-grande-déesse, mais son nom est curieusement privé de l'article. Cette particularité est propre à l'ouabet de Chenhour.

b. Les bandeaux de frise

Ceux-ci sont de type royal commémoratif et donnent le nom du monument, « Siège de la première fête » (n° 13), et, semble-t-il, à l'est une « ouadjit ». La déesse bénéficiaire est « (la) Grande déesse dans Chenhour ». Ces textes sont mal conservés, difficilement lisibles et fautifs en plusieurs endroits[133].

3.2.4.2. Les bandeaux de la paroi du fond

Le bandeau du haut est perdu. Celui du bas est du type descriptif et apporte quelques indices importants sur la spécificité de Chenhour. Il est composé d'une série de métaphores topographiques : à gauche (n° 10), Chenhour est la « Campagne (*sp3t*)[134] d'Isis, le lac d'Horus, le lieu-*bw*... (est) à son nord, repoussant les révoltes vers le lieu-*bw*... » et à droite (n° 12) Chenhour est la « Campagne de Geb, le palais de Geb, venu à l'existence dans... »[135]. Nous

131 Dendara IV, 236-238 et 252-255. Le Nil pourvoyeur des autels, voir par exemple ibid., 253, 11-12.

132 Autres métaphores pour l'ouabet de Dendara, voir supra, § 2.3.5., n.71.

133 Texte 13 : *ḥb* omis dans *st-ḥb-tpj*, *.f* omis après *mwt.*, *.f* mis pour *-s.* dans « la première fête est célébrée en lui (*st-ḥb-tpj*) éternellement ».

134 Voir Esna IV, 1, et surtout n° 406, p. 9, 13 où ce terme est employé en opposition avec les villes.

135 Le texte se termine, semble-t-il, par un toponyme que nous n'avons pas encore identifié.

avons affaire ici à une description mythologique fort éloignée de la fonction de l'ouabet[136].

Un hymne solaire universaliste ornait le revers de la façade de l'ouabet. Seul le bas des six colonnes de textes est encore lisible.

3.2.5. Le plafond

Une des deux dalles du plafond est encore en place. Elle conserve la moitié nord d'une représentation du ciel personnifié par la déesse Nout dans sa posture habituelle de voûte céleste. Cette scène a été publiée en 1964[137]. Comme il se doit ses pieds, qui reposent sur le signe de la montagne, sont à l'est et ses mains à l'ouest. Le corps de la déesse, gravé sur la deuxième dalle, a disparu[138]. Deux groupes de représentations habitent ce ciel. Près de la paroi nord figurent les constellations circumpolaires dans leur aspect habituel. Leur est associé la planète Mercure. Le deuxième groupe consiste en six signes du zodiaque se lisant en rétrograde de l'est vers l'ouest : lion, vierge, balance, scorpion, sagittaire et capricorne. Il est probable que les six signes perdus se succédaient, également en rétrograde, de l'ouest vers l'est (verseau, poisson, bélier, taureau, gémeaux et cancer). Cette répartition du cercle zodiacal est en deux moitiés dont l'axe passe entre le cancer et le lion d'une part et le capricorne et le verseau d'autre part est intéressante. Les zodiaques des sarcophages de Padiamenopê et de Soter[139] présentent la même disposition. Nous la retrouvons dans le plafond de la salle hypostyle de Dendara : la série lion-capricorne est représentée dans le caisson extrême ouest (nord théorique) et la série verseau-cancer dans le caisson symétrique est (sud théorique)[140]. Cette répartition convient bien à la commémoration du nouvel an égyptien

---

136 Il est intéressant de noter l'importance accordée à la campagne et à la fertilité du lieu. La fin du bandeau 10 suggère l'existence d'un mythe local du combat d'Horus, en un lieu peut-être situé au nord de Chenhour.

137 O. Neugebauer, R. Parker, Egyptian Astronomical Textes III, p. 77-78 et IV, pl. 40.

138 Nous espérions trouver des fragments de cette dalle dans les décombres qui encombraient l'ouabet, mais cet espoir a été déçu. En revanche nous avons trouvé un fragment en grès d'une représentation astronomique.

139 Neugebauer-Parker, o. c., doc. 67 et 70. C. Desroches-Noblecourt, « Le Zodiaque de Pharaon » dans Archéologia 292, juillet-aout 1993, p. 30.

140 Brugsch, Thesaurus, 1-10 ; S. Cauville, Dendara, Guide archéologique, 1990, p. 36.

théorique. A l'époque romaine, le lever héliaque de Sothis se produit lorsque le soleil passe du Cancer au Lion[141].

4. L'évolution des ouabet

4.1. Les ouabet connues et leur position dans le temple

On connaît à l'heure actuelle dix temples à ouabet. Ces monuments vont du règne de Ptolémée II (Philae) à celui d'Hadrien (Deir Chellouit). A part les cas particuliers de Philae et de Kalabcha, la composition de l'ensemble cour / ouabet est homogène. Mais on est étonné devant la diversité des positions par rapport à l'axe et les orientations absolues. Est-il possible de déterminer les règles qui détermine la position des l'ouabet dans le temple ?

Le tableau suivant et les figures 9 et 10 rendent compte de la situation des ouabet en orientation réelle et virtuelle, ainsi que leur position vis à vis du fleuve.

Nom	Date	Rive	Temple orient.[a]	Ouabet cot.off.[b]	Ouabet cot.abs.[c]	Ouabet façade[d]	Temple virtuel[e]
Philae	Pt.II		S	D	E	E	O
Behbeit[142] ?	Pt.II/III		O	D	S	O	-
Edfou	Pt.III	G	S	D	E	S	O
K.Ombo[143]	Pt.VI	D	E	G	N	O	-
Wannina[144]	Pt.XII	G	S	D	E	S	O

---

141 Dans un des deux zodiaques de la célèbre tombe d'Ib-Pamery et de Pamehyt à Athribis, le cancer ouvre une des deux séries (F. Petrie, Athribis, BSAE 14, 1909, pl. 40 ; Neugebauer-Parker, o. c., 93, pl. 50). A Esna, cette division est décalée d'un signe en aval : vierge-verseau au sud, poisson-lion au nord (Esna IV, 1, travée E, face p. 66). Cette disposition est aussi, semble-t-il, celle du célèbre zodiaque de Dendara actuellement au Louvre si on se réfère à une ligne nord-sud d'après les éléments d'orientation indiqués sur le document lui-même. Le deuxième zodiaque d'Athribis ouvre ses séries par le taureau et le scorpion, soit un décalage de trois signes.

142 C. Favard-Meeks, Le temple de Behbeit el-Hagara, id., Un temple d'Isis, dans Archéologia, n° 263, décembre 1990, p. 32. Hypothèse de C. Favard-Meeks.

143 LÄ III, col. 675-683, P. Lacau, ASAE 52, 1954, p. 221-228. Cette ouabet, arasée, était décorée, allusion dans le calendrier: KO II, n° 596, 15.

144 Athribis près de Sohag (Tell Atrib, LÄ VII, col.48); F. Petrie, Athribis, 1908, pl.15. Fouilles en cours par l'Organisation des antiquités d'Egypte. Cette ouabet est probablement décorée (fouilles inédites). L'orientation virtuelle est fondée sur les processions géographiques des soubassements.

(Nom	Date	Rive	Temple orient.[a]	Ouabet cot.off.[b]	Ouabet cot.abs.[c]	Ouabet façade[d]	Temple virtuel[e])
Dendara	Cléo.VII	G	N	D	O	N	E
Kalabcha[145]	Auguste	G	E	G	S	O	-
El-Qal'a[146]	Auguste	D	E	G	S	E	-
Chenhour[147]	Auguste	D	S	D	E	S	O
D.Chell.[148]	Hadrien	G	E	D	N	E	-

a. Orientation façade du temple. b. Ouabet à droite ou à gauche de l'officiant, en gras: ouabet décorées. c. Position géographique par rapport à l'axe. d. Orientation façade de l'ouabet. e. Orientation virtuelle

Pour définir la position de l'ouabet on peut se référer soit à l'axe du temple, (position par rapport à l'officiant), soit sa position géographique absolue toujours par rapport à l'axe du temple (cot. absolu), soit encore à l'orientation virtuelle du temple.

Cette dernière notion demande une explication[149]. Dans un temple axé ouest/est ou est/ouest les images du roi du nord et sud sont placées tout naturellement au nord et au sud de cet axe. Mais comment distribuer ces images dans un édifice axé nord/sud ou sud/nord ? A Edfou, par exemple, temple orienté vers le sud, on a affecté le roi du Nord au coté gauche et au roi du Sud, le coté droit. Si on rétabli le temple sur un axe perpendiculaire au fleuve, il faut l'orienter face à l'ouest pour que les roi respectifs trouvent leur position naturelle: l'orientation virtuelle du temple d'Edfou est face à l'ouest.

Force est de constater qu'aucune règle n'apparaît clairement, tant en orientation cardinale réelle qu'en orientation virtuelle. Pour chaque règle que l'on croît discerner un principe, surgit une proportion non négligeable d'exceptions. Pour P. Lacau pensait que la règle consistait à placer l'ouabet

---

145 LÄ III, col. 295. L'ouabet, anépigraphe, est aménagé au-dessus de l'escalier droit dans l'épaisseur du mur sud (gauche) du temple (crypte sous l'ouabet): H. Stock K. Siegler, Kalabscha, 1975, pl. VIII. F. Daumas, La ouabet de Kalabcha, Le Caire, CDAE, 1970.

146 Pour l'axe sud, orientation virtuelle face à l'ouest selon le décor de la porte sud.

147 Orientation virtuelle d'après les images royales (virtualité liturgique), mais les compagnies divines thébaines et coptites sont disposées selon une orientation virtuelle face à l'est.

148 Anépigaphe. M. Azim dans C. Zivie, Le temple de Deir Chellouit IV, Le Caire, 1992, p. 27-36.

149 Sur ce principe voir Kêmi 20, 1970, p. 175-176.

dans la moitié nord du temple[150], mais pour cela il supposait une orientation virtuelle faisant systématiquement face au Nil[151]. Son système est infirmé par les exemples de Kalabcha , d'el-Qal'a et de Chenhour. Enfin, les cas de ces deux derniers temples sont très particuliers: le premier possède un double axe et est orienté dos au Nil, tandis que l'orientation virtuelle du second est ambiguë: est selon les figures royales (virtualité liturgique) et ouest selon la disposition des dieux thébains et coptites (virtualité divine).

La seule majorité qui se dégage est la position de l'ouabet à droite de l'officiant (sept cas sur dix) les trois contre-exemples étant Kalabcha cas unique d'ouabet de terrasse établie dans une structure d'escalier, et les temples à double axe d'el-Qal'a et de Kom-Ombo.

4.2. L'évolution des décors et fonction polyvalente

La comparaison des monuments fait apparaître une nette évolution allant du décor de salle de culte (Philae) à l'espace férial polyvalent de Chenhour.

A Philae, les quelques éléments conservé sont ceux d'une sorte de lieu de culte solennel à ciel ouvert, les dieux étant à l'abri sous leur dais. A Edfou, l'architecture sépare nettement le kiosque-ouabet et la cour des offrandes, bien que la dénomination rappelle la forme originale[152]. Horus reste très largement le bénéficiaire principal. Au rites de l'ouabet (purifications, habillement, soins et parure) se mêlent des éléments propres à la théologie locale (royauté d'Horus et sa puissance de destructions). Le Nouvel An associé à l'Union au Disque est expressément nommé[153], mais la dénomination « Siège de la première fois » est réservé au kiosque de la terrasse. A Dendara, le décor se complique et s'enrichit des actes spécifiques des liturgies de Hathor. Il est nettement fait allusion au Nouvel An et la cour des offrandes tout en gardant sa dénomination ordinaire est aussi appelée « cour du siège de la première fête ».

A el-Qal'a, l'ordonnance du décor est très différente. D'une part, les rituels de l'ouabet ont envahi une bonne part de la cour des offrandes et

---

150 P. Lacau, o. c., p. 227; voir aussi A. Gutbub, Mélanges Vercoutter p. 123-125

151 La référence au Nil et aux rives doit être tempérée depuis les remarques de G. Alleaume (Mélanges Maurice Martin, Le Caire, 1992, p. 304-306 n. 16) sur le réseau secondaire du fleuve, dont certains bras sont appelés "fleuve" en arabe.

152 Voir supra, § 2.2.5., n. 38.

153 Porte de l'ouabet, Edfou I, 412, 15.

d'autre part, on constate une multiplication des personnages divins. Les séquences d'actions sont effectués indifféremment devant des divinités changeantes selon une logique pariétale propre. Parfois, à l'inverse, la nature du dieu détermine l'offrande. Enfin, troisième fait nouveau et d'importance, l'image principale de la grande offrande est doublée par un panneau de même taille où l'officiant déroule un papyrus (fig. 6, n° 183) devant un autel et Isis. Un texte de sept colonnes précise que cette Isis est l'actrice inlassable du rituel funéraire[154] de son frère Osiris, en tant que Chentayt[155]. Selon la dernière colonne du texte « [on effectue] pour elle les rites du Siège de la première fête ». Le « Siège de la première fête » férial d'el-Qal'a n'est donc pas réservé aux célébrations d'Isis au Nouvel An. La polyvalence du lieu férial est également présente dans le décor du « Siège de la première fête » de Chenhour. On y retrouve les traits caractéristiques du décor d'el-Qal'a[156], mais de plus, les parois latérales portent une sorte de catalogue divin tandis que les bandeaux de soubassement commentent la pieuse efficacité du roi responsable de la fertilité du pays. Devant cette diversité, comment faut-il comprendre l'expression « première fête » ?

4.3. Le « Siège de la première fête »

Il est communément admis que le « Siège de la première fête » est le nom générique des ouabet des temple tardif et que la « première fête » désigne le Nouvel An[157]. Plusieurs tentatives ont été faites pour restituer le déroulement de cette fête, en puisant indifféremment dans les textes d'Edfou et de Dendara et en supposant une célébration unique dans toute l'Egypte[158]. De fait les

154 Voir supra, § 3.1.3.2.a. , n. 89.

155 Voir aussi la colonne marginale divine (aimée dans la maison de son frère Osiris).

156 Répartition des dieux en fonction des symétries pariétales locales et leur indépendance par rapport aux séquences d'action, la paroi du fond avec les rites de l'ouabet.

157 Dümichen (ZÄS 17, 1879, p. 124) traduisait *st-ḥb-tpj* par « Hauptfestgemach »,et appliquait ce terme indifféremment aux ensembles d'Edfou et de Dendara. Pour lui cette « Hauptfest » était exclusivement le Nouvel An, d'où la terminologie en usage aujourdhui de « cour du Nouvel An ». Voir aussi H. Brugsch (Diction. hiérogly. VII, p. 1322): fête du premier mois. M. Alliot, o.c., p. 305 - 6; F. Daumas, ASAE 51, 1951, p. 373 sq; id. Dendara et le temple d'Hathor, Notice sommaire, Le Caire, 1969, p. 56-7; id. LÄ IV, 1980, col. 466-472. S. Cauville, Edfou, Le Caire, 1984, p. 46; id., Essai sur la théologie du temple d'Horus à Edfou, Le Caire, 1987, p. 88; id., Le temple de Dendara, guide archéologique, Le Caire, 1990, p. 60.

158 M. Alliot, o.c. p. 305-433, textes des cinq calendriers d'Edfou et de Dendara, p. 198 sq. Fairman, Bulletin of the John Rylands Library, Manchester, 37, 1954, p. 183 et sq (nuances

sources sont plus hétérogènes qu'il n'y paraît, et je n'aborderai pas ici ce dossier complexe. Chassinat a montré dans un article peu utilisé que la « première fête » fait allusion a son statut: elle est la plus importante du calendrier, quelque soit sa position dans le temps[159]. Mais étant donné l'importance des cérémonies de la fin de Mésoré et du début de Thot, il est assez normal que cette période puisse être désignée ainsi. « *Wp-rnpt* », qui fait partie de cette période désigne en fait l'initialisation d'un cycle de période annuelle dont le moment d'origine peut être variable[160]. Enfin, si à Edfou, l'insolation des statues divines est, semble-t-il unique dans l'année et se déroulait dans le « Siège de la première fête » donc la kiosque de la terrasse, à Dendara, ces cérémonies sont plus nombreuses et reparties dans l'année[161]. Elles sont un élément de diverses liturgies et elles peuvent se dérouler ailleurs que sur la terrasse[162]. F. Daumas avait déjà observé la diversité des orientations des ouabet et pensait qu'elles témoignent d'heures d'insolation de l'image divine différentes selon les temples[163]. On peut se demander si dans certaines liturgies où l'insolation se faisait a moindre frais dans la cour de l'ensemble férial, il était si important d'un contact réel et si la puissance des paroles rituelles n'était pas suffisante[164]. Quoiqu'il en soit, à el-Qal'a et à

---

quant à la désignation des lieux de célébration). F. Daumas, ASAE 51, p. 373 sq; id. Dendara et le temple d'Hathor, Notice sommaire, p. 96; S. Cauville, Edfou, p. 73.

159 E. Chassinat, Quelques parfums et onguents en usage dans les temples de l'Egypte ancienne, dans Revue de l'Egypte ancienne 3, 1930, p. 117-167 (Le siège de la première fête: p. 123-132). Pour une mention ancienne de la "première fête" au mois de Méchir voir infra, § 5.1., n. 192.

160 La fête *Wp-rnpt* d'une personne est son anniversaire: Décret de Canope: Urk. II, 127, 2 (lg. 13).

161 M. Alliot o.c., p. 275; 6 Union au disque à Dendara (Chassinat, o.c., p. 132)

162 Par exemple à Esna (S. Sauneron, Esna V, p. 122-127); Sur l'Union au disque dans un kiosque sur le parvis du temple, voir S. Sauneron, o.c., p. 124, 130 (insolation entre 9 h et 10 h 30); C. Traunecker, Karnak V, p. 89-92 (kiosque de Taharqa à Karnak).

163 F. Daumas, LÄ IV, col. 470, n. 23-25. Plusieurs hypothèses ont été proposées pour le déroulement matériel de l'insolation: statues orientées vers le sud (S. Cauville, Edfou, p. 73), velum mobile du kiosque (id., Dendara, p. 65), soleil levant sur la terrasse de Dendara (F. Daumas, Notice, p. 100) opération difficile en raison des haut murs de la terrasse. Insolation dans la cour: F. Daumas, LÄ, col. 470, n. 18. Pour Fairman: insolation à midi (o.c., p. 186).

164 Voir les souhaits de beau temps à Edfou (Edfou I, 417, 7-17; M. Alliot, o.c., p. 353). En cas de temps couvert, comme ils semblent le redouter, les officiants devaient bien se contenter de l'efficacité des paroles. Sur la disposition et l'orientation défavorable des salles solaires des temples thèbains du Nouvel Empire, voir C. Traunecker, Observations sur les cultes à ciel ouvert en Egypte ancienne, dans L'espace sacrificiel, Publication de la bibliothèque Solomon Reinach, Université Lumière - Lyon 2, V, 1991, p. 249-258, pl. 73 avec calcul d'insolation.

Chenhour, le « Siège de la première fête » est le nom d'un ensemble férial polyvalent.

5. De l'origine des ouabet et de leur fonctions

Sortes de temple en réduction dans le temple, les ouabet ont, à l'évidence, une origine liturgique. On a matérialisé de manière permanent un lieu de culte occasionnel, autrefois en matériaux léger, situé très probablement dans l'enceinte du temple[165]. L'ouabet est donc une sorte de lieu de culte de substitution a la différence près qu'il a entièrement remplacé le modèle[166]. Deux questions se posent: les ouabet des temples d'époque gréco-romaines ont-elles des antécédents dans l'architecture plus ancienne et si oui, les édifices anciens avaient-ils la même fonction ?

5.1. La cour à dais des temples napatéens

Le temple d'Amon de Kawa en face de Dongola construit sous Taharqa[167] se distingue de ses modèles thébains par la présence d'une cour à ciel ouvert dans la partie fermée du temple (Fig.5). Hormis les salles axiales, la salle H, la cour D avec son annexe A sont les seules pièces décorées du temple intérieur.

La cour est un espace oblong avec au nord un portique de quatre colonnes palmiformes[168]. A l'ouest, un podium haut de 1,6 m et protégé par une sorte de dais, était accessible par un escalier de sept marches. A l'arrière de cette estrade, un puits d'une section de 0,8 x 0,4 m descend à une profondeur de 3,3 m[169]. Dans une niche du mur du fond de la cour débouchait un escalier ménagé dans l'épaisseur du mur et donnant accès aux terrasses basses du temple[170]. Sur la paroi ouest on reconnaît une double scène axiale en relief: Taharqa verse une libation devant Amon assis sur un trône. Ce trône

---

165 Péréennisation de constructions occasionnelles: Akhmenou à Karnak, ensemble de Djoser.

166 El Qal'a I, p. 7-8; C. Traunecker dans Achôris II, p. 141; Karnak VII, 1982, p. 351-2.

167 LÄ III, col. 378; M. F. Laming Macadam, The Temple of Kawa, I et II, Londres 1949 et 1955 (cité Kawa I et II). Consacré en l'an 10 soit en 680 avant notre ère.

168 Cour: 13 x 4 m. Hauteur originale des murs: 4,7 m. Colonne à Oxford (Kawa II. pl. LX c). Les murs sont en partie arasés, mais la moitié du programme décoratif est identifiable.

169 Kawa II, p. 97.

170 Selon les fouilleurs (Kawa II, p. 99).

placé sur un podium accessible par une rampe[171]. A droite du podium, Taharqa offre le vin à Amon debout suivi de quatre déesses et à gauche, il présente le collier de perle et de pectoral à Amon, après avoir offert le collier-*wsḫ*[172].

Le temple de Sanam[173], en face de Napata, construit par le même roi, possède exactement le même plan avec cette cour intérieure et son podium mais le décor a disparu. Enfin, le temple d'Amon de Tabo sur l'île d'Argo, également construit par Taharqa possédait peut-être une « salle du dais »[174]. Ces trois temples constituaient les étapes traditionnelles du « voyage de couronnement » des souverains napatéens[175]. La divinité locale confirmait le souverain dans son pouvoir royal et lui attribuait certains régalia[176]. Le décor des salles H et l'ensemble D/E est en rapport direct avec le couronnement. Les textes historiques, bien que prolixes, ne permettent malheureusement pas de préciser la fonction de ces salles[177]. Cependant, en me fondant sur l'iconographie, je propose de voir dans ce podium la place d'Amon trônant, transmettant la royauté à son héritier terrestre. La cérémonie est représentée dans la salle symétrique H[178], lieu préparatoire et peut-être d'hébergement temporaire du roi[179].

171 Kawa II, pl. XX a. Ce détail, qui n'apparaît pas dans les autres représentations du trône d'Amon de la cour (pl. XXIa) permet d'identifier le lieu. Ce même trône avec sa rampe est représenté sous le portique dans une scène où Amon donne l'accolade à Taharqa (pl. XXIa).

172 Kawa II, pl. XXc, XXIb.

173 PM VII, p. 200; Griffith, dans Annals of Archaeology and Anthropology, University of Liverpool, 1908, IX, p. 74-6 et pl. X et XII.

174 Dénomination Jean Leclant. Sur ce temple, voir LÄ IV, col. 1067. Kush 15, 1967-8, p. 193-9; BSFE 55, 1969, p. 9; JEA 55, 1969, p. 103-111; RdE 45, 1994, p. 42.

175 Etat de la question par L. Török dans Fontes Historiae Nubiorum I (cité FHN I), p. 225 sq.

176 Ces cérémonies ont été récemment étudiées par E. Kormysheva (Das Inthronisationsritual des Königs von Meroe, dans Ägyptische Tempel - Struktur, Funktion und Programm, HÄB 37, 1994, p. 187-209) et A. Lohwasser (voir dans le présent volume: Die Darstellung der kuschitischen Krönung).

177 E. Kormysheva; o.c., p. 206, 198: montée du roi vers un trône doré placé sous un dais, sous les acclamations de la foule (cérémonie nubienne se déroulant sur le parvis du temple).

178 Macadam, Kawa II, pl. XXIc. Représentation du podium d'Amon: le roi est agenouille sur ce podium dans le même sens que le dieu qui lui impose les mains. En face d'eux les âmes de Pê et de Nekhen acclament le roi.

179 Les petites pièces non décorées pouvaient servir de resserre aux costumes et objets liturgiques. Aman-Nete-Yerike est resté quatre jours dans le temple (Kawa I, n° IX, col. 87.

Dans le secret du temple et probablement devant un public d'officiants, le roi[180], recevait l'investiture par Amon, agenouillé dans le giron du dieu. Cette version discrète, à l'image des rituels égyptiens, de la confirmation du pouvoir, était suivie d'une présentation publique sur le parvis du temple où le roi paraissait dans un kiosque. L'obligation d'une cérémonie à ciel ouvert est peut-être l'indice d'un culte solaire[181]. Cette hypothèse expliquerait la curieuse inversion de l'orientation liturgique dans cette cour l'image de culte étant placé face à l'est dans un temple orienté face à l'ouest. Cette particularité est respectée dans le temple Sanam[182]. Tout se passe comme si l'orientation vers l'est du podium divin faisait partie du cahier de charge de ce type de sanctuaire. Or nous avons vu que l'ouabet de Philae, la plus ancienne et aussi la plus proche géographiquement des édifices nubiens est également tournée vers l'est, sur un axe perpendiculaire et inverse à celui du temple (sud/nord).

Ces édifices seraient-ils donc les ancêtres des ouabet gréco-romaines ? Les similitudes sont remarquables: cour, podium, cachette, rites d'habillement, accès à la terrasse, orientation (dans le cas de Philae). L'hypothèse est séduisante, mais elle soulève plusieurs difficultés. La première est l'écart chronologique: plus de quatre siècles séparent le temple de Kawa et l'ouabet de Philae.

S'il est raisonnable, je crois, d'écarter une filiation directe et mécanique entre les deux groupes d'édifices, il n'est pas impossible que les édifices éthiopiens aient servi de modèle formel, ou du moins d'inspiration aux concepteurs du temple de Philae. Les travaux récents à Philae ont révélé l'existence d'un ancien temple d'Amon construit par Taharqa[183]. On sait que les voyages de couronnement des souverains napatéens se sont poursuivis jusqu'à la fin du IVème siècle avant J. C.[184]. Le successeur de Nastesen, Ergamène I (270-260 avant J. C.) qui, d'après Diodore de Sicile, avait étudié

---

180 Peut être après une présentation d'offrande, voir la statue en granit de Taharqa tenant une table d'offrande trouvée dans la cour D (Kawa I, p. 87-88, II, p. 97, 242; Copenhague, AEIN 1706. Voir biblio. complémentaire par J. Leclant dans LÄ VI, 159 et 172 n. 26).

181 Deux singes en granit en attitude d'adorant ont été trouvés dans la cour (Kawa I, 87, pl. 35, II, pl. 70 a b: Copenhague, AEIN 1705, Khartoum 2689; J. Leclant LÄ VI, 159 et 174 n. 70).

182 Bien que situé sur la rive ouest son orientation cardinale est semblable à celle du temple de Kawa sur la rive droite. En effet, à Sanam, le Nil coule du nord-est vers le sud-ouest (fig. 9).

183 LÄ IV, col. 1025. Malheureusement on ne sait pas s'il était conforme au modèle du sud.

184 Stèle de Nastesen LÄ IV, col. 352. Le temple de Kawa est en usage vers la fin du IIIème siècle avant J. C. LÄ I, col. 449.

la philosophie grecque[185] régnait sur la Nubie au moment de la construction du temple de Philae.

Quels sont les éventuels points communs entre les fonctions de ces deux séries de monuments ? Dans une première approche, de la Nubie vers l'Egypte, il faut souligner les rapports entre l'ouabet et le culte royal. Nous avions déjà observé la présence de scènes de culte dynastique dans l'ouabet d'Edfou: les souverains étaient associé aux festivités[186]. Les grands décrets ptolémaïque réglant les fêtes royales attestent que sous les premiers Lagides la grande fête royale annuelle était célébrée au Nouvel An[187]. On sait également que le couronnement royal idéal avait lieu au Nouvel An[188]. Dans l'approche inverse, de l'Egypte vers la Nubie, plusieurs indices laissent supposer l'importance des célébrations du Nouvel An et débuts de cycles dans les cultes napatéens. Le couronnement d'Aman-Nete-Yerike a été célébré au Nouvel An[189]. Le temple de Kawa est inauguré par Taharqa le jour du Nouvel An de l'an 10[190]. A Meroé, des objets commémoratif du Nouvel An et datant d'Aspelta (593-568 avant J. C.) ont été découvert[191]. Mais la mention la plus intéressant est celle de la stèle Anlamani: au cours de son voyage de couronnement, ce roi atteint Kawa et y célébre la « première fête d'Amon » (*ḥb tpj n ỉmn*) le jour de la fête d'Insou, le 29 Méchir[192]. Or vers l'an 600 avant J. C. cette date correspond au 14 juillet. La fête durant 7 jours, elle coincide avec le lever héliaque de Sothis, le 19 juillet.

---

185 LÄ I, col. 1266; Diodore III, 6; le nom d'Ergamène II (218-195 avant J. C.) se retrouve à côté de ceux de Ptolémée IV à Philae, Dakke et Kalabcha (LÄ I, col. 1266).

186 Supra, § 2.2.4., n. 34. M. Alliot, o.c., p. 358-9. H. Fairman, o.c., p. 189. Ce culte est absent des ouabet plus tardives. Mais à Dendara, Hathor reçoit les couronnes (Dendara IV, 238-41) des mains de l'Ennéade conduite par Thot.

187 Décret de Canope (Ptolémée III, 238): Urk. II, 137-8; Décret de Memphis (Ptolémée V, 195): Urk. II, 195 § 30; Philensis I (Ptolémée V, 184): Urk. II, 211, §16; Philensis II (Ptolémée V,186): Urk. II, 214-230, § 11).

188 J.-C. Goyon, La confirmation du pouvoir royal au Nouvel An, (Papyrus Brooklyn 42 218 50), p. 44, n. 1. Le payrus est estimé dater de la fin du Vème ou du début du IVème siècle.

189 Kawa I, doc. IX, pl. 17. J. W. Yellin, Egyptian Religion and the Formation of the Napatan State, p. 10, document distribué par l'auteur au Congrès d'Etude Nubiennes à Lille, septembre 1994.

190 Kawa I, p. 42, 58; FHN I, p. 177. Un passage malheureusement mutilé de la stèle d'Ary place la fête d'Amon de Kawa au Nouvel An (Kawa I, doc. XV, pl. 34 et p. 81

191 Cité par J. W. Yellin (o.c., p. 10) d'après la thèse de Sanhouri al-Rayad.

192 Kawa I, pl. 15, p. 46; FHN I, p. 220. Insou pourrait être une épithète d'Isis (Petrie, Koptos, pl. XX, l. 12).

5.2. L'ouabet lieu de sécurité et de renouvellement

Faut-il conclure à l'origine nubienne des ouabet ? Je pense que ces rapprochements couvrent une réalité complexe. Fairman a montré qu'en certains cas les cérémonies du Nouvel An[193] comportaient la célébration du rituel de l'Ouverture de la bouche. Rappelant l'usage de la consécration des temples au Nouvel An[194], Fairman propose de voir dans ces cérémonies une sorte de re-dédicace annuelle du temple. S. Sauneron adopte cette interprétation dont il trouve confirmation dans les textes d'Esna[195].

Je serai tenté de rapprocher cette hypothèses des pratiques habituelles des égyptiens en cette période du cycle annuel: on renouvelle l'équipement royal et sans doute aussi privé (cadeaux du Nouvel An)[196], on offre traditionnellement des écharpes parfumées[197], image sociale du remplacement annuel de la garde-robe, l'eau nouvelle est introduite solennellement dans les demeures[198]. Bref tout est fait pour renouveler, remettre en état la maisonnée. Il allait de même dans les temples: l'eau nouvelle, puisée au Nil, est conduite en grande pompe dans le temple[199], le personnel perçoit des vêtements neufs[200], on fabrique l'onguent du Nouvel An frais, il servira aux cérémonies d'onctions mais également à l'alimenter des lampes du temple pendant l'année[201]. Ainsi la « la première fête » prend tout son sens: sorte de réactivation du culte, elle relance de la liturgie dans un édifice pourvu de forces vives neuves.

Pourquoi, pendant cette période de renouvellement, la divinité est-elle installée dans une sorte de temple provisoire. Sans doute ce cadre est-il mieux adapté pour les liturgies solennelles, mais on peut également invoquer des

---

193 Fairman, o.c., p. 187 (KO II, 52, n° 596, Edfou V, 400, 8 - 401, 2).

194 F. L. Griffith, The Inscriptions of Siut and Dêr Rïfeh, pl. 7, 298.

195 S. Sauneron, Esna V, p. 126.

196 Säve-Soderberg, Four Eighteenth Dynasty Tombs, p. 2; LÄ III, col. 610, n. 552 (TT 73, 93, 100) et paroi de la cour de Thoutmosis IV à Karnak (J. Yoyotte, CdE 55, 1953, p. 28; B. Letellier , BSFE 84, 1979, p. 39).

197 C. Traunecker, o.c., supra n. 31; Tylor, Griffith, The Tomb of Paheri, pl. 4.

198 Bouteilles du Nouvel An avec souhait de protection: C.-H. Blanquet dans Amonsiadès, Mélanges offert au professeur Claude Vandersleyen, p. 49-53. La présence des 4 ka dans les ouabet de Dendara et d'el-Qal'a est-elle à rapprocher des souhaits du Nouvel An ?

199 C. Traunecker, o.c., supra n. 66.

200 E. Schott, ZÄS 98, 1970, p. 47; C. Traunecker, JSSEA 14-3, 1983, p. 60-70.

201 E. Chassinat, (o.c. supra n. 159), p. 121, 122; onguent cité à Kom Ombo (K. O. II, n°900, 1, 909. A rapprocher de la procession des porteurs de lampe et onguent des jours épagomènes et le nouvel an (N. de G. Davies, The Tomb of Amenemhet (n° 82), pl. 22, p. 97).

raisons de sécurité. L'isolement facilite la protection pendant une période dangereuse[202]. La nouvelle accouchée, par exemple, est installée dans un kiosque spécial dans la cour de la maison pendant les jours délicats qui suivent la naissances [203]. Pendant que le temple est nettoyé, purifié, restauré, le dieu réside en toute sécurité dans sa salle-pure. N'est-on pas à l'extérieur, tout en restant bien protégé ? Puis intronisé à nouveau, l'image divine est rétablie dans ses fonctions pour le cycle qui s'ouvre. Peut-être la disposition des temples nubiens a-t-elle influencé les constructeurs de Philae à la recherche d'un nouveau type de temple prenant en compte de l'évolution des liturgies. Quoiqu'il en soit les ritualistes égyptiens surent tirer parti de cette forme architecturale: lieu férial polyvalent par excellence, l'ouabet et sa cour, est devenu le cadre naturel des grandes célébrations au grés des théologies locales.

202 J. Yoyotte, BSFE 87-88, 1980, p. 64 sq; P. Germond, Les invocations à la bonne année, Genève 1986.
203 E. Brunner-Traut, Die Wochenlaube, MIO III, 1955, 11-30; LÄ VI, col. 1282; Saphinaz-Amal Naguib, Miroirs du passé, Cahiers de la Société d'Egyptologie 2, Genève 1993, p. 54.

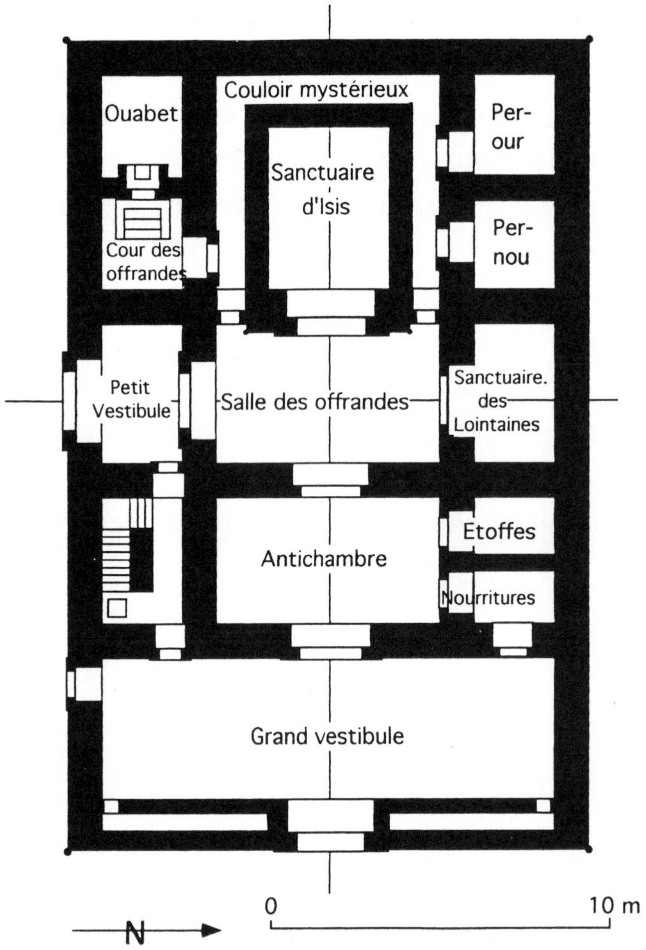

Fig. 2 Plan du temple d'el-Qal'a.

Fig. 3 Façade de l'ouabet d'el-Qal'a.

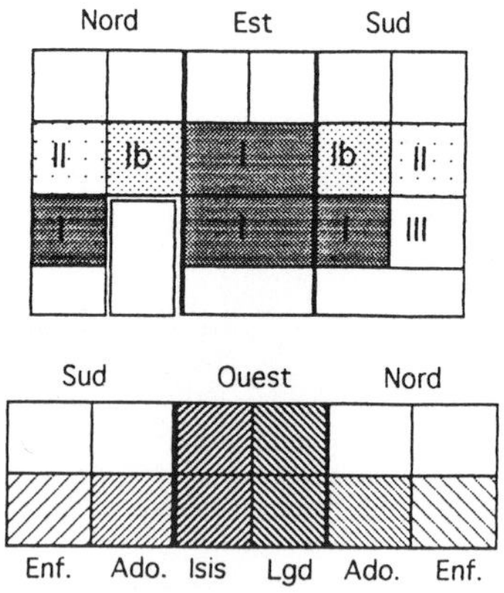

Fig.4. Séquences d'identité de la cour des offrandes et de l'ouabet du temple d'el-Qal'a

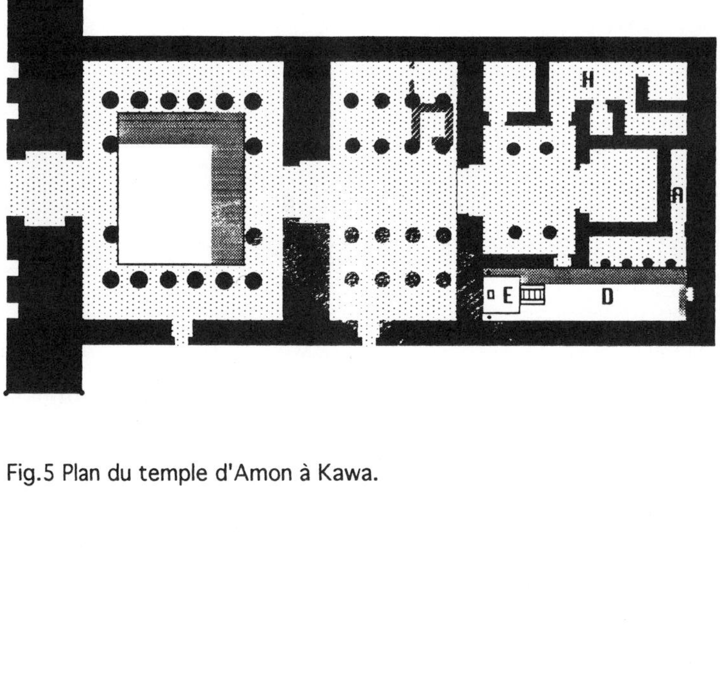

Fig.5 Plan du temple d'Amon à Kawa.

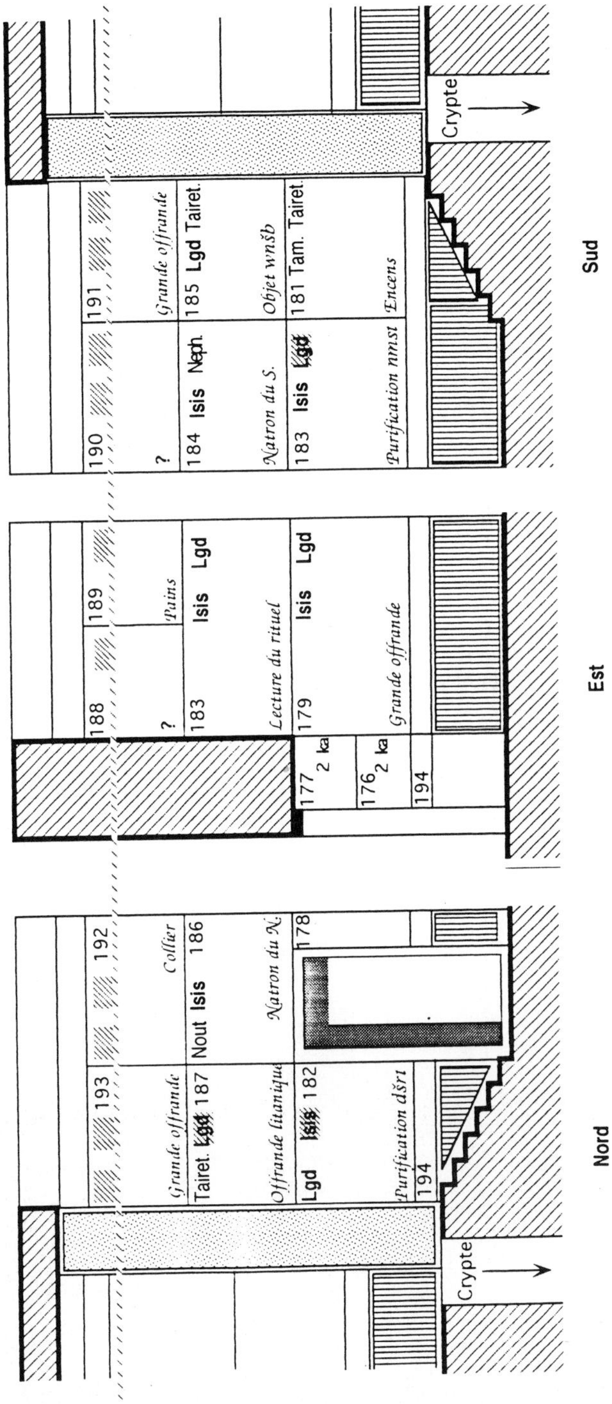

Fig.6 Diagramme du décor de la cour des offrandes du temple d'el-Qal'a.

Lgd	La grande déesse	Os.	Osiris
Tam.	Tameret	Harpo.	Harpocrate
Tairet.	Tairerperatoum	H.s.Isis	Horsaisis
Chepes.	Chepeset	H.s.Os.	Horsaousir
Neph.	Nephthys	H.Oudja	Horoudja

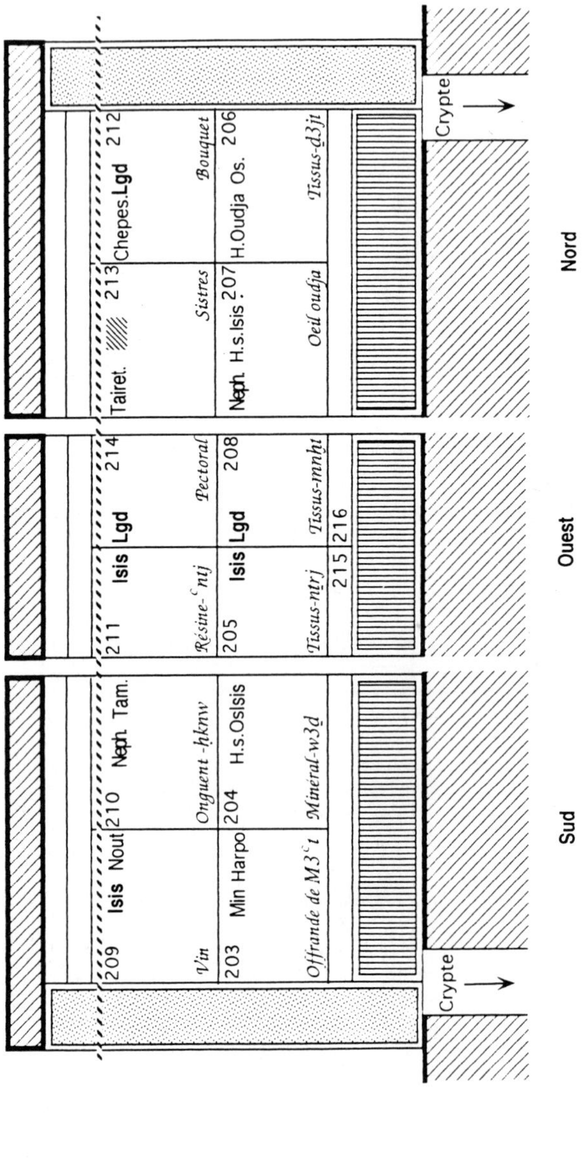

Fig.7 Diagramme du décor de l'ouabet du temple d'el-Qal'a.

Lgd	La grande déesse	Os.	Osiris
Tam.	Tameret	Harpo.	Harpocrate
Tairet.	Tairerperatoum	H.s.Isis	Horsaisis
Chepes.	Chepeset	H.s.Os.	Horsaousir
Neph.	Nephthys	H.Oudja	Horoudja

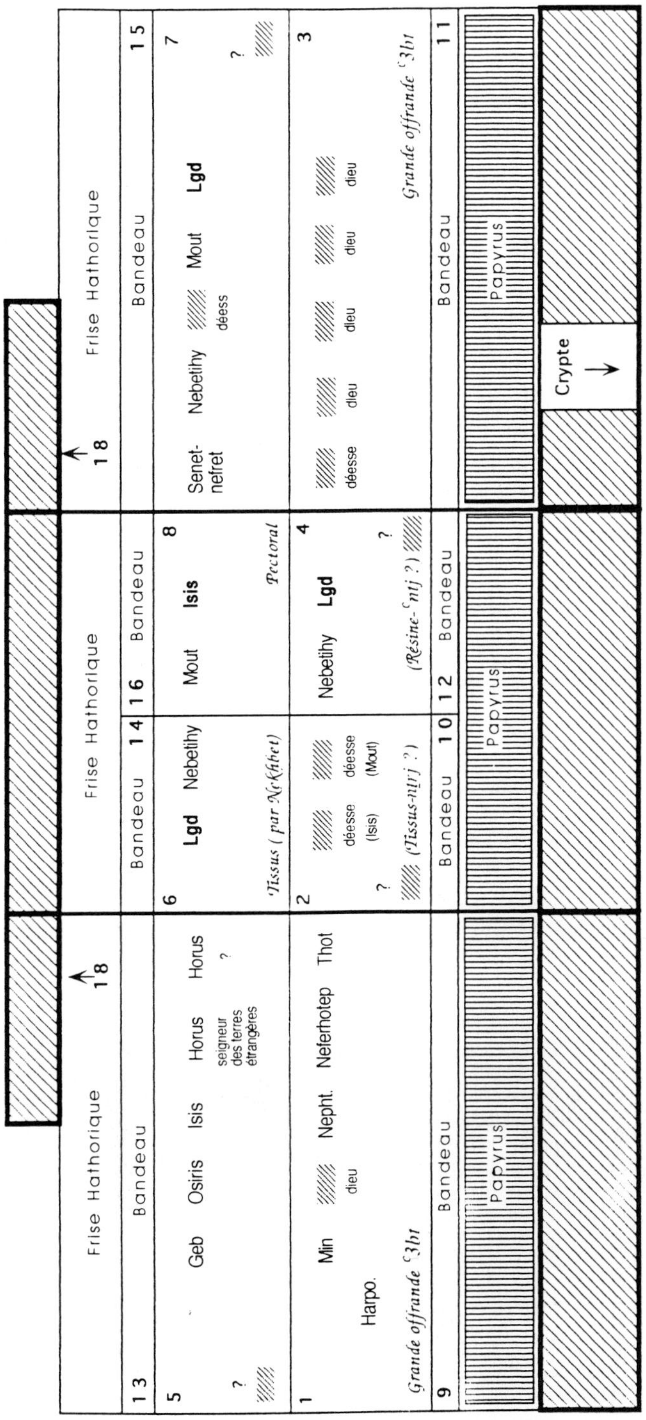

Lgd La grande déesse

Fig.8 Diagramme du décor de l'ouabet du temple de Chenhour.

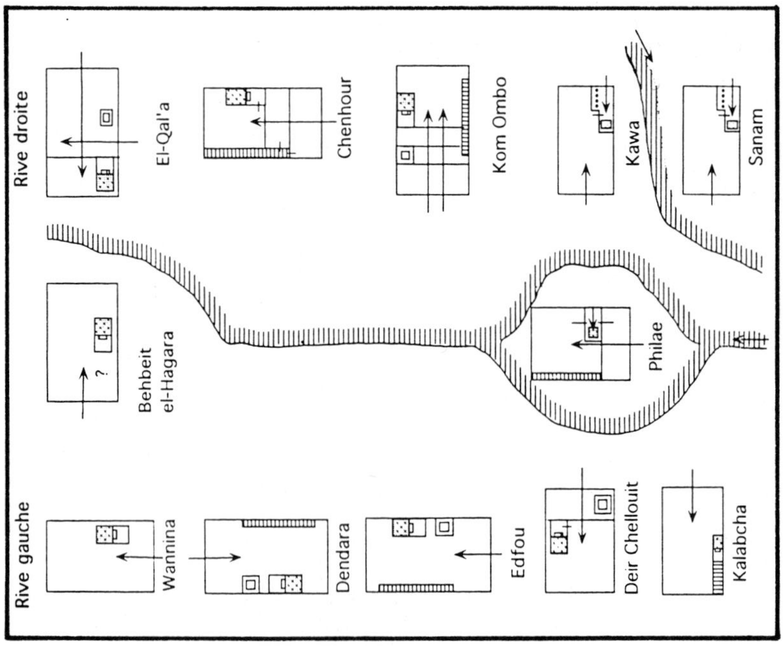

Fig.9 Disposition réelle des ouabet et escaliers.

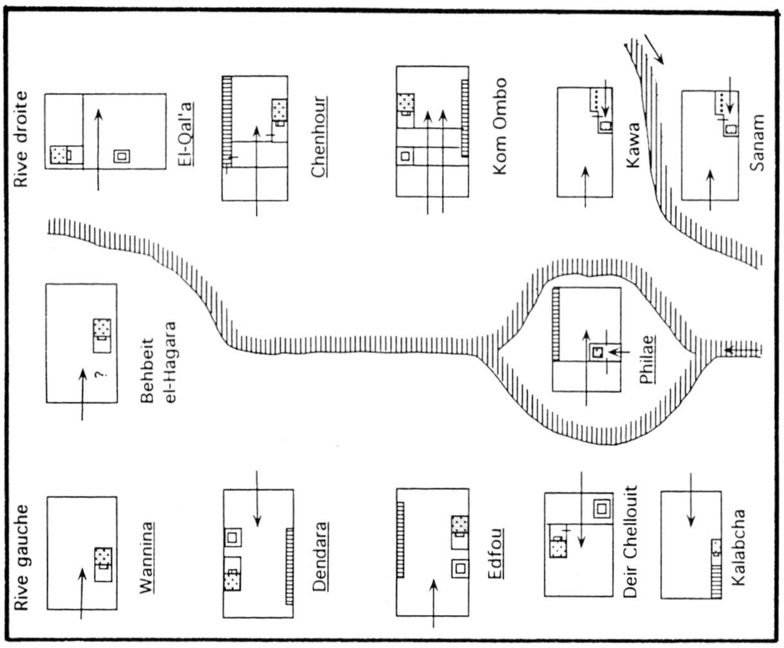

Fig.10 Disposition virtuelle des ouabet et escaliers.

Wolfgang Waitkus

Zum funktionalen Zusammenhang von Krypta, Wabet und Goldhaus

Die im folgenden von mir versuchte Darstellung des funktionalen Zusammenhangs von Krypta, Wabet und Goldhaus ist erwachsen aus der Beschäftigung mit den Krypten[1] und hängt im wesentlichen von deren Funktion und Bedeutung ab. Auch wenn die Krypten von Dendera den Ausgangspunkt bilden, möchte ich doch die an ihnen gewonnenen Erkenntnisse auch für Krypten anderer Tempel gelten lassen, gehe aber davon aus, daß die ermittelte Funktion und Bedeutung nicht automatisch auf jede Art von Krypta übertragen werden darf.

Die Einrichtung von Krypten in Tempelgebäuden läßt sich bereits in Bauten der 18. Dyn. nachweisen. In der Spzt. gehören sie zur Architektur fast aller Tempel[2]. Eines der ausgebildetsten Kryptensysteme besitzt bekanntlich der Hathortempel von Dendera. Da diese Krypten dekoriert sind[3], besteht die Möglichkeit, mit Hilfe der angebrachten Texte und Darstellungen Aufschluß über Funktion und Bedeutung dieser Räume zu erlangen[4]. Die dekorierten Krypten des Tempels von Dendera befinden sich in den äußeren Wänden und dem darunter befindlichen Fundament des hinteren Teiles des Tempels (Naos) und sind in drei Etagen übereinander geordnet (Abb. 1, 2, 3, u. 4)[5]. Ausgangspunkt der weiteren Betrachtungen sollen die unteren Krypten sein, d.h. die Krypten SÜD 1, WEST 1

---

[1] W. Waitkus, Die Texte in den unteren Krypten des Hathortempels von Dendera und ihre Aussagen zur Funktion und Bedeutung dieser Räume, Dissertation 1991 (Hamburg). Teile dieses Beitrags sind Zusammenfassungen und Auszüge aus dieser Arbeit.

[2] Zu den Krypten allgemein s. C. Traunecker, in: LÄ III, 823 ff.

[3] Nur in fünf weiteren Tempeln sind dekorierte Krypten bekannt: Im Tempel von Sesebi, im Mut-Tempel (Karnak), im Tempel von Tod, im Opet-Tempel (Karnak), vgl. Traunecker, o. c., 825., und im Tempel von El-Qal'a, s. L. Pantalacci/C. Traunecker, in: BIFAO 93 (1993), 383 f.

[4] Zum Zusammenhang von Dekoration und Anbringungsort allgemein, s. Arnold, Wandrelief, 127 -129; R. Gundlach, in: LÄ VI, 409; D. Kurth, in: Tempel und Kult (Hrsg. W. Helck), ÄA 46 (1987), 6. Zu einer ersten Deutung der Krypten des Opet-Tempels aufgrund ihrer Dekoration s. C. Traunecker, in: Hommages à Francois Daumas II, Montpellier (1986), 571-577.

[5] Dendara V, pl. CCCXVI - CCCXXI.

u. OST 1[6], deren Texte übersetzt und im Hinblick auf Funktion und Bedeutung dieser Räume untersucht wurden[7].

Die drei unter dem Fußbodenniveau des Tempels angelegten Krypten bestehen jeweils aus einem System von miteinander verbundenen Kammern. Der Zugang zur Krypta SÜD 1, die aus fünf Kammern besteht, erfolgt über einen Abgang im Raum M. Der Zugang zu der aus sechs Kammern bestehenden Krypta WEST 1 liegt im Hof (R). Die Krypta OST 1 besteht aus einem System von 7 Kammern und ist somit die längste der drei Krypten. Der Zugang erfolgt hier über die darüber gelegene Krypta OST 2 von oben in die Kammer OB. Wie der Grundriß zeigt, entsprechen die Längen der Kammern aller drei unteren Krypten den Abmessungen der jeweils angrenzenden, aber auf einem höheren Niveau befindlichen Tempelräume.

In den auf den Seitenwänden der Kammern angebrachten Ritualszenen sind die Götter durch Größen und Materialangaben als Darstellungen von Götterstatuen ausgewiesen, ein Umstand der bereits MARIETTE vermuten ließ, daß diese Kryptenkammern als Aufbewahrungsort der dargestellten Statuen dienten[8]. Die Randzeilen der Szenen in allen drei unteren Krypten entsprechen eigenartigerweise dem Idealschema des oberen Szenenregisters einer Tempelwand, allerdings in etwas verkürzter Form[9].

Als besonders aufschlußreich erwiesen sich zunächst die Inschriften auf den Laibungen der Durchgänge, die direkte Aussagen über die einzelnen Kammern lieferten[10]. Danach läßt sich feststellen:

1) Die Kammern der unteren Krypten dienten der Aufbewahrung von Götterstatuen[11], wobei dies entsprechend der Lage dieser Räume als "verstecken, verbergen, geheim machen, schützen usw." formuliert wird.

2) Die Kammern werden in Beziehung gesetzt zu bestimmten Räumen des Tempels, wobei teilweise ausdrücklich gesagt wird, daß die zu verbergenden Statuen in diese Räume gehören[12].

---

[6] Zu den abweichend von Chassinat verwendeten Bezeichnungen s. Abb. 1, 2 u. 3.

[7] Waitkus, o. c.

[8] Mariette, Dend. V, 224 f. Vgl. hierzu auch Dendara VI, XVIII ff.; Daumas, Dendara, 58-63; Kurth, o. c., 20; S. Cauville, in: BIFAO 87 (1987), 114 ff.

[9] E.Winter, Untersuchungen zu den ägyptischen Tempelreliefs der gr.-röm. Zeit, DÖAW (1968), 59.

[10] Waitkus, o. c., Kap. C.2.

[11] Als Bezeichnungen hierfür werden *ʿẖm, šsp, śmn, ẖprw, śšmw* und *śẖm* verwendet.

[12] Dendara V, 9,13; 18,10/11; 34,9/10; 41,5/6; 45,3/4; 139,5/6; 151,7; Dendara VI, 92,9.

Ergänzt werden diese Zusammenhänge durch Aussagen einer zweiten Textgruppe, nämlich den über den Szenen angebrachten Bandeau-Inschriften. Diese nennen zum Teil den Namen der jeweiligen Kammer, der, wie sich zeigen läßt, identisch ist mit dem Namen des zugeordneten Kultraumes. Somit lassen sich für die meisten Kammern die Räume ermitteln, deren Statuen in ihnen aufbewahrt wurden. Bei diesen Räumen handelt es sich, bis auf den Raum P, um Kulträume, die um das Hauptsanktuar herum liegen. Die besonders im Grundriß deutlich hervortretende architektonische Korrespondenz zwischen den einzelnen Kammern und den jeweils benachbarten Kulträumen[13] suggeriert die Erwartung, daß Kultraum und zugeordnete Kammer nebeneinander liegen, wenn auch auf unterschiedlichem Niveau[14]. Ein ganz anderes Bild vermittelt jedoch die graphische Darstellung der aus den Texten gewonnenen Zuordnungen (Abb. 5). Nur in zwei Fällen liegen die zugeordneten Räume unmittelbar nebeneinander (OF ->G, OB ->P).

Einige dieser Kulträume, besitzen in den oberen Registern Götterdarstellungen, die ebenfalls mit Maß- und Materialangaben versehen sind[15]. Es wird sich dabei um die Statuen handeln, die in diesen Räumen aufgestellt waren. Der Vergleich mit den Darstellungen der zugehörigen Kryptenkammern ergab eine so weitgehende Übereinstimmung, daß der Zusammenhang von Kulträumen und Kryptenkammern auch hierdurch als gesichert gelten kann[16]. Einen derartigen Zusammenhang hat aufgrund der Namensgleichheit einiger Kammern und Kulträume und den identischen Statuendarstellungen bereits CHASSINAT im Vorwort zu Dendara V vermutet.

Es liegt nun nahe, anzunehmen, daß die Statuen in den Kulträumen nur im Rahmen bestimmter Feste eine Verwendung fanden, und daß in den Zeitspannen zwischen den Festen die Statuen dann in den Krypten aufbewahrt wurden. Dafür sprechen die Feste, Festdaten und zahlreichen Anspielungen darauf, die sich vor allem in den Bandeau-Inschriften der Kryptenkammern finden[17]. Gerade die

---

[13] D.h. die Übereinstimmung von Kryptenkammerlänge und Breite des benachbarten Kultraumes.

[14] Vgl. hierzu Cauville, o. c., 115/116.

[15] Es handelt sich um die Räume G, L, I, und K.

[16] Waitkus, o. c., Kap. C.3.

[17] Z.B.: Fest des Gehens nach Behedet (Dendara V, 14,5); 3. Monat *šmw*-Jahreszeit, Neumondstag (Dendara V, 16,11); Fest des Bekleidens seiner (Osiris) Mumie (Dendara V, 22,6); Fest des Gehens nach *ḫ3-dj-nṯr* (Dendara V, 31,4); Tag des Festes der Stätte-der-Trunkenheit (Dendara V, 131,14); Tag des Herbeibringens der *ṯḫw*-Pflanzen (Dendara V, 134, 15); Feste des Wiederholens der Trunkenheit (Dendara V, 121,5); Fest des Empfangens des Erbes (Dendara V, 153,5); Tag des Empfangens der beiden Hälften (Dendara V, 157,7); Fest des Eintretens in das Haus-der-Bahre (Dendara V, 157,11); Fest des [Ergreifens?] des Königtums (Dendara VI, 91,16) Fest des

Bandeau-Inschriften geben, wie sich zeigen läßt, offenbar kultische Abläufe und theologische Vorstellungen wieder, die sich auf den jeweils zugeordneten Kultraum beziehen[18].

Auch die Texte in den Kryptenzugängen nehmen Bezug auf bestimmte Feste. So schildern die Texte in SÜD 1[19] die Dachprozession und die Durchführung des *ḫnm-jtn*[20] am 1. Thot und am 4. Tag der Epagomenen, dem Geburtstag der Isis. In WEST 1[21] werden Vorgänge eines auf den 5. Paophi zu datierenden Festes[22] geschildert, zu denen auch ein *ḫnm-jtn* gehörte, und die Texte im Zugang von OST 1[23] sagen ganz allgemein, daß man hier hineingeht, um den Gott oder die Göttin erscheinen zu lassen, zu schmücken, und ein *ḫnm-jtn* durchzuführen bzw. den Ba mit dem Götterbild zu vereinen.

Einen weiteren wichtigen Aspekt lassen im Zugang von OST 1 die Beischriften der Priester- und Nilgötterprozession[24] erkennen, denn sie identifizieren diese Krypta mit der Unterwelt. Diese Gleichsetzung fügt sich problemlos in die Konzeption des Tempels der Spzt. als ein Abbild der Welt, in dem der Tempelboden die Erde, die Säulen die aus dem Erdboden aufragenden Pflanzen, und die Decke den Himmel darstellt[25]. Die Ausdeutung einer unterirdisch gelegenen Krypta als Unterwelt scheint in diesem Rahmen konsequent[26], und es kann daher davon ausgegangen werden, daß diese Bedeutung auch auf die Krypten SÜD 1[27] u. WEST 1 auszudehnen ist.

Herbeibringens der *ṯḥw*-Pflanzen (Dendara VI, 97,6)

[18] Waitkus, o. c., Kap. C.4.

[19] Dendara V, 116,9-119,1. Bereits übersetzt bei F. Daumas, in: ASAE 51 (1951), 384-393.

[20] Zu diesem Ritus s. M. Alliot, Le culte d'Horus à Edfou au temps des ptolémées, BdE 20 (1949), 353 f.; F. Daumas, in: ASAE 51 (1951), 395 f.; Esna V, 121 f.; Ph. Germond, Sehkmet et la protection du monde, ÄH 9 (1991), 196 f.; E. Chassinat, Le Mystère d'Osiris au Mois de Khoiak, Le Caire (1966), 225 f.

[21] Dendara VI, 65,22 - 67,9.

[22] S. hierzu W. Waitkus, in: GM 135 (1993), 105 ff.

[23] Dendara V, 66,5/6; 76,12/13; 90,3/4; 97,3/4.

[24] Dendara V, 89,5-10; 96,3-8, pl. CCCXCII, CCCXCVIII.

[25] Siehe hierzu D. Kurth, in: J. Assmann, G. Burkhard (Hrsg.), 5000 Jahre Ägypten, Genese und Permanenz pharaonischer Kunst (1983), 89-101, sowie J. Assmann, Ägypten - Theologie und Frömmigkeit einer frühen Hochkultur, Stuttgart (1984), 43-48.

[26] Vgl. hierzu W. Westendorf, in: LÄ VI, 1212, der eine Gleichsetzung von Krypta und Unterwelt vornimmt, ohne dieses allerdings zu belegen. J. Assmann, Re und Amun, OBO 51 (1983), 19, Anm. 34 und ders., Liturgische Lieder, 261, Anm. 62, vermutet in der Krypta des heliopolitanischen Tempels eine Vergegenwärtigung der Unterwelt.

[27] Für diesen Aspekt spricht bei SÜD 1 auch der Dekorationszusammenhang dieser Krypta: Sonnenlauf von West (SE) nach Ost (SC) durch die Unterwelt; s. D. Kurth, in: Tempel und Kult (Hrsg. W. Helck), ÄA 46 (1987), 14 ff.

Die Identifizierung der Krypten mit der Unterwelt zeigt außerdem, daß neben der realen Funktion der Krypten auch eine Ebene der Ausdeutung und Sinngebung vorliegt, innerhalb der die gesamten Vorgänge, an denen die Statuen beteiligt sind, gesehen werden müssen:

Die Statuen befinden sich offenbar in den Krypten, wenn ihr Kultbetrieb ruht, d.h. die Gottheit ihrer Statue nicht einwohnt[28]. Die Statue ist somit in dieser Hinsicht unbelebt. Als Leib der Gottheit ruht sie dann als "Leichnam" in der Unterwelt. Dieses entspricht der spätzeitlichen Gottesvorstellung, nach der alle Götter einen Ba im Himmel, ein Bild auf Erden und einen Leichnam in der Unterwelt haben[29]. Dabei wäre im vorliegenden Fall das unbelebte Bild temporär dem Leichnam gleichgesetzt. Nach Verlassen der Unterwelt muß folglich dieser Leib belebt werden. Dieses kann nur durch rituelle Handlungen bewirkt werden, zu denen man auch das *ḫnm-jtn* rechnen muß, bei dem durch die Sonnenbestrahlung die Statuen belebt werden[30]. D.h. es ist mehr als wahrscheinlich, daß bei jeder Reaktivierung der Statuen aus den Krypten auch ein *ḫnm-jtn* auf dem Dach stattfand. Dieses steht nicht im Widerspruch zur Annahme, daß diese Aktivierung der Statuen zu verschiedenen Zeitpunkten des Jahres stattfand, da das *ḫnm-jtn* nicht nur anläßlich des Neujahrsfestes durchgeführt wurde, wie die Beischriften in den zum Dach hinaufführenden Treppenhäusern in Dendera und auch in Edfu belegen[31] und ebenso die Texte in den Zugängen der Krypten zeigen. Auch der große Festkalender in Dendera verzeichnet zu verschiedenen Zeitpunkten des Jahres ein *ḫnm-jtn*[32]. Dieser enge Zusammenhang zwischen Krypta und *ḫnm-jtn*-Ritus ist meiner Meinung nach auch der Grund, weshalb sich die Krypten in den Tempeln von Kalabscha, El-Qala und Deir Chellouit unter der

---

[28] Zum Begriff der Einwohnung s. Assmann, Ägypten - Theologie und Frömmigkeit einer frühen Hochkultur, Stuttgart (1984), 53; H. Bonnet, in: ZÄS 75 (1939), 40 ff. Zur Frage, ob die Einwohnung einmal für immer geschehen ist, also auf den Schöpfungsakt (d.h. die erstmalige Belebung der Statue) beschränkt gedacht ist, oder ob sie sich wiederholen soll, s. Morenz, Religion, 162. Danach erscheint letzteres möglich.

[29] Vgl. Assmann, o. c., 34.

[30] Vgl. hierzu Esna V, 125; L. V. Zabkar, The Study of the Ba Concept in Ancient Egyptian Texts, SAOC 34 (1968), 40.

[31] Dendara VII, 190,3/4; Dendara VIII, 117,2: *ḥbw tp trw*. Auch in Edfu: Edfou I, 513,11-19; 536,4 - 537,2. Vgl. a. Dendara VIII, 101,11: *ḥbw nw ḫnm-jtn*. — Zu *ḥbw tp trw* = "Feste der Zeitläufte" s. H. Altenmüller in: LÄ II, 171.

[32] Dendara IX, 162,13/14 (1. Thot); 164,6 (20. Thot); 202,2 (26. Choiak); 203,7 (11. Pachon); 203,9 (15. Pachon); 204,2/3 (Neumond Epiphi). Die angegebenen Tageszeiten bei einigen Daten (10. Tagesstunde am 20. Thot u. Neumond Epiphi) sind nicht ohne Problematik. Es stellt sich hier die Frage, ob zu diesem späten Zeitpunkt die Statuen in dem Dachkiosk überhaupt noch dem direkten Sonnenlicht ausgesetzt werden konnten, da der Kiosk im Süden und Westen von der gleichhohen Dachterassenummauerung verdeckt wird.

Wabet befinden[33], also jenem Ort, der seine Hauptfunktion im Zusammenhang mit dem *ḫnm-jtn*-Ritus hatte[34].

Der unbelebte Zustand der Statuen impliziert darüber hinaus jedoch noch einen weiteren Teil dieser auf Belebung abzielenden Handlungen. Analog zur Belebung von neu erschaffenen Statuen würde man hier auch eine Mundöffnungszeremonie erwarten. Von den Festkalendern verzeichnet lediglich einer der Edfukalender für den 19. Pachon eine Mundöffnung im Zusammenhang mit einer Dachprozession[35]. Jedoch hat SAUNERON aus Texten in Esna ableiten können, daß zumindest dort das Mundöffnungsritual zur Zeremonie des *ḫnm-jtn* dazugehörte[36]. In diesem Zusammenhang ist bezeichnend, daß im westl. Treppenhaus des Denderatempels, durch das die Prozession zum Dach hinaufführte, gleichsam am Wegesrand, sich das Goldhaus (*ḥwt-nwb*) befindet[37] (Abb. 6). Das Goldhaus ist der klassische Ort, an dem die Statuen nach ihrer Erschaffung durch eine Mundöffnung belebt wurden[38], und diese Funktion hatte es offenbar auch in Dendera[39]. Hinzu kommt, daß im Goldhaus wahrscheinlich Belebungsriten durchgeführt wurden, ohne daß damit immer eine tatsächliche Neuherstellung der Statuen verbunden war[40]. Die Anbindung dieses Raumes an den Prozessionsweg legt es nahe, hier in Dendera einen Zusammenhang mit dem *ḫnm-jtn* zu sehen, d.h. die Statuen wurden hier vor dem auf dem Dach stattfindenden *ḫnm-jtn*-Ritus einer Mundöffnungszeremonie unterzogen. Damit würde sich auch die Lage des Raumes befriedigend erklären. Entsprechendes gilt auch für den Edfu-Tempel[41].

---

[33] Zur Lage dieser Räume in Kalabscha s. F. Daumas, La Ouabet de Kalabcha, CS 69 (1970), pl. II; VI; XXV. Für el-Qala s. L. Pantalacci/C. Traunecker, Le Temple d'el-Qala, Bd. I, Kairo (1990), 5. Zu Deir Chellouit s. C. Traunecker, in: LÄ III, 824.

[34] Vgl. F. Daumas, in: LÄ IV, 468 f.

[35] M. Alliot, Le culte d'Horus à Edfou au temps des ptolémées, BdE 20 (1949), 212.

[36] Esna V, 126 u. 148f.; s. a. H. W. Fairman, Worship and Festivals in an Egyptian Temple, Bullet. John Rylands Library 37/1 (1954), 187.

[37] Raum X-R, s. Dendara VIII, 127-145.

[38] Otto, Mundöffnungsritual, 1-3. Dieses gilt auch für das Goldhaus des Karnaktempels, s. C. Traunecker, in: CRIPEL 11 (1989), 89 ff.

[39] F. Daumas, in: Livre de Centenaire 1880-1980, MIFAO 104 (1980), 109-145.

[40] Otto, o. c., 4 mit Anm. 1.

[41] Auch im Tempel von Edfu liegt an das Treppenhaus angebunden ein Goldhaus, hier allerdings auf dem Dach, s. die Inschriften Edfou I, 551-553, bes. 552,13; 553,2 u. 4. Der mit diesen Inschriften versehene Durchgang führt zunächst in einen offenen Hof und schließlich in eine der Dachkapellen für den Osiriskult, vergleichbar denen in Dendera. Diese Dachkapelle besitzt im Unterschied zu ihrem Gegenstück auf der westl. Seite eine Vorkammer, auf die sich diese Inschriften beziehen müssen. Daß es sich um das Goldhaus zum Anfertigen der Statuen handeln muß, geht aus Edfou I, 553,4-7 hervor. In Dendera trägt nicht nur der in seiner Funktion vergleichbare Raum, der vom Treppenhaus abzweigt, diesen Namen, sondern auch die darüber

Gleichzeitig läge mit der Mundöffnungszeremonie auch ein Element des Totenkultes vor, wenn man die Statuen als unbelebte Leiber der Götter und damit als ihre "Leichname" auffaßt. J. ASSMANN hat bei der Frage nach den Vorläufern des spätzeitlichen *ḫnm-jtn*-Ritus darauf hingewiesen, daß Anklänge hieran bereits im Totenkult der älteren Zeit vorliegen und zwar im Zusammenhang mit der Mundöffnung an der Mumie, die im Vorhof des Grabes und somit im Licht der Sonne vollzogen wurde[42]. Sollte also bei der gesamten Zeremonie des *ḫnm-jtn* oder auch nur Teilen von ihr eine Übertragung aus dem Totenkult vorliegen, wären auch einige weitere Details dieses Geschehens aus dieser Perspektive neu zu betrachten. Zu erwägen wäre beispielsweise, ob die Wabet ihren Namen nicht in Anlehnung an die gleichnamige Balsamierungsstätte erhalten hätte[43]. Die Analogie geht dabei über die Namensgleichheit hinaus und setzt sich fort in den rituellen Verrichtungen beider Orte, wie reinigen, kleiden bzw. bandagieren und salben, aber auch der Sinngebung dieser Handlungen durch ihr Ziel, nämlich die Ausstattung mit Lebenskräften[44]. Ebenfalls bekäme es eine neue Bedeutung, daß die Priester, die den Naos der Hathor bei der Dachprozession tragen, den Göttern gleichgesetzt werden, die als Stundenschutzgötter in den Stundenwachen der Balsamierungsstätte eine so wichtige Rolle spielen[45]. Sie sind gleichzeitig auch die *šmrw* - "Freunde"[46], die bereits im Bestattungsritual

liegende Dachkapelle bzw. einer ihrer Räume; vgl. hierzu den von S. Cauville in: BIFAO 90 (1990), 104 (IV) publizierten Text. Vermutlich übernahm das Goldhaus in Edfu die Funktionen beider Räume des Dendera-Tempels.

42 Assmann, o. c., 55 f.; ders. in: MDAIK 28,2 (1973), 126 f.; ders., Das Grab des Amenemope (TT 41), THEBEN III (1991), 7 mit Anm. 20.

43 Zur *wꜥbt* als eine Bezeichnung der Balsamierungsstätte s. Wb I, 284,4 ; H. Altenmüller, in: LÄ I, 752-4; Goyon, Rituels funéraires, 24 n. 3.

44 Für das Kultbild vgl. hierzu Morenz, Religion, 93. Zum Balsamierungsritual allgemein s. H. Altenmüller, in: LÄ I, 615 f.; Zur Reinigung als Neugeburt in ägyptischen Reinigungsriten s. A.M. Blackman, in. JEA 5 (1918), 117 ff. u. 148 ff.; Zur Reinigung mit *nmšt* und *dšrt*-Krügen als Teile eines alten Wiederbelebungsrituals s. B. Altenmüller, Reinigungsriten im ägyptischen Kult, Hamburg (1968), 215. Vgl. hierzu in der Wabet die Szenen Dendara IV 257,5 ff.; 270,3 ff.; 230,8 ff. u. 19 ff. - Einen auf den gesamten Ablauf bezogenen Sinngehalt haben die Darstellungen der "4 Kas des Demiurgen" (zu dieser Gruppe s. D. Meeks, in: RdE 15 (1963) 35 ff.) in der Wabet. Die vier Szenen lassen sich thematisieren als "Kindheit" (Dendara IV, 243,11-244,4), "Alter" (248,9-12), "Lebensspendung/Fruchtbarkeit" (261,8-13) und "Begräbnis" (266,14-18). Hier drückt sich die Grundidee des Zyklus aus, dem die Statuen unterworfen sind. Bezeichnend ist dabei, daß hier auch das Begräbnis thematisiert wird, ein Umstand der m.E. erst im Zusammenhang mit dem Aufenthalt der Statuen in den Krypten verständlich wird, s.u.

45 Dendara VIII, 96,4 u. 117,1/2; vgl. H. Junker, Die Stundenwachen in den Osirismysterien, DAWW 54 (1910), 3-5; W. Waitkus, in: GM 99 (1987), 74 f.
Für Edfu s. Edfou I, 540,11 ff.; 544,12 ff.

46 Dendara VIII, 96,7; 117,6.

des MR und ebenso im Mundöffnungsritual auftreten[47]. Der Aufenthalt der Statuen in den Krypten käme also auf der rituellen Ebene gesehen auch einem Begräbnis gleich[48].

Wie meine gelegentlichen Verweise auf andere Tempel, wie z.B. Edfu, schon angezeigt haben, möchte ich den dargestellten Zusammenhang zwischen Krypta, Wabet und Goldhaus natürlich nicht auf Dendera beschränkt sehen. Dabei kann in den anderen Tempeln dieser Zusammenhang in unterschiedlicher Weise in der Architektur seinen Niederschlag gefunden haben, besitzen doch ägyptische Tempel trotz möglicher struktureller Übereinstimmungen immer auch ihre individuellen Einzellösungen.

Daran anschließend möchte ich den Blick noch auf einen Tempel richten, der zeitlich außerhalb der hier bereits genannten Spzt.-Tempel liegt, nämlich den Hibis-Tempel. Dieser Tempel besitzt bekanntlich auf dem Dach Räume für den Osiriskult, vergleichbar den Dachanlagen in Dendera, Edfu oder Philae[49]. Es handelt sich um die mit H gekennzeichneten Räume (Abb. 7)[50]. Daneben befindet sich auf dem Dach ein weiterer Raumkomplex (E)[51], der bislang nicht gedeutet wurde. Dieser ist durch ein eigenes Treppenhaus zu erreichen und somit baulich klar von der Osirisanlage getrennt. Die dekorierten Räume sind leider nicht vollständig erhalten. Von E2 ist heute nur noch die Rückwand vorhanden (Abb. 8)[52], auf der sich eine Opferliste befindet. Aufschlußreich für die Bedeutung und Funktion dieses Raumes ist die über der Liste angebrachte Inschrift. Es ist dort nämlich zu lesen: "Bilden und Mundöffnen im Goldhaus. Den Mund und die Augen des Amun von Hibis öffnen ...[53]"

Man wird in dem Raum E2 daher das Goldhaus des Hibistempels vermuten können. Seine Anwesenheit auf dem Dach erscheint angesichts der Lage der

[47] Siehe Settgast, Begräbnisdarstellungen, 29; Otto, o. c., 11; RÄRG, 99; Helck, Beamtentitel, 24.

[48] Vgl. hierzu auch Anm. 44 Bereits F. Daumas, in: C. Vandersleyen, Das alte Ägypten, Propyläen Kunstgeschichte, Bd. 15 (1975), 199, bezeichnet die Krypten als Gräber der Statuen und Bilder.— Das in den Texten so häufig angesprochene "verbergen" der Statuen läßt sich auch im Sinne von "bestatten" auffassen, vgl. hierzu E. Hornung, Das Buch der Anbetung des Re im Westen, Bd. II, ÄH 3 (1976), 103 (44).

[49] Vgl. hierzu J. Osing, in: Hommages à Francois Daumas II, Montpellier (1986), 511 ff.

[50] H. Winlock, The Temple of Hibis in el Khargeh Oasis, Part I, PMMA 13, 12. Zur Übersetzung der Inschriften dieser Räume s. E. Cruz-Uribe, Hibis Temple Project , Vol. I, San Antonio (1988), 85 ff.

[51] Siehe Winlock, o. c.; 11.

[52] N. de Garis-Davies,The Temple of Hibis in el Khargeh Oasis, Part III, PMMA 17 (1953), pl. 16 (East Wall).

[53] Vgl. Cruz-Uribe, o. c., 77.

Goldhäuser in Dendera und besonders in Edfu[54] und vor dem Hintergrund der aufgezeigten Zusammenhänge nicht weiter erstaunlich.

Der gegenüberliegende Raum E1 (Abb. 9) hatte nach der Rekonstruktion von WINLOCK eine offene Front, wobei eine Säule in der Mitte stand[55]. Dadurch hatte der Raum eine kioskartige Architektur. Die Reinigungsszenen auf den Wandpfeilern (Abb. 10)[56] zeigen an, daß hier unter anderem Reinigungsriten durchgeführt wurden. Die Beischrift des Iunmutef weist auf die Durchführung eines hetep-di-nisut-Opfers. Es ist angesichts des gegenüberliegenden Goldhauses anzunehmen, daß im Mittelpunkt der Handlungen dabei die Statuen gestanden haben, an denen im Goldhaus eine Mundöffnung durchgeführt wurde. Die Dekoration der Seitenwände[57] mit der erweiterten Dekangötterliste des sogenannten dualen Jahres, läßt sich nicht zuletzt auch durch die Einfügung der Göttin Sachmet als ein Schutz gegen die Gefahren des Jahres, besonders während der Neujahrszeremonien, auffassen, so jedenfalls die Deutung von CRUZ-URIBE[58].

Einen weiteren, wie ich meine, wichtigen Hinweis zur Deutung beider Räume erhält man, wenn man der Frage nachgeht, wo die Krypten im Hibistempel sich befinden. Ihre Zugänge sind bezeichnenderweise im Treppenhaus des E-Komplexes zu finden (Abb. 11)[59]. Genau unter den Räumen E1 und E2 liegen die aus mehreren Kammern bestehenden Krypten des Tempels in zwei Etagen übereinander. Man könnte deshalb auch von einer dreigeschossigen Anlage sprechen, deren funktionaler Zusammenhang durch das Treppenhaus klar aufgezeigt wird. Geht man von der sehr wahrscheinlichen Annahme aus, daß in diesen Krypten Statuen aufbewahrt wurden, muß man auch davon ausgehen, daß diese zunächst auf das Dach geschafft und unter anderem eine Mundöffnung an ihnen in dem Goldhaus (E2) durchgeführt wurde. Für das notwendige Reinigen, aber auch Salben und Kleiden, sofern man dieses nicht auch im Goldhaus ansiedeln möchte, bietet sich der Raum E1 an, erfüllt also damit eine Funktion, wie sie auch der Wabet in den späteren Tempeln zukommt. Ich möchte daher vorschlagen, in diesem Raum einen Vorläufer der Wabet zu sehen[60]. Die Position von E1 und E2

---

[54] Siehe Anm. 41.

[55] Siehe Winlock, o. c., 11 u. pl. XXXVII.

[56] De Garis-Davies, o. c., pl. 15 (South Pilaster, North Pilaster).

[57] De Garis-Davies, o. c., pl. 15 (South Wall, North Wall).

[58] Cruz-Uribe, o. c., 189 ff.

[59] Winlock, o. c., pl. XXXVII.

[60] Zu den in E1 dargestellten Reinigungsszenen vgl. die entsprechenden Reinigungsriten in der Wabet in Dendera: Dendara IV, 230,8 f.; 230,19 f.; 270,3 f.; 257,5 f.; und in Edfu: Edfou I, 428,2 f; 419,1 f. Auch die bereits angeführte mögliche Verbindung der Dekangötterliste mit den Neujahrszeremonien würde dazu passen. In Hinblick auf die von mir vorgeschlagene Analogie

auf dem Dach scheint mir nur dann verständlich zu werden, wenn man davon ausgeht, daß auch hier ein *ẖnm-jtn*-Ritus durchgeführt wurde. Das im Norden anschließende Areal E3 (Abb. 7), welches anscheinend nach oben hin offen war[61], scheint dafür durchaus geeignet gewesen zu sein.

Der Zusammenhang von Krypta, Wabet und Goldhaus, den ich hier versuchte darzustellen, scheint mir im Hibistempel besonders deutlich durch die architektonische Geschlossenheit der Anlage hervorzutreten.

---

zwischen der Wabet der späteren Tempel und der Balsamierungsstätte ist noch darauf zu verweisen, daß die beiden Upuaut-Standarten auf den Wandpfeilern sich auch in den Darstellungen der Stundenwachen finden, s. H.Junker, Die Stundenwachen in den Osirismysterien, DAWW 54 (1910), 9. Auch im Balsamierungsritual werden sie genannt, s. R. L. Vos, The Apis Embalming Ritual, OLA 30 (1993), 165 (Rt. IV 17).— Daß hier im Hibistempel die Abläufe zum Teil noch etwas anders waren als in den späteren Anlagen in Dendera und Edfu, scheint die Szene auf der Rückwand von E1 zu zeigen. Die dargestellte Räucherung für Re-Harachte und die sog. Maat-Litanei als Begleittext entsprechen der Szene 71 des Mundöffnungsrituals (Otto, o. c..158 ff.), welche im Ablauf des Rituals nach der eigentlichen Mundöffnung kommt. Dieses könnte bedeuten, daß nach der Mundöffnung in E2 der Raum E1 erneut aufgesucht wurde, um diesen Teil des Mundöffnungsrituals dort durchzuführen, vielleicht im Zusammenhang mit dem ebenfalls in E1 dargestellten hetep-di-nisut-Opfer(= Szenenfolge 70 A-C des Mundöffnungsrituals), s. Abb. 10. Ob diese mögliche Doppelfunktion damit zusammenhängt, daß E1 hier auch Funktionen hat, die später in Dendera und Edfu möglicherweise vom Dachkiosk übernommen wurden?

61 Winlock, o. c., 11.

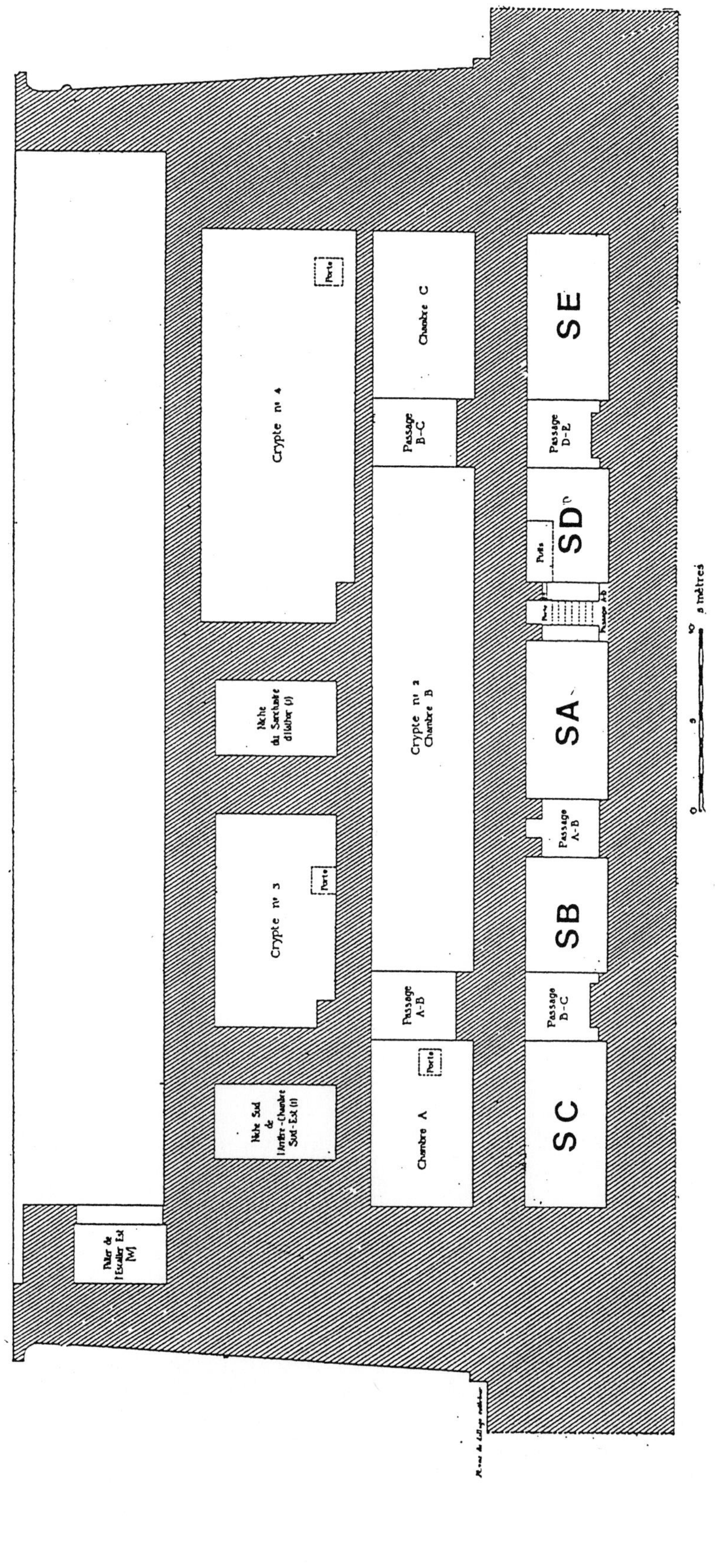

Abb. 1
Die Südkrypten in Dendera

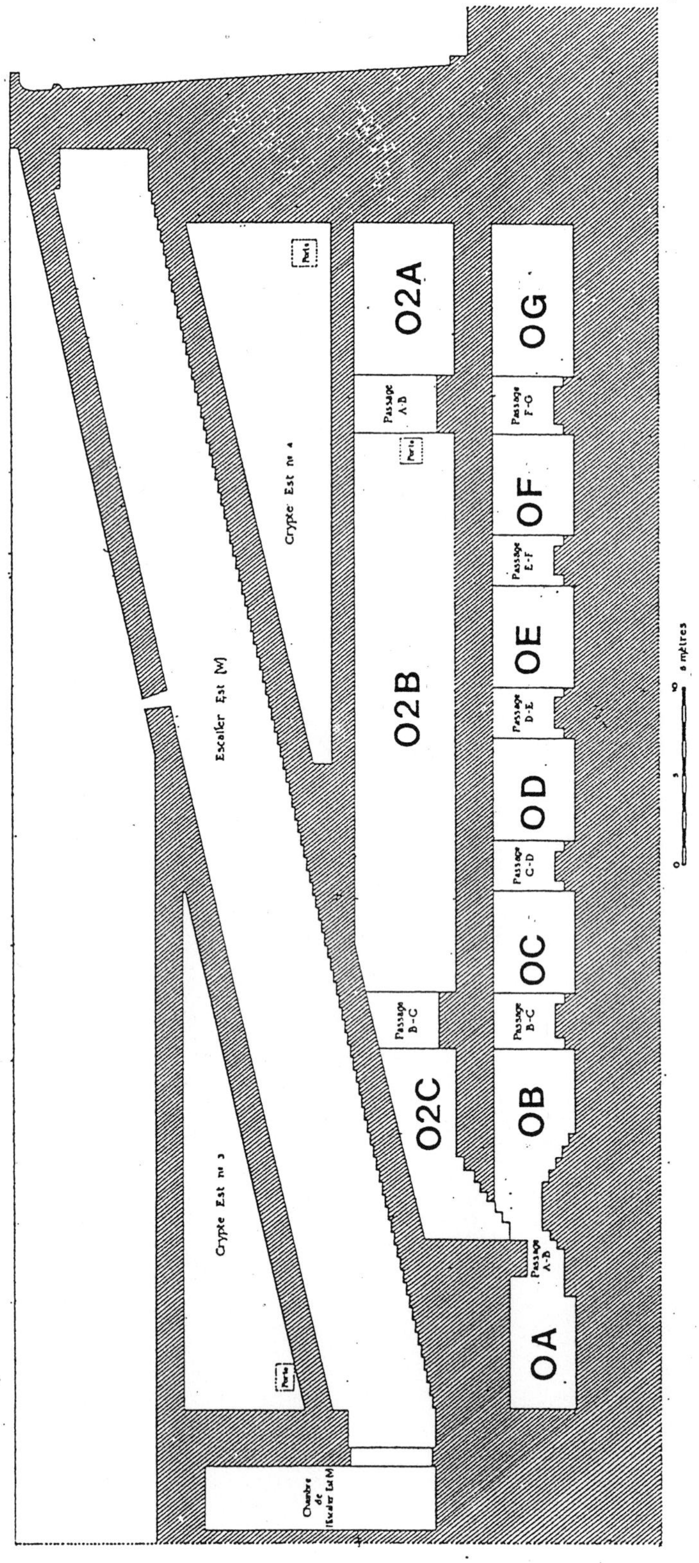

Abb. 2
Die Ostkrypten in Dendera

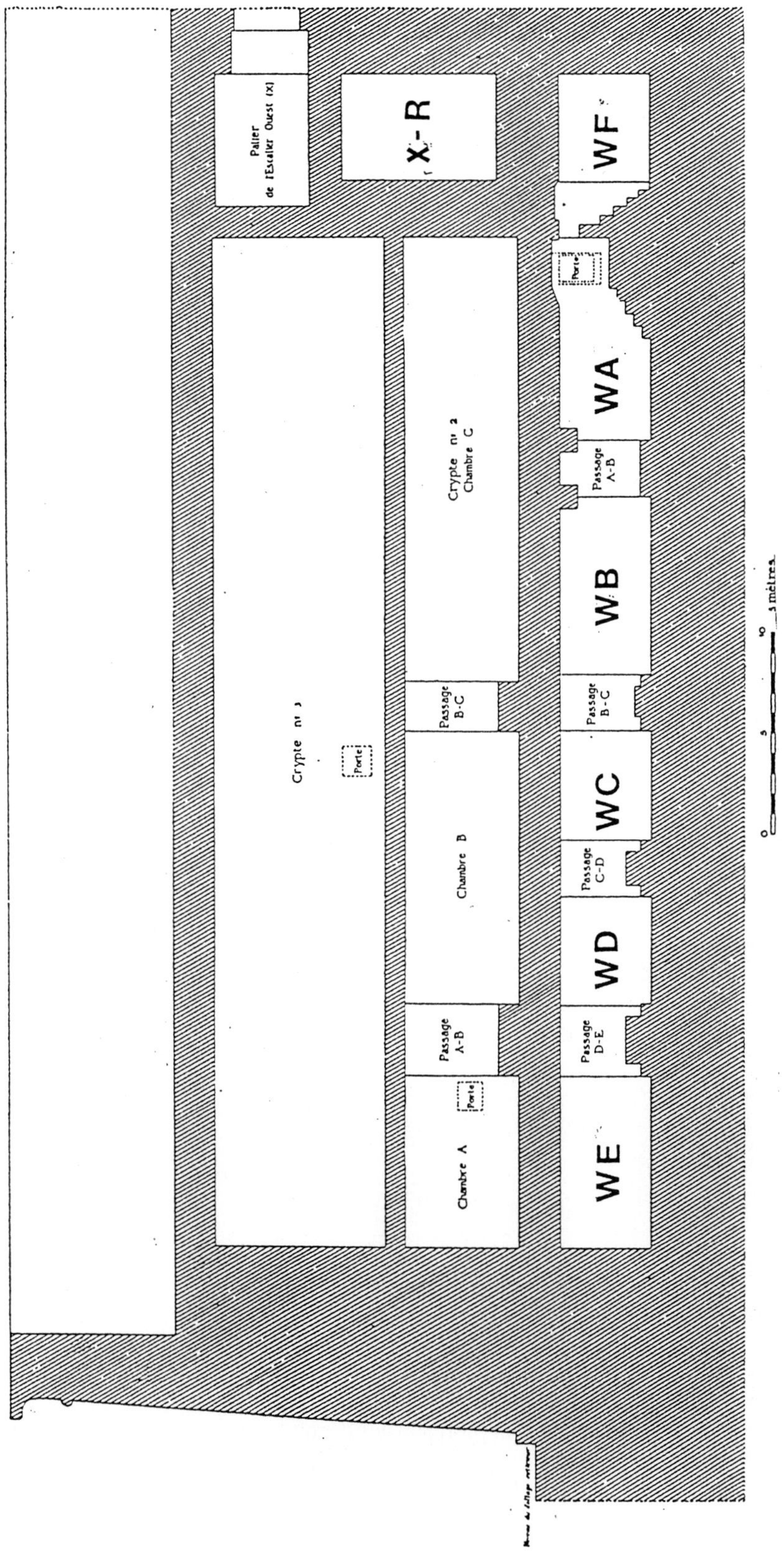

Abb. 3
Die Westkrypten in Dendera

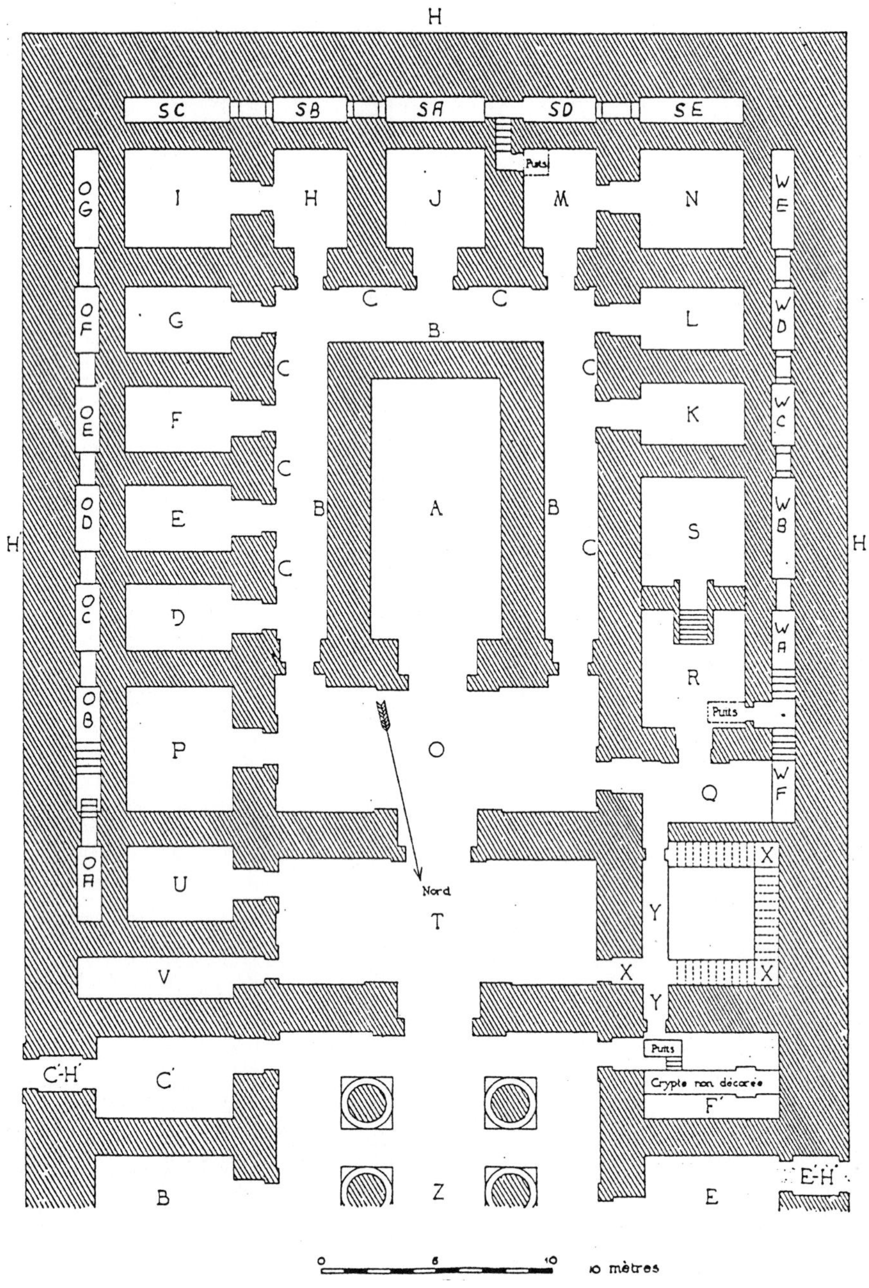

Abb. 4
Die unteren Krypten in Dendera

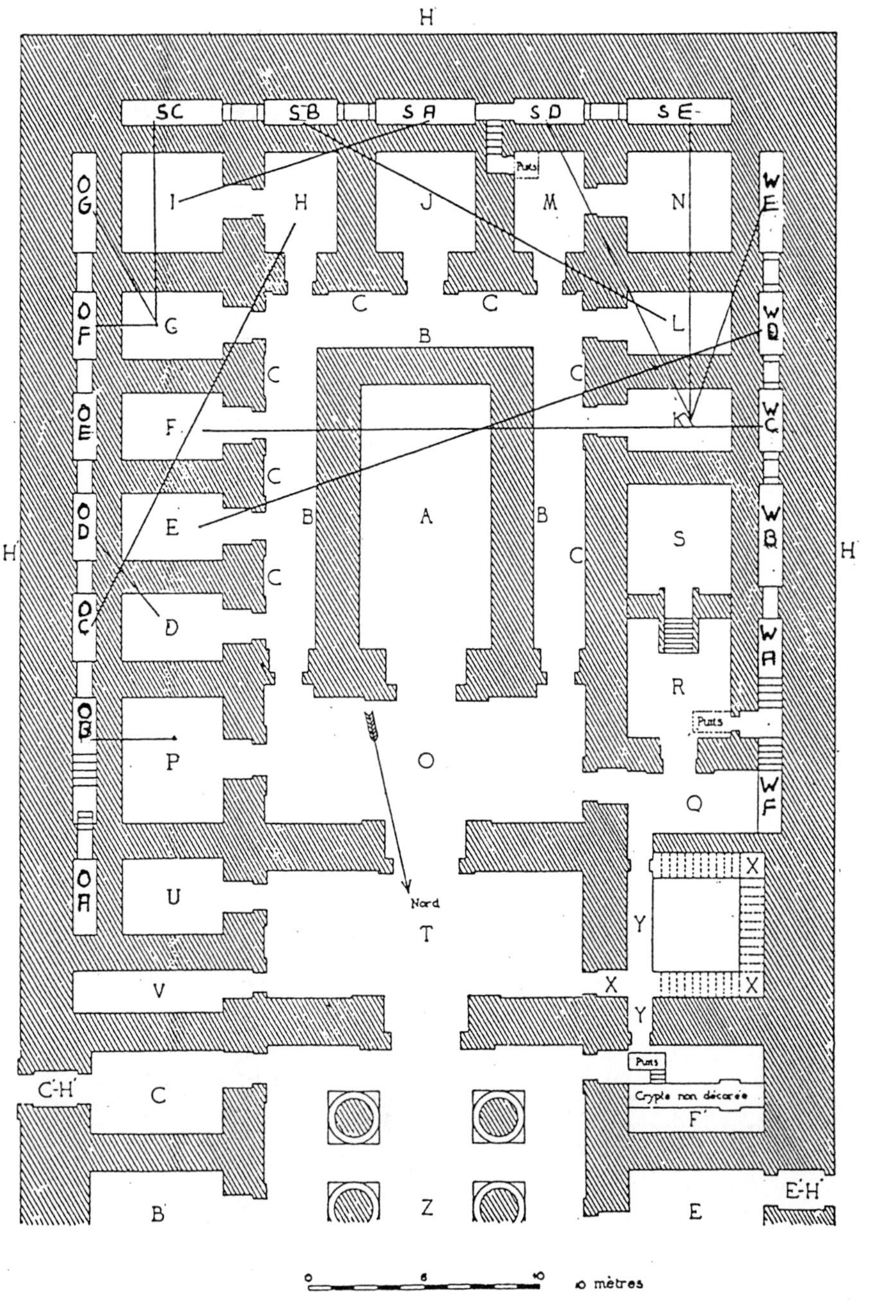

Abb. 5
Die Zuordnung von Kryptenkammern
und Kulträumen

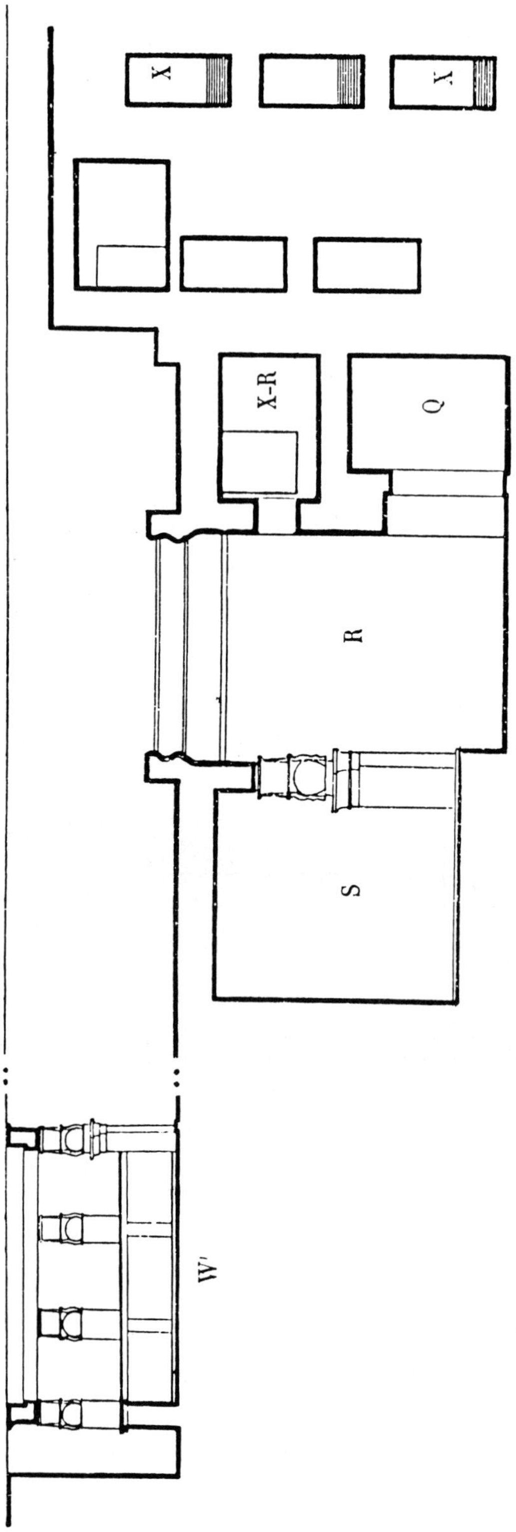

Abb. 6
S = Wabet; X-R = Goldhaus; W' = Dachkiosk; X = Treppenhaus

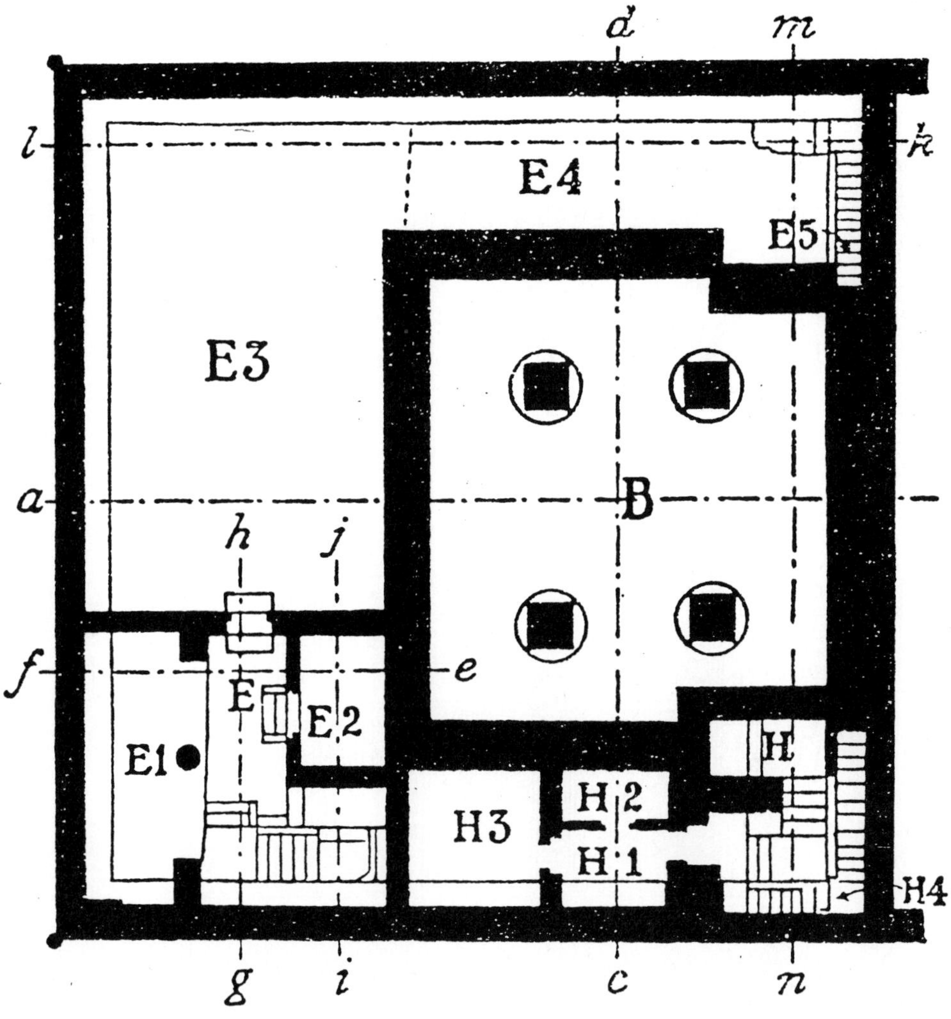

Abb. 7
Die Dachanlagen des Hibis-Tempels

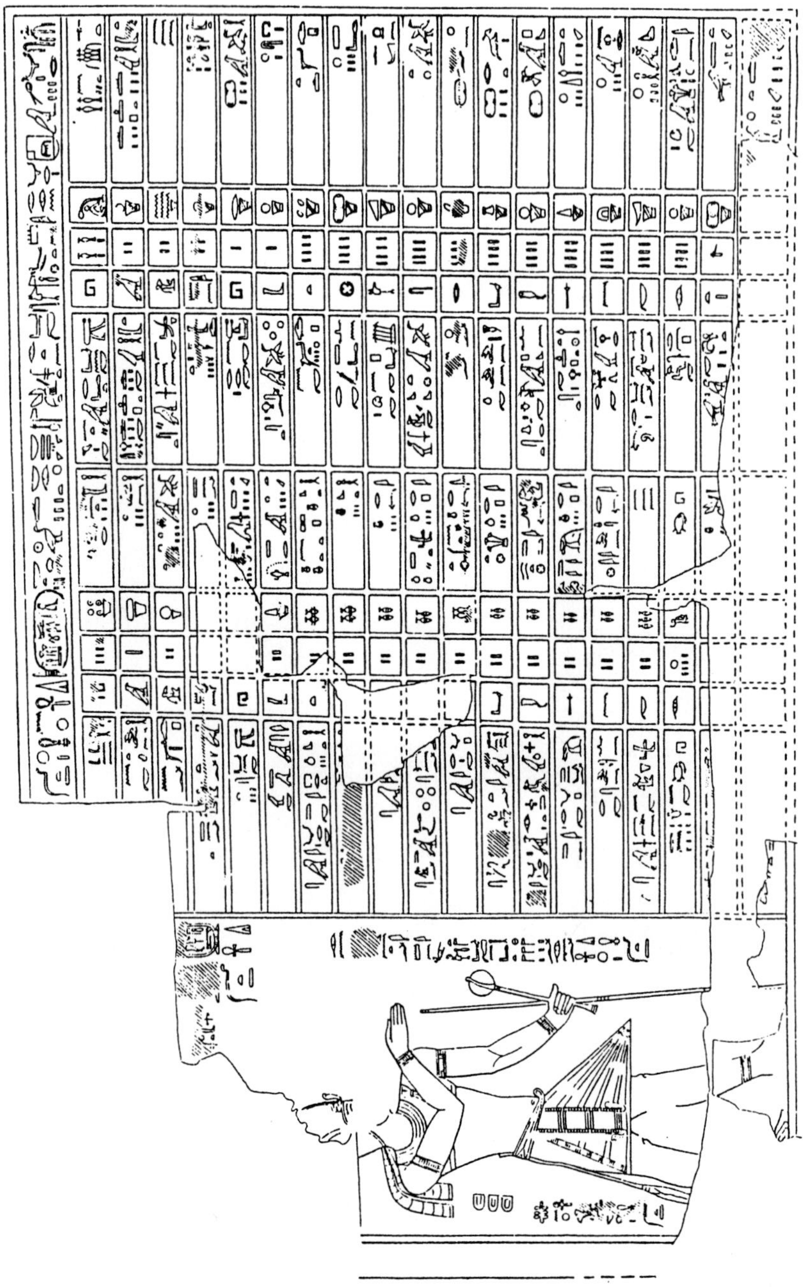

Abb. 8
Die Rückwand von E2

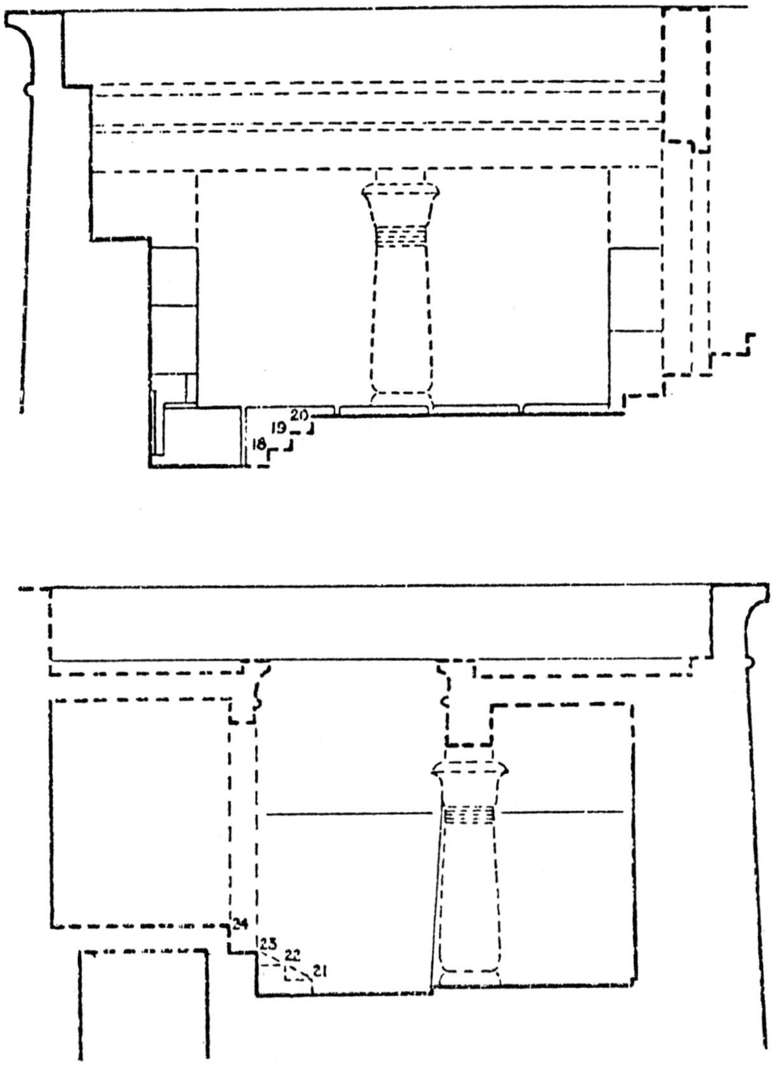

Abb. 9
Der Raum E1
Schnitt g-h (oben) und e-f, vgl. Abb. 7

South Pilaster

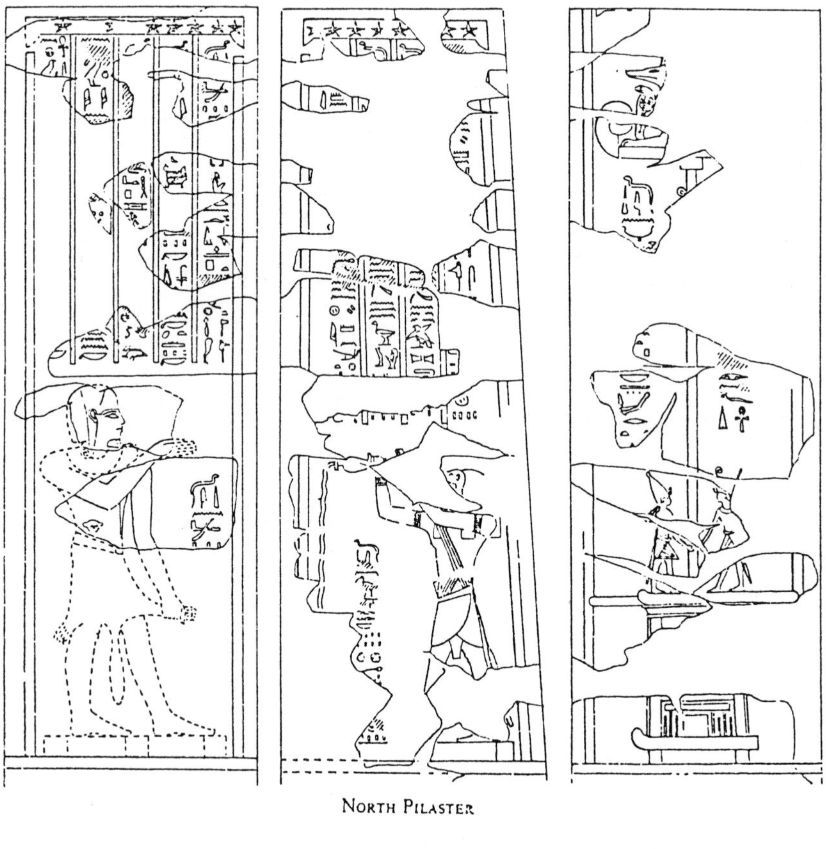

North Pilaster

Abb. 10
Die Wandpfeiler in E1

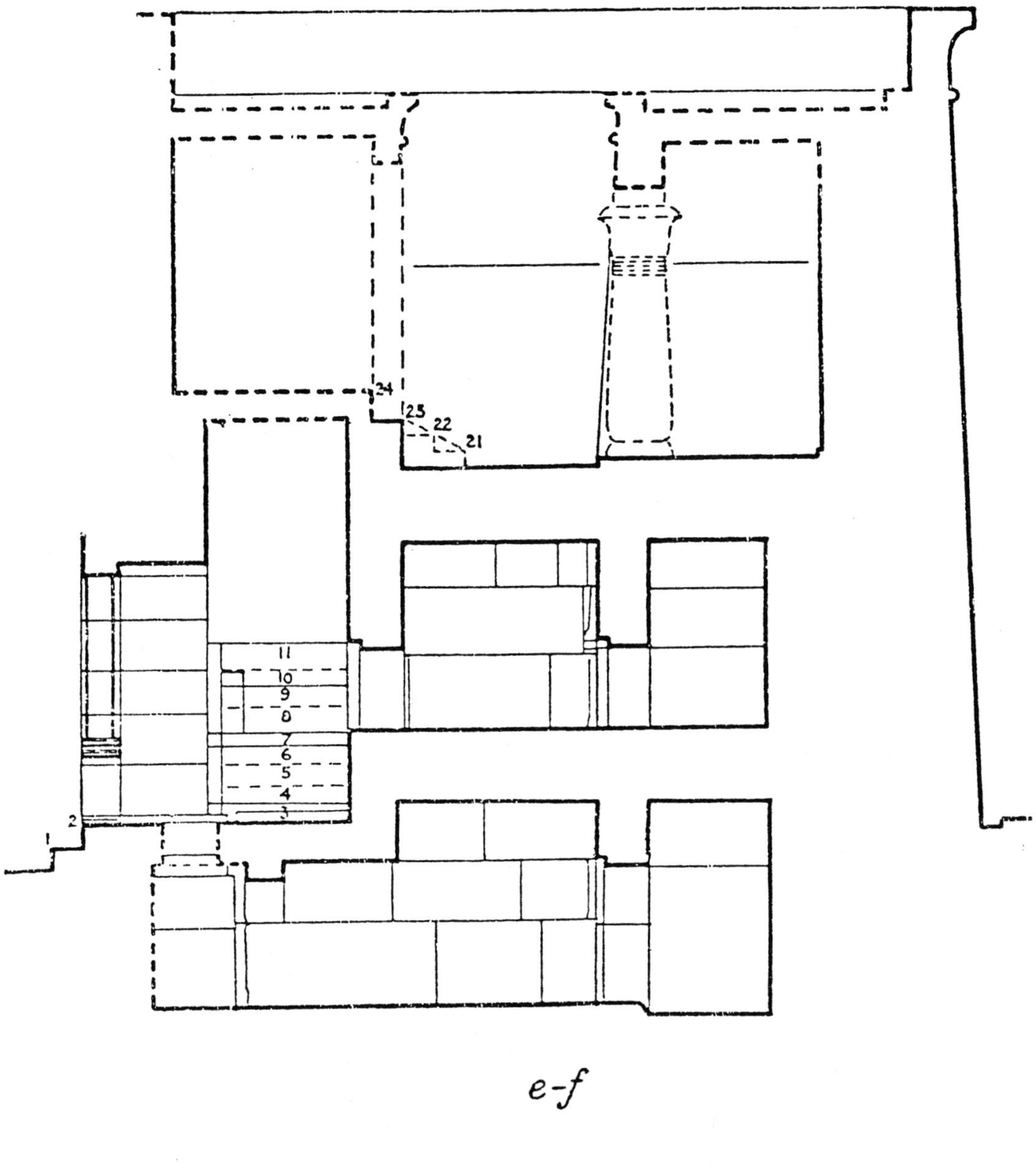

Abb. 11
Die Krypten des Hibis-Tempels
Schnitt e-f, vgl. Abb. 7

Erich Winter

Zeitgleiche Textparallelen in verschiedenen Tempeln

Für die Frage nach der Vernetzung der Priesterschaften einzelner Tempel untereinander verfügen wir für die Ptolemäerzeit über sehr wenig direkte Quellen. Am ehesten noch ist Negatives tradiert, wenn es etwa um ein Tier geht, das in dem einen Tempel verehrt wird, während es im anderen als Abscheu gilt. Positive Kontakte kann man meist nur durch das Medium bildlicher oder textlicher Übernahme an Hand der Tempelreliefs erschließen, aber auch da wird uns wesentlich sein, ob, und wenn ja, wie man fremdes Geistesgut verarbeitet hat. Zwei sehr verschiedenen Umgangsweisen möchte ich heute am Beispiel eines kleinen Bauteiles von Philae nachgehen.

Bei den Ritualszenen innerhalb der Tempelreliefs der griechisch-römischen Zeit gibt es sehr viele Wiederholungen - zumindest auf den ersten Blick. Wenn aber ein zweiter Blick dem Vergleich der hieroglyphischen Beischriften gilt, dann ändert sich der anfänglich gewonnene Eindruck sehr rasch. Da lassen sich zwar Varianten und Parallelen finden, aber sie gehen nur selten über wenige Sentenzen hinaus. Und bei den textlichen Parallelen stellt sich sofort die Frage, erstens ob sich diese Parallelität nur auf den Inhalt der Aussage bezieht, oder zweitens auch auf die Wortwahl, drittens, ob die Gleichheit selbst bei der Wahl der Hieroglyphen zu beobachten ist und viertens, ob sich die Identität bis hinein in die Gruppierung der Zeichen fortsetzt.

Sieht man von den auffallend wenigen direkten Kopien innerhalb des gleichen Tempels ab, so gewinnen die oben genannten Kriterien sofort an Bedeutung, wenn sich eine Parallelität bei zwei weit voneinander entfernten Tempelanlagen zeigt. Einfach deshalb, weil wir versuchen können, Art und Intensität einer Kommunikation zwischen ägyptischen Tempelpriesterschaften noch genauer zu ermitteln.

Gegenstand dieser kleinen Studie sollen hieroglyphische Texte der 10 Säulen des sog. zweiten Ost-Korridors in Philae sein, also jener Säulenreihe, die den Hof zwischen dem 1. und 2. Pylon im Osten begrenzt. Bei dieser eng beschränkten Textgruppe lassen sich Textparallelen zu zwei anderen Tempeln beobachten. Im einen Fall, gegenüber dem Tempel von Kalabscha, tritt Philae als der gebende Teil auf, im anderen Fall, es handelt sich um Edfu, ist Philae der Empfänger der aus Edfu bezogenen theologischen Sentenzen.

Was mir aber noch bedeutender erscheint, ist die völlig unterschiedliche Art der Übertragung, obwohl wir in beiden Fällen von Parallelität sprechen können.

Lassen Sie mich zuerst von der Übertragung eines Textes aus Philae nach Kalabscha berichten. Die Version in Philae wurde unter Ptolemaios XII. Neos Dionysos in einer einzigen langen Schriftzeile eingemeißelt, im Inneren der Säulenhalle an der Nord-, West- und Südseite hoch oben über den Säulenkapitellen.

Lediglich ihr Anfang ist bei Porter-Moss VI p. 220, Nr. 130 mit den Worten beschrieben "text with name of Court above", weil der Beginn, der sich an der Nordwand befindet, auf dem Berliner Photo 655 zu sehen ist. Da der weitere Verlauf auf der Westseite über den Säulen niemals publiziert oder photographiert wurde, ist dieser ganze Text bei Porter-Moss auch nicht vermerkt.[1] Sein Inhalt ist ein Hymnus auf die Isis von Philae und blieb in der Wissenschaft noch unbemerkt, obwohl Gauthier[2] die zur Zeit von Augustus hergestellte Kopie in Kalabscha schon vor mehr als 80 Jahren in Hieroglyphendruck wiedergegeben hat. Das Verständnis dieses Hymnus litt weniger an Abschreibfehlern von Gauthier, als an der willkürlichen Teilung des Textes durch die Schriftgelehrten und Steinmetze, die in Kalabscha gearbeitet haben. Die neue Edition durch das Centre de Documentation[3] kann man nicht gerade als Fortschritt gegenüber Gauthier bezeichnen und die Abschrift durch U. Bouriant[4] scheidet aus qualitativen Gründen völlig aus.

Niemanden, der sich mit einem Vergleich der hieroglyphischen Inschriften von Philae und Kalabscha beschäftigt hat, wird es verwundern, daß sich ein Hymnus aus Philae eine Generation später als Kopie in Kalabscha

---

[1] Die Zeichnungen dieses Textes werden auf den Seiten 4, 6 und 8, Übersetzung und Kommentar auf den Seiten 5, 7 und 9 des in Vorbereitung befindlichen Bandes Philae III zu stehen kommen.

[2] Le temple de Kalabchah I, 169 f.

[3] Le Temple de Kalabcha, Textes hiéroglyphiques, Le Caire 1964, 64.

[4] Rec. de trav. 20 (1898), 193.

wiederfindet, da die theologische Abhängigkeit von Kalabscha gegenüber Philae gerade zur Zeit des Augustus besonders groß war[5].

Eine kleine Probe mitten aus dem langen Text heraus soll nur dazu dienen, den Typus der Übertragung zu belegen. Da die beiden Texte bis in die Gruppierung der Zeichen hinein identisch sind, anderseits in Kalabscha einzelne Hieroglyphen bei der Übertragung verkannt wurden, darf man schließen, daß der Text mit Hilfe einer nahezu hieroglyphisch verfaßten Papyrusvorlage erfolgt ist[6].

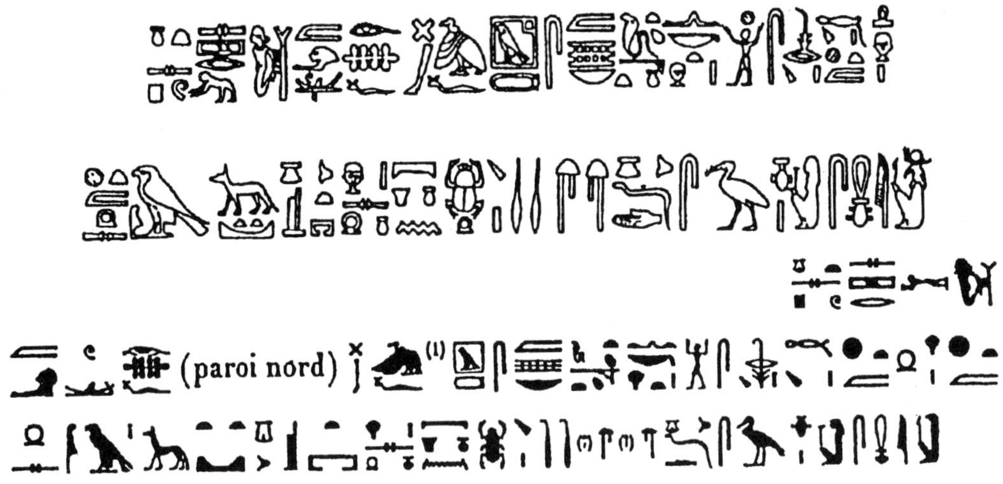

Abb. 1: Oben das Textzitat aus Philae (der leichteren Vergleichbarkeit zuliebe links-rechts gespiegelt), darunter die Version aus Gauthier, Le temple de Kalabchah I, 169.

Die Übersetzung[7] lautet: "Sie ist es, die den Feind niederwirft an der Spitze seiner (i. e. des Re) Barke, die seinen Schutz bereitet und seine Beschirmung wiederholt. Hathor ist ihr Name in jedem Gau. Diese Göttin, der keine andere

[5] E. Winter, Das Kalabsha-Tor in Berlin, in: Jahrbuch Preußischer Kulturbesitz 14 (1979), 69f.

[6] Die Wahl dieser Probe sollte eine in beiden Versionen gut erhaltene Passage betreffen, ferner sollte die Gruppierung im Druck bei Gauthier dem Original weitgehend entsprechen, und die wenigen Abschreibefehler zu Lasten von Gauthier sollten auf seinen Photos überprüfbar sein. Unser Ausschnitt der oberen Friesinschrift beginnt bei Gauthier pl. 59A etwa in der Mitte. Auf dem Berliner Photo 1794 liegt dieser Teil arg im Schatten. Der Textabschnitt setzt sich bei Gauthier pl. 58B links oben fort und endet auf pl. 58A links oben mit einer deutlich ibisköpfigen Götterfigur (entgegen der falkenköpfigen Drucktype). Bei den Berliner Photos muß man Photo 1814 für den Hauptteil unseres Abschnittes zur Hand nehmen.

[7] Für eine Begründung zu den einzelnen Lesungen und Übersetzungen muß auf die zahlreichen Fußnoten der Seiten 5 und 7 des Bandes Philae III vertröstet werden.

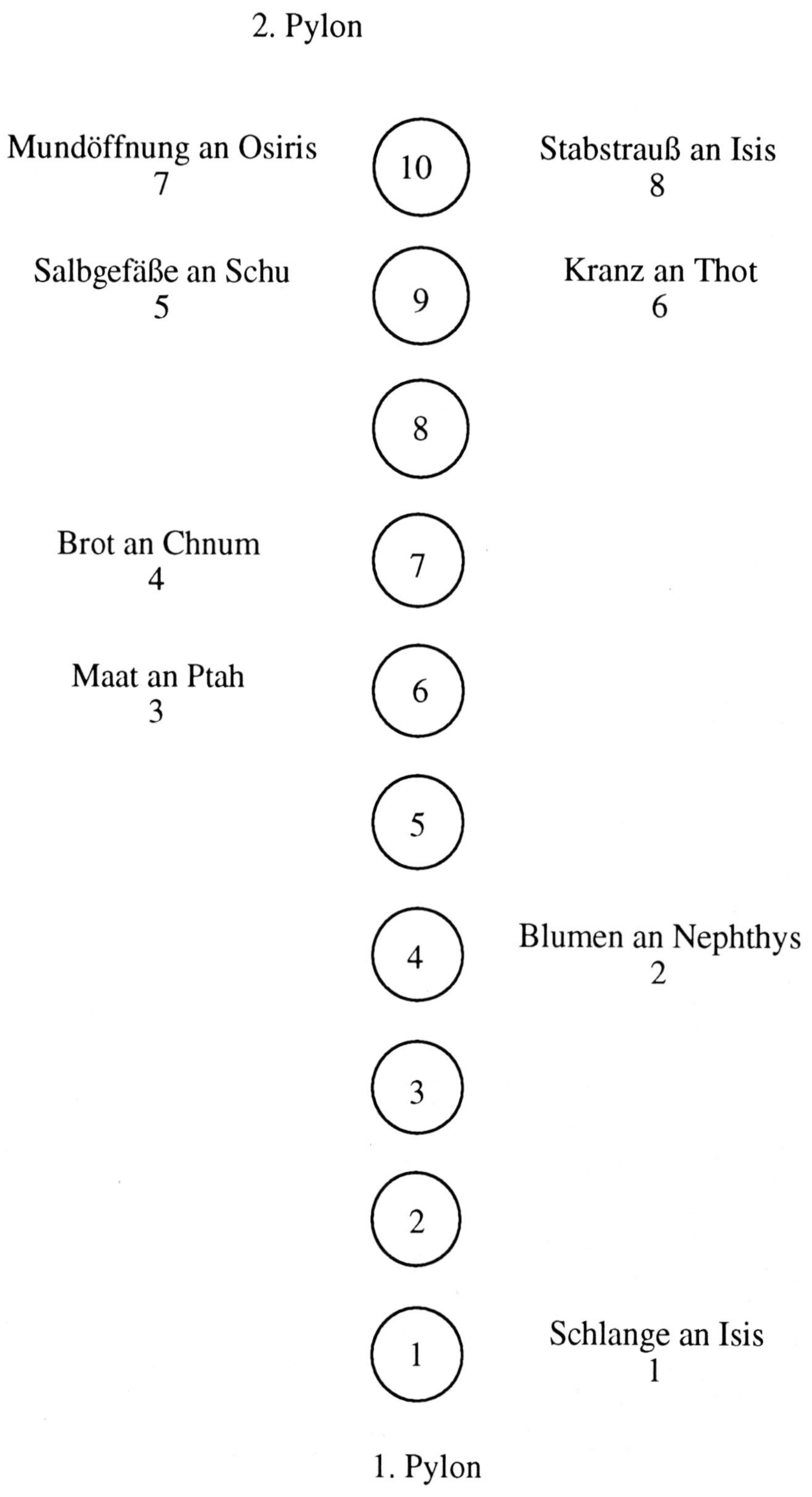

Abb. 2: Philae, 2. Ost-Korridor. Säulenreihe zwischen 1. u. 2. Pylon

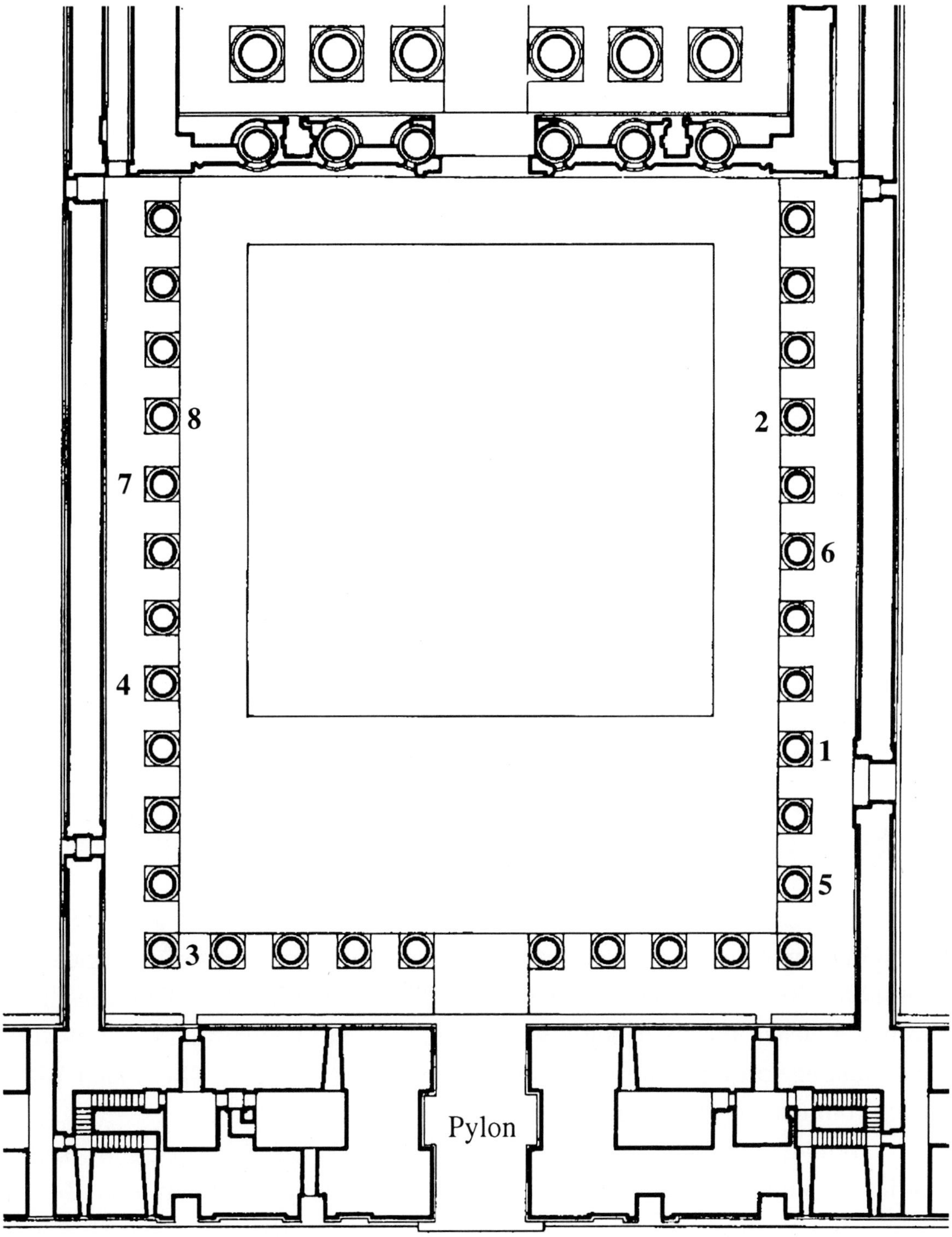

Abb. 3: Edfu, Säulen des offenen Hofes

gleicht. Der Süden und der Norden sind gesiegelt mit ihrem Siegel. Der Westen und der Osten sind unter ihrer Aufsicht. Der Umkreis des Himmels, die Weite der Erde und die Weltenden sind unter ihrem (schöpferisch anbefehlenden) Wort. Trefflich ist ihr Herz wie (das) des Thot".

Hier ist in keiner Weise etwas von einer theologischen Adaptierung auf die Bedingungen des Tempels von Kalabscha zu bemerken. Zeichen für Zeichen wurde von der aus Philae übernommenen Papyrusvorlage kopiert, und daß es sich dabei um keinen Einzelfall handelt, belegt die Studie von Hermann Junker, *Ein Preis der Isis aus den Tempeln von Philä und Kalâbša*[8].

Völlig anders sind jene Parallelen zwischen Philae und Edfu zu erklären, um die es mir in diesem Beitrag in erster Linie geht. Die Bezeichnung "zeitgleich" ist in diesen Parallelen durch die Kartuschen von Ptol. XII. begründet. Das Vergleichsobjekt in Philae ist weiterhin der 2. Ost-Korridor, genauer gesagt, die Reihe von 10 Säulen, deren ägyptologische Numerierung beim 1. Pylon beginnt und beim 2. Pylon endet. Auf diesen 10 Säulenschäften befinden sich insgesamt 20 reliefierte Szenen, von denen nicht weniger als 8 bezüglich der Inschriften unübersehbare Parallelen in einem eng begrenzten Teil von Edfu haben, nämlich auf den Säulen des offenen Hofes zwischen Pylon und Pronaos.

Auf Abbildung 2 sind die vergleichbaren Szenen von Philae zu den Säulen dazunotiert und von 1 - 8 durchnumeriert. Die gleichen Ziffern 1 - 8 sind bei den entsprechenden Säulen von Edfu in Abbildung 3 notiert. Ebenso wie in Philae, tragen die betreffenden Säulen in Edfu jeweils 2 Szenen auf ihrem Schaft, je eine auf der Ost- und eine weitere auf der Westhälfte, sodaß die Positionierung der Ziffer auf Abbildung 3 klar erkennen lassen sollte, wo die zu Philae parallelen Texte zu finden sind.

Von den 20 Szenen der 10 Säulen in Philae lassen sich also 8 Szenen bezüglich ihrer Textparallelen mit Säulenszenen im Hof von Edfu vergleichen, immerhin 40 %[9]. Daß es sich bei diesen Szenen mit Textparallelen auch um Szenen gleichen Inhalts handelt, wird niemanden verwundern und ist statistisch nicht aussagekräftig, denn über den Szeneninhalt (und nicht über einen Wortindex) bin ich auf diese Parallelen gestoßen.

Wichtiger erscheint mir folgender Befund: Bei vier der acht Szenen findet die kultische Handlung vor der jeweils gleichen Gottheit statt. In den

---

[8] Anzeiger der phil.-hist. Klasse der Österr. Akad. d. Wiss., Jg. 1957 Nr. 18, 267 - 276.

[9] Unter Textparallelen darf man aber nicht erwarten, daß dies eine Identität sämtlicher Begleittexte von einer Szene in Edfu mit einer solchen in Philae bedeutet. Ich spreche von Textparallelen, wenn wortgleiche Übereinstimmung über mehrere Sentenzen hinweg vorliegt. Das Maximum an Identität liegt bei 90 %.

anderen vier Szenen ist Horus der empfangende Gott in Edfu, während in Philae andere Gottheiten an seine Stelle treten, in 2 Fällen männliche und in 2 Fällen weibliche Gottheiten. Mit anderen Worten: Bei der Übertragung nach Philae ist eine Anpassung an die theologischen Bedingungen des betreffenden Tempelteiles in Philae erfolgt.

Wie weit sich bewußte Umgestaltungen in den Texten neben und trotz ihrer Parallelität finden lassen, soll uns im Folgenden beschäftigen. Ich muß mich allerdings aus Zeitmangel und stellvertretend für die 8 vergleichbaren Szenen auf eine nähere Betrachtung von drei dieser Szenen beschränken.

In Szene 1 der entsprechenden Tempelreliefs von Edfu und Philae bringt der König der Göttin Isis eine Uräusschlange auf einer Schale dar. Vergleichbar sind sämtliche Teile der begleitenden Texte und da es sich in beiden Szenen um die gleiche Gottheit handelt, sind auch die Titel der Göttin wie auch die jeweilige obere Randzeile vergleichbar. Dabei fällt auf, daß die inhaltliche Parallelität größer ist als die graphische Identität. Die kulttopographischen Unterschiede heben sich dagegen klar voneinander ab.

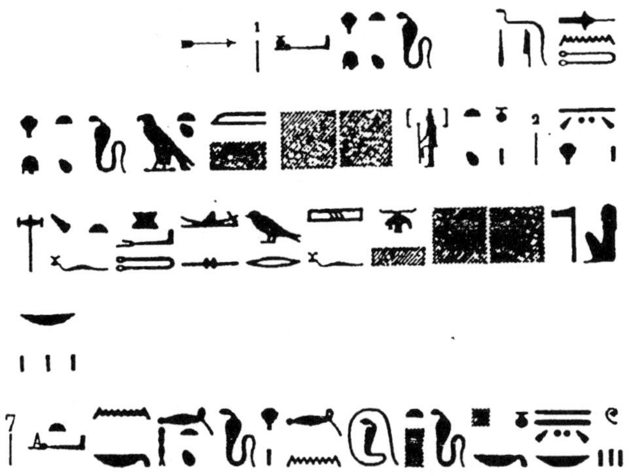

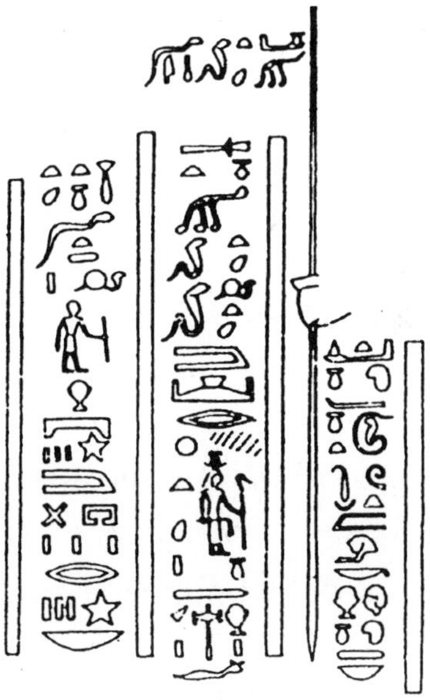

Abb. 4: Edfu V, 278, 7 - 10; 278, 15 und Philae III, 22

Auf den Seiten 22 und 23 von Philae III wird die philensische Version dieser Szene publiziert sein. Dort wird in den Anmerkungen für manche Einzelheiten der Lesung oder Übersetzung auch die entsprechende Begründung zu finden sein. All dies soll hier nicht wiederholt werden.

Übersetzt wird hier die Version aus Philae, soweit der Text in beiden Tempeln vergleichbar ist. Die Abweichungen von Edfu sind in Klammern dazunotiert.

Spruch: "Darreichen einer Uräusschlange und rezitieren: Nimm dir die Uräusschlange, o Sonnengöttin in Philae (Edfu: o Falkengöttin (in Edfu)), Herrscherin der ganzen Erde".

Worte der Isis: "Ich gebe dir die Uräusschlange, bleibend (Edfu: die sich ringelt) an deiner Stirne, damit du jedes Land beherrschst" (der in Edfu teilweise zerstörte Text kann entsprechend ergänzt werden).

Die obere Randzeile dieser Tempelszenen hat deutlich das Formular und damit ebenso die Funktion einer göttlichen Randzeile, auch wenn dies durch die Editionsprinzipien von Chassinat eher verschleiert als hervorgehoben wird[10].

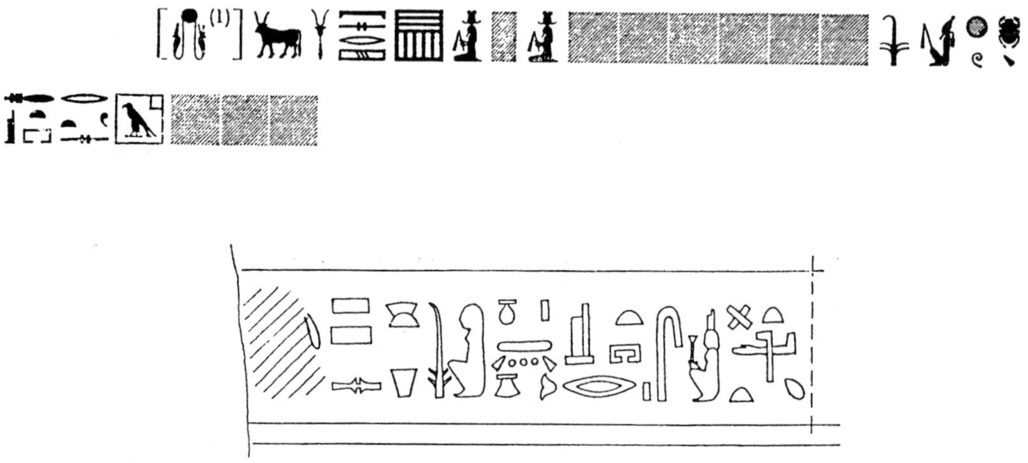

Abb. 5: Edfu V, 277, 6 - 7 und Philae III, 22

"..... der König des Landes wird auf ihren Befehl eingesetzt, ..."

[10] Vgl. E. Winter, Untersuchungen zu den äg. Tempelreliefs, Wien 1968, 58 n. 1, und D. Kurth, Die Dekoration der Säulen, Wiesbaden 1983, 187 ff.

Die untere Randzeile hat die Funktion einer "königlichen Randzeile":

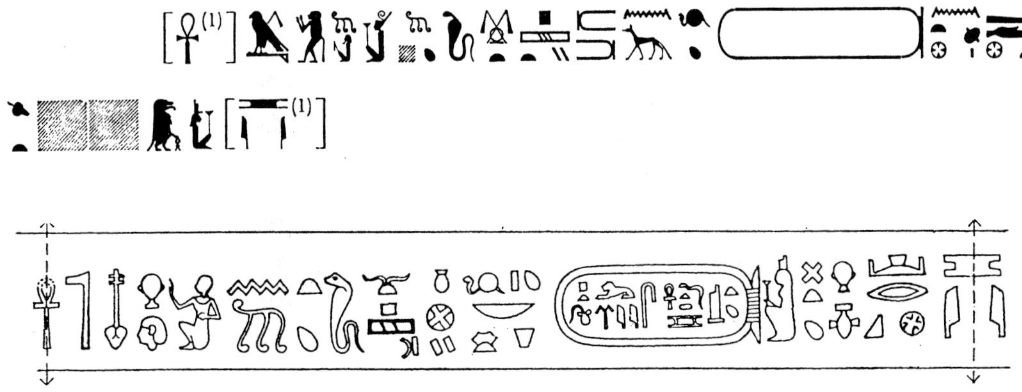

Abb. 6: Edfu V, 276, 17 - 18 und Philae III, 22

"(Es lebe) der vollkommene Gott, das Oberhaupt der Uräusschlange (*ḥrj.t-tp*), der die beiden Landesteile zu einem (*sp*) vereint ...."

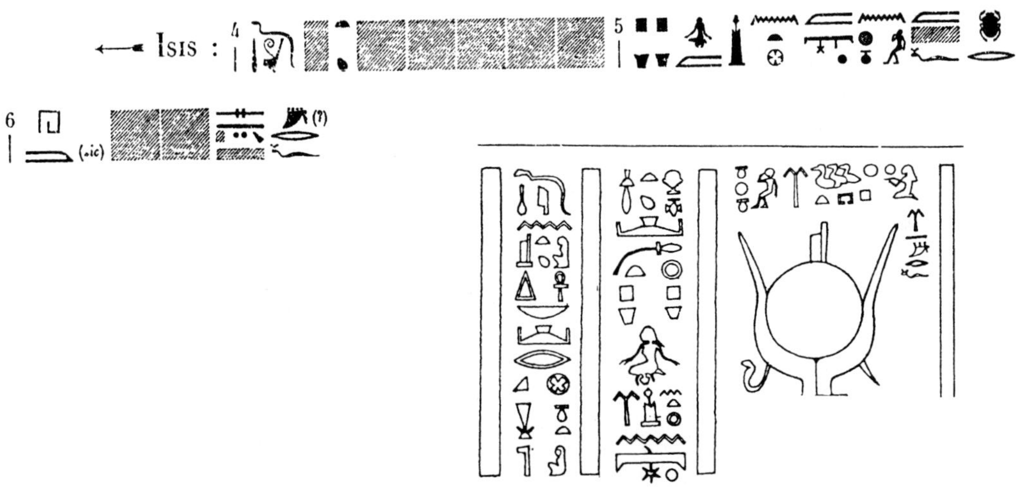

Abb. 7: Edfu V, 278, 14 - 15 und Philae III, 22

Titel der Isis: "Isis, die Lebensspenderin, die Herrin von Philae, die treffliche Gottesschwester, die auf dem Abaton ist, geboren in Dendera in der Nacht des Kindes in (seiner) Wiege, sodaß Jubel (*nhm*) entsteht im ganzen Lande".

Der in Edfu stark zerstörte Text kann von Philae her rekonstruiert werden, wobei statt "Philae" und "Abaton" kulttopographische Bezeichnungen von Edfu zu erwarten sind.

Das Thema des 2. Beispieles ist die Übergabe von *rnp.wt*-Blumen, in Edfu an Horus, in Philae an Nephthys. Aus der Unterschiedlichkeit des Empfängers ergibt sich, daß zwangsweise nur wenige Inschriftenteile vergleichbar sein können. Tatsächlich sind nur die ersten Passagen des "Spruches" Wort für Wort identisch. Das Beispiel ist mir aber aus mehreren Gründen erwähnenswert. Von den 15 *rnp.wt*-Blumen-Szenen in Edfu ist sie die einzige, die eine Verbindung mit unserer Szene in Philae zeigt, aber von diesen 15 Szenen ist sie auch die einzige, die von den Säulen des Hofes, also unserem Vergleichsbereich, stammt. Instruktiv ist auch der Befund, daß nur ganz wenige Schreibungen in beiden Versionen übereinstimmen und damit hängt der 3. Grund für meine Beispielwahl zusammen: Eine der Schreibungen in Edfu ist in ihrer Lesung nur schwer glaubhaft zu vertreten, wenn man nicht die Parallele aus Philae danebensetzen kann.

Abb. 8: Edfu V, 292, 10 - 12 und Philae III, 34

Übersetzung: "Frische Blumen darreichen und rezitieren: Nimm dir die Blumen, die aus dem Beet hervorkommen, den 'Weidegeruch', der auf dem Felde wächst".[11]

Das Wort 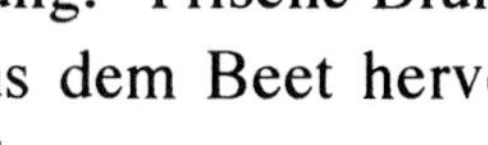 in der Version von Edfu richtig zu lesen wird erst dann gelingen, wenn man zu dem Text eine Parallele findet wie unsere aus

[11] Der Rest des Spruches verwendet unterschiedliche Metaphern, wobei der Text in Edfu eine Zerstörung aufweist, die vielleicht im Hinblick auf Dendera VIII, 86, 3 zu ergänzen ist.

Philae. Im nächsten Moment wird man sich aber erinnern, daß es in Edfu die vieldiskutierte Schreibung  für "Regierungsjahr" gibt. Man darf daher vermuten, daß der altägyptische Schriftgelehrte durch die gesuchte Schreibung von *ḥsp* - "Beet" eine über den Wortsinn hinausreichende theologische Wahrheit mitverpacken wollte, nämlich die Assoziation, daß der König jene Pflanzen, die er in dieser Szene dem Horus überreicht und die aus dem "Beet" hervorkommen, als eine seinen "Regierungsjahren" entsprechende "jährliche" Gabe dem Gott darbringt. Daß es sich hier um Horus als den Empfangenden handelt, ist von besonderem Reiz, denn *ḥsp* ist ja auch jener Behälter, in dem (WB.3, 162, 9) die Osirisform liegt, aus der die Pflanzen als Zeichen des Lebens keimen.

Gardiner[12], beklagt (meiner Meinung nach zu Unrecht), daß Sbordone[13] und B. van de Walle - J. Vergote[14] noch immer die laut Gardiner etymologisch unzutreffende Vermengung von *ḥśb* - "Viertel-Arure" und *ḥsp* - "Beet" propagieren. Zu dem Satz von Chr. d'Eg. " 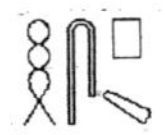 ait jamais été écrit au lieu de *ḥ3.t-sp*" müßte man doch unseren Text aus Edfu V, 292, 11 als Vergleich setzen, wobei man in dem  statt bloßem  fast noch eine "etymologisch" richtige Schreibung (*ḥ3.t*) sehen könnte.

Stimmt man solchen Überlegungen zu *ḥsp* - "Beet" der Version aus Edfu zu, so hat diese Schreibung auch eine Rückwirkung auf die Frage der Lesung von  bzw.  für "Regierungsjahr" in Edfu, wobei aus unseren heutigen Überlegungen heraus betont werden müßte, daß mir für  = "Regierungsjahr" bisher nur ein einziger Beleg geläufig ist, nämlich Edfu VI, 109, 9[15]. Gerade darum ist mir die Schreibung von *ḥsp* - "Beet" in Edfu V, 292, 11 so bedeutsam.

---

[12] JNES 8 (1949), 167, Anm. 11

[13] Hori Apollinis Hieroglyphica, Napoli 1940, 10 f.

[14] Chr. d'Eg. 18/35 (1943), 43.

[15] Aus der Zitierweise von E. Edel, JNES 8 (1949), 37, A. Gardiner, JNES 8 (1949), 168, J. v. Beckerath, ZÄS 84 (1959), 155 f., J. v. Beckerath, ZÄS 95 (1969), 89, G. Fecht in: Ägypten, Dauer und Wandel, Mainz 1985, 85 ff. und W. Barta, ZÄS 113 (1986), 89 könnte man leicht den Eindruck gewinnen, es handle sich um eine gängige Schreibweise. Um das Bild abzurunden: Für  kenne ich nur folgende drei Belege: Edfu V, 304, 11, VII, 7, 1 und VII, 8, 7, während ich für die Kurzform  nur Edfu IV, 8, 2 und 8, 4 notiert habe. Diese Auflistung erhebt keinen Anspruch auf Vollständigkeit. Meine Absicht ist nur, auf die Seltenheit solcher

Von der Nr. 5 unserer Beispielsammlung möchte ich zunächst den Spruch herausgreifen, da dieser Vergleich einen Hinweis auf das kryptographisch geschriebene Ende der Inschrift von Edfu erlaubt. Meine Übersetzung bezieht sich wiederum auf die Version aus Philae:

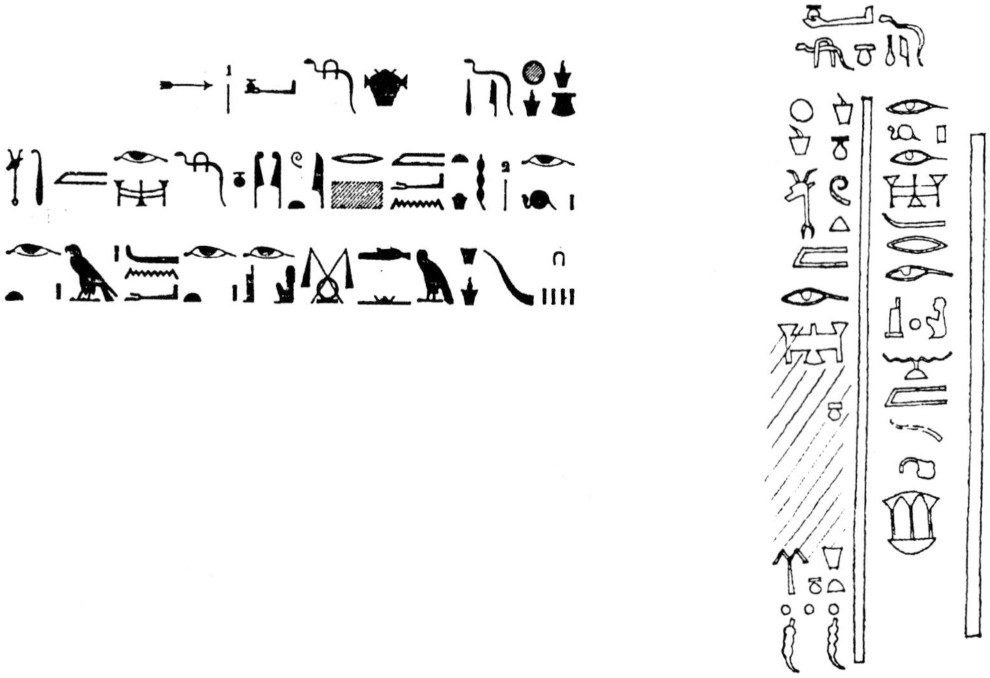

Abb. 9: Edfu V, 272, 13 - 15 und Philae III, 52

"Darreichen von Salbe und rezitieren: Die *ḥbb.t* - Vase ist angefüllt mit dem Horusauge . . . . mit süßer Myrrhe. Das Auge des Re, das Auge des Horus und das Auge des Osiris sind vereint mit (= erfüllt von) dem 'Fest-Duft'".

Erinnert man sich, daß es bereits in Pyr. § 50 b eine Gleichsetzung von *śtj-ḥb* - "Fest-Duft" und *mḏ.t* - "Salbe" gibt[16], so verliert die Schreibweise von Edfu mit  etwas von ihrer Rätselhaftigkeit. Die Hieroglyphe für Festzelt 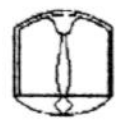 und auch für den *ḥbśd* -Kiosk 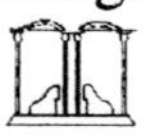 können wegen ihrer viereckigen Bauweise zur Bezeichnung für die Zahl "vier" dienen[17].

Schreibungen aufmerksam zu machen, ferner darauf, daß Edfu allein betroffen ist und nur der Zeitraum zwischen Ptol. VIII. Euergetes II. und Ptol. XII. Neos Dionysos.

16 Robert O. Steuer, Myrrhe und Stakte, Wien 1933, 37 und 45 ff.

17 Zu  siehe H. W. Fairman, BIFAO 43 (1945), 106; zu  siehe Edfu V, 394, 14; VII, 9, 3; Esna III Nr. 377,1.

Warum sollen dann nicht in der methodisch bekannten Umkehrung die 4 Striche IIII zur Lesung von *ḥb* - "Fest" dienen können? Damit würde ein *mḏ.t ḥb* - "Salbe des Festes" in Edfu dem *śtj-ḥb* - "Fest-Duft" in Philae entsprechen (siehe oben der Hinweis auf Pyr. § 50 b). Ganz im Sinne der angestrebten theologischen Raffinesse konnte man in dieser ausgeklügelten Schreibweise von Edfu außerdem noch einen Hinweis auf die Zahl 14 mit ihrem Symbolcharakter unterbringen. Man vergleiche nur die 14 Stufen, die zum heilen (= vollen) Mondauge führen[18]. Mit der gleichen Intention und ebenfalls in einer Salb-Szene wurde die besprochene Schreibweise in Edfu V, 184, 13 zur Anwendung gebracht.

Hat uns der Textvergleich des Spruches eine schöne Rebusschreibung aufzulösen geholfen, so möchte ich außerdem noch einen Blick auf die göttliche Randzeile werfen. Sie hat in beiden Fällen, d. h. in Edfu wie in Philae als obere Randzeile Verwendung gefunden, denn es handelt sich ja um Reliefszenen an Säulen.

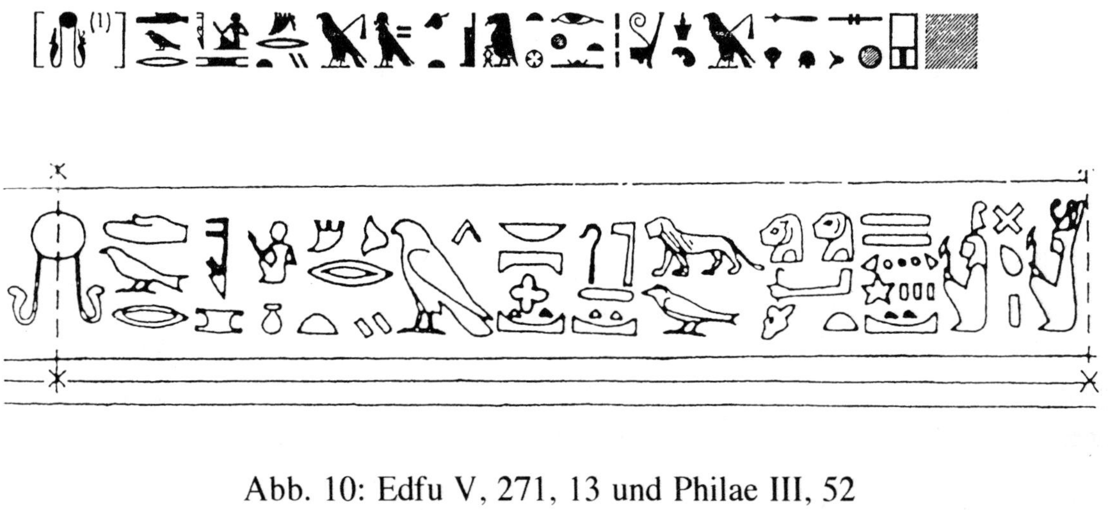

Abb. 10: Edfu V, 271, 13 und Philae III, 52

In diesem Falle muß ich beide Versionen übersetzen, denn nur die einleitende Sentenz ist identisch und läßt uns erkennen, daß die Ausgangsbasis auch für Philae die Version von Edfu gewesen ist. Dann hat man aber in einer ganz anderen Weise fortgesetzt, wie es wohl den Priestern in Philae mehr am Herzen lag.

[18] R. A. Parker, Calendars § 227 und pl. IV - V; Ph. Derchain, La lune. Mythes et rites lunaires en Egypte, Sources Orientales 5. Paris 1962, 25.

Identisch ist die Anrufung des Gottes Schu als "Reiniger des (heiligen) Falken", was ja für beide Tempel mit ihrem Kult eines lebenden Falken sinnvoll ist. Dann aber setzt man in Edfu mit den Epitheta des Schu fort: "Re-Harachte an der Spitze des Großen Thrones (= Edfu), der den Kult vollzieht für den großen Falken, der auf der Palastfassade sitzt, (nämlich Schu . . .)".

Anders lautet die Fortsetzung dieser Beinamen des Schu in Philae: "der Herr von Punt, Herrscher des Gotteslandes, der Löwe, groß an Macht, der an der Spitze der Gottesländer ist, Schu, der Große, der Sohn des Atum". Beim ersten Lesen des Textes fragt man sich, wie weit es sich hier durchwegs um Beinamen des Schu handelt, denn die Bezeichnungen eines "Herrn von Punt" und "Herrschers des Gotteslandes" könnten ebensogut als Titel des (heiligen) Falken gelten, von dem unmittelbar vorher die Rede war. Ich habe das Gefühl, daß sich auch der altägyptische Redakteur des Textes dieser doppelten Anspielung bewußt war, ja gerade dies seine Absicht war.

Diese drei Szenenvergleiche müssen stellvertretend auch für die übrigen fünf genügen[19].

Anderseits soll gar nicht in Abrede gestellt werden, daß es nicht weitere Parallelen rundherum zu finden gibt[20]. Was es zu zeigen galt war, daß wir es hier mit einer Ballung von parallelen Texten zu tun haben, und zwar bei einem funktional vergleichbaren Bauteil, nämlich jeweils Säulenhallen in einem offenen Tempelhof - und das noch zur gleichen Generation.

---

[19] Damit die Behauptung überprüfbar ist, folgen hier die Daten:
In Szene 3 entsprechen der jeweilige Spruch (Edfu V, 217, 10 - 13 und Philae III, 40), was aber nur inhaltlich gilt, denn graphisch sind die Unterschiede markant.
Wesentlich umfangreicher sind die Parallelen von Szene 4. Sie umfassen die königliche (= untere) Randzeile, den gesamten Spruch, sowie die Antwort der Gottheit (Edfu V, 229, 3; 229, 17 - 230, 2; 230,7 und Philae III, 44). Die Parallelität ist deutlich inhaltlicher Natur, bezieht sich aber nicht auf die Zeichenwahl. Titel der Gottheit und göttliche Randzeile sind zwangsweise unterschiedlich, da in Edfu Horus, in Philae hingegen Chnum das Opfer (des Brotes) in Empfang nimmt.
In Szene 6 sind die königliche wie auch die göttliche Randzeile (Edfu V, 285, 16 - 17 und 286, 6 - 7, sowie Philae III, 54) deutliche Inhaltsparallelen, während der Spruch in Edfu so stark zerstört ist, daß ein Vergleich nicht möglich ist.
Bei der 7. Szene existieren in Philae nur die königliche und Teile der göttlichen Randzeile (Edfu V, 237, 13 - 14; 238, 3 und Philae III, 56), aber die Parallelität ist eindeutig.
Da die Szene 8 vor ungleichen Gottheiten stattfindet und in Philae kein Spruch existiert, ist die Parallelität auf die königliche, d. h. untere Randzeile beschränkt (Edfu V, 240, 17 und Philae III, 58). Und wiederum ist es eine spielerische Schreibung in Edfu, die von Philae her in ihrer Lesung gesichert wird. Das im Zusammenhang nicht sofort deutbare wird durch Philae in der Lesung *mś* - "geboren" aufgelöst, ein eher seltener Lautwert, auch wenn er schon länger bekannt ist: E. Chassinat, BIFAO 10 (1912), 178 - 181.

[20] Sehr deutlich z. B. für den Spruch von Szene 3.

Ein Vergleich von Abb. 2 und 3 führt jedoch deutlich vor Augen, daß hier keine identische Szenenfolge vorliegt, denn die Positionierung der vergleichbaren Szenen ist sehr unterschiedlich. Nur ist die Massierung der Paralleltexte weder durch Zufall noch durch allgemein vorauszusetzendes Gedankengut erklärbar, sondern nur durch Übertragung.

Allerdings müssen noch Art und Richtung der Übertragung geklärt werden. Ganz zum Unterschied der eingangs behandelten Übertragung von Philae nach Kalabscha, für die ich eine völlig ausgearbeitete Papyrusvorlage annehme, sind es beim Vergleich von Philae und Edfu die graphischen Unterschiede der Zeichenwahl, die bei allen beobachteten Texten ins Auge sprangen. Es kann sich also keinesfalls um Vorlagen auf Papyrus oder Ostraka gehandelt haben, die von einem zum anderen Tempel gelangt sind. Die graphischen Abweichungen zeigen deutlich, daß die Texte nicht auf einem festen Beschreibstoff, sondern in den Köpfen von Priestern oder schriftkundigen Handwerkern gewandert sind.

Daß der Weg der Texte von Edfu nach Philae und nicht umgekehrt gelaufen ist, soll in anderem Zusammenhang belegt werden. Hier hätte jeder diesbezügliche Versuch den Rahmen des Referates gesprengt, da dies eine umfangreiche Dokumentation erfordert.

Gleichfalls nur andeuten, aber keinesfalls hinreichend ausführen, konnte ich die Wichtigkeit von theologischen, bewußt erfolgten Veränderungen bei der Übertragung von Ritualtexten aus einem Tempel in den anderen. Denn jede kulttopographische Umbenennung läßt uns erkennen, wie ernst es den Priestern eines bestimmten Tempels in der späten Ptolemäerzeit mit der theologisch präzisen Formulierung für ihren Tempelbereich war.

Wie wichtig das Aufspüren von Parallelen auch für das Verständnis der Texte selbst ist, sollten das 2. und 3. Beispiel im jeweiligen Spruch verdeutlichen. Ohne die ausgeschriebene Version in Philae hätte man in Edfu wegen der Rebus-Schreibungen doch erhebliche Schwierigkeiten. Und wenn ich diese beiden Stellen besonders hervorgehoben habe, dann soll dies gleichzeitig einen kleinen Dank an unsere Hamburger Gastgeber darstellen für ihre Bemühungen, unserer Wissenschaft eine verläßliche Übersetzung der Edfu-Texte zur Verfügung zu stellen.

Christine Favard-Meeks

Project for the Rescue of the Temple and the Site of Behbeit el-Hagara (Province of Gharbieh)

A few years ago, I achieved and published a thesis on the site of Behbeit el-Hagara[1] and more especially on its ruined temple for which I have proposed an architectural reconstitution of various parts of the building.

This tentative reconstitution is bound to be incomplete considering it is only based on photographic documentation and copies of the inscriptions of the accessible surface blocks. Nevertheless, I have, I hope, shown clearly that this field of granites deserved to be paid attention to. I have also tried to point out that this work based on written testimonies needed to be completed by archaeological research. The site, as far as digging is concerned, has never been given much attention. Only the Mission Montet, in the late forties and early fifties, dug out some blocks in the south-east corner of the University of Tanta has renumbered the blocks and uncovered many others, mostly those of the huge staircase.

This explains why the history of the site of Behbeit el-Hagara is very badly known, though its temple is the most important field of ruins in the delta and the most important cult place dedicated to the Osirian family which has survived. Thus, one can suppose it holds important keys for history and history of religion: the place is lying within the sphere of influences of a major - and ancient - cult place such as Busiris and it may only have been, before the construction of the Nectanebos' permanent foundation, a place for festal offerings dedicated to the annual clay statue of Osiris[2].

The temple today is a late but quite ephemeral foundation. Built by Nectanebo II, the last Egyptian pharaoh, it was completed by Ptolemy II and III and its collapse took place, at the latest, before the end of Domitian's

[1] Le temple de Behbeit el-Hagara, Essai de reconstitution et d'interprétation, SAK Beihefte 6, Hamburg 1991.

[2] O.c., p. 240 n. 1015.

reign[3]. Huge and small granite blocks - decorated in the finest style Egyptian art can exhibit - are spread on the ground forming heaps of stone so imbricated that a plan is difficult to propose. Besides, ever since its destruction, stones have been sawn and taken away first by Isis and Osiris devotees and then by the inhabitants of the region for more pragmatic reasons. To this permanent pillage over two millennia, pollution is now another factor of destruction whose bad effects on exposed granite blocks is unfortunately now evident. To this negative factor should be added the loss of archaeological ground, within the precincts itself, where houses and fields have now taken place.

Nevertheless and taking into account the importance of the site, of its ruins, their beauty, it seems necessary to restore the temple in order to preserve it from further degradations. The best way to accomplish this task is to rebuild what can be rebuilt.

This possibility has been debated at the time of the Tantah conference for Archaeology and Tourism organized in September 1993. Invited at this conference, I have tried to stress the fact that the reconstruction of the late temple should not hinder the search for the past of the site. This double scheme gave rise to a project whose only ambition is to better evaluate the reconstruction programme.

This project was accepted by the Organization of Egyptian Antiquities and as a result, in collaboration with this Organization, various operations have been decided upon. It has to be recalled that the final reconstruction project supposes that the site of the temple proper has been cleared of all its blocks including those which are either hidden under others or still buried in the ground.

Major problems have to be faced:

- the preparation of a space for storing the temple blocks; this space having to be located within the modern brick walls and consequently on archaeological ground, it should be necessary to study the ground of the whole site, around the temple, to determine the better space, that is the ground containing, - if possible, the least archaeological information;
- nearly all the ground around the temple is covered with hundreds of stones belonging either to columns or walls, statues, etc. Some of these blocks belong obviously to the temple, but many of them may belong to other unidentified

[3] O.c., p. 433, 450 n. 1329, 461.

monuments. A large quantity will probably remain without proper identification, being too eroded or split up.

Thus, to be able to clear the ground for the digger - in search of a storage place for the temple blocks - it is urgent and necessary to proceed to the study of these apparently minor blocks scattered around the main ruins to be able to store them properly.

This is supposed to be the first task we hope to undertake this year, when the topographic survey is achieved which has been delayed until now by lack of funds. Only after three or four seasons, the site should be ready for the setting up of an important digging and anastylosis programme but it is evident that the final architectural project will only be achieved, during the second stage of the project, after the clearing of all the blocks of the temple.

To help the project in all possible ways, I should like to propose - as many others have done before me - to create an association whose purpose would be to contribute to the safeguard of the site and temple of Behbeit el-Hagara. The main purpose of this association would be the publication of a bulletin, in fact a Tribune, where results of the work would be described, and where authors would be welcome to publish all suggestions, criticisms, studies but also old photos of the site, unknown archives, in fact any document which could help the final project of reconstruction.

Christine Favard-Meeks
B.P. 29
F 83660 Carnoules

Stichwörter

Abfolge
- von Göttern ... 252 ff.
- von Ritualen ... 252 ff.

Amenope ... 109
Antonomasie ... 252 ff.
Auge
des Re, des Horus, des Osiris ... 316
Ausrichtung, des Tempels ... 267 ff.
Balsamierungsstätte ... 289
Barke ... 52, 227 ff., 249
Barkenkult ... 60 f.
Barkensanktuar ... 20, 22, 24
Baum ... 120
Baum, Isched ... 51
Bäume, heilige ... 26
Begräbnis ... 290
Bentreschstele ... 97
Besucherinschriften ... 102
Böser Blick ... 95
Bundeslade ... 39
Cachette von Karnak ... 2
Cheker ... 115 ff.
Couloir Mysterieux ... 20 f., 187 ff., 253, 262
Dachanlagen
Dachkapelle (Osiris) ... 288, 290
Dachkiosk ... 41, 269, 271, 287
Goldhaus ... 288, 290
Dachprozession ... 288 f.
Dekade ... 188
Dekane ... 192, 291
Dekoration
Fries ... 115 ff., 146
Bandeau ... 14, 102, 242, 244, 250 f, 258 ff., 285 f.
Pfeiler ... 146 f., 152 f.
Register ... 25, 103 f., 284 f.
Säulen ... 246
Sockel ... 115 ff.
Dekoration, theoretisches zur ... 1, 13 ff., 30 , 47 f., 73, 100, 128, 144 f., 153 f., 178, 212 ff., 227 ff., 241 ff., 319
Dekorationsphasen ... 155, 227 ff., 260
Dekorationsprinzipien
Antithese ... 170, 174
Ausrichtung ... 74, 145 f.
Chiasmus ... 143 ff.
Dekorationsachse ... 61, 143 ff., 197, 210 f., 243, 253 f., 272
Diagonale ... 143 ff., 263
Parallelismus ... 147 ff.
Symmetrie ... 143 ff., 255 ff., 273
Zweiteilung ... 209 ff., 256 f., 261 ff.
Dekorationssysteme ... 109 ff., 143 ff., 227 ff., 241 ff.
Dekret, königliches ... 2
Djedhor-Le-Sauveur ... 93 f.
Dolch ... 171
Einwohnung ... 287
Epagomenen ... 40, 196 ff., 286
Erneuerung ... 276 f.
Fest
Behedet ... 13 ff., 285
Bekleiden seiner (Osiris) Mumie ... 285
Choiakfest ... 188
Empfangen des Erbes ... 285
Empfangen der beiden Hälften ... 285
Eintreten in das Haus-der-Bahre ... 285
[Ergreifen?] des Königtums ...285
Gehen nach *ḫ3-dj-nṯr*... 285
Insufest ... 275
Minfest ... 229
Neujahrsfest ... 19, 245 f., 250, 258, 269 ff., 287, 291
Opetfest ... 230
Paophifest ... 18 f.,24, 286
Sedfest ... 172
Sokarfest ... 19
Talfest ... 49
tḫw-Pflanze ... 285
Trunkenheit ... 285
Festdaten
Thot, (1.) ... 286
Thot, (1., 20.) ... 287
Paophi, (5.) ... 287
Paophi, (18.-24.) ... 18 f.
Choiak, (26.) ... 19, 287
Tybi, (25.-27.)... 17, 25 f., 28 f.
Mechir, (29.) ... 275
Pachon, (11., 15.)... 287

Pachon, (19.)... 288
Epiphi, Neumond ... 15 f., 22, 24, 29, 285, 287
Epiphi, Vollmond ... 17
Epagomenen (4.) ... 286
"Nacht des Kindes in seinem Nest" ... 251
Festkalender ... 14, 17, 76, 78, 287 f.
Festhalle ... 82
Festzelt ... 39
Foltergeräte ... 9
Geburtszyklus ... 48 ff.
Goldhaus ... 283 ff.
Götter
Amenebis ... 105, 290
Amenophis, Sohn des Hapu ... 91 f., 95 f.
Amun ... 2, 54 ff., 168 ff., 197, 272 ff.
Amun-Re ... 51, 101 ff., 147 ff., 167, 209 ff.
Amunnacht ... 104 f.
Anubis ... 127
Anukis ... 58, 150, 257
Anukis Ba ... 169 f.
Anukis Netji ... 169 f.
Atum ... 5, 54, 123, 151 ff., 318
Atum-Re-Harachte ... 104
Bastet ... 191, 255
Bau von Pe und Nechen ... 167, 273
Chnum ... 58, 175
Chnum-Re ... 103 ff.
Chons ... 3 ff., 101 ff., 151 f., 209 ff.
Chons der Plänemacher ... 97
Chons ... Neferhotep ... 8
Chons-Thot ... 7, 10
Feldgöttin ... 115 ff.
Ferne Göttin ... 197, 252, 255, 257
Geb ... 109, 210, 213, 263 ff.
Hapi ... 154
Harendotes ... 119 f.
Haroeris ... 96, 109, 209 ff.
Harpokrates ... 97, 197, 210 f., 244, 252, 256, 263
Harsiese ... 103, 109, 256 f.
Harsomtus ... 24, 29, 248, 250
Ba-Vogel des - ... 249
Hathor ... 47, 104 f., 109, 127, 213 f., 248, 250, 307
Die sieben Hathoren ... 245
Ba-Vogel der Hathor ... 249
Hathor Nebet-Hetepet ... 104 f.
Hathor von Dendera ... 14 ff.
Hathor von Faras ... 58
Hedjhotep ... 246, 253, 259
Heka ... 92
Hera ... 214
Horus ... 108, 123 f., 167 f., 171, 213, 245, 258, 264 ff., 311, 314 f.
Horus Chenti-cheti ... 93
Horus *nb Mjꜣ* ... 148, 152
Horus *nb Nbhy* ... 152
Horus-Sohn-des-Osiris ... 256
Horus von Aniba ... 58
Horus von Buhen ... 148
Horus von Edfu ... 15 ff., 247 f., 250
Ba-Vogel des - ... 249
Horus von Hierakonpolis ... 15
Horus von Mesen ... 249
Horus von Quban ... 58, 148
Horus-*wḏꜣ* ... 211, 256, 261
Imhotep ... 95 f., 213
Insu (Isis ?) ... 275
Ipet ... 109, 193
Isis ... 44, 58, 102, 104 f., 109, 118 ff., 191, 199 ff., 243 f., 248, 250, 252 ff.
Ba-Vogel der Isis ... 249
Ka ... 25, 27
Die vier Kas ... 249, 276
Kinder des Re ... 17, 20 f.
Maat ... 7, 174, 209
Mandulis ... 118 ff.
Meret-Göttinnen ... 107
Meretseger ... 96
Mesechenet ... 196
Min ... 171, 209, 213 ff., 256, 258
Min-Amun-Kamutef ... 51
Min-Re ... 102 ff., 211
Miysis ... 191, 198
Month ... 102, 109, 124, 151 f., 213, 216
Mut ... 59, 101 ff., 171, 174 f., 209 ff., 261 ff.
Nebet-ihy 210 ff., 261 ff.
Nechbet ... 250, 264
Neferhotep ... 198, 263
Nehemet-awai ... 101, 213
Neith ... 106 ff., 213, 259 f.

Nephthys ... 104, 109, 253, 257 f., 260, 263, 314
Nephthys ... von Ih ... 209 ff., 261
Neunheit ... 227 f.
Nilgötter ... 115 ff., 286
Nilpferdgöttinnen ... 187, 191 ff.
Nut ... 43, 58, 196, 246 f., 253, 257, 266
Onuris ... 92
Osiris ... 7, 16, 102, 105, 109, 118 ff., 151, 173, 196 f., 243 f., 249, 252 ff.
Ptah ... 5, 43, 103 f., 105, 109, 151 f.
Ramses II. (vergöttlicht) ... 147 ff.
Rattaui ... 109, 210, 213
Re ... 44, 56
Re-Harachte ... 51 ff., 105, 109, 147 ff., 171
Renenet-neferet ... 196
Renenutet ... 248
  Die vier Renenutet ... 248
Sachmet ... 104 f., 255, 291
Satet ... 58, 169 f., 175, 195
Schentait ... 254, 270
Schepeset ... 257
Schesemu ... 244, 246, 251, 253, 260
Schu ... 8, 104, 318
Schutzgötter ... 187 ff.
Seschat ... 6
Seth ... 104
Sobek ... 213
Sobek-*šdtj* ... 213
Sothis ... 104 f., 267, 275
Ta-netjeret-aat ...199, 204, 209 ff., 252 ff.
Tairetperatum ... 252, 254 f., 257 f.
Tait ... 43, 248, 250 f., 253, 259, 264
Tameret ... 252, 254 f., 257 f., 260
Tapsais ... 106 ff.
Tefnut ... 104
Thoëris ... 60, 193 ff.
Thot ... 4 ff., 52, 58, 101 ff., 108, 151 f., 167 f., 209, 263, 310
Thot von Pnubs ... 117, 120
Triade ... 27, 51, 61, 128, 171
Triade (Deir el-Hagar) ... 101
Triade (Ismant el-Kharab) ... 106 ff.
Triphis ... 102, 104
  Tutu ... 106 ff., 210 ff.
  Urgötter ... 16, 22, 25, 29, 109, 254
  Uto ... 120, 250, 264
  Werethekau ... 58, 92
  Zeus ... 214
Gräber
  Grab des Rechmire ... 9
  Grab des Pacharchons ... 1
Heilstatuen ... 91 ff.
Herrscherkult ... 24
Hof ... 16, 19 f., 22 f., 24f., 82, 277
  Opferhof vor der Wabet ... 243 ff.
Horusspeer ... 19
Horusstelen ... 94 f.
Huldigung ... 50
Hymnus ... 306 f.
Inthronisationsriten ... 229
Investitur ... 165 f., 175, 274
Iunmutef ... 166 ff., 291
Kanal ... 26
Kronen ... 121 f., 154, 163 ff., 210, 246
Krönung ... 123, 163 ff., 210, 231 f., 246, 273, 275
Krönungsreise ... 164 f., 273 f.
Krypta ... 22, 196, 243 ff., 283 ff.
  Zugang zur Krypta ... 244 f., 248, 262, 284, 286, 291
Königin ... 57 f.
Königsideologie ... 47
Königsstatue ... 74, 244
Königstitulatur ... 4
Kolossalstatuen ... 53 ff.
Kultraum ... 285
Kulttopographische Unterschiede ... 311 f., 319
Leichnam ... 287, 289
Lotus ... 2, 25
Luxortempel ... 75, 80
Magie ... 92, 96 f.
Magazine ... (s.v. *ʿt*)
Mammisi ... 17, 29, 40 f.
Medizin ... 98
Medizin, Instrumente (Kom Ombo) ... 96
Mesen ... 20
Metternichstele ... 94
Millionenjahrhaus ... 74
Mineralien ... 188, 193 ff.
Mondauge ... 317
Mumienbinden ... 192
Mutter des Königs ... 166, 171

Nefertari ... 58 ff., 150
Nilflut ... 154, 265
Opferliste ... 29
Opferszenen (s.v.Ritualszenen)
Opferszenen, Klassifizierung ... 175
Opferprozession ... 73, 115 ff.
Opferträger ... 75 f.
Orakel ... 166, 244
Ortsnamen
    Abu Simbel ... 47 ff., 143 ff.
    Abydos ... 73 ff.
    Ain Birbiyeh ... 99 ff.
    Argo ... 273
    Behbeit el-Hagar ... 241 ff., 321 ff.
    Chemmis ... 49, 51 f., 60 f., 97
    Deir el-Hagar ... 100 ff.
    Deir esch-Schelwit ... 241 ff., 287
    Dendera ... 241 ff., 283 ff.
    Edfu ... 13 ff., 241 ff., 287 f., 310 ff.
    Gebel es-Silsile ... 18
    Hager Edfu ... 15
    Hermopolis ... 2
    Hibis ... 290 ff.
    Ismant el-Kharab ... 99 ff.
    Jerusalem ... 39
    Kalabscha ... 241 ff., 287, 306 f.
    Karnak ... 227 ff.
    Kawa ... 166 ff., 272 ff.
    Kom Ombo ... 241 ff.
    Koptos ... 209 ff., 251
    Mari Girgis ... 15
    Medinet Habu ... 73 ff.
    Musawwarat es-Sufra ... 167 ff.
    Nag' el-Hisaja ... 15, 27
    Philae ... 241 ff., 290, 305 ff.
    Qal'a ... 187 ff., 199 ff., 241 ff., 287
    Sanam ... 167 ff., 273 f.
    Schanhur ... 199 ff., 241 ff.
    Wannina ... 241 ff.
Osiriskapelle ... 21
Pantherfell ... 169 f.
Papyrusvorlage ... 307, 310, 319
Peitsche ... 8 f.
Per-wer ... 167
Persönliche Frömmigkeit ... 91 ff
Podium ... 272 ff.
Polizisten ... 75
Priesterprozession ... 286
Priesterschaften ... 305
Prozessionsweg ... 19 ff., 29 f., 288
Pylon ... 119
Pylon (Edfu) ... 3, 16
Qadesch-Schlacht ... 50
Randzeilen ... 284
    göttliche - ... 312
    königliche - ... 313
    obere - ... 312, 317
    untere - ... 313
Raumnamen ... 285 f.
Rebus ... 317, 319
Rechtsprechung ... 1 ff.
Regeneration ... 230
Rituale
    Bekleidung ... 251, 257, 259, 263, 269, 274
    Bestattung ... 289
    Feindvernichtung ... 245
    Kultbild ... 243, 246
    Mundöffnung ... 288 ff.
    Öffnen des Gesichts ... 77
    Reinigung ... 264, 269
    Salbung ... 251, 259, 269, 276 f.
    Schmücken ... 251, 259, 269
    Vereinigung mit der Sonnenscheibe ... 245, 249, 251, 256, 269, 271, 286 ff.
Ritualszenen
    Bekleiden ... 249, 254
    Bestreuen des Prozessionsweges ... 23
    Blumen ... 258, 314
    Bringen der Kronen ... 249
    Brot ... 231 f., 255
    Einführung des Königs ... 231 f.
    Feigen ... 27
    Halskragen ... 255
    Hekatombe ... 29, 244 ff., 264
    ḥrw-ʿ ... 26
    ḥtp-dj-nśwt ... 291
    Klettern für Min ... 229
    Kranz der Rechtfertigung ... 7
    Kranz aus Gold ... 26
    Krönung des Gottes ... 247
    Libation ... 247
    Libieren und Räuchern ... 21, 27 f.
    Maat ... 5, 121, 128, 168 ff., 210, 231, 249, 258
    Meret-Kästen ... 16, 211, 229
    Milch ... 27
    Mundöffnung ... 21

Myrrhe ... 257
Natron ... 247
Pektoral ... 257, 263
Pektoral und Kette ... 168 ff.
Pflanzen ... 198
Reinigungsritual ... 254 f.
Ruderlauf ... 230 f.
Salböl ... 27, 231, 247 ff., 316
Schebet ... 231 f.
Schminke ... 258
Schreibpalette ... 9, 12
Schutzamulett ... 247
sfsf-ꜣw ... 16
Sokarbarke ... 19
Sistrum ... 23
Stoff ... 231 f., 244, 247 ff.
Töten der Schlange ... 245
Tranktischopfer ... 230 f.
Treiben der Kälber ... 16, 167 f., 211, 229
Udjat-Auge ... 209, 258
Uräusschlange ... 312
Vasenlauf ... 230 f.
Weihrauch ... 210, 231, 255
Weihrauch und Libation ... 231 f., 249
Weihrauch und Wein ... 23
Wein ... 27, 29, 209, 231 f., 258, 273
wdn ... 28, 255
wnšb ... 23, 255
Säule
Hathorkapitelle ... 253
Hofsäulen ... 305, 308 ff., 318
Säulenhalle, Große ... 227 ff.
Sanatorium (Dendera) ... 95
Sanktuar (Dendera) ... 285
Sanktuar (Philae) ... 3, 39
Schatzkammer ... 145, 248, 251
Scheintür ... 45
Schreibgeräte ...9, 12
Schrift, kryptographisch ... 250
See, heiliger ... 26
Sitz des ersten Festes ... 248 f., 254, 256, 259, 265, 269 ff.
Skarabäus ... 175
Statue ... 2, 51, 91, 188, 193 ff., 284 ff.
Belebung von Statuen ... 287 ff.
Stätten, heilige ... 26
Stiftung ... 55 f., 61
Stoffe ... 244
Streit des Horus und Seth ... 7
Stundenwachen ... 289
Tempel mit Umgang ... 40
Tempel, Namen des - ... 265 f.
Tempelschlaf ... 96
Tempelumgang ... 96
Text, Übertragung von ... 319
Textparallelen ... 305 ff.
Textredaktion ... 305 ff.
Tierkreis ... 266 f.
Theologische Abhängigkeit ... 307
Tor ... 14, 20 f., 23, 42 f., 99 ff., 117, 149, 151, 164, 198
Tor des Euergetes (Karnak) ... 1 ff.
Tor des Himmels ... 44 f.
Tor des Horizontes ... 43
Tor des Month (Karnak) ... 3
Totenkult ... 289
Treppe ... 252, 272
Treppenhaus ... 19, 244 f., 287, 290 f.
Unterwelt ... 286 f.
Vogelhaus ... 80
Vorhang ... 39 ff.
Wabet ... 241 ff., 283 ff.
Wadjet (Kultname) ... 265
Waffen ... 190
Wasser ... 245, 250, 276 f.
Weinkammer ... 80
Werkstätte ... 80
Wesir ... 43
Wochenlaube ... 41
Zahlen
Sieben ... 9, 12
Vierzehn ... 317

Ägyptische Wörter

ꜣ

ꜣwt (Opfer) ... 254
ꜣpjstts ... 11
ꜣḥ ... 76
ꜣḥ tp ... 8
ꜣḫt (Horizont) ... 251
ꜣḫt-nḥḥ ... 26
ꜣḫ-bjt ... 97

j

jꜣt-Bḥdt ... 22
jꜣt-mꜣꜥt ... 28
jꜣt-šṯꜣt ... 26
jwntjw ... 56
jwḥ ꜥb ... 8
Jpt-swt ... 101
jmjt-pr ... 7
jmꜣ ... 26
jmnjt nt rꜥ nb ... 77
jnr bḫn ... 194
jrt bjnt ... 95
jrj ꜥt ... 6
jrj-ꜥt n ntꜣtꜣ ... 5
jrj-ꜥt n tꜣjtj zꜣb ... 5
jrj šnbt ... 7
jrj tp-nfr ... 2
jrw ... 5, 259, 261
jrw m nbw ... 195
jrp ... 29
jḫt nb nfr ... 29
jzt ... 3, 6
jzft ... 8
jšd ... 26
jtrw ... 250
jdr nṯrw ... 191

ꜥ

ꜥt ... 6, 80
ꜥt jzt ... 3, 6
ꜥt-bjt ... 75
ꜥt-bnjt ... 75
ꜥt-psn ... 75
ꜥt-ḥqt ... 76
ꜥꜣjt ... 6
ꜥꜣbt (Opfer) ... 29, 264
ꜥꜣbt (Mineral) ... 188
ꜥb (Mineral) ... 188, 194
ꜥbꜣ ... 247, 251
ꜥbꜣ-ḏfꜣw ... 251
ꜥft ... 2
ꜥftt ... 2
ꜥntj ... 250, 260, 263
ꜥnꜥn ... 2
ꜥnḫ ... 121, 131
ꜥnḫ wꜣs ... 246
ꜥrrjt ... 191
ꜥḫm ... 284

w

wꜣḥ jḫwt ... 254
wꜣs ... 121, 124
Wꜣst ...101
wꜣḏ (Halskragen) ... 260
wꜥbw nḏ jḫt ... 10
wꜥbt ... 247, 251, 289
wp-rnpt ... 271
wpj ... 5
wpwtj ... 5
wpwtjw ... 4
wn nḫj ... 5
wn-ḥr ... 77
Wnn-nfrw nb ḏfꜣw ... 108
wnšb (Kultobjekt) ... 23, 255
wsḫ (Halskragen) ... 255
wsḫt wꜥbt.f ... 251
wsḫt-ḥbjt ... 82
wdn ... 26, 28, 29
wḏꜣ (Auge) ... 255

wḏ3 (Amulett) ... 260
wḏ3 n z3w (Amulett) ... 247, 251
wḏʿ mdw ... 6
wḏʿ rjt ... 4, 6, 7
b
b3w-3st ... 191
b3t (Vogel) ... 250
B3stt ... 191
b3q (Baum) ... 26
b3k ... 194
bjt (Gebäck) ... 75, 78, 80
bj3 ... 250
bj3-n-pt ... 194
[*bj3*]-*qs-ʿnḫ* ... 194
bnjt ... 80
Bḥdt ... 14, 22, 27
Bḥdtjt ... 27
bẖn ... 188
bdḥ (matériel liturgique) ... 259
bḏr ... 9
p
p3 jrj sẖrw ... 5
P3 jrj sẖr m W3st ... 97
p3 ʿwj n wpjw ... 6
p3 ʿwj n wptjw ... 3
p3-ẖj / *Pa-ẖj* ... 18
p3-ẖn ... 26
P3-š-n-Ḥr (Schanhur) ... 201, 260
p3 šn ... 10
P3-šr-p3-ẖj ... 18
pr 3st ... 191
pr-wr ... 44
pr-mst ...52
pr ḥnwt.sn ... 191
pr-ḥḏ ... 248
pḥtj ... 264
psn ... 75, 78, 80
f
f3j jḫt ... 29
f3j-ʿ ḥr nḫḫ ... 102
fq3 ... 7
m
m3ʿt ... 121, 131
mʿb3jt ... 4, 6
mʿnn ... 9, 10
mfkt ... 194
mn (Vase) ... 250
mnf(r)t (Armband) ... 260
mnḫt (Stoff) ... 257, 259, 263
mnq md ... 10
mr nwt ... 5
mr-nwt ... 5
mr šn ... 10, 11
mrtjw (Augen) ... 191
mrj.j nj-Jmn ... 54
mrj.j nj-Jtmw ... 54
msn (Harpunierer) ... 19
Msnt (Mesen) ... 124
msq ... 8
msq hpw ... 8
mkw ... 188
mḏt ... 316
mḏt ḥb ... 317
n
nb-jrt-jḫt ... 47
nb jz ... 244
nb B3k ... 145, 148
nb Bhn ... 145, 148
nb Mj3 ... 145, 148, 152
nb Nbhj ... 152
nb nswt t3wj ḫntj Jpt-swt ... 101
nb nswt t3wj ḫntj m t3-Ztj ... 149
nb ḫ3swt ... 263
nbw ḫnt ... 191
nb šsmw ... 8, 10
nb šsmw nḏ jḫt ... 8
nb t3wj .. 47
nb ḏf3w ... 108
nbt jšrw ... 101
nbt ḥtpt ... 104, 105
nb (Gold) ... 194
nfrwt ... 192

nmst (Vase) ... 247, 255, 289
nrjw-ḥr m mrtjw ... 191
nhm ... 313
nḥb-kꜣ (Fest) ... 78
nḫḫ ... 102, 246
Ns-pꜣ-ḫj-(n-Bḥdt) ... 18
nswt tꜣwj ...101, 149
nswt bjtj ... 152
ntꜣtꜣ ... 3, 5
nṯr ꜥꜣ zꜣ Bꜣstt ... 191
nṯr nfr ... 47, 152
nṯrj (Stoff) ... 257, 259, 263
nṯṯ ... 191, 192
nḏ jḫt (opfern) ... 28
nḏ jḫt (Richter-Titel) ... 5, 10, 11
nḏtjw ... 188
Nḏm-ꜥnḫ (Edfu) ... 21
r
rꜣw nw ḫsf jrt bjnt ... 95
Rꜥ nj-ḥqꜣw ... 53, 54
rwt ... 7
rwt dj(t) mꜣꜥt ... 2, 4, 11
rnpwt (Pflanzen) ... 314
Rnnt-nfrt ... 196
rrwt ... 192
rsjw ... 188
h
hpw ... 8
hmhm (Krone) ... 154
hrw mst ... 40
hrw stp-zꜣ n ḫj.ś ... 191
ḥ
ḥwt nt ḥḥw m rnpwt ... 74
ḥwt-nb ... 288
ḥꜣt-zp ... 315
ḥꜣjt (Kiosk) ... 251
ḥꜥw n sbjw ... 191
ḥb ... 265, 317
ḥb Bḥdt ... 14
ḥbw tp trw ... 287
ḥb tpj n Jmn ... 275
ḥbw nw ẖnm-jtn ... 287
ḥb-sd ... 316
ḥpt (Krone) ... 246
ḥptj (Krone) ... 246, 257
ḥm-nṯr ... 81
ḥnk jrp ... 29
ḥnk jḫt nb(t) nfr(t) ... 29
ḥrjt-jb ... 211
ḥrt-jb Bḥdt ... 27
ḥrjt-tp ... 313
ḥrjw-jḫt ... 188
ḥrjw-ꜥbꜣ.sn ... 189, 191
ḥrj-ꜥfn ... 192
ḥrjw-wḏḥw ... 190
ḥrjw-šnꜥ ... 79
ḥrjw-sḫt ... 188, 189
ḥrjw-ds ... 191
ḥrjw-ds.sn ... 188
ḥrw-ꜥ ... 26, 28
ḥzp ... 315
ḥsp ... 315
ḥqꜣ ... 246
ḥqꜣ tꜣwj ... 53, 54
ḥknw ... 258, 260
ḥtpw-nṯr ... 188
ḥtp-dj-nswt ... 57
ḥḏ (Naos) ... 187
ḥḏ(j)w / *ḥḏw* (Götter des Naos) ... 187, 188, 190
ḥḏ-wr ... 187
ḫ
ḫꜣ (Pflanze) ... 7
ḫꜣw n sḏmw ... 4
ḫꜣw sḏmw ... 6
Ḫꜣ-dj-nṯr ... 285
ḫj ꜥꜣ wr ... 18, 19
ḫww ... 188
ḫbbt ... 316
ḫp(p)w ... 191
ḫprw ... 284
ḫpš ... 7

ḫftjw ... 191
ḫm (Sanktuar) ... 251
ḫnmt ... 194
ḫnt (dressoir) ... 191
ḫntj Jpt-swt ... 101
ḫntj m tꜣ-Ztj ... 149
ḫsf jrt bjnt ... 95
ḫsf qj ... 8
ẖ
ẖt tpjt ... 28
ẖꜣkw-jb ... 191
ẖnm-jtn ... 286, 287, 288, 289, 292
ẖnm jdr nṯrw ... 191
ẖrj-tp-nsw ... 1
ẖkr ... 124, 125
ẖkrw ... 124, 247
z
zꜣ Rꜥ ... 47, 152
zꜣ (Schutz) ... 260
zꜣw ꜥrrjt ... 191
zꜣw n zꜣ.s šps ... 191
zꜣw (Amulett) ... 259, 260
zꜣb zšw ... 2
zš zꜣb ... 2
s
St-wrt ... 20
St-Rꜥ ... 20
st gmḥ ... 93
st-ḥb-tpj ... 265, 270
sꜣḫw ... 260
sbꜣw ... 44
sbꜣ n ḫft-ḥr ... 16
sbjw ... 191
sbḫ ... 44
sptj ... 191
spꜣt ... 265
sfsf ꜣwt ... 254
sm.f ... 2
smn ... 284
smrw ... 289
Snt-nfrt ... 263
snw (Brot) ... 255
snḏ ... 2
sr n mꜣꜥt ... 4, 7
shr ... 194
sḥrjw ... 191
sḫm ... 284
sḫkr ... 7
sšmw ... 284
sšd (Band) ... 246
stj-ḥb ... 316, 317
sṯt ... 195
sḏm-ꜥš ... 92
sḏmw ... 4
š
š-nswt ... 26
šꜥt ... 76
šbw n ẖꜣkw-jb ... 191
špswt ... 192
šfjt ... 2
šn ... 10, 11
šnꜥ n sꜣ ... 80
šnnw ... 188
šzp (Bild) ... 284
Šzmw nb jz ... 244
šsmw (Dekan) ... 195
Šsmtt ... 195
q
qn (Übel) ... 8
qnbt ... 4
qḥs / *qḥss* ... 17
k
kꜣ-mwt.f tꜣj nṯrw ... 102
kꜣrjw ... 188
(*kḥss* ... 17)
t
tꜣ-jnt-n-Bḥdt ... 27
tꜣ ꜥꜣbt (Fest) ... 29
tꜣ nṯrt ꜥꜣt ... 191
tꜣ n ẖt tpjt ... 28
tꜣ-Ztj ... 149
tꜣ / *tꜣj* (Tor) ... 42, 43

tꜣ-wr ... 42
tꜣjt (Tor) ... 42
tꜣjt (Vorhang) ... 43, 44
Tꜣjt ... 43
tꜣjtj zꜣb ... 3, 4, 6, 8, 10, (42)
tjt Rꜥ ... 55
tḫw (Pflanzen) ... 285, 286
tkkw pr pn ... 191
ṯ
ṯt ... 5
ṯꜣ-nt-nb ... 2
ṯꜣj nṯrw ... 102
ṯmꜣ ꜥ ... 8
ṯnj nsw ... 1
ṯḥn ... 194
ṯḥnt tpt-jnr / jnt ... 194
ṯḥnt tpt-jnrtj ... 194
d
dšrt (Krug) ... 255, 264, 289
dqw ... 76
ḏ
ḏt (Körper) ... 260
ḏꜣḏꜣt ... 3
ḏꜣḏꜣt wdꜥ mdw ... 3
ḏfꜣw ... 108, 247, 251
ḏsr ... 2
ḏd (Pfeiler) ... 115, 124, 126, 132

Stellen

Bibel
Ex 26,2 ... 39
Ex 26.7ff. ... 39
Ex 35,12 ... 39
Ex 39,34 ... 39
Lk 23.45 ... 39
Mk 15.88 ... 39
Mt 27.51 ... 39
2. Chr 3,14 ... 39

CT
CT I, 253d-254c ... 43
CT II, 49a-51c ... 41
CT III, 350a ... 192

Dendara
Dendara I, 20,6-8 ... 14
Dendara I, Pl. 37 u. 38 ... 248
Dendara II, 24-25 u. 54 ... 187; 188
Dendara II, 37, 5 ... 258
Dendara II, 81,10 ... 251
Dendara II, 199,4 ... 20
Dendara II, Pl. 88, 94, 98 ... 187; 188
Dendara IV, 26-29 ... 193
Dendara IV, 44,18 ... 20
Dendara IV, 149 ... 248
Dendara IV, 151,11 ... 248
Dendara IV, 154,10 ... 248
Dendara IV, 179 - 184 ... 248
Dendara IV, 185ult. ... 249
Dendara IV, 186,1 ... 249
Dendara IV, 186,6 ... 249
Dendara IV, 190 ... 249
Dendara IV, 190f. ... 248
Dendara IV, 192 ... 249
Dendara IV, 193f. ... 249
Dendara IV, 198 ... 249
Dendara IV, 204 ... 249
Dendara IV, 205f. ... 248
Dendara IV, 206 ... 249
Dendara IV, 208f. ... 249
Dendara IV, 210 ... 249
Dendara IV, 211 ... 249
Dendara IV, 216f. ... 249
Dendara IV, 218-220 ... 249
Dendara IV, 221f. ... 249; 256
Dendara IV, 225 ... 256
Dendara IV, 228f. ... 249
Dendara IV, 230,8ff. ... 289; 291
Dendara IV, 230,19ff. ... 289; 291
Dendara IV, 231-233 ... 250
Dendara IV, 233f. ... 250
Dendara IV, 233,7 - 234,3 ... 251
Dendara IV, 234,5-9 ... 251
Dendara IV, 235-238 ... 250

Dendara IV, 236-238 ... 265
Dendara IV, 238 ... 249
Dendara IV, 238-241 ... 249; 275
Dendara IV, 241 ... 249
Dendara IV, 243 ... 249
Dendara IV, 243,11 - 244,4 ... 289
Dendara IV, 244 ... 250
Dendara IV, 245 ... 250; 255
Dendara IV, 246 ... 250
Dendara IV, 247 ... 250; 264
Dendara IV, 248 ... 249; 250
Dendara IV, 248,9-12 ... 289
Dendara IV, 249 ... 250
Dendara IV, 250 ... 250
Dendara IV, 251 ... 250; 264
Dendara IV, 252-255 ... 250; 265
Dendara IV, 253,11-12 ... 265
Dendara IV, 255 ... 249
Dendara IV, 257,5ff. ... 289; 291
Dendara IV, 259 ... 249
Dendara IV, 261 ... 249
Dendara IV, 261,8-13 ... 289
Dendara IV, 262 ... 250
Dendara IV, 263 ... 250; 255
Dendara IV, 264 ... 250
Dendara IV, 265 ... 250; 264
Dendara IV, 266 ... 249
Dendara IV, 266,14-18 ... 289
Dendara IV, 267 ... 250
Dendara IV, 268 ... 250
Dendara IV, 269 ... 250
Dendara IV, 270 ... 250; 264
Dendara IV, 270,3ff. ... 289; 291
Dendara IV, Pl. 288 ... 248
Dendara IV, Pl. 298 ... 248
Dendara IV, Pl. 300 ... 249
Dendara IV, Pl. 301,2 ... 248
Dendara IV, Pl. 304 ... 249
Dendara IV, Pl. 306 ... 250
Dendara IV, Pl. 307 ... 249
Dendara IV, Pl. 311 ... 250
Dendara IV, Pl. 312 ... 249
Dendara IV, Pl. 315 ... 250
Dendara V, 5,17-18 ... 14
Dendara V, 5,17-18 ... 22
Dendara V, 9,13 ... 284
Dendara V, 14,5 ... 285
Dendara V, 14,5-8 ... 14; 20
Dendara V, 16,10-13 ... 14
Dendara V, 16,11 ... 285
Dendara V, 18,10-11 ... 284
Dendara V, 18,10-11 ... 284
Dendara V, 22,6 ... 285
Dendara V, 31,4 ... 285
Dendara V, 34,9-10 ... 284
Dendara V, 41,5-6 ... 284
Dendara V, 45,3-4 ... 284
Dendara V, 66,5-6 ... 286
Dendara V, 76,12-13 ... 286
Dendara V, 89,5-10 ... 286
Dendara V, 90,3-4 ... 286
Dendara V, 96,3-8 ... 286
Dendara V, 97,3-4 ... 286
Dendara V, 116,9 - 119,1 ... 286
Dendara V, 121,5 ... 285
Dendara V, 131,14 ... 285
Dendara V, 134,15 ... 285
Dendara V, 139,5-6 ... 284
Dendara V, 151,7 ... 284
Dendara V, 153,5 ... 285
Dendara V, 157,7 ... 285
Dendara V, 157,11 ... 285
Dendara V, 316-321 ... 283
Dendara V, Pl. 392 ... 286
Dendara V, Pl. 398 ... 286
Dendara VI, 65,22 - 67,9 ... 286
Dendara VI, 91,16 ... 285
Dendara VI, 92,9 ... 284
Dendara VI, 97,6 ... 286
Dendara VI, 158,4-7 ... 14
Dendara VI, Pl. 510f. ... 248
Dendara VII, 190,3-4 ...287
Dendara VIII, 44-64 ... 193
Dendara VIII, 68-70 ... 193
Dendara VIII, 86,3 ... 314
Dendara VIII, 96,4 ... 289
Dendara VIII, 96,7 ... 289
Dendara VIII, 101,11 ... 287
Dendara VIII, 117,1-2 ... 289
Dendara VIII, 117,2 ... 287
Dendara VIII, 117,6 ... 289
Dendara VIII, 127 -145 ... 288
Dendara VIII, Pl. 728-733 ... 193
Dendara VIII, Pl. 736f. ... 193
Dendara IX, 162,13-14 ... 287
Dendara IX, 164,6 ... 287
Dendara IX, 202,2 ... 287
Dendara IX, 203,7 ... 287
Dendara IX, 203,9 ... 287
Dendara IX, 204,2-3 ... 287

Daumas, Mammisis de Dendara
(=Dendara Mam.)
Dendara Mam., 38 ... 193
Dendara Mam., Pl. 8 ... 196
Dendara Mam., Pl. 40B u. 59 ... 195

Edfou
Edfou I, 18,36 ... 44
Edfou I, 50,2-7 ... 22
Edfou I, 63 ... 12
Edfou I, 64,16 - 65,6 ... 30
Edfou I, 78,10-17 ... 30
Edfou I, 86,4 ... 28
Edfou I, 173,3 - 174,7 ... 21
Edfou I, 173,12 ... 15
Edfou I, 228,8-9 ... 20
Edfou I, 350,14-15 ... 20
Edfou I, 352,2 ... 20
Edfou I, 359,5 ... 26; 28
Edfou I, 361,9-11 ... 10
Edfou I, 382,4-15 ... 21
Edfou I, 382,11 ... 15
Edfou I, 410,2-6 ... 246
Edfou I, 410,8-13 ... 246
Edfou I, 410,15 - 411,2 ... 246
Edfou I, 411ult. - 412,7 ... 246
Edfou I, 411,4-7 ... 246
Edfou I, 412,10-17 ... 246
Edfou I, 412,15 ... 269
Edfou I, 413,12 - ult. ... 246
Edfou I, 414,2-7 ... 246
Edfou I, 414,10-14 ... 246
Edfou I, 414ult. - 415,3 ... 246
Edfou I, 417 ... 247
Edfou I, 417,7-17 ... 271
Edfou I, 418 ... 255
Edfou I, 419 ... 246; 257
Edfou I, 419,1f. ... 291
Edfou I, 421 ... 246
Edfou I, 422 ... 246; 257
Edfou I, 424f. ... 246
Edfou I, 426 ... 246; 257
Edfou I, 427f. ... 255
Edfou I, 428 ... 246; 257
Edfou I, 428,2f. ... 291
Edfou I, 430 ... 246
Edfou I, 431 ... 246; 257
Edfou I, 433f. ... 246
Edfou I, 435 ... 246; 257
Edfou I, 435 n. 1 ... 257
Edfou I, 440,1-11 ... 245
Edfou I, 441 ... 245
Edfou I, 441,19 ... 249
Edfou I, 442,5 - 443,8 ... 245
Edfou I, 443,12-18 ... 245
Edfou I, 513,11-19 ... 287
Edfou I, 530,3-4 ... 22
Edfou I, 536,4 - 537,2 ... 287
Edfou I, 540,11ff. ... 289
Edfou I, 544,12ff. ... 289
Edfou I, 551-553 ... 288
Edfou I, 552,13 ... 288
Edfou I, 553,2 u. 4 ... 288
Edfou I, 553,4-7 ... 288
Edfou I, 586-587 ... 245
Edfou I, 587 ... 248
Edfou I, 589 u. 590 ... 245
Edfou I, 590,13 ... 245
Edfou II, 9,5-6 ... 20
Edfou II, 10,15 ... 20
Edfou II, 51,3 - 52,9 ... 22
Edfou II, 51,10 ... 15
Edfou II, 58,12-18 ... 30
Edfou II, 86,2-11 ... 30
Edfou III, 115,13 - 116,11 ... 29
Edfou III, 168,19 - 169,11 ... 29
Edfou III, 190,3 ... 9
Edfou III, 301,8-16 ... 22
Edfou III, 323,5-11 ... 22
Edfou III, 323,7 ... 26
Edfou III, 351,4 ... 95
Edfou IV, 5,10-11 ... 24
Edfou IV, 8,2 u. 4 ... 315
Edfou IV, 6,2-3 ... 247
Edfou IV, 83,4 - 85,8 ... 22
Edfou IV, 84,1 ... 26
Edfou IV, 84,11 ... 26
Edfou IV, 85,4 ... 26
Edfou IV, 239,13 - 241,14 ... 22
Edfou IV, 240,3 ... 26
Edfou IV, 240,4-5 ... 26
Edfou IV, 305,14 ... 8
Edfou IV, 356,12 ... 26
Edfou IV, 356,13-14 ... 28
Edfou IV, 388,4 ... 26
Edfou V, 4,1 ... 20
Edfou V, 28,11 - 35,3 ... 14
Edfou V, 30,6-7 ... 17
Edfou V, 30,7 ... 28
Edfou V, 34,5-6 ... 17
Edfou V, 34,6-7 ... 28
Edfou V, 61,2 ... 27

Edfou V, 61,12 ... 27
Edfou V, 61,17 - 63,17 ... 22
Edfou V, 62,16 ... 26
Edfou V, 63,11 ... 26
Edfou V, 64,10 ... 28
Edfou V, 64,11-12 ... 28
Edfou V, 78,16 - 79,11 ... 22
Edfou V, 83,8-9 ... 29
Edfou V, 83,14 ... 27
Edfou V, 84,7 ... 27
Edfou V, 124,6 - 136,4 ... 14
Edfou V, 124,10-11 ... 20; 23
Edfou V, 125,2 ... 28
Edfou V, 125,3-4 ... 29
Edfou V, 125,4 ... 26; 29
Edfou V, 129,9 ... 29
Edfou V, 131,7 ... 28; 29
Edfou V, 132,6-8 ... 28
Edfou V, 133,5 ... 26
Edfou V, 134,10 ... 28
Edfou V, 135,1 ... 28
Edfou V, 135,2 ... 28
Edfou V, 135,4-5 ... 28
Edfou V, 135,7-9 ... 28
Edfou V, 159,13 ... 27
Edfou V, 160,7 ... 27
Edfou V, 160,12 - 162,6 ... 22
Edfou V, 162,8 ... 28
Edfou V, 162,15 ... 26
Edfou V, 171,1 ... 26
Edfou V, 175,3-12 ... 22
Edfou V, 179,8 ... 29
Edfou V, 179,13 ... 27
Edfou V, 180,7 ... 27
Edfou V, 184,13 ... 317
Edfou V,217,10-13 ... 318
Edfou V, 229,3 ... 318
Edfou V, 229,17 - 230,2 ... 318
Edfou V, 230,7 ... 318
Edfou V, 237,13-14 ... 318
Edfou V, 238,3 ... 318
Edfou V, 240,17 ... 318
Edfou V, 271,13 ... 317
Edfou V, 272,13-15 ... 316
Edfou V, 274,13 - 275,6 ... 22
Edfou V, 276,17-18 ... 313
Edfou V, 277,6-7 ... 312
Edfou V, 277,10 - 278,4 ... 22
Edfou V, 277,12 ... 20
Edfou V, 278,7-10 ... 311
Edfou V, 278,14-15 ... 313
Edfou V, 278,15 ... 311
Edfou V, 285,16-17 ... 318
Edfou V, 286,6-7 ... 318
Edfou V, 292,10-12 ... 314
Edfou V, 292,11 ... 315
Edfou V, 304,11 ... 315
Edfou V, 321,4 ... 264
Edfou V, 336,11-13 ... 20
Edfou V, 356,8 - 357,6 ... 14
Edfou V, 357,3 ... 28
Edfou V, 370,11 - 371,9 ... 22
Edfou V, 370,13 ... 20
Edfou V, 373,6-16 ... 23
Edfou V, 374,3-14 ... 22
Edfou V, 374,5-6 ... 21
Edfou V, 383,3-6 ... 20
Edfou V, 394,12-14 ... 14
Edfou V, 394,14 ... 316
Edfou V, 396,1 ... 20
Edfou V, 400,1 ... 17
Edfou V, 400,8 - 401,2 ... 276
Edfou VI, 7,6 ... 16; 20
Edfou VI, 109,9 ... 315
Edfou VI, 110,1 ... 27
Edfou VI, 110,2 ... 26
Edfou VI, 111,3 ... 18
Edfou VI, 132,7 - 136,9 ... 26
Edfou VI, 134,1 u. 10-11 ... 26
Edfou VI, 134,2 ... 18
Edfou VI, 134,2-3 u. 9-10 ... 28
Edfou VI, 136,3 ... 28
Edfou VII, 7,1 ... 315
Edfou VII, 8,7 ... 315
Edfou VII, 9,3 ... 316
Edfou VII, 12,6 ... 20
Edfou VII, 14,4 ... 248
Edfou VII, 15,4-7 ... 24
Edfou VII, 16,1-5 ... 247
Edfou VII, 16,3-4 ... 247
Edfou VII, 19,1 ... 16; 20
Edfou VII, 27,1-4 ... 18
Edfou VII, 32,7-8 ... 18
Edfou VII, 38,3-4 ... 18
Edfou VII, 118,4 - 119,8 ... 22
Edfou VII, 195,10-11 ... 4
Edfou VII, 235,7 ... 17
Edfou VII, 240,8 ... 17
Edfou VII, 279,16 - 281,2 ... 22
Edfou VII, 280,3-4 ... 26
Edfou VII, 280,4 ... 26
Edfou VII, 280,5 ... 26

Edfou VII, 280,16 ... 26
Edfou VII, 280,17 ... 26
Edfou VIII, 25,3 - 26,8 ... 3
Edfou VIII, 32,14 - 34,2 ... 3
Edfou VIII, 52,3 - 53,8 ... 3
Edfou VIII, 60,12 - 62,2 ... 3
Edfou VIII, 96,4 - 99,3 ... 25
Edfou VIII, 120,9 ... 6
Edfou VIII, 122,10 ... 7
Edfou VIII, 122,15 ... 5
Edfou VIII, 122,15-18 ... 7
Edfou VIII, 122,16 ... 4; 6
Edfou VIII, 122 - 123 ... 3
Edfou VIII, 123 ... 6
Edfou VIII, 123,6 ... 6
Edfou VIII, 123,7 ... 4
Edfou VIII, 123,11 ... 6
Edfou VIII, 145,12 ... 7
Edfou VIII, 160-9-10 ... 17
Edfou VIII, 163,2 ... 26
Edfou VIII, 167,15 - 168,12 ... 23
Edfou VIII, 311,7-8 ... 6
Edfou IX, Pl. 1 ... 245
Edfou IX, Pl. 21b ... 176
Edfou IX, Pl. 32b ... 176
Edfou IX, Pl. 33a ... 255; 257
Edfou IX, Pl. 33ab ... 246
Edfou IX, Pl. 33c ... 246
Edfou IX, Pl. 34 ... 245
Edfou IX, Pl. 40f-g ... 24
Edfou X, Pl. 113 ... 25
Edfou X, Pl. 117 ... 25; 171
Edfou X, Pl. 121-122 .. 14; 24
Edfou X, Pl. 126-127 ... 14; 24
Edfou X, Pl. 127 ... 29
Edfou X, Pl. 146 ... 26
Edfou XIII, Pl. 451-479 ... 14
Edfou XIII, Pl. 459 ... 9
Edfou XIII, Pl. 463 ... 9
Edfou XIV, Pl. 472 ... 25

Edfou Mam., 4,6 ... 193
Edfou Mam., 56,4-5 ... 17
Edfou Mam., 89,3-12 ... 23
Edfou Mam., 122,6-15 ... 23
Edfou Mam., 133,11-14 ... 191
Edfou Mam., 140,3-5 ... 191
Edfou Mam., 150,9 ... 17
Edfou Mam., 162,17-19 ... 29
Edfou Mam., Pl. 27,1 u. 32,1 ... 191

Esna
Esna III, Nr. 377,1 ... 316
Esna IV, 1 ... 265; 267
Esna IV, 9 ... 265

Karnak, Euergetestor
(= P. Clère, Porte d'Évergète à Karnak, 2e partie, Le Caire 1961)
Pl. 2 ... 5; 8
Pl. 9 ... 4; 5
Pl. 10 ... 4; 5
Pl. 14 ... 5
Pl. 15 ... 4; 5
Pl. 18 ... 5
Pl. 22 ... 3; 4; 7; 9; 10
Pl. 23 ... 4; 8
Pl. 24 ... 10
Pl. 28 ... 5
Pl. 29 ... 5; 7
Pl. 31 ... 4; 7
Pl. 32 ... 4; 5; 7; 8
Pl. 40 ... 2
Pl. 41 ... 3; 4; 5; 6; 7; 8
Pl. 59 ... 3; 4, 5; 7; 8

Karnak, Opet-Tempel
de Wit, Opet I, 85 ... 193; 195
de Wit, Opet I, 138 ... 191
de Wit, Opet I, 185 ... 192f.

Kom Ombos (= De Morgan, Cat. des Mon.)
Kom Ombos I, 45-49 ... 193
Kom Ombos I, 46 ... 195
Kom Ombos I, 48 u. 49 ... 188
Kom Ombos II, 596 ... 276
Kom Ombos II, 596,15 ... 267
Kom Ombos II, 900 u. 909 ... 276

KRI (= Kitchen, Ram. Inscr.)
KRI I, 48,11-12 ... 77
KRI I, 133,3 ... 44
KRI I, 134,6-7 ... 44
KRI II, 347,14-16 ... 80
KRI II, 347-348 ... 75
KRI II, 347,14-16 ... 76
KRI II, 513-531 ... 79
KRI II, 532-535 ... 74
KRI II, 533 u. 534 ... 80
KRI II, 533, 3-13 ... 77
KRI II, 533,8 ... 75

KRI II, 533,15 ... 77
KRI II, 749,10-12 ... 52
KRI V, 185 ... 73
KRI VI, 487,6-8 ... 9
KRI VI, 808,9-12 ... 9
KRI VI, 817,13-16 ... 10

Medinet Habu
Hölscher, Medinet Habu III, Tf. 10 ... 82
Medinet Habu III, Fig. 2 ... 78
Medinet Habu III, Tf. 140,95-97 ... 75
Medinet Habu III, Tf. 140,252 ... 75
Medinet Habu III, Tf. 142 ... 80
Medinet Habu III, Tf. 146,219 ... 77
Medinet Habu III, Tf. 146,262f. ... 76
Medinet Habu III, Tf. 167,1416 ... 77
Medinet Habu III, Tf. 168 u. 169 A ... 73; 78
Medinet Habu III, Tf. 169 B ... 74
Medinet Habu III, Tf. 306 (B) ... 82
Medinet Habu V, Tf. 322 ... 74

Papyri
pBM 10472 ... 107
pChester Beatty I, 16,6-7 ... 7
pHarris I, 45,7 ... 44
pMayer A, 8,5-6 ... 10

Philae
Philae, p. 17 ... 244
Philae, p. 19 ... 244
Philae, p. 20-23 ... 243
Philae, p. 23 ... 243
Philae, p. 55f. ... 244
Philae, p. 73, 87, 94, 97f., 101f., 122 ... 244
Philae, pl. 5 ... 244
Philae, pl. 6 ... 244
Philae, pl. 7 u. 8 ... 243
Philae, pl. 21 ... 244

Junker, Philä I, Abb. 37 ... 171
Junker, Philä I, Abb. 84 u. 85 ... 176
Junker/Winter, Philä II, 206-211 ... 193
Junker/Winter, Philä II, 207 u. 209 ... 196
Junker/Winter, Philä II, 209 ... 195
Junker/Winter, Philä II, 302f. ... 191
Winter, Philä III, 4ff. ... 306
Winter, Philä III, 5 u. 7 ... 307
Winter, Philä III, 5 u. 7 ... 307
Winter, Philä III, 22 ... 311; 312; 313
Winter, Philä III, 23 ... 311
Winter, Philä III, 34 ... 314
Winter, Philä III, 40 ... 318
Winter, Philä III, 44 ... 318
Winter, Philä III, 52 ... 316; 317
Winter, Philä III, 54 ... 318
Winter, Philä III, 56 ... 318
Winter, Philä III, 58 ... 318

PM
PM II^2, 41f. ... 109
PM II^2, 192f. ... 108
PM II^2, 193f. ... 108
PM II^2, 225-227 ... 109
PM II^2, 246 ... 109
PM II^2, 306 (17-18) ... 75
PM II^2, 314 (77-81) ... 73
PM II^2, 343 ... 95
PM II^2, 350f. ... 49
PM II^2, 350 (23) ... 49
PM II^2, 351 (36) ... 49
PM II^2, 351 (37) ... 49
PM II^2, 353 (52) u. (53) ... 49
PM II^2, 353 (54) ... 47
PM II^2, 357f. (79-83) ... 73
PM II^2, 380 - 381 ... 49
PM II^2, 462 (10) ... 254
PM V, 136 ... 201; 260
PM V, 208-213 ... 48
PM VI, 32 u. 34 (6-10) ... 74
PM VI, 34 (4-5) ... 74
PM VI, 220 (130) ... 306
PM VI, 235-6 ... 3
PM VII, 4 (16-18) ... 108
PM VII, 96ff. ... 50
PM VII, 102 (39-40) ... 51
PM VII, 109 (94) ... 51
PM VII, 109 (97) ... 51
PM VII, 200 ... 273
PM VII, 293 - 295 ... 100

Pyr.
Pyr. 50b ... 316; 317
Pyr. 415 ... 43
Pyr. 741b ... 43
Pyr. 2094a ... 43

El-Qal'a I
El-Qal'a I, n° 2 ... 260
El-Qal'a I, n° 19f. ... 259
El-Qal'a I, n° 23 ... 260
El-Qal'a I, n° 32 ... 260
El-Qal'a I, n° 44 u. 50 ... 198
El-Qal'a I, n° 45, 56 u. 66 ... 260
El-Qal'a I, n° 70 ... 257
El-Qal'a I, n° 71-74 ... 190
El-Qal'a I, n° 82 ... 198
El-Qal'a I, n° 94-102 ... 198
El-Qal'a I, n° 110 ... 198; 263
El-Qal'a I, n° 145ff. ... 259
El-Qal'a I, n° 157 ... 191
El-Qal'a I, n° 161 ... 190; 191
El-Qal'a I, n° 164 ... 192
El-Qal'a I, n° 173-174 ... 191
El-Qal'a I, n° 270 ... 198
El-Qal'a I, n° 272 - 277 ... 192
El-Qal'a I, n° 276 ... 195
El-Qal'a II, n° 1 ... 264
El-Qal'a II, n° 3ff. ... 263; 264
El-Qal'a II, n° 9 ... 265
El-Qal'a II, n° 10 ... 265
El-Qal'a II, n° 11 ... 264
El-Qal'a II, n° 12 ... 265
El-Qal'a II, n° 13 ... 265
El-Qal'a II, n° 124 ... 257
El-Qal'a II, n° 129 ... 257
El-Qal'a II, n° 130 ... 252
El-Qal'a II, n° 136f. ... 255
El-Qal'a II, n° 141f. ... 255
El-Qal'a II, n° 206 ... 252
El-Qal'a II, n° 117-119 ... 253
El-Qal'a II, n° 120 ... 253
El-Qal'a II, n° 142 ... 255
El-Qal'a II, n° 174f. ... 253
El-Qal'a II, n° 179 ... 253; 254
El-Qal'a II, n° 180 ... 255
El-Qal'a II, n° 181 ... 255
El-Qal'a II, n° 181f. ... 254
El-Qal'a II, n° 182 ... 255
El-Qal'a II, n° 183 ... 253; 270
El-Qal'a II, n° 184 u. 186 ... 253; 255
El-Qal'a II, n° 185 ... 254
El-Qal'a II, n° 187 ... 254; 255
El-Qal'a II, n° 188ff. ... 253; 255
El-Qal'a II, n° 190 ... 255
El-Qal'a II, n° 192 ... 255
El-Qal'a II, n° 195f. ... 256
El-Qal'a II, n° 203-208 ... 256
El-Qal'a II, n° 204 ... 258
El-Qal'a II, n° 205 u. 211 ... 257
El-Qal'a II, n° 206 ... 256; 258
El-Qal'a II, n° 207 ... 257; 258
El-Qal'a II, n° 208 u. 214 ... 257
El-Qal'a II, n° 209 ... 258
El-Qal'a II, n° 210 ... 258
El-Qal'a II, n° 211 u. 214 ... 256
El-Qal'a II, n° 212 ... 258
El-Qal'a II, n° 213 ... 258
El-Qal'a II, n° 215f. ... 257; 259; 260
El-Qal'a II, n° 270 ... 258

Urk.
Urk. II, 127,2 ... 271
Urk. II, 137f. ... 275
Urk. II, 153,11 ... 10
Urk. II, 195 ... 275
Urk. II, 211 ... 275
Urk. II, 214-230 ... 275
Urk. IV, 305,6 ... 49
Urk. IV, 1833 - 1835 ... 91
Urk. IV, 1856 ... 91
Urk. IV, 1922 ... 91
Urk. VIII, 19h ... 5
Urk. VIII, 26 ... 3
Urk. VIII, 30 ... 3
Urk. VIII, 34 ... 3
Urk. VIII, 38 ... 3